全国中医药行业高等教育"十三五"规划教材

全国高等中医药院校规划教材（第十版）

国学经典导读

主　编

胡　真（湖北中医药大学）

副主编

王珍喜（云南中医药大学）　　　　　王明强（南京中医药大学）

赵鸿君（辽宁中医药大学）　　　　　薛芳芸（山西中医药大学）

编　委（以姓氏笔画为序）

王　丽（成都中医药大学）　　　　　史双文（长春中医药大学）

冯　春（湖北中医药大学）　　　　　邢永革（天津中医药大学）

杨　莉（北京中医药大学）　　　　　张　暖（河北中医学院）

林家虎（安徽中医药大学）　　　　　周祖亮（广西中医药大学）

赵荣波（山东中医药大学）　　　　　贾成祥（河南中医药大学）

学术秘书

方　鹏（湖北中医药大学）

中国中医药出版社

·北　京·

图书在版编目（CIP）数据

国学经典导读 / 胡真主编 . —北京：中国中医药出版社，2019.4（2023.2重印）

全国中医药行业高等教育"十三五"规划教材

ISBN 978 - 7 - 5132 - 5478 - 6

Ⅰ . ①国… Ⅱ . ①胡… Ⅲ . ①国学—高等学校—教材 Ⅳ . ① Z126

中国版本图书馆 CIP 数据核字（2019）第 027471 号

中国中医药出版社出版

北京经济技术开发区科创十三街 31 号院二区 8 号楼

邮政编码 100176

传真 010-64405721

河北省武强县画业有限责任公司印刷

各地新华书店经销

开本 850×1168 1/16 印张 20 字数 455 千字

2019 年 4 月第 1 版 2023 年 2 月第 2 次印刷

书号 ISBN 978 - 7 - 5132- 5478- 6

定价 60.00 元

网址 www.cptcm.com

如有印装质量问题请与本社出版部调换（010-64405510）

服 务 热 线 010-64405510

购 书 热 线 010-89535836

微信服务号 zgzyycbs

微商城网址 https://kdt.im/LIdUGr

官 方 微 博 http://e.weibo.com/cptcm

天猫旗舰店网址 https://zgzyycbs.tmall.com

全国中医药行业高等教育"十三五"规划教材

全国高等中医药院校规划教材（第十版）

专家指导委员会

名誉主任委员

王国强（国家卫生计生委副主任　国家中医药管理局局长）

主 任 委 员

王志勇（国家中医药管理局副局长）

副主任委员

王永炎（中国中医科学院名誉院长　中国工程院院士）

张伯礼（教育部高等学校中医学类专业教学指导委员会主任委员

　　　　天津中医药大学校长）

卢国慧（国家中医药管理局人事教育司司长）

委　　　　员（以姓氏笔画为序）

王省良（广州中医药大学校长）

王振宇（国家中医药管理局中医师资格认证中心主任）

方剑乔（浙江中医药大学校长）

左铮云（江西中医药大学校长）

石　岩（辽宁中医药大学校长）

石学敏（天津中医药大学教授　中国工程院院士）

卢国慧（全国中医药高等教育学会理事长）

匡海学（教育部高等学校中药学类专业教学指导委员会主任委员

　　　　黑龙江中医药大学教授）

吕文亮（湖北中医药大学校长）

刘　星（山西中医药大学校长）

刘兴德（贵州中医药大学校长）

刘振民（全国中医药高等教育学会顾问　北京中医药大学教授）

安冬青（新疆医科大学副校长）

许二平（河南中医药大学校长）

孙忠人（黑龙江中医药大学校长）

孙振霖（陕西中医药大学校长）

严世芸（上海中医药大学教授）

李灿东（福建中医药大学校长）

李金田（甘肃中医药大学校长）

余曙光（成都中医药大学校长）

宋柏林（长春中医药大学校长）

张欣霞（国家中医药管理局人事教育司师承继教处处长）

陈可冀（中国中医科学院研究员　中国科学院院士　国医大师）

范吉平（中国中医药出版社社长）

周仲瑛（南京中医药大学教授　国医大师）

周景玉（国家中医药管理局人事教育司综合协调处处长）

胡　刚（南京中医药大学校长）

徐安龙（北京中医药大学校长）

徐建光（上海中医药大学校长）

高树中（山东中医药大学校长）

高维娟（河北中医学院院长）

唐　农（广西中医药大学校长）

彭代银（安徽中医药大学校长）

路志正（中国中医科学院研究员　国医大师）

熊　磊（云南中医药大学校长）

戴爱国（湖南中医药大学校长）

秘 书 长

卢国慧（国家中医药管理局人事教育司司长）

范吉平（中国中医药出版社社长）

办公室主任

周景玉（国家中医药管理局人事教育司综合协调处处长）

李秀明（中国中医药出版社副社长）

李占永（中国中医药出版社副总编辑）

全国中医药行业高等教育"十三五"规划教材

编审专家组

组　长

王国强（国家卫生计生委副主任　国家中医药管理局局长）

副组长

张伯礼（中国工程院院士　天津中医药大学教授）

王志勇（国家中医药管理局副局长）

组　员

卢国慧（国家中医药管理局人事教育司司长）

严世芸（上海中医药大学教授）

吴勉华（南京中医药大学教授）

王之虹（长春中医药大学教授）

匡海学（黑龙江中医药大学教授）

刘红宁（江西中医药大学教授）

翟双庆（北京中医药大学教授）

胡鸿毅（上海中医药大学教授）

余曙光（成都中医药大学教授）

周桂桐（天津中医药大学教授）

石　岩（辽宁中医药大学教授）

黄必胜（湖北中医药大学教授）

前　言

为落实《国家中长期教育改革和发展规划纲要（2010–2020年）》《关于医教协同深化临床医学人才培养改革的意见》，适应新形势下我国中医药行业高等教育教学改革和中医药人才培养的需要，国家中医药管理局教材建设工作委员会办公室（以下简称"教材办"）、中国中医药出版社在国家中医药管理局领导下，在全国中医药行业高等教育规划教材专家指导委员会指导下，总结全国中医药行业历版教材特别是新世纪以来全国高等中医药院校规划教材建设的经验，制定了"'十三五'中医药教材改革工作方案"和"'十三五'中医药行业本科规划教材建设工作总体方案"，全面组织和规划了全国中医药行业高等教育"十三五"规划教材。鉴于由全国中医药行业主管部门主持编写的全国高等中医药院校规划教材目前已出版九版，为体现其系统性和传承性，本套教材在中国中医药教育史上称为第十版。

本套教材规划过程中，教材办认真听取了教育部中医学、中药学等专业教学指导委员会相关专家的意见，结合中医药教育教学一线教师的反馈意见，加强顶层设计和组织管理，在新世纪以来三版优秀教材的基础上，进一步明确了"正本清源，突出中医药特色，弘扬中医药优势，优化知识结构，做好基础课程和专业核心课程衔接"的建设目标，旨在适应新时期中医药教育事业发展和教学手段变革的需要，彰显现代中医药教育理念，在继承中创新，在发展中提高，打造符合中医药教育教学规律的经典教材。

本套教材建设过程中，教材办还聘请中医学、中药学、针灸推拿学三个专业德高望重的专家组成编审专家组，请他们参与主编确定，列席编写会议和定稿会议，对编写过程中遇到的问题提出指导性意见，参加教材间内容统筹、审读稿件等。

本套教材具有以下特点：

1. 加强顶层设计，强化中医经典地位

针对中医药人才成长的规律，正本清源，突出中医思维方式，体现中医药学科的人文特色和"读经典，做临床"的实践特点，突出中医理论在中医药教育教学和实践工作中的核心地位，与执业中医（药）师资格考试、中医住院医师规范化培训等工作对接，更具有针对性和实践性。

2. 精选编写队伍，汇集权威专家智慧

主编遴选严格按照程序进行，经过院校推荐、国家中医药管理局教材建设专家指导委员会专家评审、编审专家组认可后确定，确保公开、公平、公正。编委优先吸纳教学名师、学科带头人和一线优秀教师，集中了全国范围内各高等中医药院校的权威专家，确保了编写队伍的水平，体现了中医药行业规划教材的整体优势。

3. 突出精品意识，完善学科知识体系

结合教学实践环节的反馈意见，精心组织编写队伍进行编写大纲和样稿的讨论，要求每门教材立足专业需求，在保持内容稳定性、先进性、适用性的基础上，根据其在整个中医知识体系中的地位、学生知识结构和课程开设时间，突出本学科的教学重点，努力处理好继承与创新、理论与实践、基础与临床的关系。

4. 尝试形式创新，注重实践技能培养

为提升对学生实践技能的培养，配合高等中医药院校数字化教学的发展，更好地服务于中医药教学改革，本套教材在传承历版教材基本知识、基本理论、基本技能主体框架的基础上，将数字化作为重点建设目标，在中医药行业教育云平台的总体构架下，借助网络信息技术，为广大师生提供了丰富的教学资源和广阔的互动空间。

本套教材的建设，得到国家中医药管理局领导的指导与大力支持，凝聚了全国中医药行业高等教育工作者的集体智慧，体现了全国中医药行业齐心协力、求真务实的工作作风，代表了全国中医药行业为"十三五"期间中医药事业发展和人才培养所做的共同努力，谨向有关单位和个人致以衷心的感谢！希望本套教材的出版，能够对全国中医药行业高等教育教学的发展和中医药人才的培养产生积极的推动作用。

需要说明的是，尽管所有组织者与编写者竭尽心智，精益求精，本套教材仍有一定的提升空间，敬请各高等中医药院校广大师生提出宝贵意见和建议，以便今后修订和提高。

国家中医药管理局教材建设工作委员会办公室

中国中医药出版社

2016 年 6 月

编写说明

为了落实《国家中长期教育改革和发展规划纲要（2010—2020 年）》，更好地适应新形势下全国高等中医药教育教学改革和发展的需要，培养传承中华民族优秀文化、护卫中华民族生命健康、创新中医药事业发展的复合型高等中医药专业人才，按照全国高等中医药院校的培养目标，在国家中医药管理局教材建设工作委员会的组织规划下，来自 14 所高等中医药院校的教师共同努力，通力合作，编写本教材。

"国学经典导读"是高等中医药院校本科专业新开设的一门具有通识教育性质的公选课程。课程设置的目的是引导学生走近中医学的文化母体——中华民族优秀文化，在品读中华思想文化史上能够代表中华文化传统与文化精神的经典著作的过程中，让学生树立中华优秀文化的自豪感和自信心。

中华国学经典经过历史洗礼，千古流传，不仅具有广泛的影响力和永恒的生命力，而且代表着中华文化的基本精神和原创思维。向青年学生推荐和解析中华文化史上能够代表中华文化传统与文化精神的元典著作，可以为学生提供一个进入国学经典世界的门径，使之亲近接受国学经典，领悟把握国学经典，传承弘扬国学经典。同时，通过溯本求源的国学经典教育，全面提升中医药大学生的传统文化素养，为其准确地理解和把握中华民族优秀文化，尤其是理解和把握中医药学精髓奠定思想基础；为其将来创造性转化和创新性发展中医药事业提供理论武装。同时，运用开智修心的国学经典教育可以增强中医药大学生的人文素质，助其养成健全人格，为其在中医药实践中彰显人文关怀、传播生命文化、引领大众健康、服务社会民生塑造强大内心。

《国学经典导读》是全国中医药行业高等教育"十三五"规划教材中的一本新兴教材。为了帮助中医药学子认识中医药的文化母体并形成中医药的思维，本教材在编写之初就确立了以下原则：

其一，经典性原则。"国学经典导读"的课程教学目标是要为培养具备中华传统文化底蕴、熟悉国学知识的中医药专业人才服务。中医药专业的学生在校期间绝大部分时间是进行医学理论和实践学习，学习国学的课时毕竟有限。为了提高教学效率，本教材选择了具有中华元典价值的国学经典进行解说，所选教学内容既符合当今社会的实际需求，又着眼于培养与提升传统文化素养，使学生能够学以致用。

其二，科学性原则。本教材的结构脉络与其他文化类通识课程和中医学专业课程相互补充，构成更为合理、实效的课程体系；同时，教材内容努力反映现代国学教育理念和传播模式的发展。继承和发扬传统学术"博而反约"特点，舍弃传统文化读本空泛的理论表述，力避国学教材"求大求全"的胡拼乱凑。在编写体例上，选取十余部国学元典著作中的重要章节进行注释；知识导入细致全面，提供相关国学知识；读解部分简练明了，指引学生由堂入室。

其三，包容性原则。国学体系博大精深。围绕十余部国学元典著作的学术研究成果丰硕，相关的解读和阐释层出不穷，给教材的编撰、教师的讲解和学生的课后知识拓展提供了征引和发挥的空间。为此，我们采取兼收并蓄、广征博引的方式，在立足国学元典的基础上，充分发挥参编人员的学术专长和思想智慧，围绕经典篇目进行有思想性、学术性和知识性、趣味性的导读，力图帮助学生举一反三，触类旁通，读懂悟透中华元典的精髓。

教材编写注重国学知识的介绍和经典思想的解析。在帮助学生学习中华国学的同时，重视引导学生树立正确的人生观和价值观。在"知识导入"版块，详尽介绍经典著作的作者及其成书年代、全书的主要思想及其艺术特色，特别是推介其在中华民族思想文化史上的地位和影响；再以精读细讲为手段，选择经典著作的经典原文进行导读、注释。

教材编写注重学生知识、能力的培养和发展，紧扣元典著作、凸显经典特色。在加强文献导读的基础上，拓展课堂的有限时间，增加"实践讨论"版块，调动学生自主学习和相互交流的积极性，打造知行合一的学习氛围。倡导学而思、践而行，让学生运用所学知识相互启迪，以加深对元典的理解。

教材编写充分尊重和借鉴前人治学的成果与方法，结合当代青年学生和广大国学爱好者的学习特征，艺术地处理了思想传达方式和知识传承模式的高度统一。适当略去学术著作的繁琐引证，以便读者在轻松阅读中领略精要。在系统全面地介绍相关知识的基础上，提供"知识链接"和"参考书目"。通过知识链接，扩大学生的阅读面、知识面，让学生更好地理解本讲课程的核心内容。

本教材的使用对象为全日制高等中医药院校本科生。全书共分为十四讲。第一讲是绪论，介绍国学、国学分类、国学精神、国学元典等相关知识；从第二讲到第十四讲则分别选择有代表性的中华元典文献，包括《诗经》《尚书》《周礼》《礼记》《周易》《左传》《大学》《中庸》《论语》《孟子》《老子》《庄子》《孙子兵法》等，逐一进行导读，力图达到继先哲之遗产、发潜德之幽光之目的。

教材主编提出总体思路、编写框架原则和写作大纲。经过两次编委会讨论，达成共识，形成编写体例，确定编写分工。各讲编者分别执笔，具体为：第一讲由胡真编写，第二讲由薛芳芸编写，第三讲由王珍喜编写，第四讲和第五讲由胡真编写，第六讲由赵荣波、林家虎编写，第七讲由赵鸿君、史双文和张暖编写，第八讲由邢永革编写，第九讲由王珍喜编写，第十讲由冯春、杨莉编写，第十一讲由王丽编写，第十二讲由周祖亮编写，第十三讲由王明强编写，第十四讲由贾成祥编写。主编统一、修改、审定全部内容。湖北中医药大学国学教研室方鹏老师帮助完成部分文字校对工作。

在本教材编写过程中，始终得到中国中医药出版社的精心指导和大力支持，在此特别表示敬意和谢忱。

本教材是全国高等中医药院校本科生《国学经典导读》第一部规划教材，编写内容和编写方式尚处于探索阶段，对于教材中的不足和问题，敬请各位教师和读者不吝赐教，以便再版时修订提高。

《国学经典导读》编委会

2018 年春

目 录

第一讲　绪　论

　　中华民族五千年光辉灿烂的文明历史，高潮迭起，精彩纷呈。博大精深的中华文化是中华民族的根基和灵魂，也是中华民族生生不息、繁衍昌盛、不断创新发展的动力源泉。

　　国学经典作为中国文化精华的传世之作，表达了中华民族对生存与发展这一根本问题的思考和追求。其智慧光芒穿透历史，思想价值跨越时空，是中华民族宝贵的精神财富，更是无数中国人安身立命之根本。

一、国学乃中华固有之学术

　　关于国学的定义，到目前为止，学术界尚未有统一明确的界定。

　　汉语文献中"国学"这个词最早见于《周礼》，其后的《汉书》《后汉书》《晋书》中都出现过。只是"国学"这个词最初的意思是指"国立学校"。

　　五四运动前后，"国学"是一个与西学相对应的词。义和团运动之后，西方文化开始传入中国。国内一些研究经史的学者既希望与新传入中国的西学区别开，又不屑以旧学之名称我固有之学术，于是邓实（1877—1951）等人创办发行宣传中国文化的杂志，并将其命名为《国粹学报》，以与西来之学术相抗。继则有更多有识之士担心"国粹"被欧风美雨吹掉，于是致力"整理国故"，以便牢牢地保存中华文化。1905年，刘师培（1884—1919）等人在上海成立"国学扶轮社"。此后，无锡、杭州、成都等地也纷纷出现"国学会"或"国学保存会"一类的组织，掀起了一场国学运动。章太炎先生（1869—1936）于1906年喊出"以国粹激动种性"的口号，主持"国学讲习会"，将其讲授中国传统文化的内容结集出版为《国故论衡》；又于1922年在苏州讲授"国学"，出版《国学概论》。胡适（1891—1962）把研究传统文化叫作"治国学"，并亲自在"治国学"领域进行一系列有积极意义的探索。显然，那时的学者以"国学"来标示中国传统文化，以与新进西方之学相区别。国学乃中华"固有之学术"。

　　现代意义的"国学"，一般是指以先秦经典及诸子学说为根基，涵盖后期各朝各代的中华思想文化与学术。"国学"乃中华学术之简称。

　　广义上，国学包括中国古代和现代的思想文化和学术体系。中国的哲学、史学、宗教学、文学、礼俗学、考据学、伦理学及中医学、农学、术数、地理、书画、音乐、建筑等，都属于国学范畴。狭义上，国学单指中国古代学说。其中的典型代表是先秦经典及诸子百家学说，涵盖两汉经学、魏晋玄学、隋唐道学、宋明理学、明清实学，以及同时期的先秦诗经楚辞、汉赋、六朝骈文、唐诗宋词、元曲与明清小说及历代史学等一套完整的思想文化体系。这些思想文化从不同角度反映了中华民族如何认识自然、怎样看待社会、如何做事做人、怎样治理国家等，对后人产生了深远的影响，形成了中国的传统文化观念。"国学"成为独具中华民族特点且自成体系的中华文化形态，是中国固有的文化传统、人文理念和认知方法的总合。"国学"

NOTE

堪称中华民族思想智慧之大成。

二、国学体系庞大，内容丰富

国学包罗万象，内容丰富。据中国现存第一部具有目录学性质的书籍《汉书·艺文志》记载，在汉代，记载国学内容的书籍被分为六类：一六艺，二诸子，三诗赋，四兵书，五数术，六方技。其中，六艺是经学，包括小学，即文字学等；诸子以诸子百家的著述为主，包括哲学、政论类学说；诗赋及诸子中的小说是文学；兵书收罗军事学著作；数术包含天文、历法、算术等；方技主要是医学和占卜一类的书。

在清代，集中国历代文献之大成的《四库全书》把国学书籍分为经、史、子、集四大类。"经"指古籍中的经典，如《易经》《诗经》《孝经》《论语》《孟子》等。"史"指史学著作，包括通史和断代史，如《左传》《史记》《汉书》《三国志》等。"子"指中国历史上创立某一个学说或学派的奠基人物的文集，如《老子》《庄子》《墨子》《韩非子》等。其他涉及天文、算术、农圃、医药、术数、艺术、杂家、类书等皆归入"子部。""集"可能是历史上某一个时期诸位文人学者的作品总集，如《昭明文选》；或是某一位学者个人的全部文集，如《李太白集》；或是某一位作家的某一类作品集，如《稼轩长短句》等。

清代以后，有学者将国学按内容属性分为义理之学、考据之学和辞章之学等三类。义理之学阐明事物道理，相当于现代的哲学；考据之学为历史研究，相当于现代的史学；辞章之学为诗词散文及章奏、书判等实用文体创作，相当于现代的文学。三者大体类似于现代的文、史、哲等社会科学。后来，又有人在此基础上添加讨论政治、经济的社会科学内容，并将其合称为"经世之学"；将探讨声、光、化、电等自然科学技术奥秘的内容称之为"科技之学"。

国学的归类纷繁复杂，从另一角度说明人们对国学究竟是什么存在着认识和理解上的差异。尽管如此，却丝毫不影响国学本身的发展及其独特的存续价值。

三、国学的核心价值及其基本精神

在17世纪之前，以国学为代表的中华优秀传统文化一直走在世界的前列，不仅奠定了以仁、义、礼、智、信、忠、孝、廉、毅、和为核心的中华民族核心价值观，而且创造了以四大发明为代表，包括天文历法和中国古代算术、中国传统医药等在内的举世瞩目的科技成就。

中华优秀文化积淀着中华民族最深沉的精神追求，是中华民族不断发展壮大的不竭动力，是中华民族的突出优势，也是无数海内外中华儿女共有的精神家园。

（一）国学的核心主题是"人学"

中国人历来讲究人本，重视仁爱。

国学最突出的核心优势，是它独具特色的人文精神及其始终如一以人文视角看待世界和人生，追求道德理想，并把这种理想推广到价值追求之中，所体现出的一种强烈的普世关怀和人文精神。

距今约三千年前，中华文献即已出现"人"一词，还有一系列表示人的身体、人的器官、人的情感、人的行为的文字，说明中华民族对其自身及其各类活动高度重视。在历代文献中，"人"是出现频率非常高的词语。对人本质的充分认识及其对人主体性的完美揭示、对伦理道德的高度重视，皆是国学所表达的核心内容，闪耀着人本精神的光芒。

国学的基本特征是"以人为本"。作为法家先祖的管仲把"以人为本"视为国家的根本。在《管子·霸言》中，管仲提出："夫霸王之所始也，以人为本。本理则国固，本乱则国危。"这是最早的民本思想，其论述相当精辟。《尚书·五子之歌》中也有重视民众的类似说法，如"民惟邦本，本固邦宁"等。把中国古代重民思想推向高峰的是孟子。孟子率先喊出"民为贵，社稷次之，君为轻"的口号，他说："诸侯之宝三：土地，人民，政事。"孟子在当时的历史条件下能有这样的真知灼见，可以说是极其难能可贵的。西汉著名思想家贾谊进一步阐述了重民思想。他说："闻之于政也，民无不为本也。"

国学不仅强调重视民众，而且提倡因人情、合民心。《韩非子·八经》曰："凡治天下，必因人情。"《慎子·逸文》认为，为政须"发于人间，合乎人心而已"。《孟子·离娄上》总结夏桀、商纣亡国的历史教训是"失其民也"，提出："桀纣之失天下也，失其民也。失其民者，失其心也。得天下有道，得其民，斯得天下矣；得其民有道，得其心，斯得民矣；得其心有道，所欲与之聚之，所恶勿施尔也。"在此基础上，孟子进而提倡制民之产，认为"仓廪实则知礼节，衣食足则知荣辱"。在这里，富民强国的民本主义思想成为人本思想的升华。

值得注意的是，国学中的人本思想始终和伦理道德紧密联系在一起。人本思想重视人的价值，伦理道德重视人与人的关系。孔子以"仁"界定"人"，肯定人的核心价值在于"仁爱"，提出"仁者爱人"，提倡"己欲立而立人，己欲达而达人"，"己所不欲勿施于人"。孟子把"恻隐之心""羞恶之心""辞让之心""是非之心"确立为人应该怀有的"四心"，在此基础上，进而提出人应该具有的仁、义、礼、智之"四德"。《管子》把"礼义廉耻"上升到"国之四维"的高度，认为如果"四维不张，国乃灭亡"。这一切都体现出中华国学重视人本、强调伦理道德、追求人文精神的特点。

（二）天人关系是国学讨论的根本话题

中国人的生存智慧是"天人合一""道法自然"。

中国传统学问一直以"究天人之际，通古今之变"为要务。这是贯穿国学的另一条主线。所谓"天人之际"，主要关乎自然，关乎人与自然的关系。在国学的重要经典中，无论是儒家还是道家，或是法家，都把天人关系视为重要的探究问题和讨论话题。从历史上看，中国古代"天人合一"的思想是中国文化史上长期占主导地位的思想，影响深远。

"天人合一"的理论是中华先贤对人与自然关系的完美解释。在中国传统文献中，儒家和道家都提出过"天人合一"的口号。但在实质上，儒家和道家的"天人合一"观是截然不同的。儒家所讲的"天"保存了西周时期"天"的道德含义，"天"具有道德属性；道家所讲的"天"基本是指原始的天、自然之天，"天"不具有道德含义。这里讨论的"天"主要是指道家的自然之天。道家的"天人合一"观就是提倡人与自然的和谐统一。

管仲在《管子·版法解》中提出，要"法天地之位，象四时之行，以治天下"。所谓"法天地之位，象四时之行"实质就是主张效法天道，顺应自然，遵从规律，不违时令。

儒道两家不约而同地把天、地、人看成是整个宇宙的基本构成。《周易·系辞》指出："易之为书也，广大悉备，有天道焉，有地道焉，有人道焉。"老子在《道德经》中提出"四大"说，认为"道大，天大，地大，人亦大。域中有四大，而人居其一焉"。至于怎样看待天、地、人之间的关系，老子的回答是"人法地，地法天，天法道，道法自然"。在老子看来，整个大自然都处于"道"的运筹管辖之下。这里的"自然"就是原始自然的状态。而"道"是统帅其

NOTE

中的最高原则，不受制于任何其他东西。"天人合一"思想在老子这里表现为顺乎"道"，顺乎自然之常，遵循万物之自然规律。庄子在老子道论的基础上，将其发展成为一种"天人合一"的境界。他在《庄子·齐物论》中说："天地与我并生，而万物与我为一。"他所谓"天地与我并生""万物与我为一"实质就是"天人合一"的境界。这里的"天地"无疑是指自然之天地。自然天地按照一定的规律运行着。人与天地万物融为一体，你中有我，我中有你。人与自然、与万物的区别都已不复存在了。

"天人合一"就是提倡人们要尊重自然规律。在尊重自然规律的前提下发挥人的主观能动性、创造性。《周易》提出："夫大人者，与天地合其德，与日月合其明，与四时合其序，与鬼神合其吉凶。先天下而天弗违，后天而奉天时。天且弗违，而况于人乎？况于鬼神乎？"这里强调圣人的德性要与天地的功德相契，要与日月的光明相合，要与春夏秋冬的时序相一致，要与鬼神预判的吉凶相符合。万物只有尊重自然，才能得到自然的护佑。人要成为君子，也必须立德有四合。其中一个重要的方面就是合乎自然，尊重自然，不违背自然规律。显然，不管是儒家还是道家，都具备了与天地共生、共存、共荣、共同发展的基本观念。

"天人合一"的思维方式，是把包括人类在内的整个宇宙，视为一个有机有序不可分割的整体。"天人合一"即对有机整体的宇宙观最简要、最直观的表述。其一，中国人把包括人类在内的宇宙视为不可分割的有机整体和生生不已的动态过程。这体现出一种对宇宙本质的尊重和理性的思考。其二，肯定并强调人与自然的有机整体性，并反复提醒告诫人们，不要把自然当作与人类对立的客体对象，从而肆意地索取、掠夺，甚至破坏自然，而应该注重与天地自然的共生、共荣。中国道教经典《太平经》说："天、地、人……三合相通……三者共成一家，共成一体……不可无一也。"又说："天地乃人之真本……天地不和，不得竟吾年……人命乃在天地，欲安者，乃当先安其天地，然后可得长安也。"就是说，天地自然是人生存的根本环境。只有人与自然和谐共处，才能共生共存。反之，如果自然环境被人为破坏，人类将无法生存，更不能发展。人类要想获得长治久安，必须以尊重自然为前提。"天人合一"最基本的内涵就是人与自然必须保持有机的统一。人类要像对待自己的父母那样敬畏、尊重自然，否则，人与自然的统一与平衡一旦被打破，人类将不得安宁。人与自然相处的基本原则应该是"人法地，地法天，天法道，道法自然"。

"天人合一"思想是国学的重要内容，对传统文化的方方面面，诸如科学、伦理道德、审美意识等，都有着深远的影响。

（三）中国先贤推崇的处世之道是"和而不同""利而不害"

"和"是中华民族独有的文化符号，也是我们的祖先最先思考为人处世的结果。"和而不同"是孔子在《论语》中提出的观点。子曰："君子和而不同，小人同而不和。"显然，孔子是把"和"与"同"作为区别君子和小人的重要标准，认为道德修养好的君子能以自己的思想协调各种矛盾，使各方面恰到好处，稳定和谐。君子在与他人交往的过程中，能够与他人、与客体保持一种和谐友善的关系。而在某一个具体问题上，却不必苟同于对方，可以求同存异，和谐共存。

"和"被看成是自然界万事万物和平共处所追求的最高境界。孔子所倡导的"和"并非简单的附和，甚至低俗的迎合。孔子所推崇的最高境界的"和"，于客观事物而言是多样性的统一，于人而言则是思想观念上的多样性统一。传统文化中的"保合太和""百姓昭明协和万邦"

"和故百物不失""夫敬以和，何事不成"等，都是中华民族始终追求多样性统一的价值理念。

《礼记·乐记》曰："大乐与天地同和，大礼与天地同节。和，故百物不失；节，故祀天祭地。"这里所强调的是，上好的音乐应能与天地自然保持和谐，上好的制度也应能与天地自然保持相同的节律。只有和谐，才能使万物生长不违背其规律；保持相同的节律，才能使人类的活动，包括人与自然、人与人之间的活动各得其所，均保持和谐共处的状态。

《易经·乾卦》曰："乾道变化，各正性命，保合太和，乃利贞。"意思是说，自然天道的变化，使包括人类在内的天地万物得到稳定的生存环境。人类若能适应、顺应自然天道的变化，就能达到自然界和人类社会的高度和谐，从而有利于客观万物的生存和发展。

西方哲学家罗素曾经说过："中国至高无上的伦理品质中的一些东西，在现代世界极其重要。这些品质中，我认为'和'是第一位的。"这种品质，"若能被世界所采纳，地球上肯定会比现在有更多的欢乐和祥和"。

"利而不害"是老子在《道德经》中提出来的一个重要思想。《老子·第八十一章》指出："信言不美，美言不信。善者不辩，辩者不善。知者不博，博者不知……天之道，利而不害。圣人之道，为而不争。"利而不害、为而不争是对《道德经》的最后总结。意思是说，自然界的规律是有利于客观万物而无害于客观万物的，圣人做人的最高法则，也应该是积极努力而不与人争夺各种利益。

老子在《道德经》中盛赞水善利万物的优秀品质。在老子看来，自然界的本质就是利万物而不害，人更应该如此。人的本性应是抱朴守一，不矫揉造作，不为名利所诱惑，更不可以互相残害、相互危害。老子倡导"见素抱朴，少私寡欲"的生活方式，提出"利而不害""为而不争"的相处原则。这也是中国人追求的人生境界，是中国人人生的终极圆满，即永远对万事万物有利而无害。圣人仿效天道，天道只有奉献，没有索取，故圣人对任何东西也是舍多于取，取其生活必需而已。虽然我们每个人都不是圣人，但在内心深处，要把提升和修炼自己、努力效仿并争取成为圣人当成做人的目标。只要是圣人，只要遵循天道，就一定是利而不害、为而不争的。国学始终倡导人们在做人做事的过程中要追求"利而不害""为而不争"的境界。

作为被世界几十个国家用多种语言翻译出版、发行量仅次于《圣经》的中华文献，《道德经》"利而不害""为而不争"的思想受到了世界范围的广泛关注与认同。

（四）国学发展秘籍是"变易"、"日新"和"居安思危"

国学总结的发展秘籍是"变易"、"日新"和"居安思危"。

在中国人眼里，宇宙间的万事万物无时无刻不处在"变"和"动"的过程之中。"天地万物无时而不动，无时而不移。"变动是宇宙间万事万物存在的基本状态及其典型特征。不仅如此，这种变动还有着极强的规律性。既非随心所欲的滥动，也非肆意妄为的妄动，而是应时而变、应时而动。与之相应，人类的活动也应该与时偕行，适应外部世界的变化，遵循变易之道。否则，人类便无法生存，更得不到发展。

中国人一直把《周易》视为专讲宇宙间万事万物运动变化及其规律的书。《周易》的作者认为，"易之为书也不可远，其为道也屡迁。变动不居，周流不虚，上下无常，刚柔相易，不可为典要，唯变所适"。这里的"道"，无疑是指"易道"，而易道正是对天、地、人三才之道的总括。易道之屡迁，所反映的正是天、地、人三才之道的变动，说明变易无时不在、无处不在。"其为道也屡迁"也从另一个角度说明客观世界的变化完全独立于人的意识之外，且不以人的意志为

NOTE

转移。《周易·系辞传》曰："易，穷则变，变则通，通则久。"《周易》作者把"阴阳变易"和"穷变通久"看作《周易》的基本原理，认为变易不仅是宇宙间的普遍存在，还是推动自然和社会发展的根本动力。由此亦形成中华国学的基本精神之一，即《周易》所谓"生生之谓易"。

"变易""日新"是两个相互关联的重要理念，是中华民族发展智慧中重要的思想文化资源。《诗经·大雅》曰，"周虽旧邦，其命维新"，并引"汤之盘铭"注释曰："苟日新，日日新，又日新。"既然"变易"和"日新"是客观世界之常态，那么，"适变"和"维新"就应该成为人们思想深处的强烈愿望和发展追求。

"日新"就要"与时偕行"。中华民族自古就是一个崇尚"与时偕行"的民族。我们的祖先在长期生存发展的社会实践中，很早就懂得这样的道理：只有"变易"才能生存，只有"日新"才能发展，只有"与时偕行"才有光明前途。

非但如此，"日新"还要遵循"变易之道"。"变易"也好，"日新"也罢，都要依据客观世界的变化规律，考量外部环境条件时机的成熟。正如《周易·象辞》所言："时行则行，时止则止。动静不失其时，其道光明。"

"居安思危"是"与时偕行"的另一种表述，是一种动态发展的眼光，也是国学总结的适应外部环境变化的发展智慧。在中国古人看来，一个忽视"日新"、不懂得"变易"、安于现状、故步自封、缺乏忧患意识的民族，无论当时如何强盛，或者曾经怎样辉煌，最终必然走向衰败，乃至灭亡。"人无远虑，必有近忧。"只有居安思危，防微杜渐，"不治已病治未病"，"不治已乱治未乱"，主动防患于未然，才能把各种危险因素消除在萌芽状态，才能永续安宁与发展。这也正是司马迁呼吁和强调"通古今之变"的意义之所在。

以《周易》为代表的国学经典，包括《五经》《四书》及诸子百家等，皆以常怀忧患意识和倡导正确处理忧乐关系为国家民族生存与发展的长久之道。《周易·系辞》曰："易之兴也，其于中古乎？作《易》者，其有忧患乎？"孟子总结人心向背与"人和"在国家生存发展中的重要作用，在此基础上提出在上者应"与民同忧乐"。孟子将其延伸为"生于忧患，死于安乐"。孟子的这个思想后来被封建士大夫发展为"先天下之忧而忧，后天下之乐而乐"的忧乐观。"先忧后乐"成为历代知识分子的优良传统和核心价值追求。

仅有单纯的"居安思危""先忧后乐"观念并不够，还要自强不息，厚德载物。通过个人的道德完善和不懈努力，承载起厚德载物的历史责任。这种"适变"和"日新"的追求早已从个人生存发展的层面上升到为国家民族的兴旺发达而奋斗的高度。

对于中华民族来说，国学在几千年里所承载的历史使命正如宋代的张载所言，真正是"为天地立心，为生民立命，为往圣继绝学，为万世开太平"。

四、中华元典精神

"中华元典精神"是当代史学家、武汉大学教授冯天瑜先生在其专著《中华元典精神》（上海人民出版社1994年出版）中率先提出来的。冯先生将那些凝聚着中国人灵魂、深刻影响着我们民族基本精神、堪称中华文化标志的典籍定义为"中华元典"。

"元典"作为一个整词，系冯先生首创。"典"原指放在架子上的简册。"元"代表万物初始的状态和根本。"元典"有始典、首典、基本之典、正典、大典、宝典等意蕴。从某种角度来说，一个民族的文化"元典"往往代表着一个民族原创性的思想和精神，不仅在内容上具有原创性特征，其表述方式也呈现出该民族的质朴性。文化元典陈列着一个民族的社会风俗、历史事件、典章制度与观念形态，是被反复诠释、反复阐扬及多角度挖掘、多方面承袭、多社会尊奉的历史典籍，是一个民族的精神财富。文化元典因其思想的首创性、辐射的广阔性、思考的深邃性而成为一个民族垂范久远的信仰和取之不尽的精神源泉，在一个民族的文明发展史上发挥着精神支柱的作用。

冯先生的《中华元典精神》对中华民族的历史进行考察，从文化学和文化史学角度，对产生于公元前 6 世纪到公元 2 世纪这一"轴心时代"最能代表和最富于中华民族"元精神"的典籍，如《诗》《书》《易》《春秋》《论语》《墨子》《孟子》《老子》《庄子》《荀子》等中华元典作了详细的文本考辨，进而用诠释学方法，条分缕析中华元典包含的"循天道""重人伦""通变异"的基本精神及其在历史长河中被反复阐扬，又在近代史上产生的深刻作用和深远意义，论述其基本精神的近代转换，如忧患意识向近代社会革命论的转换，"变易"观向近代变革论的转换，原始民主、民主意识向近代民主思想的转换等，考量辨析中华元典精神的现代价值及中华元典精神在中国现代化进程中所发挥的功能。

正如冯先生所说，中华元典作为两三千年前中华先民行迹和思想的遗存，其创制时代距离我们已相当遥远。但是，他们"除了文物陈列价值，还洋溢着活泼的生命力，其精义如同永远翱翔的不死鸟，越过数千年日月韶光，穿行数万里瀚海关山，并一再突破官方化、教条化导致的僵局，不断注入新的源头活水，吸纳现实生活提供的生命力，始终伴随着我们民族历史的拓展和文化的演进，并构成与西方元典、印度元典鼎足而三的人类原创性精神支柱。直至现代，中华元典精神通过今人的创造性转换，仍然生机盎然地提供指向未来的启示与灵感"。

不仅如此，研读文化元典还是了解一个民族、认识一种文明、理解一个社会所必须把握的纲领。在对某个民族、某个国家和地区历史的、现实的，甚至是未来的研究中，掌握和领悟该民族和地区的文化元典就显得非常重要了。

五、国学与中医药学的关系

国学与中医药学之间有着密不可分的关系。一方面，中医药学作为中华文化的重要组成部分，是在国学的丰厚土壤中孕育形成并不断发展起来的；另一方面，中医药学以其自身独特的生命活动，从科学和实践角度丰富和完善了国学。

（一）国学是中医药学的文化母体

中医学是中华民族在几千年的生产生活实践和与疾病做斗争中逐步形成并不断丰富发展的医学科学。中医药治疗方式灵活、临床疗效确切、预防作用独特，为中华民族的祛病疗疾和繁衍昌盛做出了不可磨灭的贡献。正如习近平所说："中医药学凝聚着深邃的哲学智慧和中华民族几千年的健康养生理念及其实践经验，是中国古代科学的瑰宝，也是打开中华文明宝库的钥匙。"

国学是中医药学的文化母体。在奠定中医药的核心思维、促进和推动中医药学不断发展壮大的过程中起着决定性的作用。当今社会，随着人们健康观念的变化和现代医学模式的转变，中医药学越来越显示出独特的、不可替代的优势和积极作用。国学在中医药学的形成和发展历程中起着"元文化"的奠基作用。道家的"道"思维、"道法自然"理论，儒家的"医易同源"思想、"中和"的观念，墨子的兼爱思想，佛家的护生尊生观念，乃至古代兵家思想等，都对中医药学产生了深远的影响。生命至贵、生生不息、道法自然、天人合一、阴阳五行、崇和尚

NOTE

中、防患未然等国学思想，不断地影响和促进着中医药学的发展。国学所独有的宽广、深邃、平和、朴实、包容的特点，造就了中医药学本身。

（二）中医药学从科学和实践角度丰富了国学

中医药学不仅从中国传统文化中源源不断地汲取营养，也从科学和实践角度不断丰富和完善着国学。在中医的核心思维模式中，整体思维、辨证思维、象数思维、中和思维、变易思维等，既来源于中国传统哲学思想，又从实践角度提供了哲学智慧的具体检验和广泛运用。例如，《礼记·中庸》说："中也者，天下之大本也；和也者，天下之达道也。致中和，天地位焉，万物育焉。"在此基础上，中医药学形成了中和的核心理念。其认识论中的"天人合一"、健康标准的"阴阳和谐"、治疗原则的"执中致和"、药物应用的"补偏救弊"等，无不是中和思维的具体应用和进一步发展。

学习中医，首先要研习国学。不了解中医药学的文化母体，不懂得中国传统文化，不可能真正从根本上理解中医思维并形成自己的中医思维，更谈不上自觉运用中医药理论有效解决临床问题。"由道入医"是学习中医药学的必经之路。同时，中医药学作为中国传统文化的有机组成部分，学习、掌握后可以帮助人们由堂入室，从中医药学出发，认识并推知国学。所以"以医入道"也是认知中国传统文化的重要"捷径"。

六、研习国学经典，树立文化自觉和文化自信

伴随着中华绵延数千年的文明，国学已悄然成为中华民族的文化基因，潜移默化地影响着中国人的思维方式和行为方法。讲仁爱、重民本、守诚信、崇正义、尚和合、求大同，这些宝贵的思想至今还闪耀着光芒。随着世人对国学价值认识的回归，中华传统文化正迎来全新的繁荣。研习国学经典，无疑将有助于树立当代大学生的中华文化自觉和文化自信。

章太炎先生曾经说过："夫国学者，国家所以成立之源泉也。吾闻处竞争之世，徒恃国学固不足以立国矣，而吾未闻国学不兴而国能自立者也。"目前，国家正处在历史发展的重要时期，要在错综复杂的国际、国内环境中站稳脚跟、迅速发展，离不开文化的支撑和文化的自信。

"大学之道，在明明德，在亲民，在止于至善。"

研习国学经典，可以知兴替，懂进退，培养格物致知的科学精神、诚意正心的高尚人格、齐家治国平天下的社会责任感，引导学生志存高远，脚踏实地，崇德弘毅，求真务实。

研习国学经典，可以看成败，明得失，吸收前人智慧，增强哲学思考和思辨能力，"博学之，审问之，慎思之，明辨之，笃行之"，形成持续发展的科学思维和终身学习的能力。

研习国学经典，可以辨善恶，明是非，提高道德修养，提升精神境界。"吾日三省吾身"，"见贤思齐焉，见不贤而内自省也"。学会感恩，学会宽容，学会谦让，学会慎独，学会自省，学会自律。

中华国学"在思想上有大智，在科学上有大真，在伦理上有大善，在艺术上有大美"。虽有一部分随着时代的变迁逐渐过时，但也有一部分穿越时空，依然具有旺盛的生命力和现实的指导价值，需要我们取其精华、去其糟粕，有鉴别地加以对待，有扬弃地予以继承。

不忘本来才能开创未来，善于继承才能发展创新。学习和弘扬中华文化，就是要古为今用，推陈出新，对国学进行创造性的转化和创新性的发展。唯愿优秀的中华文化和深邃的国学精神历久弥新，惠及当代！祈盼我们伟大的民族精神弦歌不绝，万世流芳！

第二讲 《诗经》导读
——"不学诗，无以言"

【知识导入】

《诗经》是我国第一部诗歌总集，收录了自西周初年至春秋中叶 500 多年的诗歌 305 首，最初称为"诗"或"诗三百"，西汉时被尊为儒家经典，才称为《诗经》。这些诗最初都是配乐而歌的歌词，保留着古代诗歌、音乐、舞蹈相结合的特点，但在长期流传中，乐谱和舞蹈失传，只留下了歌词。

《诗经》内容丰富，覆盖地域广阔，作者来自各个不同阶层。其中有周王朝诸侯、大夫、士人，也有农民、船夫、猎手等普通百姓，还有许多女性作者。《诗经》中大部分作品为民歌，是经过长期流传、不断加工而成的，绝大多数篇目没有留下作者的姓名，只有少数在作品中做了标示。如《小雅·节南山》："家父作诵，以究王讻。"《小雅·巷伯》："寺人孟子，作为此诗。"《大雅·崧高》："吉甫作诵，其诗孔硕。"这些标注是否可以断定确切的作者，还需要进一步考辨。

《诗经》是如何收集和编辑的呢？对于这个问题，历来众说纷纭，归纳起来主要有两种观点：一是采诗说，一是献诗说。"采诗"是古时候的一种制度，周代时还有采诗官，专门负责到各地采集民歌、民谣，然后上报朝廷，目的是便于朝廷了解民情，以便查看朝政的正误得失。《汉书·艺文志》记载："故古有采诗之官，王者所以观风俗，知得失，自考正也。"《汉书·食货志》亦称："孟春之月，群居者将散，行人振木铎徇于路以采诗，献之大师，比其音律，以闻于天子。"这里所说的行人，指的是天子派出的使者，负责采集各地的歌谣。"献诗说"在《国语·周语》中有记载，"天子听政，使公卿至于列士献诗，瞽献曲，史献书"，目的也是"观风俗，知得失，自考正"。这些诗经过周王朝乐师筛选后整理而成书。

《诗经》分为"风""雅""颂"三部分。由于"诗"最初都是入乐歌唱的，所以划分种类的根据主要是乐曲的产生地域和用途。郑樵《通志》说："风土之音曰'风'，朝廷之音曰'雅'，宗庙之音曰'颂'。""风"即音乐的曲调，"国风"就是周代各地的民间歌谣，是《诗经》中最富有思想意义和艺术价值的篇章，包括《周南》《召南》《邶风》《鄘风》《卫风》《王风》《郑风》《齐风》《魏风》《唐风》《秦风》《陈风》《桧风》《曹风》《豳风》十五国风，共 160 篇。十五国风主要采自民间，根据风的名称及诗的内容可推断出诗的产生地大致相当于现在的陕西、山西、河南、河北、山东和湖北北部地区，地域相当辽阔。"雅"即"正"的意思，指朝廷正乐，分为《大雅》和《小雅》，总计 105 篇。其中《大雅》31 篇，是诸侯朝会时的乐歌；《小雅》74 篇，大部分是贵族宴享时的乐歌，也有一小部分是民间歌谣。这些诗大多产生于西周、东周的都城地区，即镐京（今陕西西安）和洛邑（今河南洛阳）。"颂"是朝廷和

NOTE

贵族宗庙祭祀的乐歌，分《周颂》《鲁颂》和《商颂》。《周颂》31篇，是西周初年祭祀宗庙的舞曲歌辞，产生地在镐京。《鲁颂》4篇，是鲁国贵族祭祀宗庙的乐歌，产生地在今山东曲阜。《商颂》5篇，是宋国贵族祭祀其祖先商王的颂歌，产生地在今河南商丘。

《诗经》的内容十分广泛，真实地展示了周代政治、经济、军事、文化、民风民俗等各方面的社会生活，主要有周民族史诗、婚恋诗、农事诗、怨刺诗、战争诗、宴饮诗等。

周民族的史诗集中保存在《大雅》里，如《生民》《大明》《文王》《绵》等篇，详细记述了周民族祖先创业的艰难，有的还带有神话色彩。如《生民》是周人记述其始祖后稷从出生到创业的长篇史诗，记录了后稷对农业生产的贡献，描绘了耕种、收获、祭祀等壮美场面。婚恋诗是反映当时人们爱情、婚姻及家庭生活的作品，这类诗主要集中在《国风》里，不仅数量多，而且内容丰富，许多篇章写得精彩动人。如《关雎》《子衿》《静女》《氓》《柏舟》等。《诗经》首篇《关雎》就是一首情歌，描写了一个青年追求"窈窕淑女"而不得的焦虑和痛苦。《采葛》描写了一位男子对采葛姑娘的爱慕和思恋，"彼采葛兮，一日不见，如三月兮。彼采萧兮，一日不见，如三秋兮。彼采艾兮，一日不见，如三岁兮"。怨刺诗主要保存在《大雅》《小雅》《国风》中，如《伐檀》《硕鼠》《新台》等，对统治者的本质和嘴脸进行了辛辣犀利的揭露和嘲讽。《硕鼠》把统治者比喻为大老鼠，揭露统治者对劳动人民的残酷压榨和百姓的挣扎与期望。农事诗真实地记录了与周人农业生产相关的宗教活动和风俗礼制，反映了周初的生产方式、生产关系及生产力发展水平。如《臣工》《噫嘻》《丰年》《载芟》等。《丰年》重点描写了人们庆祝农业大丰收、感谢上天恩赐的景象，显示了西周王朝国力的强盛，同时也体现出亿万农夫长年累月的辛劳。《国风》中最典型、最长的一首叙事诗是《七月》，全面深刻地反映了先民一年四季的劳动工作，涉及衣、食、住、行各个方面，从耕种收割、采桑纺织、砍柴打猎、凿冰酿酒、筑场盖屋等各个侧面展示了当时的社会风俗。战争诗主要表现在两个方面：其一，从正面描写天子、诸侯的武功，表现人民同仇敌忾、共御外侮的精神，写得威武昂扬，振奋人心；其二，反映繁重的徭役和兵役给人们带来的深重灾难。男子们四处奔波服役，常年不能回家，田地荒芜，家人分离。如《东山》一诗委婉细致地抒写了一位服役归来的征人思家、恋妻、渴望和平生活的极其复杂的思想情感和心理活动，反映了战争不仅破坏农业生产，而且破坏团聚的家庭生活，表现了征人对战争的厌倦和对和平的向往。《诗经》中有不少宴饮诗，以君臣、亲朋欢聚宴享为主要内容，更多地反映了上层社会的生活状况。如《伐木》《常棣》《鹿鸣》《彤弓》《蓼萧》等，赞美的是亲亲之道、宗法之义，体现了礼的规则和人的内在道德风范。如《鹿鸣》就是天子宴请群臣嘉宾之诗，后来也被用于贵族宴会宾客，将上层社会的欢乐和谐推向了极致，而"和"则是宴饮诗所表达的周代文化所遵循的最高精神境界。

《诗经》的艺术成就主要表现在以下四个方面：

其一，强烈的现实主义精神。《诗经》从各个方面描写了西周数百年的社会现实生活，尤其是民间的歌谣，如"饥者歌其食，劳者歌其事"，直接真实地反映了下层人民的劳动和生活、喜爱和憎恨、痛苦和希望。这些诗歌题材广泛多样、内容真实深刻，同时以惊人的艺术概括力把握和揭示出当时社会生活中的一些本质矛盾。

其二，"赋""比""兴"的表现手法。"赋"就是铺陈直叙；"比"就是打比方，以此物比彼物，使表达更加形象生动；"兴"就是触物兴词，用朱熹的话来说，是"先言他物以引起所咏之词"。"赋""比""兴"三种手法有机结合，共同创造出诗歌的艺术形象，形成了一种含蓄蕴藉、韵味无穷的艺术魅力。如《诗经》首篇"关关雎鸠，在河之洲，窈窕淑女，君子好逑"就采用了起兴的手法，以关雎鸟的鸣叫引出男子对淑女的追求。再如《桃夭》首章"桃之夭夭，灼灼其华，之子于归，宜其室家"，用鲜艳的桃花比喻新娘的年轻娇美。

其三，重章叠句、回环往复的结构形式。即各章词句基本相同，只是更换中间的几个字，反复吟唱。其作用在于深化主题，渲染气氛，加深情感，增强音乐性和节奏感，在一唱三叹中，使诗人的思想情感得到更充分的抒发。

其四，句式上以四言为主，间杂五言、六言、七言等，音韵和谐，语言丰富优美。另外，双声、叠韵、叠字的修辞手法也增加了诗的节律美和感染力。《诗经》创造出了很多千古流传的佳句，如"杨柳依依""雨雪霏霏""风雨凄凄""如临深渊，如履薄冰""它山之石可以攻玉""死生契阔，与子成说。执子之手，与子偕老""投我以木桃，报之以琼瑶""青青子衿，悠悠我心""一日不见，如三秋兮""巧笑倩兮，美目盼兮""投我以桃，报之以李""如切如磋，如琢如磨""知我者谓我心忧，不知我者谓我何求"等，这些经典语言至今还被经常运用。

《诗经》是周代礼乐文化的重要组成部分，是帮助实行教化的重要工具，因此在先秦时期受到普遍关注，其中儒家最为重视，相传《诗经》为孔子所删定。到汉代，传授"诗"的有齐、鲁、韩、毛四家。《鲁诗》出自鲁人申培，《齐诗》出自齐人辕固，《韩诗》出自燕人韩婴，《毛诗》出自鲁人毛亨和赵人毛苌。鲁、齐、韩三家所传为"今文经"，毛氏所传为"古文经"。因各家依据的本子在文字上存在差异，所以对诗义的解释也有许多不同。前三家先后亡佚，只有《毛诗》流传下来，这就是今本《诗经》。

《毛诗》在后世流传最广，影响也很大。有很多学者为其作注，最有名的是汉代经学大师郑玄作的"笺"。到唐代，孔颖达作《毛诗正义》，将唐以前关于《毛诗》的各家学说汇集到一起，成了《毛诗》的集大成之作。至宋代，理学大师朱熹作《诗集传》，成为后来士子考取功名的必读之作。及至清代，由于校勘、考据、音韵、训诂的发达，解经的著作浩如烟海，学术成就也很高。清代关于《诗经》的著作有陈启源的《毛诗稽古编》、马瑞辰的《毛诗传笺通释》、胡承珙的《毛诗后笺》、陈奂的《诗毛氏传疏》等。值得一提的是，有些解说突破了经学藩篱，不拘泥于三家之说。如方玉润的《诗经原始》就很有特色，他主张循文按义以求诗的主旨，注意到《诗经》的文学意义，解说文字词采斐然，是值得一读的佳作。王先谦的《诗三家义集疏》辑三家遗说，最为完备，是三家《诗》学的集大成之作。到了近代，林光义的《诗经通解》、吴闿生的《诗义会通》、闻一多的《诗经新义》《诗经通义》等，在一定程度上突破了繁琐考证，廓清了穿凿附会的旧说，提出了不少新的见解。

《诗经》在中国乃至世界文化史上都占有重要地位，它描写现实、反映现实的写作手法，开创了诗歌的现实主义优良传统，对后世文学的发展产生了深远的影响。

本讲选文所用底本为中华书局 2009 年影印清代阮元校刻《十三经注疏》本（清嘉庆刊本）。

《卷耳》

【主旨】抒写怀人情感。

【原文】

采采⁽¹⁾卷耳⁽²⁾，不盈⁽³⁾顷筐⁽⁴⁾。嗟⁽⁵⁾我怀人，寘⁽⁶⁾彼周行⁽⁷⁾。

陟⁽⁸⁾彼崔嵬⁽⁹⁾，我马虺隤⁽¹⁰⁾。我姑⁽¹¹⁾酌⁽¹²⁾彼金罍⁽¹³⁾，维以不永怀⁽¹⁴⁾。

陟彼高冈，我马玄黄⁽¹⁵⁾。我姑酌彼兕觥⁽¹⁶⁾，维以不永伤⁽¹⁷⁾。

陟彼砠⁽¹⁸⁾矣，我马瘏⁽¹⁹⁾矣。我仆痡⁽²⁰⁾矣，云何⁽²¹⁾吁⁽²²⁾矣！

【注释】

(1) 采采：采了又采。《毛传》作采摘解。朱熹《诗集传》云："非一采也。"而马瑞辰《毛诗传笺通释》则认为是状野草"盛多之貌"，即茂盛繁多之象。

(2) 卷耳：苍耳，石竹科一年生草本植物，嫩苗可食，子可入药。

(3) 盈：满。

(4) 顷筐：斜口筐子，后高前低。

(5) 嗟：语助词，或谓叹息声。

(6) 寘（zhì）：同"置"，搁置。

(7) 周行（háng）：环绕的道路，特指大道。

(8) 陟（zhì）：升；登。

(9) 崔嵬（wéi）：高而不平的土石山。

(10) 虺隤（huītuí）：疲极而病。

(11) 姑：姑且。

(12) 酌：斟酒。

(13) 金罍（léi）：青铜做的器皿，用以盛酒和水。

(14) 永怀：长久思念。

(15) 玄黄：黑色毛与黄色毛相掺杂的颜色。朱熹说"玄马而黄，病极而变色也"，就是说本是黑马，病久而出现黄斑。

(16) 兕觥（sìgōng）：野牛角制的酒杯，一说是青铜做的牛形酒器。

(17) 永伤：长久思念。

(18) 砠（jū）：有土的石山，或谓山中险阻之地。

(19) 瘏（tú）：因劳致病，马疲病不能前行。

(20) 痡（pū）：因劳致病，人过度疲劳不能走路。

(21) 云何：奈何，奈之何。

(22) 吁（xū）：忧伤而叹。

【读解】

这首诗选自《国风·周南》，是一首抒写怀人情感的名作。诗的第一章写主人公因为怀念心上人而无心采集卷耳，把未采满的浅筐置于路上，开始乘车登山。诗的后三章均以登山为背景，斟酒自饮，借酒消愁，抒发无法排遣的思念情怀。

怀人是世间永恒的情感主题。这一主题跨越具体的人和事，成了历代诗人吟咏的好题目。《卷耳》为我国诗歌长河中蔚为壮观的怀人诗开了一个好头，其影响深远，广泽后世。当我们吟诵徐陵《关山月》、张仲素《春归思》、杜甫《月夜》、王维《九月九日忆山东兄弟》、元好问《客意》等抒写离愁别绪、怀人思乡的诗歌名篇时，都可以回首寻味《卷耳》的意境。

《桃夭》

【主旨】　祝贺年轻姑娘出嫁，表现人们对生活的热爱。

【原文】

桃之夭夭⁽¹⁾，灼灼⁽²⁾其華。之子⁽³⁾于歸⁽⁴⁾，宜⁽⁵⁾其室家⁽⁶⁾。

桃之夭夭，有⁽⁷⁾蕡⁽⁸⁾其實。之子于歸，宜其家室。

桃之夭夭，其葉蓁蓁⁽⁹⁾。之子于歸，宜其家人。

【注释】

(1) 夭夭：指桃树茂盛的样子。

(2) 灼灼：色泽鲜艳的样子。

(3) 之子：这个人。

(4) 于归：女子出嫁。

(5) 宜：和顺。

(6) 室家：指家庭，下文"家室""家人"义同。

(7) 有：语助词，无义。

(8) 蕡（fén）：果实繁盛的样子。

(9) 蓁（zhēn）蓁：茂盛的样子。

【读解】

　　这首诗选自《国风·周南》，是一首祝贺年轻姑娘出嫁的诗。《周礼》云："仲春，令会男女。"朱熹《诗集传》云："然则桃之有华，正婚姻之时也。"可见周代姑娘一般在春光明媚桃花盛开的时候出嫁，故诗人以桃花起兴，为新娘唱了一首赞歌。

　　第一章以鲜艳的桃花比喻新娘的年轻娇美。经过打扮的新嫁娘此刻既兴奋又羞涩，两颊绯红。古代诗词小说中形容女子面貌姣好，常用"面若桃花""艳若桃李""人面桃花相映红"等语，就是受到《桃夭》一诗的影响。第二章则是表示对婚后的祝愿。桃花开后，自然结果，果实累累，象征着新娘早生贵子，这个家族将人丁兴旺，子孙满堂。第三章以桃树枝叶的茂密成荫，祝愿新娘家庭兴旺发达，蒸蒸日上，婚后生活美满幸福。全诗三章，由花开到结果，再到叶盛，所喻诗意也渐次变化，与桃花的生长相适应，自然浑成，传达出一种喜气洋洋的气氛，表现了人们对生活的热爱，对幸福和美家庭的追求。

《静女》

【主旨】　描绘民间男女约会的情景。

【原文】

静女⁽¹⁾其姝⁽²⁾，俟⁽³⁾我於城隅⁽⁴⁾。愛⁽⁵⁾而不見，搔首踟躕⁽⁶⁾。

NOTE

静女其娈⁽⁷⁾，贻⁽⁸⁾我彤管⁽⁹⁾。彤管有炜⁽¹⁰⁾，说怿⁽¹¹⁾女⁽¹²⁾美。

自牧⁽¹³⁾归⁽¹⁴⁾荑⁽¹⁵⁾，洵美且异⁽¹⁶⁾。匪⁽¹⁷⁾女之为美，美人之贻。

【注释】

（1）静女：文雅和善之女。马瑞辰《毛诗传笺通释》："静当读靖，谓善女，犹云淑女、硕女也。"

（2）姝（shū）：美丽。

（3）俟：等待。

（4）城隅：城角隐蔽处。

（5）爱：通"薆"，隐藏。

（6）踟蹰（chíchú）：徘徊并四处张望的样子。

（7）娈（luán）：美好的样子。

（8）贻（yí）：赠。

（9）彤管：红色管状的草。

（10）炜（wěi）：盛明貌，红而有光的样子。

（11）说怿（yuèyì）：喜爱。说，古"悦"字。

（12）女：通"汝"，指彤管。下文"女"指荑。

（13）牧：郊外的田野。

（14）归：通"馈"，赠送。

（15）荑（tí）：初生的茅草。古时有赠白茅草以示爱恋、婚姻的习俗。

（16）洵美且异：确实美得特别。洵，确实。异，特殊。

（17）匪：非。

【读解】

这首诗选自《国风·邶风》，是一首传唱于邶地（今河南汤阴县一带）的民歌，是以男子口吻所写的活泼动人的情诗。诗歌把民间男女约会时的情景描摹得生动逼真，充满了生活气息，具有淳朴的民歌风味，格调轻松优美。

《静女》一诗人物形象刻画生动，心理描写惟妙惟肖。如"爱而不见，搔首踟蹰"，虽描写的是人物外在的动作，却很好地刻画了人物的内在心理，栩栩如生地塑造出一位恋慕至深、如痴如醉的有情人形象。此时姑娘虽未露面，但从她故意躲藏起来这一逗人的表现，读者已可窥见她那天真的模样和调皮的神态。结尾"匪女之为美，美人之贻"两句是男子内心的独白，更是男子爱情的宣言，与第一章"爱而不见，搔首踟蹰"的恋爱心理首尾呼应，别具真率纯朴之美。全文篇幅虽短，容量却大，令人惊叹于作者高度凝练的艺术笔法，具有颇高的美学价值。

《氓》

【主旨】 反映当时社会男女不平等的婚姻制度对女子的迫害。

【原文】

氓⁽¹⁾之蚩蚩⁽²⁾，抱布⁽³⁾貿絲。

匪來貿絲，來即我謀⁽⁴⁾。

送子涉淇，至于頓丘⁽⁵⁾。

匪我愆⁽⁶⁾期，子無良媒。

將⁽⁷⁾子無怒，秋以爲期。

乘彼垝垣⁽⁸⁾，以望復關⁽⁹⁾。

不見復關，泣涕漣漣。

既見復關，載笑載言。

爾卜⁽¹⁰⁾爾筮⁽¹¹⁾，體⁽¹²⁾無咎言⁽¹³⁾。

以爾車来，以我賄⁽¹⁴⁾遷。

桑之未落，其葉沃若⁽¹⁵⁾。

于嗟⁽¹⁶⁾鳩⁽¹⁷⁾兮，無食桑葚！

于嗟女兮，無與士耽⁽¹⁸⁾！

士之耽兮，猶可說⁽¹⁹⁾也。

女之耽兮，不可說也。

桑之落矣，其黄而隕⁽²⁰⁾。

自我徂⁽²¹⁾爾，三歲食貧⁽²²⁾。

淇水湯湯⁽²³⁾，漸⁽²⁴⁾車帷⁽²⁵⁾裳。

女也不爽⁽²⁶⁾，士貳⁽²⁷⁾其行。

士也罔極⁽²⁸⁾，二三其德⁽²⁹⁾。

三歲爲婦，靡⁽³⁰⁾室勞矣；

夙興夜寐，靡有朝矣。

言既遂矣⁽³¹⁾，至于暴矣。

兄弟不知，咥⁽³²⁾其笑矣。

靜言思之，躬⁽³³⁾自悼⁽³⁴⁾矣。

及爾偕老，老使我怨。

淇則有岸，隰⁽³⁵⁾則有泮⁽³⁶⁾。

總角⁽³⁷⁾之宴⁽³⁸⁾，言笑晏晏⁽³⁹⁾。

NOTE

信誓旦旦，不思其反。

反是不思⁽⁴⁰⁾，亦已焉哉⁽⁴¹⁾！

【注释】

（1）氓（méng）：民，此指女主人的丈夫。

（2）蚩蚩：同"嗤嗤"，嬉皮笑脸的样子。一说形容忠厚老实的样子。

（3）布：古代一种货币。一说布匹。贸：交换，交易。

（4）谋：商量，诗中指商量婚事。

（5）顿丘：地名，在今河南清丰。

（6）愆（qiān）：延误。

（7）将（qiāng）：愿，请。

（8）乘垝（guǐ）垣：登上坍毁的土墙。乘，登上。垝垣，坍毁的土墙。

（9）复关：指男子居住处，此代指男子。

（10）卜：用龟甲卜吉凶。

（11）筮（shì）：用蓍草占卦。

（12）体：卜卦之体。

（13）咎言：不吉之言。

（14）贿：财物，此指女子的嫁妆。

（15）沃若：润泽的样子。

（16）于（xū）嗟：感叹词。于，通"吁"。

（17）鸠：斑鸠。传说斑鸠吃桑葚过多会醉。

（18）耽：沉迷，沉溺。

（19）说：同"脱"，摆脱。

（20）陨：坠落。

（21）徂（cú）：往，到。

（22）食贫：过贫苦生活。

（23）汤汤（shāngshāng）：水势盛大的样子。

（24）渐（jiān）：打湿。

（25）帷：车上的布幔。

（26）爽：差错。

（27）贰：改变。

（28）罔极：行为不端，没有准则。

（29）二三其德：德行反复无常，三心二意。

（30）靡：没有。

（31）遂矣：婚姻已成事实。遂，实现。

（32）咥（xì）：讥笑。

（33）躬：自己，自身。

（34）悼：悲伤。

（35）隰（xí）：低洼地。

（36）泮：同"畔"。

（37）总角：古时儿童两边梳辫，借指童年。

（38）宴：欢乐。

（39）晏晏：温和，融洽。

（40）反是不思：再不去想他变心的事了。

（41）已焉哉：算了吧。已，完了。焉，语助词。哉，感叹词。

【读解】

　　这首诗选自《国风·卫风》，是一首弃妇的怨诗。诗中叙述了女主人公恋爱、结婚、受虐及被弃的过程，深刻反映了当时社会男女不平等的婚姻制度对女子的迫害。

　　全诗共分六章，每章十句，依照人物命运的发展顺序加以抒写。第一、二章以叙述为主，具体描写男子向女主人公求婚，单纯的女子从痴情守望至结婚的过程；第三、四章以抒情为主，以桑树起兴，从女子的年轻貌美写到体衰色减，揭示了男子对她从热爱到厌弃的经过，抒发了胸中的悲愤怨恨；第五、六章写婚后被丈夫虐待和遗弃的痛苦，为了摆脱这些痛苦，她下定决心割断情感。全诗叙述与抒情相互交错，故事情节的起止发展与人物思绪的起伏变化相并推进，使这首叙事诗带有强烈的抒情色彩。此诗多处运用了比兴手法。如以"桑之未落，其叶沃若""桑之落矣，其黄而陨"比喻两人感情的前后变化；以"于嗟鸠兮，无食桑葚"比喻女子不可沉溺爱情；以"淇则有岸，隰则有泮"反喻自身的痛苦没有边际。这些比喻，不仅生动形象，而且符合人物的处境遭遇，富有生活气息。

《伯兮》

【主旨】　这是一首妇女思念丈夫的诗，反应兵役给人们造成的深重苦难。

【原文】

伯⁽¹⁾兮朅兮⁽²⁾，邦之桀⁽³⁾兮。伯也执殳⁽⁴⁾，爲王前驱。

自伯之东，首如飞蓬⁽⁵⁾。岂无膏沐⁽⁶⁾？谁适爲容⁽⁷⁾！

其雨其雨，杲杲⁽⁸⁾出日。愿⁽⁹⁾言思伯，甘心首疾⁽¹⁰⁾。

焉得谖草⁽¹¹⁾？言树⁽¹²⁾之背⁽¹³⁾。愿言思伯，使我心痗⁽¹⁴⁾。

【注释】

（1）伯：兄弟姐妹中年长者称伯，此处指其丈夫。

（2）朅（qiè）：英武高大的样子。

（3）桀（jié）：通"傑（杰）"。本义是特立貌，引申为英杰。

（4）殳（shū）：古代兵器名，竹制或木制，有棱无刃。

（5）蓬：草名。蓬草一干分枝以数十计，枝上生稚枝，密排细叶。枯后往往在近根处折断，遇风就被卷起飞旋，所以叫"飞蓬"。这句是用飞蓬比喻头发散乱。

（6）膏沐：指润发的油脂。

（7）谁适为容：言修饰容貌为了取悦谁呢？适，悦也。

（8）杲杲（gǎogǎo）：明亮的样子。

（9）愿（yìn）：忍痛之意。

（10）甘心首疾：言虽头痛也是心甘情愿的。疾，犹"痛"。

（11）谖（xuān）草：即萱草。古代认为萱草可以使人忘忧，故称之为忘忧草。

（12）树：动词，种植。

（13）背：北。这里指屋子的北面。

（14）痗（mèi）：病，忧伤。

【读解】

　　这首诗选自《国风·卫风》，写一位妇女怀念在外服兵役的丈夫，感情深厚，描写细腻。诗一开篇，女子用自豪的口吻描述她的丈夫，他不仅英武伟岸，是国中的豪杰，同时还充当君王的"前驱"。第二章写自从丈夫出征，妻子在家就无心再打扮自己了，任由头发零乱得像蓬草。这是以对女性美丽的暂时毁坏，表明她对其他异性的封闭，更表明她对丈夫的忠贞。在古代，妇女是不能上战场的，因此妻子对从军丈夫的忠贞，也是间接表达了对于国家的忠贞。第三章写女子久久的期盼，一次次的落空，强忍着对丈夫的思念之痛。第四章描写女子难以排遣的痛苦，她希望自己能够"忘忧"，因为这"忧"已经使她不堪重负，相思成疾。

　　诗歌语直情浓，辞浅意美，是我国思妇诗之发端。这首诗震撼人的艺术力量，来源于其深刻而逼真地写出了思妇细腻而微妙的内心世界，表达了对丈夫深厚而忠贞的感情，同时反映出诗歌的另一个主题，即兵役给百姓造成的深重苦难。

《木瓜》

【主旨】青年男女互赠礼物表达爱情。

【原文】

　　投我以木瓜(1)，报之以琼琚(2)。匪报也，永以为好也！

　　投我以木桃(4)，报之以琼瑶。匪报也，永以为好也！

　　投我以木李(5)，报之以琼玖。匪报也，永以为好也！

【注释】

（1）木瓜：一种落叶灌木（或小乔木），蔷薇科，果实长椭圆形，色黄而香，蒸煮或蜜渍后供食用。

（2）琼琚（jū）：美玉，下文"琼瑶""琼玖"义同。

（3）木桃：果名，圆而小于木瓜。

（4）木李：果名，即榠楂，又名木梨。

【读解】

　　这首诗选自《国风·卫风》，是一首青年男女互赠礼物表达爱情的诗。作者似用青年男子的口吻，说他接到女子赠给的平常礼物，却用贵重的美玉来报答。其实不只为了报答，而是为了表示爱情的深沉和永久。

《诗经·大雅·抑》有"投我以桃，报之以李"之句，后世便有"投桃报李"这一脍炙人口的成语，比喻相互赠答，礼尚往来。比较起来，虽然也有从《木瓜》"投我以木瓜，报之以琼琚"生发出的成语"投木报琼"，但其使用频率远远低于"投桃报李"。可是倘若据此便认为《抑》的传诵程度比《木瓜》要高，那就大错而特错了。事实上，《木瓜》是至今广泛传诵的《诗经》名篇之一。后来汉代张衡《四愁诗》"美人赠我金错刀，何以报之英琼瑶"，尽管这里是"投金报玉"，但其意义实际与"投木报琼"相同。

《黍离》

【主旨】 抒发故国之思。

【原文】

彼黍⁽¹⁾離離⁽²⁾，彼稷⁽³⁾之苗。行邁⁽⁴⁾靡靡⁽⁵⁾，中心⁽⁶⁾搖搖⁽⁷⁾。知我者，謂我心憂；不知我者，謂我何求。悠悠⁽⁸⁾蒼天，此何人哉？

彼黍離離，彼稷之穗。行邁靡靡，中心如醉。知我者，謂我心憂；不知我者，謂我何求。悠悠蒼天，此何人哉？

彼黍離離，彼稷之實。行邁靡靡，中心如噎⁽⁹⁾。知我者，謂我心憂；不知我者，謂我何求。悠悠蒼天，此何人哉？

【注释】

(1) 黍：谷物名，一般认为是黄米。

(2) 离离：繁茂。

(3) 稷：谷物名，即高粱。

(4) 行迈：行走。

(5) 靡靡：步行缓慢的样子。

(6) 中心：心中。

(7) 摇摇：心神不安的样子。

(8) 悠悠：遥远的样子。

(9) 噎（yē）：郁结而气逆不能呼吸。

【读解】

这首诗选自《国风·王风》，描写西周故都的荒凉景象，抒发诗人强烈的故国之思。《毛诗》序曰："黍离，闵宗周也。周大夫行役，至于宗周，过故宗庙宫室，尽为禾黍，闵周室之颠覆，彷徨不忍去，而作是诗也。""黍离之悲"成为后世表达亡国哀思的一个成语。

全诗共三章，每章十句。三章间结构相同，取同一物象不同时间的表现形式完成时间流逝、情景转换、心绪压抑三个方面的发展，在循环往复之间表现出主人公不胜忧郁之状。每章开头两句以"彼黍离离"的景物描写起兴，以黍稷的蓬勃茂盛来反衬西周宗庙宫室的荒凉。三四句写诗人面对满目凄凉的景象，悲从中来，心智迷乱。接着以反复对比的手法，抒发诗人心

NOTE

中的忧伤。结句发出悲叹，悲怆之情达到高潮。作者忧国忧民，伤时悯乱，最后向天发问：这种历史悲剧是谁造成的？谁来承担西周灭亡的历史责任？诗的作者非常清楚，他不把问题的答案明确说出，而是采用质问的方式，给读者留下思考的空间。

《子衿》

【主旨】表现女子对恋人的无限情思。

【原文】

青青子衿⁽¹⁾，悠悠我心。縱我不往，子寧不嗣音⁽²⁾！

青青子佩⁽³⁾，悠悠我思。縱我不往，子寧不来！

挑兮達兮⁽⁴⁾，在城闕⁽⁵⁾兮。一日不見，如三月兮！

【注释】

(1) 子衿：古代读书人的服装。子，男子的美称，这里指"你"。衿，即襟，衣领。

(2) 嗣音：传音讯。

(3) 佩：这里指系佩玉的绶带。

(4) 挑兮达兮：走来走去的样子。

(5) 城阙：城门两边的观楼。

【读解】

这首诗选自《国风·郑风》，写一个女子在城楼上等候她的恋人。全诗三章，采用倒叙手法。前两章以"我"的口气自述怀人，"青青子衿""青青子佩"是以恋人的衣饰借代恋人，对方的衣饰给她留下了深刻的印象，使她念念不忘。如今因受阻不能前去赴约，只好等恋人过来相会，可望穿秋水，不见人影，浓浓的爱意不由转化为惆怅与幽怨："纵我不往，子宁不嗣音！""纵我不往，子宁不来！"第三章写她在城楼上因久候恋人不至而心烦意乱，唱出"一日不见，如三月兮"的无限情思。全诗不到50字，运用心理描写，把女主人公等待恋人时焦灼万分的情状呈现在读者面前，可谓字少而意多。

《溱洧》

【主旨】反映古老而淳朴的民俗风情。

【原文】

溱與洧⁽¹⁾，方涣涣⁽²⁾兮。士與女⁽³⁾，方秉蕳⁽⁴⁾兮。女曰："觀乎？"士曰："既且⁽⁵⁾。""且⁽⁶⁾往觀乎！洧之外，洵訏⁽⁷⁾且樂。"維⁽⁸⁾士與女，伊⁽⁹⁾其相謔⁽¹⁰⁾，贈之以勺藥⁽¹¹⁾。

溱與洧，瀏⁽¹²⁾其清矣。士與女，殷⁽¹³⁾其盈⁽¹⁴⁾矣。女曰："觀乎？"士曰：

"既且。""且往觀乎！洧之外，洵訏且樂。"維士與女，伊其將⁽¹⁵⁾謔，贈之以勺藥。

【注释】

（1）溱（zhēn）与洧（wěi）：指郑国两条河流的名称。

（2）涣涣：河水解冻后奔腾的样子。

（3）士与女：此处泛指男男女女。后文"士""女"则特指其中某青年男女。

（4）秉蕑（jiān）：手拿兰草。秉，执。蕑，一种兰草。

（5）既且：已经去过。既，已经。且，同"徂"，往。

（6）且：再。

（7）洵訏（xū）：确实广阔。洵，诚然，确实。訏，广阔。

（8）维：发语词。

（9）伊：发语词。

（10）相谑：互相调笑。

（11）勺药：即"芍药"，一种香草，非今日之木芍药。郑笺："其别则送女以勺药，结恩情也。"马瑞辰《毛诗传笺通释》云："又云'结恩情'者，以勺与约同声，故假借为结约也。"

（12）浏：水深而清之状。

（13）殷：众多。

（14）盈：满。

（15）将：即"相"。

【读解】

　　这首诗选自《国风·郑风》，是一首反映古代郑地风俗的诗。《后汉书·礼志》李贤注引《韩诗》曰："郑国之俗，三月上巳，之溱、洧两水上，招魂续魄，秉兰草，拂不祥。"

　　这首诗表现了暮春三月上巳日（三月三日），郑国青年男女按习俗到河边沐浴以被除不祥、祈求幸福的情景，传神地再现了少男少女趁此机会相聚相乐、互表衷情的热闹场面，真实地反映了古老而淳朴的民俗风情。全诗采用民歌叠咏的形式，每章只变换个别字句，循环往复。有叙事，有对话，语言生动，表达感情真挚朴实，应该是通过切身的感受才写出来的。诗人可能就是秉蕑赠花的少女或少男之一。诗中渗透着浓厚的抒情意味，正如方玉润所说："每值风日融和，良辰美景，竞相出游，以至蕑芍互赠，播为美谈，男女戏谑，恬不知羞。"所谓"恬不知羞"，实际是青年们天然纯朴的感情流露。

《蒹葭》

【主旨】　抒发主人公对所爱者的倾心相慕。

【原文】

蒹葭⁽¹⁾蒼蒼⁽²⁾，白露爲霜。所謂伊人⁽³⁾，在水一方⁽⁴⁾。

溯洄⁽⁵⁾從⁽⁶⁾之，道阻⁽⁷⁾且長；溯游⁽⁸⁾從之，宛⁽⁹⁾在水中央。

NOTE

蒹葭萋萋，白露未晞⁽¹⁰⁾。所謂伊人，在水之湄⁽¹¹⁾。

溯洄從之，道阻且躋⁽¹²⁾；溯游從之，宛在水中坻⁽¹³⁾。

蒹葭采采，白露未已⁽¹⁴⁾，所谓伊人，在水之涘⁽¹⁵⁾。

溯洄從之，道阻且右⁽¹⁶⁾；溯游從之，宛在水中沚⁽¹⁷⁾。

【注释】

（1）蒹葭（jiānjiā）：芦荻，芦苇。

（2）苍苍：繁盛的样子。后文"萋萋""采采"义同。

（3）伊人：这个人。

（4）方：一边，指对岸。

（5）溯洄：逆流向上。

（6）从：跟踪追寻。

（7）阻：险阻。

（8）溯游：顺流而下。

（9）宛：好像、仿佛。

（10）晞（xī）：干。

（11）湄：水草交接处，即岸边。

（12）躋（jī）：高起，登上高处。

（13）坻（chí）：水中小沙洲。

（14）已：停止。

（15）涘（sì）：水边。

（16）右：迂回曲折。

（17）沚（zhǐ）：水中小沙滩。

【读解】

这首诗选自《国风·秦风》，是一首表现爱情的抒情诗。主人公对所爱者倾心相慕、情意绵绵。

诗的各章均以蒹葭、白露开头，令人眼前出现一幅秋天水边的景象，给人以凄清优美之感。诗人在深秋的早晨来到长满芦苇的河边，从"白露为霜"的黎明，找到"白露未晞""白露未已"的午前，寻访那行踪不定的"伊人"，表达了诗人对"伊人"的一往情深与焦急惆怅的心情。"宛在水中央""宛在水中坻""宛在水中沚"三个句子非常传神，写出了苦苦追寻之后所得到的幻景。这幻景虚无缥缈，如水中月、镜中花，可望而不可即，一瞬间就消逝了，既令人激动不已，又让人惆怅伤感。它显示出爱情的距离美、艺术的朦胧美，以及美好的理想难以实现需要执着追求的人生哲理。因此这首诗给人的启迪是多方面的。

《七月》

【主旨】描绘了西周初年的农业生产情况。

【原文】

七月流火⁽¹⁾，九月授衣⁽²⁾。一之日⁽³⁾觱發⁽⁴⁾，二之日⁽⁵⁾栗烈⁽⁶⁾。無衣無褐⁽⁷⁾，何以卒歲⁽⁸⁾？三之日⁽⁹⁾于耜⁽¹⁰⁾，四之日⁽¹¹⁾舉趾⁽¹²⁾。同我婦子，饁⁽¹³⁾彼南畝，田畯⁽¹⁴⁾至喜。

七月流火，九月授衣。春日載陽⁽¹⁵⁾，有鳴倉庚⁽¹⁶⁾。女執懿⁽¹⁷⁾筐，遵彼微行⁽¹⁸⁾，爰⁽¹⁹⁾求柔桑⁽²⁰⁾。春日遲遲⁽²¹⁾，采蘩⁽²²⁾祁祁⁽²³⁾。女心傷悲，殆⁽²⁴⁾及公子同歸。

七月流火，八月萑葦⁽²⁵⁾。蠶月⁽²⁶⁾條桑⁽²⁷⁾，取彼斧斨⁽²⁸⁾，以伐遠揚，猗⁽²⁹⁾彼女桑⁽³⁰⁾。七月鳴鵙⁽³¹⁾，八月載⁽³²⁾績⁽³³⁾。載⁽³⁴⁾玄⁽³⁵⁾載黃，我朱孔陽⁽³⁶⁾，爲公子裳。

四月秀葽⁽³⁷⁾，五月鳴蜩⁽³⁸⁾。八月其穫，十月隕蘀⁽³⁹⁾。一之日于貉⁽⁴⁰⁾，取彼狐狸，爲公子裘。二之日其同⁽⁴¹⁾，載纘⁽⁴²⁾武功⁽⁴³⁾。言私其豵⁽⁴⁴⁾，獻豜⁽⁴⁵⁾于公。

五月斯螽⁽⁴⁶⁾動股，六月莎雞⁽⁴⁷⁾振羽⁽⁴⁸⁾。七月在野，八月在宇⁽⁴⁹⁾，九月在戶，十月蟋蟀入我牀下。穹窒⁽⁵⁰⁾熏鼠，塞向墐戶⁽⁵¹⁾。嗟我婦子，曰⁽⁵²⁾爲改歲⁽⁵³⁾，入此室處。

六月食鬱⁽⁵⁴⁾及薁⁽⁵⁵⁾，七月亨葵及菽⁽⁵⁶⁾。八月剝棗⁽⁵⁷⁾，十月穫稻。爲此春酒⁽⁵⁸⁾，以介⁽⁵⁹⁾眉壽⁽⁶⁰⁾。七月食瓜，八月斷壺⁽⁶¹⁾，九月叔⁽⁶²⁾苴⁽⁶³⁾，采荼薪樗⁽⁶⁴⁾，食我農夫。

九月筑場圃⁽⁶⁵⁾，十月納⁽⁶⁶⁾禾稼。黍稷重⁽⁶⁷⁾穋⁽⁶⁸⁾，禾麻菽麥。嗟我農夫，我稼既同，上入執宮功⁽⁶⁹⁾。晝爾于茅⁽⁷⁰⁾，宵爾索綯⁽⁷¹⁾。亟⁽⁷²⁾其乘⁽⁷³⁾屋，其始播百穀。

二之日鑿冰冲冲⁽⁷⁴⁾，三之日納于凌陰⁽⁷⁵⁾。四之日其蚤⁽⁷⁶⁾，獻羔祭韭⁽⁷⁷⁾。

九月肅霜⁽⁷⁸⁾，十月滌場⁽⁷⁹⁾。朋酒斯饗⁽⁸⁰⁾，曰殺羔羊。躋⁽⁸¹⁾彼公堂⁽⁸²⁾，稱⁽⁸³⁾彼兕觥⁽⁸⁴⁾，萬壽無疆！

【注释】

（1）流火：大火星向西下行。火，星名，又称大火，即心宿三。流，流动。每年夏历五月黄昏时，大火星出现在南方，也就是正中和最高的位置。过了六月就向西偏斜了。大火星向西下行标志着暑尽寒来，天气转冷。

（2）授衣：谓制备寒衣。一说将裁制冬衣的工作交给女工。

（3）一之日：指夏历十一月。

（4）觱（bì）发：寒风吹起的声音。

（5）二之日：指夏历十二月。

（6）栗烈：凛冽，形容严寒。栗，通"溧"，寒冷。

（7）褐（hè）：粗布衣。

（8）卒岁：终岁。

（9）三之日：指夏历一月。

（10）于耜（sì）：修理农具。于，为，修理。耜，古代的一种农具。

（11）四之日：指夏历二月。

（12）举趾：举足而耕。

（13）馌（yè）：馈送食物。

（14）田畯（jùn）：农官名。

（15）春日载阳：指二月天气开始暖和。载，开始。阳，温暖。

（16）仓庚：鸟名，即黄莺。

（17）懿（yì）：深。

（18）微行（háng）：墙下小路。《毛传》："微行，墙下径也。"

（19）爰（yuán）：语词，犹"曰"。

（20）柔桑：初生的桑叶。

（21）迟迟：天长的意思。

（22）蘩（fán）：白蒿。

（23）祁祁：众多。

（24）殆：怕。

（25）萑（huán）苇：芦苇。八月萑苇长成，收割下来，可以做箔。

（26）蚕月：养蚕的月份，指夏历三月。

（27）条桑：修剪桑树。

（28）斨（qiāng）：方孔的斧头。

（29）猗（yǐ）：通"掎"，牵引，拉着。

（30）女桑：小桑树。

（31）鵙（jú）：鸟名，即伯劳。

（32）载：开始。

（33）绩：拧成麻线，准备织布用。

（34）载：则。

（35）玄：黑而赤的颜色。

（36）朱孔阳：赤色很鲜明。朱，赤色。孔，很。阳，鲜明。

（37）秀葽（yāo）：言葽草结实。秀，植物开花。葽，草名，葽草。

（38）蜩（tiáo）：蝉。

（39）陨萚（tuò）：草木凋落。

（40）于貉（hé）：猎取野兽皮毛为衣。

（41）同：聚合，言狩猎之前聚合众人。

（42）缵（zuǎn）：继续。

（43）武功：指田猎。

（44）言私其豵（zōng）：小兽归猎者私有。言，动词词头。私，私人占有。豵，一岁小猪，这里用来代表比较小的兽。

（45）豜（jiān）：三岁的猪，代表大兽。

（46）斯螽（zhōng）：虫名，蝗类，即蚱蜢、蚂蚱。

（47）莎鸡：虫名，今名纺织娘。

（48）振羽：言鼓翅发声。

（49）宇：屋檐。

（50）穹窒：堵塞洞穴。

（51）塞向墐（jìn）户：涂塞大门及北窗的缝隙。向，朝北的窗户。墐，用泥涂抹。户，指门。贫家门扇用柴竹编成，涂泥可使不透风。

（52）曰：《汉书》引作"聿"，语词。

（53）改岁：是说旧年将尽，新年快到。

（54）郁：植物名，唐棣之类。树高五六尺，果实像李子，赤色。

（55）薁（yù）：植物名，果实大如桂圆。一说为野葡萄。

（56）菽（shū）：豆的总名。

（57）剥（pū）枣：打枣。剥，通"扑"，击打。

（58）春酒：冬天酿酒经春始成，叫作"春酒"。

（59）介：祈求。

（60）眉寿：长寿。人老眉间有毫毛，所以长寿称眉寿。

（61）壶：葫芦。

（62）叔：拾取。

（63）苴（jū）：秋麻之籽，可以吃。

（64）薪樗（chū）：言采樗木为薪。樗，木名，即臭椿。

（65）场圃：场地。场，是打谷的场地。圃，菜园。此句意为春夏做菜园的地方秋冬就做成场地。

（66）纳：收进谷仓。

（67）重：即"种"，是早种晚熟的谷物。

（68）穋（lù）：是晚种早熟的谷物。

（69）上入执宫功：去官府服役。上入，到公家去。执，服役。宫功，指建筑宫室。

（70）于茅：去采茅草。于，前往。茅，采茅草。

（71）索绹（táo）：搓绳索。索，搓。绹，绳索。

（72）亟：急。

（73）乘：登上。

（74）冲冲：象声词，凿冰之声。

（75）凌阴：冰窖。《毛传》："凌阴，冰室也。"凌，是聚集的水。阴，指藏冰之处。

（76）蚤：通"早"，一说读为"爪"。

（77）献羔祭韭：这句是说用羔羊和韭菜祭祖。《礼记·月令》说仲春献羔开冰，四之日正是仲春。

（78）九月肃霜：九月天高气爽。肃霜，犹"肃爽"。

（79）涤场：清扫场地。

（80）飨（xiǎng）：以酒食待客。

（81）跻（jī）：登。

（82）公堂：或指公共场所，不一定是国君的朝堂。

（83）称：举起。

（84）兕觥（sìgōng）：古代用兽角做的酒器。兕，犀牛一类野兽。觥，酒器。

【读解】

这首诗选自《国风·豳风》，是《国风》中最长的一首叙事诗。豳地在今陕西旬邑、彬县一带。公刘时代周之先民还是一个农业部落。这首诗共八章，从七月开始，以客观的写实手法按时间先后叙事，逐月展开各个画面，生动、细致地描绘了西周初年的农业生产情况，涉及衣食住行各个方面，如播种、采桑、养蚕、织布、缝衣、狩猎、酿酒、修缮房屋、采集食物、服劳役、祭祀宴饮等，从不同的侧面展示了当时的生活图景和各种人物的面貌，以及农夫与公家的相互关系，构成了西周早期社会男耕女织的风俗画，反映了这个部落一年四季的劳动生活，同时也反映了当时存在的压榨与剥削现象，揭示了西周社会严重的阶级矛盾，真实而全面地展示了3000多年前周代农事生活图景。

正如清人姚际恒《诗经通论》评《七月》说："鸟语虫鸣，草荣木实，似《月令》；妇子入室，茅绹升屋，似《风俗书》；流火寒风，似《五行志》；养老慈幼，跻堂称觥，似庠序礼；田官染职，狩猎藏冰，祭献执功，似国家典制书。其中又有似《采桑图》《田家乐图》《食谱》《谷谱》《酒经》，一诗之中，无不具备，洵天下之至文也。"

这首诗以叙事为主，在叙事中写景抒情，形象鲜明，诗意浓郁。全诗采用赋体，"敷陈其事""随物赋形"，反映了生活的真实性；语言朴实无华，善于抓住各种物候的特征来表现节令的演变，使全诗充满了自然风光和强烈的乡土气息。

《东山》

【主旨】　这是一首征人思家之诗，反映了兵役给人们带来的深重灾难。

【原文】

我徂⁽¹⁾東山⁽²⁾，慆慆⁽³⁾不歸。我來自東，零雨其濛⁽⁴⁾。
我東曰歸，我心西悲⁽⁵⁾。制彼裳衣，勿士⁽⁶⁾行枚⁽⁷⁾。
蜎蜎⁽⁸⁾者蠋⁽⁹⁾，烝⁽¹⁰⁾在桑野。敦⁽¹¹⁾彼獨宿，亦在車下。

我徂東山，慆慆不歸。我來自東，零雨其濛。

果赢⁽¹²⁾之實，亦施于宇⁽¹³⁾。伊威⁽¹⁴⁾在室，蠨蛸⁽¹⁵⁾在户。

町疃鹿場⁽¹⁶⁾，熠耀⁽¹⁷⁾宵行⁽¹⁸⁾。不可畏也，伊可懷也⁽¹⁹⁾。

我徂東山，慆慆不歸。我來自東，零雨其濛。

鸛⁽²⁰⁾鳴于垤⁽²¹⁾，婦歎于室。洒埽穹窒，我征聿至⁽²²⁾。

有敦瓜苦⁽²³⁾，烝在栗薪⁽²⁴⁾。自我不見，于今三年。

我徂東山，慆慆不歸。我來自東，零雨其濛。

倉庚⁽²⁵⁾于飛，熠耀其羽。之子于歸，皇駁⁽²⁶⁾其馬。

親⁽²⁷⁾結其缡⁽²⁸⁾，九十其儀⁽²⁹⁾。其新孔嘉⁽³⁰⁾，其舊如之何？

【注释】

(1) 徂（cú）：往、到。

(2) 东山：在今山东境内，诗中士兵所戍守的地方。

(3) 慆慆：久久、长期。

(4) 零雨其濛：细雨蒙蒙。濛，雨点细小的样子。

(5) 西悲：指因怀念西方家乡而悲伤。

(6) 士：同"事"，从事。

(7) 行枚：行军时衔在口中以保证不出声的小竹棍。这里是军旅生活的代称。

(8) 蜎蜎（yuānyuān）：爬行、蠕动貌。

(9) 蠋（zhú）：桑间野蚕。

(10) 烝：久。一说众多或语气助词。

(11) 敦：本指圆形，这里形容人蜷曲着身子睡觉，缩成一团。

(12) 果赢（luǒ）：葫芦科植物，一名栝楼。

(13) 施（yì）于宇：形容满满地挂在房檐上。施，蔓延。宇，房檐。

(14) 伊威：虫名，俗称土鳖虫。

(15) 蠨蛸（xiāoshāo）：一种长脚蜘蛛。

(16) 町疃（tǐngtuǎn）鹿场：此指田舍荒芜变成被兽蹄践踏的地方。町，田界。疃，村庄、屯。

(17) 熠耀：闪光发亮。

(18) 宵行：夜间飞行。

(19) 伊可怀也：此句意思说田园荒芜并不可怕，反倒这更加令人思念。伊，是。

(20) 鸛（guàn）：水鸟名，形似鹤和鹭，体形大，食鱼。

(21) 垤（dié）：小土堆。

(22) 我征聿（yù）至：我的征人要回来了。聿，语气助词。

(23) 瓜苦：瓠瓜。这里指用瓠瓜一剖为二的酒瓢。古代结婚时行合卺礼，夫妇各持一瓢，盛酒漱口。

NOTE

（24）栗薪：蓼薪，即束薪，古代行婚礼时所用。

（25）仓庚：黄莺。

（26）皇驳：黄白或红白相间。皇，黄白相间的颜色。驳，红白相间的颜色。二者均指马毛色不纯。

（27）亲：指妻子的母亲。

（28）缡：同"褵"，佩巾，古代嫁妆，由母亲给女儿系在身上。

（29）九十其仪：形容仪式隆重繁多。

（30）孔嘉：非常美。

【读解】

这首诗选自《国风·豳风》，是《诗经》中最出色的一首抒情诗。它委婉细致地抒写了一位服役归来的征人思家、恋妻、渴望和平生活的极其复杂的思想情感和心理活动，反映了兵役给人们带来的深重灾难：不仅破坏了农业生产，而且破坏了团聚的家庭生活。

全诗共四章。章首四句叠咏，文字全同，构成了全诗的主旋律，写出了征人西归时的特定环境：阴雨绵绵，景色凄然，烘托了还乡征人此时此刻难以言喻的忧伤心情。这四句情景交融，为每章后面几句的叙事做了充分的铺垫。每章的后四句则是叙事性内容，大抵可分为前后两部分。

前两章写主人公还乡途中悲喜交集、喜胜于悲的心情。第一章首先抓住着装的改变这一细节，写征人解甲归田之喜，反映了人民对战争的厌倦，对和平生活的渴望；其次写归途风餐露宿、夜住晓行的辛苦。把征人比作桑林的野蚕，颇有意味，令读者感到征人虽然辛苦，却有摆脱羁勒，得其所哉的喜悦。第二章写途中想象家园荒芜、民生凋敝，倍增怀念之情。诗中所写的杂草丛生、野兽昆虫出没、磷火闪烁的景象，真挚细腻，描绘出战争造成的破坏。

后两章承上写主人公途中的想象，却是专写对妻子的怀思，有推想妻在家中的忧思，有回忆新婚的情景，也有对久别重逢的想象。第三章特别提到瓜瓠，是因为古代婚俗夫妇合卺时须剖瓠为瓢，彼此各执一瓢，盛酒漱口以成礼。这里言在物而意在人。第四章回忆三年前举行婚礼的情景，写莺歌燕舞，迎亲的车马喜气洋洋，丈母娘为新娘子结上佩巾，把做媳妇的规矩叮咛又叮咛。这些快乐情景既与前文的"妇叹于室"形成对比，同时还暗示着主人公曾经有过"新婚别"的悲痛经历。俗话说"久别胜新婚"，诗的结尾说："其新孔嘉，其旧如之何？"既是想入非非的，又是合情合理的。古代农业社会人际关系较为单纯，夫妇关系实是最深挚的一种人际关系。

此诗最大的艺术特色是丰富的联想，也许是国风中想象力最为丰富的一首诗，诗中有再现、追忆式的想象（如对新婚的回忆），也有幻想、推理式的想象（如对家园残破的想象）。而放在章首的叠咏则起到了咏叹的作用。这咏叹就像一根红线，将诗中所有片断的追忆和想象串联起来，使之成为浑融完美的艺术整体。

《鹿鸣》

【主旨】叙述周代贵族的宴饮之乐。

【原文】

呦呦⁽¹⁾鹿鸣，食野之苹⁽²⁾。我有嘉宾，鼓瑟吹笙⁽³⁾。

吹笙鼓簧⁽⁴⁾，承筐⁽⁵⁾是将⁽⁶⁾。人之好我，示⁽⁷⁾我周行⁽⁸⁾。

呦呦鹿鸣，食野之蒿⁽⁹⁾。我有嘉宾，德音⁽¹⁰⁾孔昭⁽¹¹⁾。

视⁽¹²⁾民不恌⁽¹³⁾，君子是则⁽¹⁴⁾是傚⁽¹⁵⁾。我有旨酒⁽¹⁶⁾，嘉宾式⁽¹⁷⁾燕⁽¹⁸⁾以敖⁽¹⁹⁾。

呦呦鹿鸣，食野之芩⁽²⁰⁾。我有嘉宾，鼓瑟鼓琴。

鼓瑟鼓琴，和乐且湛⁽²¹⁾。我有旨酒，以燕乐嘉宾之心。

【注释】

(1) 呦呦（yōuyōu）：鹿鸣叫的声音。朱熹《诗集传》："呦呦，声之和也。"

(2) 苹：植物名，藾蒿。陆玑《毛诗草木鸟兽虫鱼疏》："藾蒿，叶青色，茎似箸而轻脆，始生香，可生食。"

(3) 鼓瑟吹笙：指弹奏乐器。鼓，弹奏。瑟，一种弦乐器。笙，一种管乐器。

(4) 鼓簧：振动簧片。鼓，振动。簧，笙上的舌片，这里指笙管发音部件。

(5) 承筐：指奉上礼品。

(6) 将：送，献。

(7) 示：指引。

(8) 周行（háng）：大道，引申为大道理。

(9) 蒿：青蒿。

(10) 德音：美好的品德声誉。

(11) 孔昭：很鲜明。孔，很。昭，明。

(12) 视：同"示"。

(13) 恌（tiāo）：通"佻"。

(14) 则：法则，楷模，此作动词。

(15) 傚：模仿。

(16) 旨酒：甜美的酒。

(17) 式：语助词。

(18) 燕：同"宴"。

(19) 敖：同"遨"。

(20) 芩（qín）：草名，蒿类植物。

(21) 湛（dān）：沉浸。一说指长久。

【读解】

这首诗是《小雅》的首篇，叙述周代贵族的宴饮之乐。关于这首诗的创作背景，《毛诗正义序》写道："《鹿鸣》，燕群臣嘉宾也。"它是周天子招待群臣、嘉宾之诗，反映了周代的贵族生活，洋溢着欢快祥和的情调。

全诗三章均以"呦呦鹿鸣"起兴，原因有二：首先，鹿喜欢群居，往往成群出现。其次，鹿的鸣叫往往是呼唤同类的信号，这在后代的相关记载中可以得到证明。叶隆礼《契丹国志》卷二十三叙述契丹族狩猎场景时写道："七月上旬，复入山射鹿。夜半，令猎人吹角效鹿鸣，既集而射之。"此诗同样是把"呦呦鹿鸣"作为求友的信号加以运用，引出后面的群体宴饮场面。《鹿鸣》作为贵族宴饮的写照，从多个方面展示出这种活动的礼仪。宴会上鼓瑟吹笙欢迎客人，为客人送上礼物，国君谦逊地向客人垂询治国兴邦的大道理，表示礼贤下士；又赞美客人明道理、善治民，是君子学习的楷模，向他们敬酒；最后宾主尽欢，宴会在君臣融洽的气氛中结束。后来《鹿鸣》也成为贵族宴会或举行乡饮酒礼、燕礼等宴会的乐歌。曹操曾把此诗的前四句"呦呦鹿鸣，食野之苹，我有嘉宾，鼓瑟吹笙"直接引用在他的《短歌行》中，以表达求贤若渴的心情和对于天下归心的企望。及至唐宋，科举考试后举行的宴会上也歌唱《鹿鸣》之章，称为"鹿鸣宴"。《三国演义》电视连续剧又把它应用于"横槊赋诗"大宴群臣的环境中，可见此诗影响之深远。

《诗经·小雅》中的宴饮诗还有《南有嘉鱼》《湛露》《宾之初筵》《瓠叶》等。《诗经》的宴饮诗主要见于《小雅》《大雅》，《周颂》也有少数这类作品。

《采薇》

【主旨】 表达士兵反对战争、渴望和平的心愿。

【原文】

采薇⁽¹⁾采薇，薇亦作⁽²⁾止⁽³⁾。曰归曰归，岁亦莫⁽⁴⁾止。
靡⁽⁵⁾室靡家，玁狁⁽⁶⁾之故。不遑⁽⁷⁾启居⁽⁸⁾，玁狁之故。

采薇采薇，薇亦柔⁽⁹⁾止。曰归曰归，心亦忧止。
忧心烈烈⁽¹⁰⁾，载饥载渴⁽¹¹⁾。我戍⁽¹²⁾未定，靡使归聘⁽¹³⁾。

采薇采薇，薇亦刚⁽¹⁴⁾止。曰归曰归，岁亦阳⁽¹⁵⁾止。
王事靡盬⁽¹⁶⁾，不遑启处。忧心孔疚⁽¹⁷⁾，我行不来⁽¹⁸⁾。

彼尔⁽¹⁹⁾维何？维常⁽²⁰⁾之华⁽²¹⁾。彼路⁽²²⁾斯⁽²³⁾何？君子⁽²⁴⁾之车。
戎车既驾，四牡⁽²⁵⁾业业⁽²⁶⁾。岂敢定居？一月三捷。

驾彼四牡，四牡骙骙⁽²⁷⁾。君子所依，小人所腓⁽²⁸⁾。
四牡翼翼⁽²⁹⁾，象弭⁽³⁰⁾鱼服。岂不日戒⁽³¹⁾？玁狁孔棘⁽³²⁾。

昔我往矣，楊柳依依⁽³³⁾。今我来思⁽³⁴⁾，雨雪霏霏⁽³⁵⁾。

行道遲遲⁽³⁶⁾，载渴载饥。我心伤悲，莫知我哀！

【注释】

(1) 薇：野生的豌豆，嫩叶可食用。

(2) 作：兴起。此指薇菜刚冒出地面。

(3) 止：句末语气助词。下同。

(4) 莫：同"暮"。

(5) 靡：无。

(6) 玁狁（xiǎnyǔn）：中国古代少数民族。

(7) 遑：闲暇。

(8) 启居：跪与坐，均为古人家居生活行为，泛指安居。启，通"跽"，跪。下文"启处"义同。

(9) 柔：柔嫩。"柔"表示比"作"更进一步生长，指刚长出来的薇菜柔嫩的样子。

(10) 烈烈：火势很大的样子，此处形容忧心如焚。

(11) 载饥载渴：又饥又渴。

(12) 戍（shù）：防守，这里指防守的地点。

(13) 聘（pìn）：探问。

(14) 刚：坚硬。指薇菜茎叶长得老了。

(15) 阳：阳月，指农历十月，小阳春季节。今犹言"十月小阳春"。

(16) 盬（gǔ）：止息，了结。

(17) 孔疚：很痛苦。孔，甚，很。疚，病，苦痛。

(18) 我行不来：意思是我不能回家。来，回家。

(19) 尔：通"薾"。

(20) 常：棠棣。

(21) 华：同"花"。

(22) 路：同"辂"，指高大的战车。

(23) 斯：语气助词，无实义。

(24) 君子：指军队的将帅。

(25) 牡：雄马。

(26) 业业：高大雄壮的样子。

(27) 骙（kuí）：雄壮，威武。这里是指马高大强壮的意思。

(28) 腓（féi）：庇护，掩护。

(29) 翼翼：整齐的样子。谓马训练有素。

(30) 象弭（mǐ）：以象牙装饰末梢的弓。弭，弓的一种，其两端饰以骨角。鱼服：鱼皮制的箭袋。

(31) 日戒：日日警惕戒备。

(32) 孔棘（jí）：很紧急。棘，通"亟"。

（33）依依：形容柳丝轻柔、随风摇曳的样子。

（34）思：用在句末，没有实在意义。

（35）霏霏：雨雪大的样子。

（36）迟迟：迟缓的样子。

【读解】

这首诗选自《小雅》，是一首以远戍归来的士兵的口吻追述征战生活的诗。诗中表达了久戍不归的思家之苦，追忆了在战场上同仇敌忾、英勇杀敌的战斗场面，最后描写归途中所见到的情景及内心的伤感之情，表达出士兵反对战争、渴望和平的心愿。

此诗虽出自《小雅》，却颇似《国风》的基调。诗的前三章采用重章叠句的形式，在回环往复、一唱三叹中，充分表现了远戍士兵深切的思归之情；巧妙地采用比兴手法，以薇菜自然生长的三个阶段——薇之作、薇之柔、薇之刚，展示时间的推移、季节的转换、心绪的变化，集中体现了《诗经》的艺术特色。此诗创造出了千古称颂的佳句："昔我往矣，杨柳依依。今我来思，雨雪霏霏。""杨柳依依"和"雨雪霏霏"两个诗歌意象体现出时间的流转、生命的流逝，显示出《诗经》在诗歌意象捕捉上的高度审美水平，对后代的诗歌创作具有良好的启示作用。

《世说新语·文学》篇记载了这样一个故事：有一天谢安和他的子弟们聚会，他提出一个问题：《诗经》中哪个句子最优美？他的侄子谢玄回答："昔我往矣，杨柳依依。今我来思，雨雪霏霏。"可见古人对此诗评价之高。

【知识链接】

1. 夫《诗》者，论功颂德之歌，止僻防邪之训，虽无为而自发，乃有益于生灵。六情静于中，百物荡于外，情缘物动，物感情迁。若政遇醇和，则欢娱被于朝野；时当惨黩，亦怨刺形于咏歌。作之者所以畅怀舒愤，闻之者足以塞违从正。发诸情性，谐于律吕，故曰"感天地，动鬼神，莫近于《诗》"。此乃《诗》之为用，其利大矣。

——（清）阮元《十三经注疏·毛诗正义序》

2.《关雎》，后妃之德也，风之始也，所以风天下而正夫妇也。故用之乡人焉，用之邦国焉。风，风也，教也。风以动之，教以化之。

诗者，志之所之也。在心为志，发言为诗。情动于中而形于言，言之不足，故嗟叹之，嗟叹之不足，故永歌之，永歌之不足，不知手之、舞之、足之、蹈之也。

情发于声，声成文谓之音。治世之音安以乐，其政和；乱世之音怨以怒，其政乖；亡国之音哀以思，其民困。故正得失，动天地，感鬼神，莫近于诗。先王以是经夫妇，成孝敬，厚人伦，美教化，移风俗。

故《诗》有六义焉：一曰风，二曰赋，三曰比，四曰兴，五曰雅，六曰颂。上以风化下，下以风刺上，主文而谲谏，言之者无罪，闻之者足以戒，故曰风。至于王道衰，礼义废，政教失，国异政，家殊俗，而变风变雅作矣。国史明乎得失之迹，伤人伦之废，哀刑政之苛，吟咏情性，以风其上，达于事变而怀其旧俗者也。故变风发乎情，止乎礼义。发乎情，民之性也；止乎礼义，先王之泽也。是以一国之事，系一人之本，谓之风；言天下之事，形四方之风，谓之雅。雅者，正也，言王政之所由废兴也。政有小大，故有小雅焉，有大雅焉。颂者，美盛德之形容，以其成功告于神明者也。是谓四始，诗之至也。

然则《关雎》《麟趾》之化，王者之风，故系之周公。南，言化自北而南也。《鹊巢》《驺虞》之德，诸侯之风也，先王之所以教，故系之召公。《周南》《召南》，正始之道，王化之基。是以《关雎》乐得淑女，以配君子，忧在进贤，不淫其色；哀窈窕，思贤才，而无伤善之心焉。是《关雎》之义也。

——（清）阮元《十三经注疏·毛诗正义》卷一

3. 风、雅、颂者，《诗》篇之异体；赋、比、兴者，《诗》文之异辞耳。大小不同，而得并为六义者，赋、比、兴是《诗》之所用，风、雅、颂是《诗》之成形，用彼三事，成此三事，是故同称为"义"。

——（清）阮元《十三经注疏·毛诗正义》卷一

4.《大师》教六诗：曰风，曰赋，曰比，曰兴，曰雅，曰颂，以六德为之本，以六律为之音。

——（清）阮元《十三经注疏·周礼注疏》卷二十三

【实践讨论】

1. 联系《采薇》一诗的思想内容，谈谈"杨柳依依"和"雨雪霏霏"这两个诗歌意象的艺术境界。

2.《溱洧》这首诗是怎样描写男女春游之乐的？其所反映的先民的爱情生活究竟美在哪儿？诗中提到的"蕑"与"勺药"两种植物，在古代有何寓意？

3. 试结合《七月》一诗将周代农民一年的劳动生活按时间顺序作一简要概括，体会我国古代劳动人民"依天时而作"的传统。谈谈本诗中作者采用了哪些典型物候来表示季节，如何反映出周初先民与自然的密切关系。

4. 对于《静女》一诗，旧时各家众说纷纭，结合以下观点谈谈你的看法。《毛诗正义序》云："《静女》，刺时也。卫君无道，夫人无德。"郑《笺》云："以君及夫人无道德，故陈静女遗我以彤管之法。德如是，可以易之，为人君之配。"欧阳修《诗本义》云："此乃述卫风俗男女淫奔之诗。"朱熹《诗集传》："此淫奔期会之诗。"

【推荐阅读书目】

1.（清）阮元校刻《十三经注疏》，中华书局 2009 年影印清嘉庆刊本。

2.（清）马瑞辰《毛诗传笺通释》，中华书局 1989 年整理本。

3. 夏传才《诗经研究史概论》，中州书画社 1982 年版。

4. 姜亮夫、夏传才、赵逵夫等《先秦诗鉴赏辞典》，上海辞书出版社 1998 年版。

5. 李炳海《诗经品鉴》，中国人民大学出版社 2010 年版。

NOTE

第三讲 《尚书》导读
——上古之事，帝王之书

【知识导入】

《尚书》是我国第一部上古时期历史文件和部分追述古代事迹著作的汇编，保存了商周特别是西周初期的一些重要史料，也是我国最古老的官方史书。它记载了上古历史时期我国的天文、地理、道德、宗教信仰、哲学思想、文学、艺术、教育、军事、经济、刑法和典章制度等，对后世产生了重要影响，是我们了解中国古代社会的珍贵史料。中国传统文化的很多基本精神都蕴含其中，中国封建社会的正统观念和儒家的政治理论也在其基础上构建而成。用当今的标准来看，《尚书》绝大部分应属于当时官府处理国家大事的公务文书，因此也可以说它是一部体例比较完备的公文总集。《尚书》最早称为《书》。《荀子·劝学》说："书者，政事之纪也。"到了汉代称为《尚书》，意思是"上古之书"。东汉王充《论衡·正说》说："《尚书》者，以为上古帝王之书。"尚也有崇尚、高尚之意。汉代以后，《尚书》成为儒家五部重要经典——《诗》《书》《礼》《易》《春秋》"五经"之一，所以又称为《书经》。《尚书》主要用散文写成，被文史学家称为我国最早的散文总集，是中国古代散文已经形成的标志。《尚书》的语言、词汇古奥迂涩，较难读懂。

《尚书》所记载的历史，上起自传说中的尧舜禹时代，下至东周（春秋中期），历史跨度1500多年，其中虞、夏及商代部分文献是据传闻写成，不尽可靠。从构成板块上看，按朝代顺序编排，主要分为虞书、夏书、商书、周书四部分；从体例形式上看，主要有典、谟、训、诰、誓、命六种。"典"是重要史实或专题史实的记载，"谟"是对君臣谋略的记载，"训"是臣开导君主、给君主提建议的话，"诰"是告诫、勉励的文告，"誓"是君主训诫士众的誓词，"命"是君主对属下的命令。还有部分以人名作标题，如《盘庚》《微子》；有些以史事为标题，如《高宗肜日》《西伯戡黎》；有些以内容为标题，如《洪范》《无逸》。其中《禹贡》托言夏禹治水的记录，实为古地理志，与全书体例不一，疑为后人著述。

《尚书》的作者和编辑年代很难确定，但在汉代以前就已有了定本。《史记·孔子世家》说到孔子修《书》，并把它作为教授学生的经典。相传《书》有几千篇，孔子删定为百篇。《汉书·艺文志》说："《书》之所起远矣，至孔子纂焉。上断于尧，下讫于秦，凡百篇而为之序。"就是说，孔子删定以后又按时代做了排序。如果孔子编定《书》是真有其事，那他为什么删书呢？章太炎认为："盖《尚书》过多，以之教士，恐人未能毕读，不得不加以删节，亦如后之作史者，不能将前人实录字字录之也。删节之故，不过如此。"但也有人认为是因为《书》中有些内容与孔子的政治观点不一致而被删节。自汉以来，《尚书》一直被视为中国封建社会的政治哲学经典，既是帝王的教科书，又是贵族子弟及士大夫必遵的"大经大法"，在历史上很有影响。

　　《尚书》在流传中多生变故，其真伪聚散极其复杂曲折，现存版本也是真伪参半。《史记·孔子世家》认为孔子修定《尚书》，而近代学者多以为《尚书》编定于战国时期。但《尚书》在先秦时已出现应该是一个基本事实，因为先秦时期的诸多学派典籍都曾引述《尚书》，由此可表明《尚书》早已有之。秦始皇焚书坑儒时，烧天下诗书，还禁止民间私藏，许多先秦书籍轻则残缺，重则亡佚。《尚书》作为被焚毁的对象，也难逃厄运，多有残缺。西汉初年，朝廷解除秦时的书禁，并鼓励和号召民间向朝廷"献书"。汉文帝听说山东有个名叫伏生的 90 多岁老人在齐鲁之间私授《尚书》，于是派晁错前往请教学习。伏生本是秦朝博士，秦始皇焚书令颁布后，他把《尚书》藏在自家墙壁中。伏生的弟子将他讲的《尚书》用当时通行的隶书文字整理并流传下来，就是后来的《今文尚书》，共 29 篇。到汉景帝时鲁恭（共）王为扩充自己宫殿而拆除孔子的旧宅，从旧宅的墙壁中得到包括《尚书》在内的用古文书写的经传数十篇，经孔门子弟孔安国加以整理，得《尚书》45 篇，是为《古文尚书》。汉武帝时把《今文尚书》列为博士，孔安国也把《古文尚书》献出来，但由于用古文写成，艰深难懂，被朝廷束之高阁，只在民间传习。汉成帝时刘向、刘歆父子以《古文尚书》校勘《今文尚书》，后来刘歆还想把《古文尚书》立为博士，引起"五经博士"反对，双方展开争辩，这就是后来所说的今古文《尚书》之争。

　　今文学派主张通经致用，"思以其道易天下"，他们讲解经典时只讲微言大义，即往往只讲历史、政治和哲学等思想性的内容，颇有先秦诸子之风；古文学派则注重章句、训诂、典礼、名物等的考订。二者各得一端。《古文尚书》虽在西汉末也被立于官学，但东汉初又被取消，直到魏文帝曹丕时才再次被官方认可，与《今文尚书》并立为官学。西晋永嘉之乱后，《今文尚书》失传，《古文尚书》独存。东晋元帝时，梅赜献《孔传古文尚书》，有 58 篇，因传授无稽，后代学者对其疑议颇多，孔传本后来在学术界逐渐占据优势，并最终取代旧本《古文尚书》的地位。唐太宗令孔颖达等撰五经正义，《尚书正义》就以梅献《孔传古文尚书》为底本，至宋代编入《十三经注疏》，成为流传至今的官方定本，也是《尚书》的最后定本。

　　《尚书》在中国历史上具有重要的地位和作用，主要体现在以下方面。

　　一是推《尚书》为群经之首、百家之冠。唐代刘知几在其被誉为中国古代第一本历史理论专著的《史通》中指出："夫《尚书》者，七经之冠冕，百氏之襟袖，凡学者必先精此书。"这主要是因为《尚书》是言"王道""政治"之书，而"王道""政治"是可以涵盖社会及人事的。再加上古代中国长期是中央高度集权的君主专制国家，君权至高无上，威严无比，"王道"和"政治"在整个国家结构、社会中处于无与伦比的中心地位，对于牧民治天下的王者来说，《尚书》是最重要的、其他任何书籍都不能替代的"宝书"，理所当然成为群经之首和众书之冠。

　　二是《尚书》是我国最早的史书。司马迁认为"《书》以道事"，《尚书》记载的是当时的"政事""史事"。其中最早的史料如《尧典》，虽作为信史的可信度不高，但距今已 4000 多年，而最晚的可信度很高的史料距今也不过 2700 多年。它不仅为后世认识、研究上古历史提供了丰富珍贵的史料，也开启了我国"正史"和史书的先河，对后世影响极大。其后的《春秋》《左传》《国语》《战国策》及洋洋大观的二十四史都可以看到《尚书》的影子。因此章学诚指出《尚书》是我国"史家之初祖"，并不为过。

　　三是《尚书》保存着我国最早的"政治"之书。《尚书》本质上是记载中国上古历史情况的历史著作。其内容多是有关"二帝""三王"时期为君、为臣、纳言、从谏、师古、用贤、重民、安民等为政之事。司马迁说："《书》记先王之事，故长于政。"因此《尚书》又是一本我国最早的典型的"政治"之书。

四是《尚书》保存了我国最早的散文。其文章篇幅较长而结构完整，并多用比喻、排比、对比等手法，文章形象、生动、贴切，语言精练，叙事与说理结合，表现技巧较高，这种被称为"尚书体"的文风对后世官文影响很大，《尚书》中许多古文词及古注中保留的训诂材料对古汉语的学习研究也有着重要的参考价值。

五是《尚书》最早记录了我国的典章文物制度。我国典章制度确立较早，人们一般认为最迟到殷商时期就已比较系统和完整，但最早比较真实详细地反映和记载中国古代典章文物制度的还是《尚书》。它一方面使我们看到我国至少早在两三千年前就有如此完整的典章文物制度，有如此高级成熟的历史文明；另一方面，我们也由此推论我国后世盛大灿烂的典章文物制度是在继承和学习中逐渐完备和升华而成的。

六是《尚书》在我国历史上首倡"德政""修身"。中国是一个举世闻名的重"德政"，重"修身"，行"仁学"，行"礼仪"的国家。长期在中国古代占据政治哲学主导和思想文化核心地位的儒家，就把《尚书》作为其重要元典。《尚书》中的尧、舜、禹、汤、文、武、周公等，也成为儒家顶礼膜拜的修身、齐家、治国、平天下的"内圣外王"的理想人物。《尚书·大禹谟》中"人心惟危，道心惟微，惟精惟一，允执厥中"的所谓十六字心传，还被宋明理学当作其思想基础。几千年来，中国作为一个"礼仪之邦"的文明古国，辉煌灿烂悠久的历史文化从未间断，其重要原因之一就是一直有"德政""修身"的观念和思想作为维系国家、民族、家庭、君臣、父子、夫妇、兄弟、朋友等古代中国社会基本关系的精神纽带和核心价值观，而这种精神纽带和核心价值观的溯源与发端，就是《尚书》。

七是《尚书》作为中国最早的古籍，是中国本土原生文化最早的凝聚成型之作，是中国文化的首次集大成，是先秦文化的文献源头，是先秦文化"基因"的最早文献载体。《尚书》的流传和成书时间跨度很大，它既是早期先秦文化的产物，又是后期先秦文化的鼻祖，兼具中国"史学之祖"和"文化圣典"的双重身份。

众所周知，先秦时代的春秋战国时期，诸子百家，百花齐放，三教九流，百家争鸣，是中国文化的奠基阶段，借用德国思想家雅斯贝尔斯的说法，是中国文化的"轴心时代"。这一时期出现在中国历史上的典籍，正是中国文化生生不息的思想之源。后世古代中国的基本思想（佛教思想除外）基本不超出此范围。这些被视为中国文化"轴心时代"代表性成就的诸子学说，如儒家、道家、法家、墨家、阴阳家、兵家等，其学说主张都与《尚书》有关，其思想或多或少都源于《尚书》或是对其的改造。正是这样一种思想初源或母体，不断衍生出先秦诸子百家的流派或子体，由此奠定了《尚书》为中国历史文化之真正源头性著作的地位。

本讲所用底本为上海古籍出版社 1997 年影印清代阮元校刻《十三经注疏》本，解读中参考了诸多专家、学者的意见，择善而从，并有笔者自己的判断。

《虞书·尧典》节选（一）

【主旨】盛赞帝尧的内圣外王。

【原文】

曰若稽古[(1)]，帝尧曰放勋，钦[(2)]明文思安安[(3)]，允[(4)]恭克[(5)]让，光被四表，格于上下[(6)]。克明俊德[(7)]，以亲九族。九族既睦，平章[(8)]百姓。百姓昭明，协和万邦，黎民于变时雍[(9)]。

【注释】

（1）曰若稽古：查考古时的传说。曰若：常用作追述往事开头的发语词，没有实际意义。稽：考察。古：这里指古时传说。

（2）钦：恭谨严肃。

（3）安安：温和、宽容。

（4）允：诚实。

（5）克：能够。

（6）光被四表，格于上下：光辉普照四方，泽及天地。被，覆盖。四表，四方极远的地方。格，到达。

（7）俊德：指才德兼备的人。

（8）平章：辨明。平，辨别。章，使彰显。

（9）黎民于变时雍：天下民众也随着变得友善，和睦相处。黎民，民众。于，随着。时，友善。雍，和睦。

【读解】

本文节选自《虞书·尧典》。相传尧是我国原始社会后期部落联盟的首领，名放勋，属陶唐氏，又称唐尧，是传说中著名的"五帝"之一。本文记述和盛赞了具有钦、明、文、思、安安五德的尧以身作则、以德服人，循着修身、齐家、治国、平天下的径路，为后世塑造了一个"内圣外王"的理想君王形象。由于《尧典》文首有"曰若稽古"的话，说明这不是当时的作品，而是后人的追记之作，但具体成书时间已难以考证，一般认为是在周初到秦汉这一漫长的时期逐步成书。《尧典》主要记载了尧时的情况，包括尧本人的品德和功绩，其中记述的一些社会制度和社会状况，比较真实地反映了中国古代氏族社会及其后期解体阶段的情况，有较高的史料价值。

《虞书·尧典》节选（二）

【主旨】记述帝尧选择接班人唯德才是举的高风亮节。

【原文】

帝曰："咨！四岳。朕在位七十载，汝能庸命[(1)]，巽[(2)]朕位？"

岳曰："否德忝帝位[(3)]。"

曰："明明扬侧陋[(4)]。"

师锡帝曰[(5)]："有鳏[(6)]在下，曰虞舜。"

帝曰："俞⁽⁷⁾！予聞，如何？"

岳曰："瞽⁽⁸⁾子，父頑，母嚚，象⁽⁹⁾傲，克諧。以孝烝烝⁽¹⁰⁾，乂不格姦⁽¹¹⁾。"

帝曰："我其試哉！女于時⁽¹²⁾，觀厥刑⁽¹³⁾于二女⁽¹⁴⁾。"釐降二女于嬀汭⁽¹⁵⁾，嬪⁽¹⁶⁾于虞。

帝曰："欽哉！"

【注释】

(1) 庸命：顺应天命。

(2) 巽：用作"践"，意思是履行、升任，这里指接替帝位。

(3) 否德忝（tiǎn）帝位：德行鄙陋，不配登帝位。否，鄙陋。忝，辱，辱没，意思是不配。

(4) 明明扬侧陋：可以明察贵族中贤明的人，也可以选拔、举荐隐伏卑微的人。

(5) 师锡帝曰：大家给尧帝建议说。师，众人，大家。锡，赐，这里指提出意见。

(6) 鳏（guān）：死了妻子又未再结婚的男人。

(7) 俞：是的，就这样。

(8) 瞽（gǔ）：瞎子，这里指舜的父亲乐官瞽瞍。

(9) 象：舜的同父异母弟弟。

(10) 烝烝：形容孝德美厚。

(11) 乂（yì）不格奸：指舜既能很好地处理与家人的关系，又不使自己沦于邪恶。乂，治理。格，至，达到。奸，邪恶。

(12) 女于时：嫁女儿给这个人。女，嫁女。时，是，这个人，这里指舜。

(13) 刑：法度，法则。

(14) 二女：指尧的女儿娥皇和女英。

(15) 厘降二女于嬀（guī）汭（ruì）：尧帝命令自己的两个女儿娥皇、女英到嬀水的拐弯处。厘，命令。嬀，水名。汭，河流弯曲的地方。

(16) 嫔：嫁给别人作妻子。

【读解】

本文节选自《虞书·尧典》，主要讲述了尧帝晚年不恋权位，为使帝位传到德才兼备之人手中，广集群议，不分贵贱，并把自己的两个女儿下嫁给困境中的舜，以亲自考察其是否适合做接班人。同时赞扬了舜的孝德美厚。此文反映了中国古代早期可能存在过的禅让制的某些情况。舜，继尧帝成为传说中我国原始社会末期部落联盟的首领，姓姚，一说姓妫，名重华，属有虞氏，又称虞舜。

《虞书·舜典》节选（一）

【主旨】 记述和赞美舜的德才完美。

【原文】

慎徽五典⁽¹⁾，五典克從⁽²⁾。納于百揆⁽³⁾，百揆時叙⁽⁴⁾。賓⁽⁵⁾于四門，四門穆穆⁽⁶⁾。納于大麓⁽⁷⁾，烈風雷雨弗迷。

帝曰："格⁽⁸⁾！汝舜。詢事考言⁽⁹⁾，乃言厎可績⁽¹⁰⁾，三載。汝陟帝位。"舜讓于德，弗嗣。

【注释】

（1）慎徽五典：谨慎地赞美五种美德。徽，美善，赞美。五典，五常，指父义、母慈、兄友、弟恭、子孝五种美德。

（2）克从：能够顺从。

（3）纳于百揆：赐予百官职位。纳，赐予职位。百揆，掌管各种事务的官员。

（4）时叙：承顺，意思是服从舜的领导。

（5）宾：迎接宾客。

（6）穆穆：形容仪容齐整。

（7）麓：山脚。

（8）格：到来，来。

（9）询事考言：谋划政事，考察你的言论。询，谋划。考，考察。

（10）乃言厎（zhǐ）可绩：照你的意见办一定会成功。乃，你。厎，求得。

【读解】

本文节选自《虞书·舜典》，讲述了舜在被尧选定为接班候选人后，接受尧考验时各方面的完美表现，说明他是最适合接受尧帝禅让帝位的人。但他十分谦虚，认为自己的德行还不够，应该把帝位让给比他更有德行的人。此处盛赞了舜的崇高品质，也同样反映了中国古代早期可能存在过的禅让制的某些情况。

《虞书·舜典》节选（二）

【主旨】讲述舜对音乐及其功用的深刻看法。

【原文】

帝曰："夔！命汝典樂⁽¹⁾，教胄子⁽²⁾，直而溫，寬而栗⁽³⁾，剛而無⁽⁴⁾虐，簡而無傲。詩言志，歌永⁽⁵⁾言，聲依永，律和聲。八音克諧，無相奪倫⁽⁶⁾，神人以和。"

夔曰："於⁽⁷⁾！予擊石拊石⁽⁸⁾，百獸率舞。"

【注释】

（1）典乐：担任乐官，掌管音乐。

（2）胄（zhòu）子：未成年的人。

（3）栗：恭谨。

（4）无：不要。

（5）永：通"咏"，吟唱。

（6）伦：次序，这里指和谐。

（7）於（wū）：叹词，相当于现代的"啊"。

（8）拊石：轻轻敲击石磬。拊，轻轻敲击。石，石磬，古代的一种乐器。

【读解】

本文节选自《虞书·舜典》，记述了舜命夔担任乐官以掌管音乐教育的事迹，集中体现了舜对音乐的深刻看法和对音乐教育的重视。他认为诗是用来表达思想感情的，歌把这种思想感情咏唱出来。唱出的歌既要与思想感情一致，也要合乎音律。八类乐器要演奏出和谐的声音，相互间不能弄乱次序，这样神与人听了都会感到美妙和谐。音乐教育和熏陶会改变人的气质，使人正直而温和，处事宽容而明辨，性情刚毅而不残暴，态度简约而不傲慢。

《虞书·皋陶谟》节选

【主旨】 论述皋陶论如何修身、齐家、治国、平天下。

【原文】

皋陶曰："都[1]！亦[2]行[3]有九德。亦言其人有德，乃[4]言曰，载采采[5]。"

禹曰："何？"

皋陶曰："宽而栗[6]，柔而立[7]，愿而恭[8]，乱而敬[9]，扰而毅[10]，直而温[11]，简而廉[12]，刚而塞[13]，彊而义[14]。彰厥有常吉[15]哉！

"日宣三德[16]，夙夜浚明有家[17]；日严祗敬六德[18]，亮采有邦[19]。翕受敷施[20]，九德咸事[21]，俊乂[22]在官。百僚师师[23]，百工惟时[24]，抚于五辰[25]，庶绩其凝[26]。

"无教[27]逸欲，有邦兢兢业业，一日二日万几[28]。无旷庶官[29]，天工[30]，人其代之。天叙有典[31]，敕我五典五惇哉[32]！天秩[33]有礼，自我五礼有庸哉[34]！同寅协恭和衷哉[35]！天命有德，五服五章哉[36]！天讨[37]有罪，五刑[38]五用哉！政事懋哉！懋[39]哉！

"天聪[40]明[41]，自我民聪明。天明[42]畏[43]，自我民明威。达于上下，敬哉有土[44]！"

皋陶曰："朕言惠可底[45]行？"

禹曰："俞！乃言底可绩。"

皋陶曰："予未有知，思曰赞[46]赞襄[47]哉！"

【注释】

（1）都：叹词，啊。

（2）亦：检验。

（3）行：德行。

（4）乃：考察。

（5）载采采：拿很多事实来证明。载，为，这里的意思是以……为证明。采，事。采采即很多事，这里指事实。

（6）栗：严肃恭谨。

（7）柔而立：指性情温和而又有自己的主见。

（8）愿而恭：小心谨慎而又庄重严肃。

（9）乱而敬：能干而又态度认真。乱，治，这里指有治国才干。敬：认真。

（10）扰而毅：善于听取别人意见而又刚毅果断。扰，柔顺，指能听取他人意见。毅，果断。

（11）直而温：耿直而温和。直，正直，耿直。温，温和。

（12）简而廉：直率旷达而又行为方正。简，直率而不拘小节。廉，方正。

（13）刚而塞：刚正不阿而又脚踏实地。刚，刚正。塞，充实。

（14）强而义：坚强勇敢而又合乎道义。强，坚毅。义，善，合乎道义。

（15）常吉：吉祥。常，祥。

（16）日宣三德：每天都能在行为中表现出九德中的三德。宣，表现。

（17）夙夜浚明有家：早晚恭敬努力地去实行，就可以做卿大夫。夙，早晨。浚明，恭敬努力。家，这里指卿大夫的封地。

（18）日严祗敬六德：每天都能庄重恭敬地实行九德中的六德。严，严肃庄重。祗，恭敬。

（19）亮采有邦：就可以协助天子处理政务而成为诸侯。亮，辅佐。邦，诸侯的封地。

（20）翕受敷施：把九种品德集中起来全面地实行。翕，集中。敷施，普遍推行。

（21）九德咸事：使有这九种品德的人都担任一定职务。咸，全部。事，担任事务。

（22）俊乂：指特别有才德的人。

（23）师师：互相学习和仿效。

（24）惟时：尽职尽责。惟，想。时，善。

（25）抚于五辰：顺从五星运行。抚，顺从。五辰，指金、木、水、火、土五星。

（26）庶绩其凝：就会取得众多成绩。庶，众多。绩，功绩。凝，成就。

（27）无教：不要。

（28）一日二日万几：天天都有许多事。一日二日，意思是天天。万几，机，这里指事情。

（29）无旷庶官：不要虚设各种官职。旷，空，这里指虚设。庶官，众官。

（30）天工：上天命令的事。

（31）天叙有典：上天安排了等级秩序的常法。叙，秩序，指伦理、等级秩序。典，常法。

（32）敕（chì）我五典五惇哉：命令我们遵循君臣、父子、兄弟、夫妇、朋友之间的伦理，并使它们淳厚起来。敕，命令。五典，指君臣、父子、兄弟、夫妇、朋友间的伦理关系。

（33）秩：规定等级次序。

（34）自我五礼有庸哉：要我们遵循公、侯、伯、子、男五种等级的礼节，并使它们经常化。自，遵循。五礼，指公、侯、伯、子、男五种等级的礼节。庸，经常。

（35）同寅协恭和衷哉：要相互敬重，同心同德。寅，恭敬。协恭和衷，同心同德，团结一致。

（36）五服五章哉：要用天子、诸侯、卿、大夫、士五种等级的礼服来显示有德者的区别。五服，天子、诸侯、卿、大夫、士五种等级的礼服。章，显示。

（37）讨：惩治。

（38）五刑：墨、剔、剕、宫、大辟五种刑罚。

（39）懋：勉励，努力。

（40）聪：听力好，这里指听取意见。

（41）明：视力好，这里指观察问题。

（42）明：表扬。

（43）畏：惩罚。

（44）有土：保有国土。

（45）厎（zhǐ）：一定，必须。

（46）赞：辅佐。

（47）襄：治理。

【读解】

本文节选自《虞书·皋陶谟》。皋陶相传是舜的大臣，掌管刑法狱讼。《史记·五帝本纪》说："皋陶为大理，平，民各伏得其实。"本文主要记述了禹向皋陶请教如何修身、齐家、治国、平天下的问题，皋陶提出了九德、五典、五礼、五服、五刑等一系列重要观点，体现了德主刑辅、天人合一的基本立场。

《商书·汤誓》节选

【主旨】商汤讨伐夏桀之前的动员讲话。

【原文】

王曰："格尔众庶(1)，悉听朕言。非台小子(2)，敢行称(3)乱！有夏多罪，天命殛(4)之。今尔有众，汝曰：'我后(5)不恤我众，舍我穑事(6)，而割正夏(7)？'予惟闻汝众言，夏氏有罪，予畏上帝，不敢不正。今汝其曰：'夏罪其如台(8)？'夏王率遏(9)众力，率割(10)夏邑。有众率怠弗协(11)，曰：'时日曷丧(12)？予及汝皆亡。'夏德若兹，今朕必往。"

"尔尚辅予一人，致天之罚，予其大赉(13)汝！尔无不信，朕不食言。尔不从誓言，予则孥戮汝，罔(14)有攸赦。"

【注释】

（1）格尔众庶：大家来啊。格，来。众庶，众人，大家。

（2）非台（yí）小子：不是我小子。台，我。小子，对自己的谦称。

（3）称：举，发动。

（4）殛（jí）：诛杀。

（5）后：国君。

（6）穑（sè）事：农事。

（7）而割（hé）正夏：而为什么去攻打夏王呢？割，通"曷"，意思是为什么。正，通"征"，征讨。

（8）如台（yí）：如何。

（9）遏：通"竭"，尽力，竭力。

（10）割：剥削。

（11）有众率怠弗协：民众大多怠慢不恭，不予合作。有众，臣民。率，大多。怠，怠工。协，和。

（12）时日曷丧：这个太阳什么时候才会消失。时，这个。曷，什么时候。日，这里指夏桀。

（13）赉（lài）：赏赐。

（14）罔：无。

【读解】

本文节选自《商书·汤誓》。汤即成汤、商汤，是商先公契的十四世孙，商王朝的建立者，商代的第一个王。商汤讨伐夏桀之前，汤军队的士兵因怕误农时而不愿意再打仗。为鼓舞士气，汤举行誓师大会，进行战前作战动员，史官记录下誓词，是为《汤誓》。汤在誓词中历数夏桀悖天逆民的罪行，指出他已招致民怨沸腾，将受到天的诛杀，自己去讨伐他不过是遵从天意，替天行道，吊民伐罪，正义无比，并非逆天失德。誓词中商汤恩威并重，为的是唤起士兵们的斗志。从中我们可以看出，天命观在当时社会中的厚重影响和汤的军队尚未完全脱离农业的真实情况。文章也反映了夏末夏桀暴政、社会矛盾激化、民众反抗加剧的社会背景。

《周书·牧誓》节选

【主旨】周武王在与商纣王进行牧野决战前的誓师辞。

【原文】

时甲子[1]昧爽[2]，王朝至于商郊牧野[3]，乃誓。王左杖黄钺[4]，右秉白旄以麾[5]，曰："逖[6]矣，西土之人！"王曰："嗟！我友邦冢君御事[7]，司徒、司马、司空[8]，亚旅、师氏[9]，千夫长、百夫长[10]，及庸[11]、蜀[12]、羌[13]、髳[14]、微[15]、卢[16]、彭[17]、濮[18]人。称尔戈[19]，比尔干[20]，立尔矛，予其誓。"

王曰："古人有言曰：'牝鸡无晨[21]；牝鸡之晨，惟家之索[22]。'今商王受惟妇[23]言是用，昏弃厥肆祀弗答[24]，昏弃厥遗王父母弟不迪[25]，乃惟四方之多罪逋逃[26]，是崇是长[27]，是信是使[28]，是以为大夫卿士。俾暴虐于百姓，

NOTE

以姦宄⁽²⁹⁾于商邑。今予發⁽³⁰⁾惟恭行天之罰。今日之事，不愆⁽³¹⁾于六步、七步，乃止齊⁽³²⁾焉。夫子勖哉⁽³³⁾！不愆于四伐⁽³⁴⁾、五伐、六伐、七伐，乃止齊焉。勖哉夫子！尚桓桓⁽³⁵⁾，如虎如貔⁽³⁶⁾，如熊如羆⁽³⁷⁾，于商郊。弗迓克奔以役西土⁽³⁸⁾，勖哉夫子！爾所⁽³⁹⁾弗勖，其于爾躬有戮⁽⁴⁰⁾！"

【注释】

（1）甲子：甲子日。

（2）昧爽：太阳没有出来的时候。

（3）王朝至于商郊牧野：周武王率领大军来到商朝都城郊外的牧野。王，指周武王。朝，早晨。商郊，商朝都城朝歌的远郊。

（4）杖黄钺（yuè）：拿着铜制大斧。杖，拿着。黄钺，铜制大斧。

（5）右秉白旄（máo）以麾（huī）：右手拿着白色的指挥旗。秉，持。旄，装饰着牛尾的旗。麾，指挥。

（6）逖（tì）：远。

（7）冢君御事：君主和治事大臣。冢君，对邦国君主的尊称。御事，邦国的治事大臣。

（8）司徒、司马、司空：古代官名。司徒管理臣民，司马管理军队，司空管理国土。

（9）亚旅、师氏：古代官名，分别指上大夫、中大夫。

（10）千夫长、百夫长：古代官名，分别指师帅、旅帅。

（11）庸：西南方诸侯国，在今天湖北房县境内。

（12）蜀：西南方诸侯国，在今天四川西部。

（13）羌：西南方诸侯国，在今天甘肃东南。

（14）髳（máo）：西南方诸侯国，在今天四川、甘肃交界地区。

（15）微：西南方诸侯国，在今天陕西郿县境内。

（16）卢：西南方诸侯国，在今天湖北南漳境内。

（17）彭：西南方诸侯国，在今天甘肃镇原东。

（18）濮：西南方诸侯国，在今天湖北郧县与河南邓县之间。

（19）称尔戈：举起你们的戈。称，举起。尔，你们。

（20）比尔干：排列好你们的盾牌。比，排列。干，盾牌。

（21）牝（pìn）鸡无晨：母鸡在早晨不打鸣。牝鸡，母鸡。晨，这里指早晨鸣叫。

（22）索：尽，空，衰落。

（23）妇：指妲己。

（24）昏（hūn）弃厥肆祀弗答：轻蔑地抛弃了对祖先的祭祀而不闻不问。昏弃，轻蔑，轻视。肆，祭祀祖先的祭名。答，问。

（25）迪：用，进用。

（26）逋（bū）逃：逃亡。

（27）是崇是长：对他们又尊重又恭敬。崇，推崇、尊重。长，恭敬。

（28）是信是使：对他们又信任又重用。信，信任。使，使用。

（29）奸宄（guǐ）：坏人。

（30）发：周武王的名字，武王姓姬。

（31）愆（qiān）：错过，超过。

（32）止齐：意思是停下来整顿队伍。

（33）夫子勖（xù）哉：将士们努力啊。夫子，对人的尊称，这里指将士。勖，勉力，努力。

（34）伐：刺杀，一击一刺叫作一伐。

（35）恒恒：威武的样子。

（36）貔（pí）：豹一类的猛兽。

（37）罴（pí）：一种大熊。

（38）弗迓（yà）克奔以役西土：不要迎击向我们投降的人，以便让他们为我们服务。迓，御，意思是禁止。役，帮助。西土，指周国。

（39）所：如果。

（40）其于尔躬有戮：你们自身就会遭到杀戮。躬，自身。戮，杀。

【读解】

此文选自《周书·牧誓》，是公元前 1046 年周武王伐纣、在与商纣王决战前的誓师辞。牧指牧野，古地名，亦称坶野或商牧，在商朝都城朝歌（今河南淇县）以南七十里。这次决战以周武王大胜、殷王朝覆灭告终。在这篇誓辞中，周武王历数商纣王违背天命、昏庸残暴、不得人心的罪行，申明自己是奉天伐纣，勉励军士和助战的诸侯勇往直前，奋力拼杀，去夺取胜利，并告诫将士们如果不努力作战，自身就会有杀身之祸。

《周书·洪范》

【主旨】中国古代社会、政治、哲学的基本纲领。

【原文】

惟十有三祀⁽¹⁾，王访于箕子。王乃言曰："呜呼！箕子，惟天阴骘⁽²⁾下民，相协厥居⁽³⁾，我不知其彝伦攸叙⁽⁴⁾。"

箕子乃言曰："我闻在昔鲧堙洪水⁽⁵⁾，汩陈其五行⁽⁶⁾。帝乃震怒，不畀洪范九畴⁽⁷⁾，彝伦攸斁⁽⁸⁾。鲧则殛死⁽⁹⁾，禹乃嗣兴。天乃锡⁽¹⁰⁾禹洪范九畴，彝伦攸叙。

"初一⁽¹¹⁾曰五行，次⁽¹²⁾二曰敬用五事，次三曰农用八政⁽¹³⁾，次四曰协用五纪⁽¹⁴⁾，次五曰建用皇极⁽¹⁵⁾，次六曰乂⁽¹⁶⁾用三德，次七曰明用稽⁽¹⁷⁾疑，次八曰念用庶征⁽¹⁸⁾，次九曰飨⁽¹⁹⁾用五福，威⁽²⁰⁾用六极。

"一、五行：一曰水，二曰火，三曰木，四曰金，五曰土。水曰润下，火曰炎上，木曰曲直⁽²¹⁾，金曰从革⁽²²⁾，土爰⁽²³⁾稼穑。润下作咸，炎上作苦，曲直作酸，从革作辛，稼穑作甘。

NOTE

"二、五事：一曰貌，二曰言，三曰視，四曰聽，五曰思。貌曰恭，言曰從(24)，視曰明，聽曰聰，思曰睿(25)。恭作肅(26)，從作乂(27)，明作晢，聰作謀，睿作聖。

"三、八政(28)：一曰食，二曰貨，三曰祀，四曰司空，五曰司徒，六曰司寇，七曰賓，八曰師。

"四、五紀：一曰歲，二曰月，三曰日，四曰星(29)辰(30)，五曰厤數(31)。

"五、皇極：皇建其有極。斂時五福(32)，用敷錫厥庶民(33)。惟時厥庶民于汝極。錫汝保(34)極：凡厥庶民，無有淫朋(35)，人無有比德(36)，惟皇作極。凡厥庶民，有猷有爲有守(37)，汝則念之。不協于極，不罹于咎(38)，皇則受(39)之。而康而色(40)，曰：'于攸好德。'汝則錫之福。時人斯其惟皇之極(41)。無虐煢獨而畏高明(42)。人之有能有爲。使羞(43)其行，而邦其昌。凡厥正人(44)，既富方穀(45)，汝弗能使有好于而家，時人斯其辜(46)。于其無好德，汝雖錫之福，其作汝用咎。無偏無陂(47)，遵王之義；無有作好(48)，遵王之道；無有作惡，遵王之路。無偏無黨，王道蕩蕩(49)；無黨無偏，王道平平(50)；無反無側(51)，王道正直。會(52)其有極，歸其有極。曰皇極之敷(53)言，是彝(54)是訓(55)，于帝其訓(56)。凡厥庶民，極之敷言，是訓是行，以近天子之光。曰：天子作民父母，以爲天下王。

"六、三德：一曰正直，二曰剛克(57)，三曰柔克。平康(58)正直，彊弗友(59)剛克，燮(60)友柔克。沈潛(61)剛克，高明(62)柔克。惟辟作福，惟辟作威，惟辟玉食(63)。臣無有作福作威玉食。臣之有作福作威玉食，其害于而家，凶于而國。人用側頗僻，民用僭忒(64)。

"七、稽疑：擇建立卜筮人，乃命卜筮。曰雨，曰霽，曰蒙，曰驛，曰克，曰貞(65)，曰悔(66)，凡七。卜五，占用二，衍忒(67)。立時人(68)作卜筮。三人占，則從二人之言。汝則有大疑，謀及乃心，謀及卿士，謀及庶人，謀及卜筮。汝則從，龜從，筮從，卿士從，庶民從，是之謂大同。身其康彊，子孫其逢(69)吉。汝則從，龜從，筮從，卿士逆，庶民逆，吉。卿士從，龜從，筮從，汝則逆，庶民逆，吉。庶民從，龜從，筮從，汝則逆，卿士逆，吉。汝則從，龜從，筮逆，卿士逆，庶民逆，作內吉，作外凶。龜筮共違于人，用靜吉，用作凶。

"八、庶徵：曰雨，曰暘(70)，曰燠(71)，曰寒，曰風。曰時五者來備，各以其叙(72)，庶草蕃廡(73)。一極備(74)，凶；一極無，凶。曰休(75)徵：曰肅，時寒(76)若；曰乂，時暘若；曰晢，時燠若；曰謀，時寒若；曰聖，時風若。曰咎徵：曰狂(77)，恒雨若；曰僭(78)，恒暘若；曰豫(79)，恒燠若；曰急，恒寒若；曰蒙(80)，恒風若。曰王省(81)惟歲，卿士惟月，師尹惟日。歲月日時無易⁽⁸²⁾，百穀用⁽⁸³⁾成，乂用明，俊民用章⁽⁸⁴⁾，家用平康。日月歲時既易，百穀用不成，乂用昏不明，俊民用微⁽⁸⁵⁾，家用不寧。庶民惟星，星有好⁽⁸⁶⁾風，星有好雨。日月之行，則有冬有夏。月之從星，則以風雨。

"九、五福：一曰壽，二曰富，三曰康寧，四曰攸⁽⁸⁷⁾好德，五曰考⁽⁸⁸⁾終命⁽⁸⁹⁾。六極：一曰凶⁽⁹⁰⁾、短⁽⁹¹⁾、折⁽⁹²⁾，二曰疾，三曰憂，四曰貧，五曰惡，六曰弱。"

【注释】

（1）惟十有三祀：周文王十三年。有，又。祀，年。十有三祀指周文王建国后的第十三年，也是周武王即位后的第四年、灭商后的第二年。

（2）阴骘（zhì）：意思是庇护、保护。

（3）相协厥居：帮助他们和睦地居住在一起。相，帮助。协，和。厥，他们，指臣民。

（4）彝伦攸叙：规定了哪些治国的常理。彝伦，常理。攸，所以。叙，顺序，这里的意思是制定、规定。

（5）鲧（gǔn）陻（yīn）洪水：鲧用堵塞的方法治理洪水。鲧，人名，夏禹的父亲。陻，堵塞。

（6）汩（gǔ）陈其五行：将水、火、木、金、土五行的排列扰乱了。汩，乱。陈，列。行，用。五行指水、火、木、金、土这五种物质。

（7）不畀（bì）洪范九畴：不给治理国家的九种大法。畀，给予。洪，大。范，法。畴，种类。洪范九畴指治国的九种大法。

（8）斁（dù）：败坏。

（9）殛（jí）死：在流放中死去。殛，诛杀，这里指流放。

（10）锡：同"赐"，赐予，给予。

（11）初一：第一。

（12）次：第。

（13）农用八政：勤勉地施行八项政事。农，勤勉，努力。八政，八种政事。

（14）协用五纪：要协调地采用五种记时的方法。协，合，协调，均衡。五纪，五种记时的方法。

（15）建用皇极：建立最高法则。建，建立。皇极，意思是至高无上的法则。

（16）乂（yì）：治理，指治理臣民。

（17）稽：考察。

（18）念用庶征：审查政事要利用各种征兆。念，考虑，审查。庶，多，众。征，征兆。

（19）向：劝导，赏赐。

（20）威：畏惧，警戒。

（21）曲直：可曲可直。

（22）从革：顺从变革。

（23）爰：同"曰"，助词，没有实义。

（24）从：正当合理。

（25）睿（ruì）：通达。

（26）恭作肃：态度恭敬臣民就严肃。作，则，就。肃，恭敬。

（27）从作乂：言论正当则天下大治。

（28）八政：八种政务官员。

（29）星：指二十八宿。

（30）辰：指十二辰。

（31）历数：日月运行经历周天的度数。

（32）敛时五福：把五福集中起来。敛，集中。时，是，这。

（33）用敷锡厥庶民：普遍赏赐给臣民。用，以。敷，普遍。锡，同"赐"。

（34）保：保持，遵守。

（35）淫朋：通过交游结成的私下小集团。

（36）比德：狼狈为奸。比，勾结。

（37）有猷（yóu）有为有守：有计谋、有作为、有操守的臣民。猷，计谋。为，作为。守，操守。

（38）不罹（lí）于咎：不构成犯罪。罹，陷入。咎，罪过。

（39）受：宽容。

（40）而康而色：和颜悦色。康，和悦。色，温润。

（41）时人斯其惟皇之极：这样人们就会思念最高法则。斯，将。惟，想，思。

（42）无虐茕（qióng）独而畏高明：不要虐待那些无依无靠的人，要敬畏明智显贵的人。茕独，指鳏寡孤独、无依无靠的人。

（43）羞：贡献。

（44）正人：指做官的人。

（45）方谷：经常性的丰厚待遇。方，经常。谷，禄位。

（46）辜：罪，怪罪。

（47）陂（pō）：不平坦。

（48）好：私好，偏好。

（49）荡荡：宽广的样子。

（50）平平：平坦的样子。

（51）无反无侧：不违反王道，不偏离法度。反，违反。侧，倾侧，指违犯法度。

（52）会：聚集。

（53）敷：陈述。

（54）彝：陈列。

（55）训：教导。

（56）训：顺从。

（57）刚克：以刚取胜。克，胜过。

（58）平康：中正平和。

（59）友：亲近．

（60）燮（xiè）：和，柔和。

（61）沈潜：沉潜，意思是抑制、压制。

（62）高明：推崇，高扬。

（63）玉食：美食。

（64）人用侧颇僻，民用僭（jiàn）忒（tè）：百官将因此背离王道，臣民也将因此犯上作乱。人，百官。用，因此。僭，越轨。忒，作恶。

（65）贞：内卦。

（66）悔：外卦。

（67）衍忒：推演研究复杂多变的卦象。衍，推演。忒，变化。

（68）时人：这种人，指卜筮官员。

（69）逢：昌盛。

（70）旸（yáng）：日出，这里指晴天。

（71）燠（yù）：温暖，暖和。

（72）叙：次序，这里指时序。

（73）庶草蕃庑：各种草木庄稼就会茂盛生长。蕃，茂盛。庑，芜，草丰盛。

（74）一极备：其中一种天气太过。一，指雨、旸、燠、寒、风五种天气现象中的一种。极，过甚。

（75）休：美好。

（76）寒：根据上下文，此处应为"雨"。

（77）狂：狂妄，傲慢。

（78）僭：差错。

（79）豫：安逸。

（80）蒙：昏暗。

（81）省：同"眚"，过失，过错。

（82）易：改变。

（83）用：因。

（84）俊民用章：有才能的人会得到重用。俊民，有才能的人。章，彰，显明，这里指提拔任用。

（85）微：隐没，这里指不提拔任用。

（86）好：喜好。

（87）攸：由，遵行。

（88）考：老。

（89）终命：善终。

（90）凶：没有到换牙就死去。

（91）短：不到二十岁就死去。

（92）折：没有结婚就死去。

【读解】

此文出自《周书·洪范》。洪，指大；范，指法。《洪范》就是指治理天下国家的根本大法。相传武王伐纣后第二年，武王去访问曾遭纣王迫害的纣王叔父箕子，向他请教治国的方法。箕子向他陈述了《洪范》，提出了治理国家的九条大法，亦称"洪范九畴"。《洪范》是《尚书》中最重要的部分，它提出了中国古代社会、政治、哲学的纲领。总体思路就是人道合于天道，人间法则来源于天（天乃赐禹洪范九畴），其最终依据也是天道。人道即天道。同时天人相通，人又可以以德配天。人的德行就是天意。天佑有德之人，人德即天德。这就是颇具特色的中国古代天人合一的理念。

《周书·酒诰》

【主旨】 周公代替成王命令康叔在卫国宣布戒酒的告诫之辞。

【原文】

王若曰："明(1)大命于妹邦(2)。乃穆(3)考文王，肇(4)國在西土。厥誥毖(5)庶邦庶士越少正、御事朝夕曰：'祀兹酒(6)。'惟天降命，肇(7)我民，惟元祀(8)。天降威(9)，我民用(10)大亂喪德，亦罔非酒惟(11)行；越小大邦用喪，亦罔非酒惟辜(12)。

"文王誥教小子有正有事(13)：無彝酒(14)。越庶國(15)，飲惟祀，德將(16)無醉。惟曰我民迪小子惟土物愛(17)，厥心臧(18)。聰聽祖考之彝訓(19)，越(20)小大德。

"小子惟一妹土(21)，嗣爾股肱(22)，純其藝黍稷(23)，奔走事(24)厥考厥長。肇(25)牽車牛，遠服賈用(26)，孝養厥父母。厥父母慶(27)，自洗腆(28)，致(29)用酒。

"庶士有正越庶伯君子(30)，其爾典聽朕教(31)！爾大克羞耇惟君(32)，爾乃飲食醉飽。丕惟曰爾克永觀省(33)，作稽中德(34)，爾尚克羞饋祀(35)。爾乃自介用逸(36)，茲乃允惟王正事之臣(37)。茲亦惟天若元德(38)，永不忘(39)在王家。"

王曰："封，我西土棐徂(40)邦君御事小子，尚克用文王教，不腆于酒，故我至于今，克受殷之命。"

王曰："封，我聞惟曰：'在昔殷先哲王，迪畏天顯(41)小民，經德秉哲，自成湯咸至于帝乙，成王畏相(42)。惟御事厥棐有恭，不敢自暇自逸，矧(43)曰其敢崇飲。'越在外服，侯甸男衛邦伯，越在內服，百僚庶尹惟亞惟服宗工越百姓里居，罔敢湎于酒，不惟不敢亦不暇，惟助成王德顯越，尹人祇辟(44)。我聞亦惟曰：'在今後嗣王(45)酗身，厥命罔顯于民，祇保越(46)怨不易。誕(47)惟厥縱，淫泆(48)于非彝，用燕(49)喪威儀，民罔不盡(50)傷心。惟荒腆于酒，不惟自息乃逸，厥心疾很，不克畏死。辜在商邑，越殷國滅，無罹(51)。弗惟德馨香祀，登聞于天，誕惟民怨，庶羣自酒，腥聞在上；故天降喪于殷，罔愛于殷，惟逸。天非虐，惟民自速(52)辜。'"

　　王曰："封，予不惟若兹多诰。古人有言曰：'人无於水监，当於民监。'今惟殷坠厥命，我其可不大监抚于时⁽⁵³⁾。予惟曰汝劼毖殷献臣⁽⁵⁴⁾，侯甸男卫；矧太史友内史友，越献臣百宗工。矧惟尔事，服休服采；矧惟若畴，圻父薄违，农父若保，宏父定辟；矧汝刚制⁽⁵⁵⁾于酒。厥或诰曰：'羣饮。'汝勿佚⁽⁵⁶⁾，尽执拘以归于周，予其杀。又惟殷之迪诸臣惟工，乃湎于酒，勿庸杀之，姑惟教之。有斯明享⁽⁵⁷⁾，乃不用我教辞，惟我一人弗恤弗蠲⁽⁵⁸⁾，乃事时同于杀⁽⁵⁹⁾。"

　　王曰："封，汝典听朕毖，勿辩乃司民湎于酒⁽⁶⁰⁾。"

【注释】

(1) 明：宣布。

(2) 妹邦：指殷商故土。

(3) 穆：尊称，意思是尊敬的。

(4) 肇：开始，创建。

(5) 厥诰毖：他告诫。厥，其，指文王。诰毖，教训，告诫。

(6) 祀兹酒：只有祭祀时才可以饮酒。

(7) 肇：劝勉。

(8) 惟元祀：只有大祭时才可以饮酒。元，大。

(9) 威：惩罚。

(10) 用：因。

(11) 惟：为。

(12) 辜：罪过。

(13) 诰教小子有正有事：告诫朝中担任大小官职的人们。小子，指文王的后代子孙。有正，指大臣。有事，指小臣。

(14) 无彝酒：不要经常饮酒。无，不要。彝，经常。

(15) 越庶国：并告诫在诸侯国任职的子孙。越，和。庶国，指在诸侯国任职的文王子孙。

(16) 德将：以德相助，用道德来要求自己。将，扶助。

(17) 惟曰我民迪小子惟土物爱：文王还告诫我们的臣民，要教导子孙爱惜粮食。迪，开导，教育。小子，指臣民的子孙。土物，庄稼，农作物。爱，爱惜。

(18) 臧：善。

(19) 彝训：遗训。

(20) 越：发扬。

(21) 小子惟一妹土：殷民们，你们要一心留在故土。小子，指殷民。惟一，同样。

(22) 嗣尔股肱（gōng）：用你们的手脚。嗣，用。股肱，脚手。

(23) 纯其艺黍稷：专心致志种好庄稼。纯，专一，专心。艺，种植。

(24) 事：奉养，侍奉。

(25) 肇：勉力。

(26) 服贾（gǔ）用：从事贸易。

（27）庆：高兴。

（28）自洗腆：自己准备丰盛的膳食。

（29）致：得到。

（30）庶士有正越庶伯君子：统称官员。

（31）其尔典听朕教：希望你们经常听取我的教导。其，希望。典，经常。

（32）尔大克羞耇（gǒu）惟君：只要你们能向老人和国君进献酒食。克，能够。羞，进献。耇，年长者。惟，与。

（33）丕惟曰尔克永观省：只要你们能经常反省自己。丕，语气词，没有实际意义。省，反省。

（34）作稽中德：使自己的言行举止合乎道德。作，举动，行动。稽，符合。

（35）尔尚克羞馈祀：你们还可以参与国君举行的祭祀。克，能够。羞，参与。馈祀，国君举行的祭祀。

（36）尔乃自介用逸：如果你们自己能限制饮酒作乐。乃，如果。介，限制。用逸，指饮酒作乐。

（37）兹乃允惟王正事之臣：就可以长期成为君王的治事官员。允，长期。惟，是。正事，政事。

（38）兹亦惟天若元德：这也是上天赞美的大德。若，善，赞美。元德，大德。

（39）忘：被忘记。

（40）棐（fěi）徂：辅助。徂，通"助"。

（41）天显：天命。

（42）成王畏相：明君贤相。指君王有成就，辅臣让人敬畏。

（43）矧（shěn）：况且。

（44）尹人祇辟：专心致力于民众治理，使他们敬畏法度，恭敬地侍奉君王。

（45）后嗣王：指商纣王。

（46）保越：安于。

（47）诞：大。

（48）泆：通"佚"，乐。

（49）燕：通"宴"。

（50）疐（xì）：伤痛。

（51）罹：忧虑。

（52）速：招致。

（53）我其可不大监抚于时：难道我们不应当好好地省察自己吗？

（54）劼毖殷献臣：谨慎地告诫殷商的遗臣。

（55）刚制：强行断绝。

（56）佚：放纵。

（57）享：劝导。

（58）弗恤弗蠲（juān）：不怜惜，不赦免。

（59）乃事时同于杀：就同治理聚众纵酒的人一样把他们杀掉。事，治理。时，这种人，指聚众纵酒的人。

（60）汝典听朕毖，勿辩乃司民湎于酒：你要经常听从我的告诫，不要让你的官员纵酒啊。典，经常。毖，告诫。辩，使。司民，治理民众的官员。

【读解】

此文出自《周书·酒诰》。《酒诰》是周公代替成王命令康叔在卫国宣布戒酒的告诫之辞。殷代末年，社会风气奢靡，殷商贵族嗜好喝酒，王公大臣酗酒成风，荒于政事。商纣王曾建造肉林酒池，酗酒乱德，放纵淫乐，最后亡国丢命。卫国原是殷商旧地，周公担心这种恶习会造成大乱，所以让康叔在卫国宣布戒酒令，不许酗酒，规定了禁酒的法令。诰令主要分三部分内容：首先阐述戒酒的重要性，告诉卫国臣民饮酒须有节制；其次从正反两方面总结殷商戒酒兴国的历史经验和纵酒亡国的历史教训；最后颁布禁酒的法令条例。《酒诰》反映了周公改易恶俗的思想，对巩固周朝政权有很重要的作用，对后世社会良俗的构建也有积极的启示。

【知识链接】

尚书正义序

夫书者，人君辞诰之典，右史记言之策。古之正者事揔万机，发号出令，义非一揆：或设教以驭下，或展礼以事上，或宣威以肃震曜，或敷和而散风雨，得之则百度惟贞，失之则千里斯谬。枢机之发，荣辱之生，丝纶之动，不可不慎。所以辞不苟出，君举必书，欲其昭法诫，慎言行也。其泉源所渐，基于出震之君；黼藻斯彰，郁乎如云之后。勋、华揖让而典、谟起，汤、武革命而誓、诰兴。先君宣父，生于周末，有至德而无至位，修圣道以显圣人，芟烦乱而剪浮辞，举宏纲而撮机要，上断唐虞，下终秦鲁，时经五代，书揔百篇。采翡翠之羽毛，拔犀象之牙角。磬荆山之石，所得者连城；穷汉水之滨，所求者照乘。巍巍荡荡，无得而称；郁郁纷纷，于斯为盛。斯乃前言往行，足以垂法将来者也。暨乎七雄已战，五精未聚，儒雅与深阱同埋，经典共积薪俱燎。汉氏大济区宇，广求遗逸，采古文于金石，得今书于齐鲁。其文则欧阳、夏侯二家之所说，蔡邕碑石刻之。古文则两汉亦所不行，安国注之，实遭巫蛊，遂寝而不用。历及魏晋，方始稍兴，故马、郑诸儒莫睹其学，所注经传时或异同。晋世皇甫谧独得其书，载于帝纪，其后传授乃可详焉。但古文经虽然早出，晚始得行，其辞富而备，其义弘而雅，故复而不厌，久而愈亮，江左学者，咸悉祖焉。近至隋初，始流河朔，其为正义者，蔡大宝、巢猗、费甝、顾彪、刘焯、刘炫等。其诸公旨趣，多或因循怗释注文，义皆浅略，惟刘焯、刘炫最为详雅。然焯乃织综经文，穿凿孔穴，诡其新见，异彼前儒，非险而更为险，无义而更生义。窃以古人言诰，惟在达情，虽复时或取象，不必辞皆有意。若其言必托数，经悉对文，斯乃鼓怒浪于平流，震惊飙于静树，使教者烦而多惑，学者劳而少功。过犹不及，良为此也。炫嫌焯之烦杂，就而删焉。虽复微稍省要，又好改张前义，义更太略，辞又过华，虽为文笔之善，乃非开奖之路。义既无义，文又非文，欲使后生，若为领袖，此乃炫之所失，未为得也。今奉明敕，考定是非。谨罄庸愚，竭所闻见，览古人之传记，质近代之异同，存其是而去其非，削其烦而增其简。此亦非敢臆说，必据旧闻。谨与朝散大夫行太学博士臣王德韶、前四门助教臣李子云等，谨共铨叙。至十六年，又奉敕与前修疏人及通直郎行四门博士骁骑尉臣朱

NOTE

长才、给事郎守四门博士上骑都尉臣苏德融、登仕郎守太学助教云骑尉臣随德素、儒林郎守四门助教云骑尉臣王士雄等对敕使赵弘智，覆更详审，为之正义，凡二十卷。庶对扬于圣范，冀有益于童稚，略陈其事，叙之云尔。

——（唐）孔颖达《尚书正义序》

【实践讨论】

1. 今古文《尚书》之争是怎么一回事？

2. 《尚书·周书》中周公发布的《酒诰》这篇禁酒令对现代社会有什么启发？

【参考书目】

1. （唐）孔颖达《尚书正义》，上海古籍出版社 2007 年版。

2. （清）孙星衍《尚书今古文注疏》，中华书局 1986 年版。

3. 刘起釪《尚书研究要论》，齐鲁书社 2007 年版。

4. 周秉钧《白话尚书》，岳麓书社 1990 年版。

第四讲 《周礼》导读
——辨方正位，设官分职

【知识导入】

《周礼》原是根据周王朝系统曾经有过的官制加工整理的王朝设官分职的书。汉代原称《周官》，又称《周官经》。西汉末刘歆始称为《周礼》。

《周礼》全书原共有六篇，分别为《天官》《地官》《春官》《夏官》《秋官》《冬官》。天官冢宰，称为治官，管理朝廷大政及宫中事项；地官司徒，称为教官，管理土地方域及民众教养；春官宗伯，称为礼官，管理宗教及文化；夏官司马，称为政官，管理军制、步骑、兵甲、交通及各方诸侯有关事项；秋官司寇，称为刑官，管理刑狱、司法政务，兼掌礼宾等；冬官司马，称为事官，管理工程建设兼及沟洫、土地、水利等。冬官部分在汉代已缺。当时取《考工记》抵充，有属官三十。

除了《考工记》以外，《周礼》每一篇的开头都是《叙官》，都以相同的五句话开始，即"惟王建国，辨方正位，体国经野，设官分职，以为民极"，结构非常整齐，体例统一。在这五句之后，每一篇都分别是"乃立×官××，使帅其属而掌邦×，以佐王×邦国。×官之属……"。具体差异如下：

……天官冢宰，……邦治，……均邦国。治官之属……

……地官司徒，……邦教，……安扰邦国。教官之属……

……春官宗伯，……邦礼，……和邦国。礼官之属……

……夏官司马，……邦政，……平邦国。政官之属……

……秋官司寇，……邦禁，……刑邦国。刑官之属……

在此之后是各官掌管的各类官员的名称、级别和人数编制。其中天官共 63 种，地官共 79 种，春官、夏官都是 70 种，秋官则有 66 种。其后则分别介绍了各类官员掌管的职权范围和具体内容。

《周礼》以官制的职掌联系各种制度，目的在于富国强兵、组织民户、广征贡赋、充实府库，为治理统一的大国提供设计蓝图。

《周礼》只是一部官制汇编，成于春秋时代。除录存了春秋资料外，还录进了很多战国资料，所以全书的补充写定当在战国时期。虽然后来还有极小部分汉代资料掺杂进去，但不影响这部书原是先秦旧籍。当西汉立"五经"于官学时，其中没有《周官》。郑玄始作《周官礼注》，以为该书"乃周公致太平之迹"。因郑玄作的注很完备，《周礼》遂被认为是周公的著作大行于世。唐代贾公彦撰《周礼义疏》四十二卷，至宋代与郑注合刻为《周礼注疏》。清代孙诒让的《周礼正义》征引繁富，具有很高的学术价值。

NOTE

后来补入《周礼》的《考工记》，原作者不详，应非一时一人所做。《考工记》是我国最早的手工艺技术的汇编，主要包括两部分：第一部分总论百工的重要性，第二部分介绍当时的30种工匠的职能。

本讲所据底本为上海古籍出版社1997年影印清代阮元主持校刻的《十三经注疏》之《周礼注疏》。

《天官冢宰·叙官》节选

【主旨】介绍"天官"的官职设置、人员安排。

【原文】

惟王建國，辨方正位⁽¹⁾，體國經野⁽²⁾，設官分職，以爲民極⁽³⁾。乃立天官冢宰⁽⁴⁾，使帥其屬而掌邦治⁽⁵⁾，以佐王均⁽⁶⁾邦國。

醫師，上士二人，下士四人，府二人，史二人，徒二十人。

食醫，中士二人。

疾醫，中士八人。

瘍醫，下士八人。

獸醫，下士四人。

【注释】

(1) 正位：正宗庙、朝廷之位。

(2) 体国经野：划分城中与郊外。体，分。经，画。

(3) 以为民极：作为人民至善的标准。极，准则。

(4) 冢宰：六官之长。冢，大。

(5) 掌邦治：和下文的"均邦国"都是就王国和诸侯国而言，也是就全天下而言。

(6) 均：使上下、尊卑、贫富、远近各得其所。

《天官冢宰·医师》

【主旨】介绍"医师"的职能。

【原文】

醫師掌醫之政令，聚毒藥⁽¹⁾以共醫事。

凡邦之有疾病者、有疕瘍⁽²⁾者造焉，則使醫分而治之。

歲終，則稽其醫事以制其食⁽³⁾。十全⁽⁴⁾爲上，十失一次之，十失二次之，十失三次之，十失四爲下。

【注释】

（1）毒药：泛指一切药物，凡药皆有一定毒性，因此称为"毒药"。

（2）疕（bǐ）疡：泛指疮疡。疕，头疮。疡，身伤。

（3）食：指第二年发放给医师的口粮。

（4）十全：指的是医师对所有病准确诊断。

《天官冢宰·食医》

【主旨】介绍"食医"的职能。

【原文】

食醫掌和王之六食⁽¹⁾、六飲⁽²⁾、六膳⁽³⁾、百羞⁽⁴⁾、百醬⁽⁵⁾、八珍⁽⁶⁾之齊。凡食齊視春時，羹齊視夏時，醬齊視秋時，飲齊視冬時。⁽⁷⁾凡和⁽⁸⁾，春多酸，夏多苦，秋多辛，冬多鹹，調以滑甘。凡會⁽⁹⁾膳食之宜，牛宜稌，羊宜黍，豕宜稷，犬宜粱，鴈宜麥，魚宜苽。凡君子之食恒放⁽¹⁰⁾焉。

【注释】

（1）六食：指六种食用的谷物，分别是稌、黍、稷、粱、麦、苽。

（2）六饮：指六种饮品，分别是水、浆（清酒）、醴（甜酒）、凉（杂味酒）、医、酏。

（3）六膳：指食用的六种动物，分别是牛、羊、豕、犬、雁、鱼。

（4）百羞：各种美味的食品。

（5）百酱：各种调味品。

（6）八珍：淳熬、淳母、炮豚、炮牂、捣珍、渍、熬、肝膋。淳熬指用煎炒过的肉酱放在稻米饭上，再浇上油脂；淳母指用煎炒过的肉酱放在黍饭上，再浇上油脂。炮豚是烤猪，具体做法很复杂：首先将猪的内脏掏空，塞入枣，用苇席包裹，封上泥后用火烤。烤熟之后将泥和苇席剥去，将稻米粉浆涂在肉上，油煎后切成薄片，加香料调和，放入小鼎中。再将小鼎放入大鼎，隔水用火煨上三天三夜。炮牂与炮豚差不多，只是把原料由猪换成羊。捣珍是将牛、羊、麋、鹿、獐的狭脊肉反复捶捣，煮熟后捞出，用醋和酱调和食用。渍是将新鲜牛肉切片浸泡在美酒中一天一夜，再用肉酱、醋和梅浆调和。熬，是先将牛肉捶捣，放在苇席上，撒上盐和香料，用火烤。肝膋是用狗肠之间的脂肪包裹狗肝，再一起烤熟。

（7）凡食齐视春时，羹齐视夏时，酱齐视秋时，饮齐视冬时：这里指出制作食物应当顺应四时。饭如春天宜温，羹如夏天宜热，酱如秋天宜凉，饮如冬天宜寒。

（8）和：调和食物的味道。

（9）会：调配，搭配。

（10）放：仿照。

《天官冢宰·疾医》

【主旨】 介绍"疾医"的职能。

【原文】

疾醫掌養⁽¹⁾萬民之疾病。四時皆有癘疾⁽²⁾：春時有痟首疾⁽³⁾，夏時有癢疥疾⁽⁴⁾，秋時有瘧寒⁽⁵⁾疾，冬時有嗽上氣⁽⁶⁾疾。以五味⁽⁷⁾、五穀⁽⁸⁾、五藥⁽⁹⁾養其病，以五氣⁽¹⁰⁾、五聲⁽¹¹⁾、五色⁽¹²⁾視其死生。兩之以九竅⁽¹³⁾之變，參之以九藏⁽¹⁴⁾之動。凡民之有疾病者，分而治之。死終，則各書其所以，而入于醫師。

【注释】

（1） 养：这里是治病的意思。

（2） 疠疾：气不和引起的疾病。

（3） 痟首疾：一种头痛病。

（4） 痒疥疾：皮肤上长发痒的疮。

（5） 疟寒：即寒疟，先受凉后受热引起的疾病。

（6） 嗽上气：即咳嗽、气喘。嗽，咳嗽。上气，气喘。

（7） 五味：酸、苦、甘、辛、咸。

（8） 五谷：麻、黍、稷、麦、豆。

（9） 五药：草、木、虫、食、谷。

（10） 五气：五脏所出之气。肺气热，心气次之，肝气凉，脾气温，肾气寒。

（11） 五声：宫、商、角、徵、羽。

（12） 五色：青、赤、黄、白、黑。

（13） 九窍：分为七阳窍和二阴窍。七阳窍，双眼、双耳、两个鼻孔、嘴。二阴窍，肛门和尿道孔。

（14） 九藏：藏同"脏"。九脏指的是五脏之外再加上胃、膀胱、大肠、小肠。

《天官冢宰·疡医》

【主旨】 介绍"疡医"的职能。

【原文】

瘍醫掌腫瘍⁽¹⁾、潰瘍⁽²⁾、金瘍⁽³⁾、折瘍⁽⁴⁾之祝藥⁽⁵⁾劀殺⁽⁶⁾之齊。凡療瘍，以五毒⁽⁷⁾攻⁽⁸⁾之，以五氣⁽⁹⁾養之，以五藥療之，以五味節之。凡藥，以酸養骨，以辛養筋，以鹹養脈，以苦養氣，以甘養肉，以滑⁽¹⁰⁾養竅。凡有瘍者，受其藥焉。

【注释】

（1）肿疡：红肿而没有破溃的疮。

（2）溃疡：已经破溃、有脓血的疮。

（3）金疡：因刀剑导致的创伤。

（4）折疡：因跌倒导致的创伤。

（5）祝药：附着之药。

（6）劀杀：刮去脓血，去除腐肉。

（7）五毒：五种有毒性的药，即石胆、丹砂、雄黄、礜（yù）石、磁石。

（8）攻：治疗。

（9）五气：此处当为"五谷"。

（10）滑：滑石。

《天官冢宰·兽医》

【主旨】介绍"兽医"的职能。

【原文】

兽[1]醫掌療獸病，療獸瘍。凡療獸病，灌而行之[2]以節之，以動其氣，觀其所發而養之。凡療獸瘍，灌而劀之，以發其惡，然後藥之、養之、食之。凡獸之有病者、有瘍者，使療之，死則計其數，以進退之。[3]

【注释】

（1）兽：此处专指家畜，不包括野兽。

（2）灌而行之：给家畜灌药，使之能够行走，以观察病情。

（3）死则计其数，以进退之：统计兽医给家畜治病后家畜病死的数量，以增加或者减少兽医的俸禄。

【读解】

中国的医药文化源远流长，西周后期，巫医开始分离，专业的医生开始出现。医学的理论开始萌芽，医疗的制度也逐步完善。《周礼》就在礼典中规定了医师、食医、疾医、疡医、兽医的职位设置和基本职能，也记载了相应的俸禄和考核规定。医师总管医药行政和医药库、病案库。食医相当于营养保健医生，主管宫廷内的养生膳食。疾医相当于内科医生，不仅可以医治王室贵族的疾病，还可以为民服务，可见"民"的地位很高，反映了当时重民的思想。疡医相当于外科医生，可以医治的范围非常广泛，有肿疡、溃疡、金创和骨折等。兽医则专门医治家畜疾病，也保证了食用者的身体健康。

《考工记·总叙》节选

【主旨】介绍百工的职能。

【原文】

國有六職⁽¹⁾，百工與居一焉。或坐而論道，或作而行之，或審曲、面執⁽²⁾，以飭⁽³⁾五材⁽⁴⁾，以辨⁽⁵⁾民器，或通四方之珍異以資⁽⁶⁾之，或飭力以長地財，或治絲麻以成之。坐而論道，謂之王公⁽⁷⁾；作而行之，謂之士大夫；審曲、面執，以飭五材，以辨民器，謂之百工；通四方之珍異以資之，謂之商旅；飭力以長地財，謂之農夫；治絲麻以成之，謂之婦功。

【注释】

(1) 六职：即下文所说的王公、士大夫、百工、商旅、农夫、妇功等六种职业。

(2) 執：通"枿"，古代测量工具。

(3) 饬：通"敕"，勤。

(4) 五材：金、木、皮、玉、土。

(5) 辨：具。

(6) 资：取。

(7) 王公：天子、诸侯。

【原文】

粵無鏄⁽¹⁾，燕無函⁽²⁾，秦無廬⁽³⁾，胡無弓車。粵之無鏄也，非無廬也，夫人而能爲廬也；燕之無函也，非無函也，夫人而能爲函也；秦之無廬也，非無廬也，夫人而能爲廬也；胡之無弓車也，非無弓車也，夫人而能爲弓車也。

知者創物，巧者述之，守之世，謂之工。百工之事，皆聖人之作也。爍⁽⁴⁾金以爲刃，凝土以爲器，作車以行陸，作舟以行水，此皆聖人之所作也。

【注释】

(1) 鏄（bó）：农具，用以锄田。

(2) 函：铠甲。

(3) 庐：通"纑"，矛戟等长兵器的柄。

(4) 烁：通"铄"，熔化金属。

【原文】

天有時⁽¹⁾，地有氣⁽²⁾，材有美，工有巧，合此四者，然後可以爲良。材美工巧，然而不良，則不時，不得地氣也。

橘踰淮而北爲枳⁽³⁾，鸜鵒不踰濟⁽⁴⁾，貉踰汶則死⁽⁵⁾，此地氣然也；鄭之刀，宋之斤，魯之削⁽⁶⁾，吳粵之劍，遷乎其地而弗能爲良，地氣然也。燕之角，荊之幹⁽⁷⁾，妢胡⁽⁸⁾之笴⁽⁹⁾，吳粵之金錫，此材之美者也。天有時以生，有時以殺；草木有時以生，有時以死；石有時以泐；水有時以凝，有時以澤⁽¹⁰⁾。此天時也。

【注释】

（1）时：寒温。

（2）气：刚柔。

（3）枳：枸（gōu）橘，果实味苦。

（4）鸲鹆（qúyù）不蹦济：八哥不飞越济水。鸲鹆，八哥。济，沛水，发源于河南济源，东流至山东东北部入海。

（5）貉蹦汶则死：貉超过汶水就会死。貉，夜行野兽，似狐。汶，山东境内的汶水。

（6）削：一种长刃带柄的小刀，又称"书刀"，用以刊削竹木上的文字。

（7）燕之角，荆之干：二者都是制弓材料。角，牛角。干，木干。

（8）妢胡（fénhú）：古国名，在今安徽阜阳一带。

（9）筍（gǎn）：箭杆。

（10）泽：通"释"，消解。

【原文】

凡攻木之工七，攻金之工六，攻皮之工五，设色之工五，刮摩⁽¹⁾之工五，搏埴⁽²⁾之工二。攻木之工：轮、舆、弓、庐、匠、车、梓；攻金之工：筑、冶、凫、栗、段、桃；攻皮之工：函、鲍、韗⁽³⁾、韦、裘；设色之工：画、缋⁽⁴⁾、锺、筐、慌⁽⁵⁾；刮摩之工：玉、栉⁽⁶⁾、雕、矢、磬；搏埴之工：陶、瓬⁽⁷⁾。有虞氏上陶，夏后氏上匠⁽⁸⁾，殷人上梓⁽⁹⁾，周人上舆⁽¹⁰⁾。

【注释】

（1）刮摩：琢磨使之滑泽。摩，通"磨"。

（2）搏埴（zhí）：手拍黏土烧制陶器。搏，拍。埴，黏土。

（3）韗（yùn）：古代掌管皮革鼓木的工匠。

（4）缋（huì）：通"绘"，古代掌管绘画刺绣的工匠。

（5）慌（huāng）：古代煮丝染色的工匠。

（6）栉（zhì）：古代制作木器的工匠。

（7）瓬（fǎng）：古代制作瓦器的工匠。

（8）匠：古代建造城郭、宫室，开辟道路和开挖沟渠的工匠。

（9）梓：古代制作礼乐器具的工匠。

（10）舆：古代制造车舆的工匠。

【读解】

《考工记》讲官营手工业中的百工执掌，这里选取的是《考工记》卷首的总叙。国家分为六大职业：王公、士大夫、百工、商旅、农夫、妇功，百工为其中之一。百工选取来自全国各地的优质材料，运用自己的技能，制作国家需要的多种器材。根据各自所擅长的制作材料与制造技艺的差别，百工又可分为攻木、攻金、攻皮、设色、刮摩、搏埴六大类，每类其下囊括数量不等的小工种。各个朝代尊崇的工匠种类也有变化，虞舜时期尊崇陶工，夏朝时尊崇工程制作匠人，殷商时期尊崇制作礼乐器具的梓人，周朝人则以擅长制作车舆器具的舆人最受推崇。

【知识链接】

《周礼正义叙》

粤昔周公，缵文、武之志，光辅成王，宅中作雒，爰述官政，以垂成宪，有周一代之典，炳然大备。然非徒周一代之典也，盖自黄帝、颛顼以来，纪于民事以命官，更历八代，斟汋损益，因袭积累，以集于文、武，其经世大法，咸粹于是。故虽古籍沦佚，百不存一，而其政典沿革，犹约略可考。如《虞书》羲、和四子，为六官之权舆；《甘誓》六卿，为夏法；《曲礼》六大五官，郑君以为殷制，咸与此经多相符会，是职名之本于古也。至其闳章缛典，并苞远古，则如五礼六乐三兆三易之属，咸肇端于五帝而放于二王，以逮职方州服，兼综四朝，大史岁年，通晐三统。若斯之类，不可殚举。盖鸿荒以降，文明日启，其为治，靡不始于粗犉而渐进于精详。此经上承百王，集其善而革其弊，盖尤其精详之至者，故其治跻于纯大平之域。作者之圣，述者之明，蟠际天地，经纬万端，究其条绪，咸有原本，是岂皆周公所臆定而手创之哉。其闳意眇恉，通关常变，榷其大较，要不越政教二科。

政则自典法刑礼诸大端外，凡王后世子燕游羞服之细，嫔御阉阍之昵，咸隶于治官，宫府一体，天子不以自私也。而若国危、国迁、立君等非常大故，无不曲为之制，豫为之防。三询之朝，自卿大夫以逮万民，咸造在王庭，与决大议。又有匡人、撢人、大小行人、掌交之属，巡行邦国，通上下之志。而小行人献五物之书，王以周知天下之故。大司寇、大仆树肺石，建路鼓，以达穷遽。诵训、土训夹王车，道图志，以诏观事辨物。所以宣上德而通下情者无所不至，君民上下之间，若会四枝百脉而达于囟，无或雍閟而弗豳也。

其为教，则国有大学、小学。自王世子公卿大夫士之子，暨夫邦国所贡，乡遂所进贤能之士咸造焉。旁及宿卫士庶子、六军之士，亦皆辈作辈学，以德行道艺相切劘。乡遂则有乡学六，州学三十，党学百有五十，遂之属别如乡。盖郊甸之内，距王城不过二百里，其为学辜较已三百七十有奇，而郊里及甸公邑之学，尚不与此数。推之邯县置之公邑采邑，远极于畿外邦国，其学盖十百倍蓰于是。无虑大数九州岛之内，意当有学数万。信乎教典之详，殆莫能尚矣。

其政教之备如是，故以四海之大，无不受职之民，无不造学之士，不学而无职者则有罢民之刑，贤秀挟其才能，愚贱贡其忱恟，咸得以自通于上，以致纯大平之治，岂偶然哉。此经在西周盛时，盖百官府咸分秉其官法以为司存，而大宰执其总会，司会、天府、大史臧其副贰。

成、康既没，昭、夷失德，陵迟以极于幽、厉之乱，平之东迁，而周公之大经良法，荡灭殆尽。然其典册散在官府者，世或犹尊守勿替，虽更七雄去籍之后，而齐威王将司马穰苴，尚推明《司马法》，为兵家职志；魏文侯乐人窦公，犹褒《大司乐》一经于兵火丧乱之余。它如朝事之仪，大行之赞，述于大、小戴《记》，《职方》之篇列于《周书》者，咸其枝流之未尽渐灭者也。其全书经秦火而几亡，汉兴景武之间，五篇之经复出于河间，而旋入于秘府，西京礼家大师多未之见。至刘歆、杜子春始通其章句，著之竹帛，三郑、贾、马诸儒，赓续诠释，其学大兴。而儒者以其古文晚出，犹疑信参半。今文经师何休、临硕之伦，相与摈廏之。唐赵匡、陆淳，以逮宋、元诸儒，訾议之者尤众。或谓战国渎乱不经之书，或谓莽、歆所增傅。其论大都逞臆不经，学者率知其谬，而其抵巇索瘢，至今未已者，则以巧辞邪说附托者之为经累也。盖秦汉以后，圣哲之绪，旷绝不续，此经虽存，莫能通之于治。刘歆、苏绰托之以左王氏、宇文氏之篡，而卒以踣其祚。李林甫托之以修《六典》而唐乱，王安石托之以行新法而宋亦乱。彼以其诡谲之心，刻核之政，偷效于旦夕，校利于黍杪，而谬托于古经以自文，上以诬其君，下以杜天下之口，不探其本而饰其末，其侥幸一试，不旋踵而溃败不可振，不其宜哉。而惩之者遂以为此经诟病，即一二闳揽之士，亦疑古之政教不可施于今，是皆胶柱锲舟之见也。夫古今者，积世积年而成之者也。日月与行星，相摄相绕，天地之运犹是也。圆颅而方趾，横目而直干，人之性犹是也。所异者，其治之迹与礼俗之习已耳。故画井而居，乘车而战，裂壤而封建，计夫而授田，今之势必不能行也，而古人行之。祭则坐孙而拜献之，以为王父尸，昏则以侄娣媵而从姑姊，坐则席地，行则立乘，今之情必不能安也，而古人安之。凡此皆迹也，习也。沿袭之久而无害，则相与遵循之；久而有所不安，则相与变革之，无勿可也。且古人之迹与习，亦有至今不变者。日月与地行同度则相掩蚀，地气之烝荡则为风雨，人之所稔知也。而薄蚀则拜跪而救之，湛旱则号呼而祈之，古人以为文，至今无改也。枕敌拊搏，无当于铿枪之均，血腥全烝，无当于饮食之道，而今之大祀，犹沿而不废。然则古人之迹与习，不必皆协于事理之实，而于人无所厌恶，则亦相与守其故常，千百岁而无变，彼夫政教之闳意眇指，固将贯百王而不敝，而岂有古今之异哉？今泰西之强国，其为治，非尝稽核于周公、成王之典法也，而其所为政教者，务博议而广学，以鬴通道路，严追胥，化土物壮之属，咸与此经冥符而遥契。盖政教修明，则以致富强，若操左契，固寰宇之通理，放之四海而皆准者，此又古政教必可行于今者之明效大验也。

——（清）孙诒让《周礼正义叙》

【实践讨论】

1. 《周礼》中的医学分为几类？分别是哪些？
2. 《考工记》中是如何介绍百工职能的？

【推荐阅读】

1. 《十三经注疏》之《周礼注疏》，中华书局 1980 年影印本。
2. 冯天瑜《中华元典精神》，武汉大学出版社 2006 年版。

第五讲 《礼记》导读
——述礼学原则，载制度政令

【知识导入】

《礼记》是儒家经典"十三经"之一，相传是"孔子门徒共撰所闻"，"七十子后学所记"，由西汉时期的经学家戴圣收集整理编纂而成，又称《小戴礼记》或《小戴记》，共 49 篇。《礼记》记载了大量的礼学原则、行礼古例、制度政令等内容，非常庞杂，不但阐释了《仪礼》中记载的各种礼仪制度及其意义，也搜集了夏、商、周礼仪的点滴细节，还记载了许多孔子及其弟子关于礼仪制度、礼仪应用的对话和见解。

根据郑玄《三礼目录》记载，刘向曾在《别录》中将《礼记》分为八类，分别是通论、制度、吉事、丧服、祭祀、明堂阴阳、子法和乐记。这种分法在某些方面界定不清。今人王文锦将《礼记》的内容划分为八类，可供参考。

第一类，对某项礼节予以专述。

第二类，直接解释、说明《仪礼》。

第三类，杂记表服丧事。

第四类，专述专项礼制。

第五类，记述日常生活的礼节和守则。

第六类，记述孔子言论。

第七类，结构比较完整的儒家论文。

第八类，具有专门目的的篇章。

《礼记》的内容，思想性与实用性兼具。思想方面，《礼运》《大学》《中庸》等篇章都阐述了儒家的政治理想和政治主张。《礼运》中描述的"大同"社会就是作者理想状态下的社会运行模式：天下为公，人人各得其所。而在现实社会中则提倡施行礼制，从而建立一个有序、有等级而又和谐融洽的"小康"社会。从个人的角度看，《中庸》强调修养天性，做到"诚"；《大学》则提出"三纲领""八条目"，以明确人生目标。从施政者的角度看，实现儒家政治主张，主要靠实行仁政。从社会的角度看，想要达到理想的状态，还要靠"父慈子孝、兄良弟悌、夫义妇听、长惠幼顺、君仁臣忠"。在社会生活中，礼的作用是"定亲疏，决嫌疑，别同异，明是非"。礼具有教化的功能，兼具社会管理的功能。

实用性方面，礼具有指导实践的意义。在日常生活中，如何吃饭、如何坐立、如何表达自己的喜怒哀乐，如何和谐夫妇、敦睦亲友、团结四邻，如何安排农事、排布军队等都有礼的准则。《礼记》中有诸多篇章强调应顺应天地自然的规律。从《礼记》中可以看出，儒家的礼制体系是在总结了大量前人生活经验的基础上，对社会生活制定的一套系统而具体的守则与规定，有利于维护社会秩序，促进社会稳定和谐。

　　本讲所据底本为上海古籍出版社 1997 年影印清代阮元主持校刻的《十三经注疏》之《礼记注疏》。

《王制》节选

【主旨】 儒家所盼君主治理天下的完备规章制度。

【原文】

　　獺祭魚⁽¹⁾，然後虞人入澤梁⁽²⁾；豺祭獸⁽³⁾，然後田獵；鳩化爲鷹⁽⁴⁾，然後設罻羅⁽⁵⁾；草木零落，然後入山林。昆蟲未蟄⁽⁶⁾，不以火田，不麛⁽⁷⁾、不卵⁽⁸⁾，不殺胎⁽⁹⁾，不殀夭⁽¹⁰⁾，不覆巢。

【注释】

　　（1）獺祭鱼：水獭捕鱼后，常先将鱼陈列水边以待自己食用。古人或不解其理，误以为水獭是在陈列供品祭祀，即所谓"祭鱼"。这一现象是古人判断气候变暖的一个重要物候现象，预示着春天的到来，新一年的工作要开始了。獺，水獭。

　　（2）虞人入泽梁：虞人是先秦时期设立的专管山林川泽苑囿田猎的职官。泽梁，此处应指断水捕鱼的堤堰，即"鱼梁"，横亘于川泽之上以阻截水流，其中设置孔洞，其后以笱（竹制的捕鱼器具，口大颈窄，腹部长大，鱼可入而不得出）捕鱼。春天河水解冻，虞人可再入泽梁，放笱捕鱼。

　　（3）豺祭兽：季秋时节，豺狗猎杀其他野兽，陈列在周围，如同祭祀。其实是豺狗捕获猎物以备冬季食用。

　　（4）鸠化为鹰：先秦时人认为中秋时节，鸠鸟会变为鹰。

　　（5）罻（wèi）罗：捕鸟的网。

　　（6）蛰：动物冬眠。

　　（7）麛（mí）：幼鹿，泛指幼兽。

　　（8）卵：鸟卵。

　　（9）胎：指怀孕的母兽。

　　（10）殀（yāo）夭：捕杀未成年的幼兽。殀，摧残，残害。夭，指未成年者死去。

【原文】

　　樂⁽¹⁾正崇四術⁽²⁾，立四教⁽³⁾，順先王詩、書、禮、樂以造士：春秋教以禮、樂，冬夏教以詩、書。王大⁽⁴⁾子，王子，羣后⁽⁵⁾之大子，卿、大夫、元士⁽⁶⁾之適子⁽⁷⁾，國之俊選⁽⁸⁾，皆造⁽⁹⁾焉。凡入學以齒⁽¹⁰⁾。

【注释】

　　（1）乐正：乐官之长，掌管贵族子弟的教育。

　　（2）四术：指诗、书、礼、乐四种学术。

（3）四教：指诗、书、礼、乐四项课程。

（4）大：通"太"。

（5）后：君主、诸侯。

（6）元士：天子之士。适子，同"嫡子"，指正妻所生的儿子。

（7）适（dí）子：即嫡子，指正妻所生的儿子。适，即適，通"嫡"。

（8）国之俊选：先秦选士，从乡里逐级选拔，依次是秀士、选士、俊士、造士、进士。俊选，指俊士和选士。

（9）造：到。

（10）齿：年齿，年龄。

【读解】

《王制》是《礼记》中论述先秦制度的篇章，是儒家总结先代君王治国理政之道，损益之道以定理想施政方针。其内容丰富多样，包括班爵、禄田、任官、巡狩、朝聘、教学、养老、国用、丧祭、职方等十个方面。这里第一段原文所讲的主要是出现各种物候现象时可实施的采猎行为及注意事项，总体来说就是顺应万物生长繁荣的自然规律，讲究对自然资源的有限索取和休养生息，强调人对动植物需求的克制，通过这种克制真正实现可持续发展。第二段原文讲的是贵族学子的教育方针，设立专人，依照季节的更替分科教授学子，贵族子弟到了学龄皆须入乐正管理的学堂，学习诗、书、礼、乐等课程。

《月令》节选

【主旨】阴阳五行学说与治国顺应节令之道。

【原文】

孟春之月(1)，日在营室(2)，昏参中(3)，旦尾中(4)。其日甲乙(5)，其帝大皞(6)，其神句芒(7)。其虫鳞(8)。其音角(9)，律中大蔟(10)。其数八(11)。其味酸(12)，其臭膻(13)。其祀户(14)，祭先脾(15)。

【注释】

（1）孟春之月：先秦时人依照夏历将每一个季节划分为孟、仲、季三个月，孟春之月即春天的第一个月，也就是正月。

（2）日在营室：古人认为太阳是绕着地球运动的，到正月时正好进入了营室宿的位置。营室，二十八星宿之一。古人将夜晚肉眼可见的星星分为二十八组，称"二十八星宿"，按照东、北、西、南的顺序，依次是：东方青龙七宿，即角、亢、氐、房、心、尾、箕；北方玄武七宿，即斗、牛、女、虚、危、室、壁；西方白虎七宿，即奎、娄、胃、昴、毕、觜、参；南方朱雀七宿，即井、鬼、柳、星、张、翼、轸。

（3）昏参中：黄昏时，参星出现在南方天空的正中。参，星宿名。

（4）旦尾中：拂晓之时，尾星出现在南方天空的正中。旦，天明时。尾，星宿名。

（5）其日甲乙：古人以甲、乙、丙、丁、戊、己、庚、辛、壬、癸十天干纪日。按照战国时期形成的阴阳五行学说，这十天干日也分属木、火、土、金、水五行，其中甲乙属木，以此类推。一年四季也同样分属五行，春木、夏火、季夏土、秋金、冬水。时值孟春，五行属木，甲乙两天干日也属木，故为孟春吉日，适合祭祀。

（6）其帝大皞：传说大（太）皞为上古东夷部落首领，死后升为东方之帝，东方于五行属木，故大皞亦为春帝，故春祭大皞。此外尚有炎帝、黄帝、少皞、颛顼分别配属南、中央、西、北，称为五人帝。

（7）其神句芒：此处之神指配祀帝者，其中大皞配句芒，炎帝配祝融，黄帝配后土，少皞配蓐收，颛顼配玄冥。句芒，一作勾芒，上古东夷另一部落的首领少皞之子——重，因辅佐大皞有功，死后成为东方之神，称句芒，得配祀大皞。

（8）其虫鳞：苍龙主东方，龙有鳞焉，故春虫以鳞类为主。

（9）其音角：五音与五行、五方、五季相配，角、徵、宫、商、羽分别对应木、火、土、金、水五行，方位则配属东、南、中、西、北，季节分属春、夏、季夏、秋、冬。春天属木、方位属东，故其声音以角音为主。

（10）律中大蔟：古人以十二律管埋地以观月气，十二律管按照长度等比例排开，其上与地平，管中填塞芦灰，十二月月气至则相应律管芦灰飞出，称为"吹灰"，此即十二律管候气法。孟春之月月气至，则大蔟之律管吹灰，故曰"律中大蔟"。另外，古人所谓十二律即十二调，按从高到低的顺序依次为黄钟、大吕、太簇（大蔟）、夹钟、姑洗、中吕、蕤宾、林钟、夷则、南吕、无射、应钟，此十二律分别对应自十一月开始到次年十月的十二个月份。

（11）其数八：古人将数字与五行相配，五行按生成顺序排列，依次为一水、二火、三木、四金、五土，是谓"生数"，即天生之数。另外，土王四季，以上五生数加土五即成数，孟春属木，生数为三，其成数则必为八。

（12）其味酸：五味配属五行，酸正对应木，故春季味道以酸味为主。

（13）其臭膻：依五行学说，膻属木，故春季的气味以膻为主。

（14）其祀户：户，指一扇门。古人按照五行学说分属五祀（户、灶、中雷、门、行），户神属木，孟春正得祭祀。

（15）祭先脾：祭祀时牲畜五脏祭品的排布顺序要以脾为上。

【原文】

東風解凍，蟄蟲始振，魚上冰，獺祭魚，鴻雁來。天子居青陽左个（1），乘鸞路（2），駕倉龍（3），載青旂，衣青衣，服倉玉，食麥與羊，其器疏以達。

【注释】

（1）青阳左个：古代帝王宣布政教和举行祭祀的场所被称为明堂。明堂外圆内方，四向及中央各建堂屋，东向的堂叫青阳，南向的堂叫明堂，中央的堂叫太庙，西向的堂叫总章，北向的堂叫玄堂。除中央太庙只有一个太室外，其余四堂在正堂左右两侧各有一个侧室，即左个、右个，中间的正堂也称作太庙。天子依据五行学说，每月换一个居室，孟春之月天子居于东向明堂的左侧室，故称"青阳左个"。

（2）鸾路：天子所乘之车。鸾，通"銮"，车铃。路，通"辂"，天子、诸侯所乘之车。

（3）仓龙：八尺以上的青色马。仓，通"苍"，青色。龙，八尺以上的马。

【原文】

是月也，以立春。先立春三日，大史謁之天子曰："某日立春，盛德在木。"天子乃齊⁽¹⁾。立春之日，天子親帥三公⁽²⁾、九卿⁽³⁾、諸侯、大夫以迎春於東郊，還反，賞公、卿、諸侯、大夫於朝。命相布德和⁽⁴⁾令，行慶施惠，下及兆民⁽⁵⁾。慶賜遂行，毋有不當。乃命大史守典奉法，司天日月星辰之行，宿離不貸⁽⁶⁾，毋失經紀，以初⁽⁷⁾爲常。

【注释】

（1）齐：通"斋"，斋戒。

（2）三公：司马、司徒、司空。

（3）九卿：冢宰、司徒、宗伯、司马、司寇、司空、少师、少傅、少保。

（4）和：宣布。

（5）兆民：天子之民。

（6）宿离不贷：对天上的日月星辰经过的位置观测不得出现差错。宿，止。离，行。贷，同"忒"，差错。

（7）初：旧。

【原文】

是月也，天子乃以元日⁽¹⁾祈穀于上帝。乃擇元辰⁽²⁾，天子親載末耜，措之于參保介之御間⁽³⁾，帥三公、九卿、諸侯、大夫躬耕帝藉⁽⁴⁾。天子三推，三公五推，卿、諸侯九推。反，執爵于大寢，三公、九卿、諸侯、大夫皆御，命曰勞酒。

【注释】

（1）元日：当月中上旬的第一个天干辛日。

（2）元辰：当月中上旬的第一个地支亥日。

（3）措之参保介之御间："之御"二字误倒，意为将农具放在穿甲衣的参乘和驾车人之间。参保，即参乘，居车右的护卫。

（4）帝藉：籍田所获主要用来献祭天帝，故曰"帝藉"。帝：即天帝。藉，籍田，即借田。

【原文】

是月也，天氣下降，地氣上騰，天地和同，草木萌動。王命布農事：命田⁽¹⁾舍東郊，皆脩封疆⁽²⁾，審端經⁽³⁾、術⁽⁴⁾，善相丘陵、阪險、原隰土地所宜，五穀所殖，以教道民，必躬親之。田事既飭，先定準直，農乃不惑。

【注释】

（1）田：田畯，这里借指主管农业的官员。

（2）封疆：地界。

（3）经：通"径"，田间小路。

(4) 术：通"遂"，两块百亩土地中间的小沟渠。

【原文】

是月也，命樂正入學習舞。乃脩祭典，命祀山林川澤，犧牲毋用牝。禁止伐木。毋覆巢，毋殺孩蟲、胎、夭、飛鳥⁽¹⁾，毋麛，毋卵。毋聚大衆，毋置城郭。掩骼埋胔⁽²⁾。

【注释】

(1) 飞鸟：此指初飞之鸟。

(2) 掩骼埋胔（zì）：收葬暴露于野的尸骨。骼，枯骨。胔，腐肉。

【原文】

是月也，不可以稱兵，稱兵必天殃。兵戎不起，不可從我始。毋變天之道，毋絕地之理，毋亂人之紀。孟春行夏令，則風雨不時，草木蚤落，國時有恐；行秋令，則其民大疫，猋⁽¹⁾風暴雨總至，藜、莠、蓬、蒿並興；行冬令，則水潦爲敗，雪霜大摯⁽²⁾，首種不入。

【注释】

(1) 猋（biāo）：暴风。

(2) 摯：伤折。

【读解】

《月令》是《礼记》中相对独立的一篇文章，历代学者对该篇的研究也颇为透彻。《月令》简单来说就是每月的政令。全篇以一年十二月为划分，逐月记载每月的天文、物候特征。天子治国，要依照每个月天文、物候的变化而颁布不同的政令，以顺应自然，合于五行相生相克之道。即使是天子，其居所、车马、衣服、饮食及祭祀行为也都要遵照相关政令。如若违反时令，必遭相应的灾难。

这里所选的是孟春部分。依据阴阳五行学说，孟春属木，阳气渐渐兴发旺盛，万物皆趁此时节生发长养。因此，当月的政令当以宽厚仁德为主，禁杀生，天子躬耕，官员勤劳农事，不兴修大型工程，不发动战争，要顺应天道、地理与人纪。

《礼运》节选

【主旨】儒家"大同"思想的滥觞。

【原文】

大道⁽¹⁾之行也，天下爲公，選賢與能，講信脩睦。故人不獨親其親，不獨子其子，使老有所終，壯有所用，幼有所長，矜、寡、孤、獨、廢、疾者皆有所養，男有分，女有歸。貨惡其棄於地也，不必藏於己；力惡其不出於身

NOTE

也，不必爲己。是故謀閉而不興，盜竊亂賊而不作，故外戶而不閉。是謂大同[2]。

今大道既隱，天下爲家，各親其親，各子其子，貨力爲己，大人[3]世及以爲禮，城郭溝池以爲固，禮義以爲紀。以正君臣，以篤父子，以睦兄弟，以和夫婦，以設制度，以立田里，以賢勇、知，以功爲己。故謀用是作，而兵由此起。禹、湯、文、武、成王、周公，由此其選也。此六君子者，未有不謹於禮者也。以著其義，以考[4]其信，著有過，刑仁講讓，示民有常。如有不由此者，在埶者去，衆以爲殃。是謂小康[5]。

【注释】

（1）大道：五帝时期的治国理政之道，是儒家理想的社会制度，天下人人和同有序、心怀公义。

（2）大同：即大同社会，是儒家思想中的最高理想社会。在这个社会里，一切皆为公有，人人为公，各尽其才，各尽其力，修睦和善，皆有所养。

（3）大人：国君。

（4）考：成。

（5）小康：即小康社会。在这个社会里，世袭君主统领天下，各守其家，遵礼守义，谨守本分。

【读解】

本文节选自《礼运》，主要阐述礼的起源、发展、演变和运用，实际上反映了早期儒家的政治思想和以礼治国的方略。这里选取的是《礼运》开篇孔子对"大同""小康"的概念描述。从上文不难看出："大同"和"小康"是指安定太平的原始社会和遵守礼义、社会有序的奴隶社会。五帝统治的原始社会实行公有制，人人各尽其能，守信和睦，生养死葬皆有保障，无侵夺之心，社会安定。而到了奴隶社会，一切尽归世袭君主，人人为己，时刻备战，好在有礼义以为纲纪，匡正君臣、父子、兄弟、夫妻关系，并以此为据设立制度，禹、汤、文、武、成王、周公谨遵礼义，施政合礼，故社会秩序也是井井有条。"小康"是因私有制的产生而从"大同"社会发展而来，在"大同"社会之后，先代圣明君主依靠"礼义"的约束，仍然维持了社会秩序的相对安定。

【知识链接】

郑氏礼记笺序

《礼记》，丛书也。汉儒言《礼》，惟高堂生十七篇，学者以为正经，此则其《传》也。然此《记》亦不专释《仪礼》，往往依傍《诗》《书》《春秋》之文，杂取诸子传记之说，以故纯疵间出，读者不能无憾。虽然，圣人之言，万世无弊；至于贤人之言，其可议者固多矣。且如《论语》《孟子》中"使民战栗"之言，"旧君有服"之对，先儒犹多不满，矧《礼记》杂出于周、秦、汉儒者乎！今考其书，如《深衣》《奔丧》《投壶》，盖古经之逸简，昔贤之记录也；《中庸》

《大学》，义理精深；《曲礼》《少仪》《内则》，实小学之支流，圣经之余裔也；其余大抵汉儒编缀，大而朝祭、军宾、冠昏、乡射，细而日用、饮食、缛节、繁文，靡不兼收并采，巨细无遗。学者以其选言宏富，便于诵习，视《仪礼》难读、《周官》不全，相去固有间矣。此《礼记》所以得与四经并垂也。魏晋以后，此书盛行，并尊康成之注。盖以郑学莫精于《礼》，是书之于郑学，尤其精者也。虽或旁引"纬书"，时生异解：袷、禘偏信《鲁经》，王制多指夏殷，五庙但守玄成，七祀惟据《祭法》。"六天二地"，王肃驳其违；"配营南郊"，赵匡矫其失。此则大醇之中，不无小疵。然而名物度数，先古遗文，博参互证，诚可谓此书之功臣、注家之鼻祖也。

——（清）郝懿行《郑氏礼记笺序》

礼记训纂序

《汉·艺文志》云："《礼古经》五十六卷，《经》十七篇，《记》一百三十一篇。"《景十三王传》称"献王所得皆古文先秦旧书，《周官》《尚书》《礼》《礼记》《孟子》《老子》之属，皆经传说记，七十子之徒所论"。郑康成《六艺论》云："戴德传《记》八十五篇，则《大戴礼》是也。戴圣传《礼》四十九篇，则此《礼记》是也。"《儒林传》："小戴授梁人桥仁、杨荣子孙，由是小戴有桥、杨之学。"《后汉书·桥玄传》云："七世祖仁，著《礼记章句》四十九篇，号曰'桥君学'。"是则《礼记》传授远有端绪如是。

陆德明《经典释文·叙录》引陈邵《周礼论序》云："戴德删古《礼》二百四十篇，谓之《大戴礼》；戴圣删《大戴礼》为四十九篇，是为《小戴礼》。"后儒翕然信之。然《大戴礼·哀公问》《投壶》，《小戴记》亦列此二篇。他如《曾子大孝》篇见于《祭义》，《诸侯衅庙》见于《杂记》，《朝事》篇自"聘礼"至"诸侯务焉"见于《聘义》，《本命》篇自"有恩有义"至"圣人因教以制节"见于《丧服四制》，则非小戴删取大戴书甚明。孔冲远《乐记正义》亦云："按《别录》，《礼记》四十九篇，《乐记》第十九，则《乐记》十一篇在刘向前矣。"观此，则自汉以来，无谓小戴删取大戴以成书者。

唐初诏孔氏作《正义》，《礼记》最为详赡。凡所征引，如二贺氏、庾氏，以及皇氏、熊氏之说，备著于篇。自唐《类礼》已亡，后之释经者多苦其文繁。唯宋末卫正叔《集说》始释全经，然详于议论，而略于训故。元吴草庐《礼记纂言》割裂删并，自成一家之书，不可颁在学宫，以时习肄。

——（清）朱彬《礼记训纂序》

大戴礼记解诂·叙录

今小戴《礼记》灿然具备，而大戴之篇只存四十。《隋书·经籍志》谓戴圣删大戴之书为四十六篇，汉末马融足《月令》一篇、《明堂位》一篇、《乐记》一篇，其说颇为附会。盖因大戴八十五篇之书，始于三十九，终于八十一，其中又无四十三、四十四、四十五、六十一四篇，多出第七十三一篇。《隋志》又别出《夏小正》第四十七一篇，则存三十九而阙四十六，故支离其辞，以为小戴所取耳。岂知《月令》《明堂位》，刘向《别录》并属明堂阴阳，固古文三十三篇之内者也。而《乐记疏》引刘向《别录》云："《礼记》四十九篇，《乐记》第十九。"则《乐记》之入《礼记》，自刘向所见本已然矣，又何待于马融之足哉！且当时古本具在，大、小戴同受业于后仓之门，小戴又何庸取大戴之书而删之！盖二家俱就古文《记》二百四篇中，

NOTE

各有去取，故有大戴取之，小戴亦取之，如《哀公问》《投壶》等篇者也。况大戴所阙之篇，其名往往见于他书，如《王度记》《辨名记》《政穆篇》之类，皆不在于小戴《记》中，岂得以大戴阙篇，即小戴全篇邪？夫以大戴之书，同是圣贤绪余，自古未立学官，两汉经师不为传注，陆德明不为音义，迄无定本。后周卢辩虽为之注，然而隋、唐、宋《志》并不著录，则其书传者盖寡，是以阙佚过半，其存者亦讹变不能卒读。自时厥后，未有专家。

——（清）王聘珍《大戴礼记解诂·叙录》

【实践讨论】

讨论以礼治国与依法治国的异同及其优势。

【推荐阅读】

《十三经注疏》之《礼记注疏》，中华书局 1980 年影印本。

第六讲 《周易》导读
——群经之首，大道之源

《易经》导读

【知识导入】

"四书五经"被奉为中国传统文化的圭臬，《易经》又被学界公认为"群经之首，大道之源"。现在通行本《周易》分为"经"和"传"两部分。一般认为，通行本《易经》成书于殷末周初，《易传》成书于战国中后期。本章所言"易经"不包含"传"。

一、《易经》的构成

《易经》成书于殷末周初，相传是周文王在夏朝《连山易》和商朝《归藏易》的基础上重新编排而成，并作卦辞和爻辞予以诠释。

《易经》经文包含六十四卦。通行本的顺序是以乾、坤两卦开始，至既济卦和未济卦而终。每一卦包含卦名、卦象、卦辞和爻辞。以乾卦为例：

乾：元亨利贞

   用九　见群龙无首，吉

▬上九　亢龙有悔

▬九五　飞龙在天，利见大人

▬九四　或跃在渊，无咎

▬九三　君子终日乾乾，夕惕若，厉无咎

▬九二　见龙在田，利见大人

▬初九　潜龙勿用

"乾"是卦名；"☰"是乾卦卦象；"元亨利贞"是乾卦卦辞，卦辞用来解释每一卦的基本含义；爻辞是解释每一爻的基本含义，如初九爻辞"潜龙勿用"等。其他六十三卦都由这四部分组成。其中乾、坤两卦在六个爻辞之外，分别多了"用九"和"用六"。因为乾坤两卦是父母卦，所以进一步强调、突出。

二、卦的生成

用卦、爻符号来表达思想是《易经》区别于其他经典的突出特色。"卦者，挂也。""卦"

相当于悬挂一个像，通过阴阳爻的数量多少和不同位置展现动态的含义。"爻者，效也。"不同卦里的"爻"模拟具体的人和事。

关于卦的生成，最权威的解易之作《易传》给予了说明。《系辞上》说："是故易有太极，是生两仪，两仪生四象，四象生八卦，八卦定吉凶，吉凶生大业。"这种从一到二、从四到八乃至六十四卦的生成过程，如果从正向思维的角度来看，很容易被当作一个从低级到高级、从简单到复杂的"发展"过程。但实际情况正好相反，这是一个从"源"到"流"、从"干"到"枝"、从"顶层设计"到"具体落实"的过程。传统的社会建制和权力运作与此一脉相承。

对于立论的基础和枢纽——阴阳，《易经》本着"意以象著"的原则，用"－－"和"—"两个符号来表现，这与先民的生殖崇拜有关，也是先民执简驭繁智慧的体现。

三、阴阳或两仪

阳（—）代表积极的、上升的、温煦的、君子、充实等；阴（－－）代表沉静的、下降的、寒凉的、小人、亏虚等，但要结合具体卦的具体爻位而定。阴阳（－－ —）是中国传统文化中一对特殊的符号，也是了解中国传统文化的关键之处。

因为阴阳观念太重要，"－－"和"—"两个符号又太简略，为了避免僵化地理解并在动态意义上表达阴阳关系，所以后来出现了能够表达动态意义的太极阴阳图（图6-1）。太极图是一个空白的圆，表达的是未开化的混沌状态，等到能区分出阴阳的太极阴阳图，已经是等而下之了。

图6-1 太极阴阳图

太极阴阳图含义大体有三：一是阴阳并非截然二分，而是互根互含的关系；二是以正"S"或反"S"区分而不是一条直线，表达的是阳极盛时一定会出现阴、阴极盛时一定会出现阳；三是黑白两个点起到了画龙点睛的作用，即黑、白鱼是活的，阴阳之气永远处于此消彼长的动态之中。

上面两图存在方向差异：左边图黑白鱼的运行方向是顺时针，右边图黑白鱼运行方向是逆时针，目前这两种图及相关文物都可见到。顺时针的图可理解为道家的阴阳观，逆时针的可理解为易学的阴阳观。道家侧重于"顺应"，易学则是"逆数"——《易传·说卦》："数往者顺，知来者逆，是故，易，逆数也。"

四、四象：老阴、老阳、少阴、少阳

阴阳（－－ —）两个符号是极抽象的，需要进一步具体化使人易于掌握。阴阳两个符号经过两两相重，成为"四象"（图6-2）。

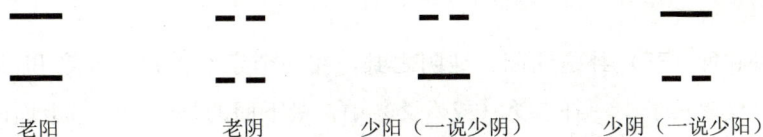

| 老阳 | 老阴 | 少阳（一说少阴） | 少阴（一说少阳） |

图6-2 四象

两个阳爻称"老阳"，可表示夏天；两个阴爻称"老阴"，可表示冬天；下面一个阳爻、上面一个阴爻称少阳，可表示春天（有学者称此为少阴。一般卦象都是从下往上排列，春天为阳气升、阴气退，故在此称为"少阳"）；下面一个阴爻、上面一个阳爻称少阴，可表示秋天（一说少阳）。

用四象表征一年四季非常形象，但这样的工具在运用时还是很难把握，必须把时间及与之相关的突出特征结合起来，即达到时空合一，才具备了切实的有效性。这就是三画的八经卦。

五、八经卦

在易学中，三画的卦称"经卦"，共八个卦，即：

乾☰ 坤☷ 震☳ 巽☴ 坎☵ 离☲ 艮☶ 兑☱。

八卦比起四象来能更形象地表征天人合一的观念：一个经卦三个爻，上爻代表天，下爻代表地，中间的爻代表人，天、地、人共处一个时空之中且相互影响。人世间所有事情的出现都是三种因素交互作用的结果。

据《易传·说卦》，在战国时期人们就开始用八经卦表征与当时人们生产生活关系最密切的八类自然物、八个方位（指后天八卦方位）、人体八个部位、八种人伦关系、八种禽畜、八种性质等。如表6-1：

表6-1 八经卦与人类的关系

乾☰	坤☷	震☳	巽☴	坎☵	离☲	艮☶	兑☱
天	地	雷	风	水	火	山	泽
西北	西南	东	东南	北	南	东北	西
首	腹	足	股	耳	目	手	口
父	母	长子	长女	中男	中女	少男	少女
马	牛	龙	鸡	豕	雉	狗	羊
健	顺	动	入	陷	丽（依附）	止	说（悦）

除去表6-1中所列的八卦表征的六种情况，还有其他许多种事物归类其中，这是古人占卜的基础。具体可参见《易传·说卦》篇。

为了帮助记诵八经卦卦象，前人编了一个歌诀：

乾（☰）三连，坤（☷）六断；震（☳）仰盂，艮（☶）覆碗；

离（☲）中虚，坎（☵）中满；兑（☱）上缺，巽（☴）下断。

（一）阳卦和阴卦

八经卦包含四个阳卦和四个阴卦。其中乾☰、震☳、坎☵、艮☶四卦为阳卦，坤☷、巽☴、离☲、兑☱四卦为阴卦。乾、坤两卦是纯阳、纯阴之卦。其他六卦遵循"以少为贵"的原则，一阳二阴之卦称阳卦，一阴二阳之卦称阴卦。

NOTE

（二）父母卦和六子卦

乾（☰）卦和坤（☷）卦是纯阳、纯阴之卦，在一个家庭中代表父亲和母亲，即父天母地。震（☳）卦代表长子。一卦三爻（或六爻）中，最下面的是开始，最上面的是结束。《易传·说卦》篇云："震一索而得男，故谓之长男。"意思是坤（☷）卦三个爻为阴爻，第一次得到一个阳爻（男孩）成震（☳）卦，是家里的长子。"巽一索而得女，故谓之长女"，意思是乾（☰）卦三个爻为阳爻，第一次得到一个阴爻（女孩）成巽卦（☴），是家里的长女。

其他以此类推："坎（☵）再索而得男，故谓之中男；离（☲）再索而得女，故谓之中女；艮（☶）三索而得男，故谓之少男；兑（☱）三索而得女，故谓之少女。"（《易传·说卦》）

（三）八卦代表的八类自然物和基本的性质

1. 乾（☰）卦三个爻都是阳爻，代表天。因为天是最大的阳，刚健自强丝毫不会懈怠，这与先贤对包括太阳在内的天象观测有直接关系，有"健"的特性。

2. 坤（☷）卦三个爻都是阴爻，代表地。地为最大的阴，有柔顺之德，是非善恶无所不载，有"顺"的特性。

3. 震（☳）卦下面一个阳爻、上面两个阴爻，代表雷。立春时大地上阴气尚盛而阳气欲喷薄而出，阴阳相搏于是有雷。春天也是万物萌动之时，所以有"动"的特性。

4. 巽（☴）卦下面一个阴爻、上面两个阳爻，代表风。风总是流动着的，故上面有两个阳爻；无论何时风总会带来凉意，故下面含有一个阴爻。风的性质是无孔不入，所以有"入"的特性。

5. 坎（☵）卦中间一个阳爻、上下两个阴爻，代表水。水为阴，故有两个阴爻；又水性润下，只有先升才能后降，故包含阳的成分。水性虽柔弱，但往往包含着凶险，所以有"陷"的特性。

6. 离（☲）卦中间一个阴爻、上下两个阳爻，代表火。火为阳，故有两个阳爻；又火性炎上，只有居下才能炎上，故包含阴的成分。火不能自己存在，必须借助其他事物，所以有"丽"（依附）的特性。

7. 艮（☶）卦下面两个阴爻、上面一个阳爻，代表山。山为突出、高耸物，故上面为阳爻；但山不以大地为依托则不能成其高，故下有两阴。山有镇止之意，所以有"止"的特性。

8. 兑（☱）卦下面两个阳爻、上面一个阴爻，代表泽。泽毕竟不是水，上面为阴为虚，但下面为实。美丽少女和湿地杂草葱茏能够悦人，但也有"毁折"的性质。

以上是八经卦卦象诸多解释中的一说。

六、从三画卦到六画卦

六画卦称"别卦"。三画卦虽能够表达天、地、人三才之道，但只是表征了静态意义，因此，八卦又两两相重为六十四卦，即六画卦。

（一）内卦和外卦

在六画卦中，下面三个爻是下卦，也称内卦，可代表己方或内在因素；上面三个爻是上卦，也称外卦，可代表对方或外在因素。

（二）爻的名称

一卦六个爻，从最下面到最上面的分别称初、二、三、四、五、上。阳爻称"九"，阴爻称"六"。如乾（☰）卦六个爻从下往上依次称初九、九二、九三、九四、九五、上九；坤（☷）卦六个爻从下往上依次称初六、六二、六三、六四、六五、上六。未济（☲）卦六个爻从下往上依次称初六、九二、六三、九四、六五、上九等。从"初"到"上"而不是从"一"到"六"，表达的是终始之道和圆周思维，而非线性思维。

（三）比、乘、承、应

相邻两爻的关系为"比"。阴爻在阳爻之上为"乘"，有"乘凌"的意思，往往对上面的阴爻不太有利，但也要看具体的卦。阴爻在阳爻之下为"承"。内卦三爻和外卦三爻有相应的关系：初爻和四爻相应、二爻和五爻相应、三爻和上爻相应，其中同性之爻相应为"敌应"、异性之爻相应为"正应"。

（四）"重三为六"表征的动态意义

六画卦中，上两爻代表天，天为阳；下两爻代表地，地为阴；中间两爻代表人。由此形成了一个新的、动态的三才之道。

以六画的乾卦为例：

一上九	代表天	阳中之阳（至阳动则为阴，要下行）
一九五	代表天	阳中之阴
一九四	代表人	
一九三	代表人	
一九二	代表地	阴中之阳
一初九	代表地	阴中之阴（至阴动则为阳，要上行）

以两爻各代表天、地、人三才之道，表达的是天之气自分阴阳、地之气自分阴阳、人自分阴阳。任何现实存在物都是阴阳和合体，这样世间才会生生不息。天为阳，代表天的五爻和上爻都是阳，但两爻相比，五爻为阳中之阴，上爻为阳中之阳，阳中之阳（至阳）实际上动则为阴，所以必然要下行，即天气下降；地为阴，代表地的初爻和二爻都是阴，但两爻相比，二爻为阴中之阳，初爻为阴中之阴，阴中之阴（至阴）实际上动则为阳，必然要上行，即地气上升。因此，三画卦重为六画卦之后表达的是天地之气互相交通从而生成、长养万物的动态过程。由此，六画卦（别卦）比起三画卦（经卦）而言，不仅内涵丰富得多，而且是动态的。即卦爻象是静的，但表征的意义是动的，故易学中才会有"得意忘象，得象忘言"的说法。卦、爻、卦辞、爻辞，皆是工具而已。

七、每一卦都代表一个时空

学习《周易》应该"明时"。"时"即时空。六十四卦表征宇宙大时空，每一卦是一个具体而微的小时空，体现的是层次不同的终始之道。以乾卦为例。

乾：元亨利贞

用九　见群龙无首，吉

（宗庙）一上九　亢龙有悔

（天子）一九五　飞龙在天，利见大人

（诸侯）一九四　或跃在渊，无咎

（三公）一九三　君子终日乾乾，夕惕若，厉无咎

NOTE

（大夫）—九二　见龙在田，利见大人

（元士）—初九　潜龙勿用

这是六画卦乾（☰），"乾"是卦名。"元亨利贞"是卦辞，解释一卦的基本含义。六个爻自下而上依次排列是卦象，卦象也称"大象"。每卦六个爻，每爻的爻象也称"小象"。爻辞解释每一个爻的基本含义。

（一）乾卦卦辞"元亨利贞"

"元"为开始，万物是天（阳）生地（阴）成，天之气开启万物，使万物生成有了可能性，是纯然至善的，一旦落实到大地上成为现实便不可避免地有了种种不足；"亨"是美好的东西能够畅通无阻；最大的"利"是万物各得其宜（义者宜也）；"贞"，引申为"正"，循正道而行，"置身于正道，是为最吉祥"。

"元亨利贞"也称为"四德"，乾为天、坤为地，天和地在传统文化中还有理想和现实的含义。对于表征天的乾卦，没有任何附加条件而直言"元亨利贞"四德，只有理想是最圆满的。坤卦卦辞虽然也包含"元亨利贞"，但已经有了一些附加条件予以限制。其他六十二卦更是如此，有三德者，有两德者，有一德者，有无德者，不一而足。

（二）一卦六爻代表传统社会的六个等级

初爻代表"元士"（底层百姓不包含在内），士阶层为等级社会中不直接从事体力劳动的最低一个阶层，受雇于贵族等统治者，无封地。

二爻代表"大夫"，有一定田产并掌握一定的权力，传统社会有"礼不下庶人，刑不上大夫"的说法。

三爻代表"三公"，如司徒、司马、司空等，属朝廷重臣，权力很大，可与天子直接对话。

四爻代表"诸侯"，一般为天子的兄弟或子侄，与天子有一定的血缘关系，属封疆大吏，有兵权和财权（主要是宋朝以前），也最容易被天子猜忌。

五爻代表"天子"，帝王被称为"九五之尊"就是由此而来，这个位置处于上卦的中位，最吉利也最尊贵。

上爻代表"宗庙"，即祖宗的位置，这个位置本来应该比五爻更尊贵，但却是一个虚位。

（三）一卦六爻表征事物发展的终始之道

1. 乾卦初九爻的爻辞是"潜龙勿用"。因为初九、九二两爻代表地，初九爻在最深处，意味着所有的条件都不具备，此时有所行动就是"妄动"，有所求就是"躁求"，不可避免地会有凶险，韬光养晦而"勿用"才是最好的选择。

2. 九二爻辞是"见龙在田，利见大人"。九二爻已经到了地面，一些条件初步具备，对于有追求、有前瞻性意识的人而言到了初展抱负的时候。一旦条件成熟大家都会蜂拥而至，没有"人无我有，人有我新"的意识则很难脱颖而出。

3. 九三爻的爻辞是"君子终日乾乾，夕惕若，厉无咎"。"乾乾"是勤勉警觉的意思，"夕"是傍晚，"厉"是危险。三爻是人道之初，处于从内卦到外卦、从下卦到上卦的一个转折时期，在这个阶段无论怎样勤奋和警觉都不算过分，不出现大的过失就已经算是不错的过程。

4. 九四爻的爻辞是"或跃在渊，无咎"。九三、九四两爻代表人道，但九四爻"上不在天，下不在田，中不在人"（魏·王弼《周易注》）。因为人道偏下（或者说偏于现实），九四爻进可以到五爻天子之位，退可以到三爻君子之位，表现为一种"悬浮"的状态，能够始终"战战兢兢，如临深渊，如履薄冰"，做到"无咎"而不张扬自己就已经不容易了。由此不难理解周公之难。

5. 九五爻的爻辞是"飞龙在天，利见大人"。九五爻是最尊贵的一个位置，又处于上卦的中位，故最为吉利，适合大展宏图。六十四卦的六十四个五爻的爻辞，没有完全称"凶"者，有不吉也会以其他方式弥补。这一点是处于下卦中位的二爻难以企及的，原因是贵贱的差别。所以《易传·系辞下》才会有"二多誉，四多惧""三多凶，五多功"之语。

6. 上九爻的爻辞是"亢龙有悔"。如果时过境迁还处在"亢"（阳爻）的状态，那么"悔"就是必然的结果。

7. 乾卦和坤卦是众卦的父母卦，爻辞也比较特殊。乾卦爻辞多了一个"用九，见群龙无首，吉"。意思是在特别刚健的环境下（六爻都是阳爻），强行出头是非常危险的。坤卦爻辞多了一个"用六，利永贞"，意思是对女性而言利于永远守正，有"妻贤夫祸少"之意。其他卦从初爻到上爻基本表征的是从开始到结束、人体或物体从下到上等的过程，只不过乾卦六爻的爻辞最为典型。

八、六十四卦表征宇宙大时空

（一）通行本六十四卦的卦象及顺序

乾	坤	屯	蒙	需	讼	师	比
小畜	履	泰	否	同人	大有	谦	豫
随	蛊	临	观	噬嗑	贲	剥	复
无妄	大畜	颐	大过	坎	离	咸	恒
遁	大壮	晋	明夷	家人	睽	蹇	解
损	益	夬	姤	萃	升	困	井
革	鼎	震	艮	渐	归妹	丰	旅
巽	兑	涣	节	中孚	小过	既济	未济

1973年长沙马王堆出土的帛本《易》的卦序与通行本不同，学者已多有研究，但通行本一直流传不衰也应是历史筛选的结果。

《易经》通过六十四卦的排列，表征出生生不息的无限宇宙大时空。通行本六十四卦的卦序，处于前两位的乾（☰）、坤（☷）两卦和处于最后两位的既济（䷾）、未济（䷿）两卦，只具有理论上的意义，在现实生活中是不可能出现的。因为乾、坤两卦属于纯阳、纯阴之卦，现实则是孤阴不生、独阳不长。最后的两卦，既济卦（䷾）是阳爻处阳位、阴爻处阴位（易学中称为"正"），六爻皆得其位，万物皆得济养（上水下火成"炊"之象）的最理想状态，现实中显然不可能；而未济卦（䷿）则是阴爻处阳位、阳爻处阴位（易学中称为"失位"），六爻皆不得其位，所有事物都不得其所，显然也不具现实性。只有中间六十卦阴阳各具，可以表征世间现实的存在物。

六十四卦共三百八十四个爻，除去上述四卦，六十卦计三百六十个爻，也基本可以表征一年又一年的周而复始。但从秦汉开始，先贤已经确切计算出一年包含三百六十五又四分之一天，此一点从两汉象数易学家的"六日七分说"可得到确证。

对于六十四卦排列顺序的特点，唐代经学家孔颖达总结为"二二相偶，非覆即变"。即六十四卦分为三十二对，相邻两卦要么是变卦，如乾（☰）和坤（☷），把乾卦六个爻的爻性全变就是后边的坤卦；要么是覆卦，如屯（☵）和蒙（☶），把屯卦六个爻全部翻转过来就得到蒙卦等。泰（☷）和否（☰），既济（☵）和未济（☲）等卦既可以看作覆卦，也可以看作变卦。

（二）六十四卦顺序歌诀

前人为了方便记忆六十四卦顺序，编了一首歌诀，并根据经文分成上下两篇。

《经》上

乾坤屯蒙需讼师，比<u>小畜</u>分履泰否；

<u>同人</u>大有谦豫随，蛊临观分<u>噬嗑</u>贲；

剥复<u>无妄</u>大畜颐，<u>大过</u>坎离三十备。

《经》下

咸恒遁分及<u>大壮</u>，晋与<u>明夷</u>家人睽；

蹇解损益夬姤萃，升困井革鼎震继；

艮渐<u>归妹</u>丰旅巽，兑涣节分<u>中孚</u>至；

<u>小过</u>既济兼<u>未济</u>，是为下经三十四。

卦序歌诀中，有下划线的为两字一个卦名，楷体字是为了便于记忆凑足一句话的虚字，大部分卦的卦名为单个字，少数卦名有两个字。

九、十二消息卦

为了表征一年之内阴阳盛衰的规律变化，前人在六十四卦中选出十二个卦代表农历的十二个月，并配以十二个地支。如表 6-2：

表 6-2　十二消息卦

	复☷	临☷	泰☷	大壮☷	夬☱	乾☰
息卦	十一月	十二月	正月	二月	三月	四月
	子（水）	丑（土）	寅（木）	卯（木）	辰（土）	巳（火）
	姤☰	遁☰	否☰	观☷	剥☶	坤☷
消卦	五月	六月	七月	八月	九月	十月
	午（火）	未（土）	申（金）	酉（金）	戌（土）	亥（水）

十二消息卦也称"十二辟卦"或者"十二君卦"，有统领其他众卦的意思。按照易学中的体例，阳气上升为"息"，阴气上升为"消"。息卦包含六个卦，从代表农历十一月的复☷卦开始，阳气依次上升，到代表次年农历四月的乾☰卦，阳气达到最盛。消卦也包含六个卦，从代表农历五月的姤☰卦开始，阴气依次上升，到代表农历十月的坤☷卦，阴气达到最盛。

十二个月都可以配以十二个地支，十二个地支又可以转换为方位和五行，五行之间有生有克，吉凶悔吝就在其中。

就五行之气的旺衰而言，立春后木旺，立夏后火旺，立秋后金旺，立冬后水旺，土王（统领）四季。十二个地支中，寅卯为木，巳午为火，申酉为金，亥子为水，辰、戌、丑、未为土并分列在四季中（土居中央也是重要一说），与中医学"四季脾旺不受邪"同理。

十、八宫说——另一种卦序和时空观

"八宫说"就是把六十四卦分成八个宫，每宫八个卦。以"八纯卦"（上卦和下卦相同的六画卦为纯卦）——乾☰、坤☷、震☳、巽☴、坎☵、离☲、艮☶、兑☱为每一宫的首卦（本宫卦）。除了本宫卦，后面每个卦排列规律是：从本宫卦初爻开始依次受变，变初爻为一世卦，变二爻为二世卦，变三爻为三世卦，变四爻为四世卦，变五爻为五世卦，上爻代表宗庙不能变，回过头来变四爻为游魂卦，然后下卦的三爻全变、变回本宫卦的下卦为归魂卦。

表6—3 八宫说

	本宫卦	一世卦	二世卦	三世卦	四世卦	五世卦	游魂卦	归魂卦
乾宫（金）	乾 乾为天	姤 天风姤	遁 天山遁	否 天地否	观 风地观	剥 山地剥	晋 火地晋	大有 火天大有
坤宫（土）	坤 坤为地	复 地雷复	临 地泽临	泰 地天泰	大壮 雷天大壮	夬 泽天夬	需 水天需	比 水地比
震宫（木）	震 震为雷	豫 雷地豫	解 雷水解	恒 雷风恒	升 地风升	井 水风井	大过 泽风大过	随 泽雷随
巽宫（木）	巽 巽为风	小畜 风天小畜	家人 风火家人	益 风雷益	无妄 天雷无妄	噬嗑 火雷噬嗑	颐 山雷颐	蛊 山风蛊
坎宫（水）	坎 坎为水	节 水泽节	屯 水雷屯	既济 水火既济	革 泽火革	丰 雷火丰	明夷 地火明夷	师 地水师
离宫（火）	离 离为火	旅 火山旅	鼎 火风鼎	未济 火水未济	蒙 山水蒙	涣 风水涣	讼 天水讼	同人 天火同人
艮宫（土）	艮 艮为山	贲 山火贲	大畜 山天大畜	损 山泽损	睽 火泽睽	履 天泽履	中孚 风泽中孚	渐 风山渐
兑宫（金）	兑 兑为泽	困 泽水困	萃 泽地萃	咸 泽山咸	蹇 水山蹇	谦 地山谦	小过 雷山小过	归妹 雷泽归妹

通过"八宫说"背诵六十四卦卦象是学习易学的一个基本方法。

以乾宫八卦为例：**乾为天，天风姤，天山遁，天地否，风地观，山地剥，火地晋，火天大有**。记住八经卦所代表的八类最基本的自然物是记住六十四卦卦象的基础。

十一、从泰（☷☰）卦和否（☰☷）卦看中国传统的判断方式

"否极泰来"和"剥极必复"是传统社会的预判模式，这种认知造就了中国人的忍耐和顽强。泰（☷☰）卦和否（☰☷）卦同样反映了中国传统认知中一个重要的模式：动态的价值判断而非静态的事实判断。

泰（☷☰）卦卦象是上卦为坤为地，下卦为乾为天；否（☰☷）卦卦象相反，是上卦为乾为天，下卦为坤为地。如果做静态的事实判断，否（☰☷）卦卦象最符合常识，天在上而地在下，天覆地载。但易学中认为，原来居上的还在上面，原来居下的还在下面，这是天地之气不相交通的死寂状态。泰（☷☰）卦卦象则表示，原来居上的到了下面，原来居下的到了上面，非常通达，所以为"泰"，置于人体则是气血通畅的正常状态，即平人。

但泰（☷☰）卦表征的并非百分之百的万事大吉，而是"小往大来"（泰卦卦辞），意思是动态地看，趋势越来越好。但是太过通达也容易失去节制，因此在泰卦代表的时空下能自觉地约束自己是其内在要求。否（☰☷）卦表征的也并非一无是处的万劫不复，而是"大往小来"（否卦卦辞），指趋势越来越恶劣。于此时空下，韬光养晦、查漏补缺、积极应对，把损失降到最

NOTE

低也算是不错的结果。

总之，易学教人把握天、地、人三才之道，自强不息的民族精神和厚德载物的道德范式，因此《周易》在几千年的传统社会中被称为"群经之首""大道之源"。

《坤》

【主旨】柔顺之德，母仪天下。

【原文】

䷁坤：元亨，利牝馬(1)之貞。君子有攸(2)往，先迷後得主。利西南得朋(3)，東北喪朋。安貞吉。

初六：履霜，堅冰至。

六二：直方大(4)，不習无不利。

六三：含章可貞，或從王事，无成有終。

六四：括囊(5)，无咎无譽。

六五：黃裳(6)元吉。

上六：龍戰于野，其血玄(7)黃。

【注释】

(1) 牝马：母马。

(2) 攸：所。

(3) 西南得朋：后天八卦中，坤卦代表西南方，与东北方相冲。

(4) 直方大：此用于形容大地的品格。

(5) 括囊：扎紧口袋。指外面的进不来，里面的出不去。

(6) 黄裳：黄色的下衣，指循中道而行。土为黄色，五行中土居中央。

(7) 玄：黑色。

【读解】

因行文需要，乾卦在《知识导入》中已作详细讲解。如前所述，从初爻到上爻反映了"终始之道"，但卦与卦、爻与爻之间往往有一定的跳跃性，很难用严密的逻辑来推导。坤䷁卦的卦象是上坤下坤，是通行本六十四卦的第二卦，可代表地、臣、子、牛、雌、母马等事物。此类事物持守正道便可以帮助君子成就大事。但因为六爻皆阴，无主事之人，所以"先迷"，后来阴盛似阳，于是"得主"。后天八卦中坤卦为西南方，与东北方对冲。十二消息卦中用以比拟农历十月。

坤卦六爻皆阴，因此初爻表达出踩到霜，就知道不久的将来会是冰天雪地。六二爻是说大地的品格不像天那么理想玄妙，而是直接、方正、博大，具备这样的品格即使不讲究技巧也没有什么大的过失。六三爻是指作为大臣，内有美好的信念持守正道，跟随大王做事，个人未必成就高位，但会有一个不错的结局。六四爻是阴爻处阴位，为"正"，但也只是守住了本位，像扎紧的口袋一样既不能进也不能出，虽无过失，但也不会有荣誉。六五爻作为主事者，能时刻循中道而行，无疑是非常吉利的。上六爻表征阴达到极盛，故以"龙"做喻，从阴转阳的大转折免不了一番激烈斗争，以至于血染大地。

《屯》

【主旨】 万事开头难。

【原文】

☳ 屯：元亨利贞。勿用有攸往，利建侯。

初九：盤桓⁽¹⁾，利居贞，利建侯。

六二：屯如邅如⁽²⁾，乘马班如。匪寇婚媾，女子贞不字⁽³⁾，十年乃字。

六三：即⁽⁴⁾鹿无虞⁽⁵⁾，唯入于林中。君子幾⁽⁶⁾不如舍，往吝。

六四：乘马班如，求婚媾，往吉，无不利。

九五：屯其膏。小贞吉，大贞凶。

上六：乘马班如，泣血涟如。

【注释】

（1）盤桓：原地徘徊，难以前进。

（2）屯如邅（zhān）如：欲进又止的样子。

（3）字：婚配。

（4）即：靠近。

（5）虞：虞人，掌山泽之官。

（6）几：接近。

【读解】

屯☳卦卦象是上坎下震水雷屯卦，是通行本六十四卦的第三卦，"屯"（zhūn）为象形字，一横代表大地，小草刚刚露头。前面有了父天母地（乾坤），至屯卦万物开始萌生。万事开头难，虽然有"元亨利贞"四德，但此时有所行动要艰难得多，但正是建国的时期。

初九爻表征万物开始时困难极多，利于持守正道做大事。六二爻指尽管有马这样的交通工具，有时也会因为艰难困顿而徘徊不进。路上遇到的人并非盗贼，而是求婚者，但该女子没有答应，十年后再出嫁。六三爻表示追逐山鹿没有虞人引导，只是空入茫茫林海中，此时不如舍弃，再追下去也不会有理想的收获。六四爻表征骑着马浩浩荡荡地去求婚，没有什么不利的。九五爻表达聚敛财物适当即可，太多则会有凶险。上六爻表示事已成就，如果耀武扬威，很快就会出现追悔莫及的结果。

《蒙》

【主旨】 教育要从小抓起。

【原文】

䷃蒙：亨。匪⁽¹⁾我求童蒙⁽²⁾，童蒙求我。初筮⁽³⁾告，再三瀆⁽⁴⁾，瀆则不告。利貞。

初六：發蒙，利用刑人，用說⁽⁵⁾桎梏。以往吝。

九二：包蒙吉，納婦吉，子克家。

六三：勿用取女，見金夫⁽⁶⁾，不有躬⁽⁷⁾，无攸利。

六四：困蒙，吝。

六五：童蒙，吉。

上九：擊蒙。不利，爲寇；利，禦寇。

【注释】

(1) 匪：同"非"，不是。

(2) 童蒙：蒙昧之人。

(3) 初筮：第一次占卜。初，第一次。筮，占卜。

(4) 再三瀆：多次占卜即为亵渎。再，第二次。三，第三次。渎，亵渎。

(5) 说：同"脱"，卸掉（刑具）。

(6) 金夫：有钱的男人。

(7) 躬：本身。

【读解】

蒙䷃卦是六十四卦的第四卦，上艮下坎山水蒙卦，蒙有蒙昧的意思。万物萌生之后，启蒙教化就是必需的一环。前途光明所以有"亨"。不是"我"有求于蒙昧之人，而是蒙昧之人有求于"我"。意指不要主动给人占卜，等到蒙昧之人诚心相求时才可以指点迷津。第一次占卜能够得到一个中肯的参考意见，第二次、第三次反复追求就是亵渎了。既然不相信，就没必要去求卜问卦。"易为君子谋，不为小人谋"，占问之事应该是正当的事业。

初六爻表示，启发蒙昧之人，利用戴罪之人现身说法是很有效的；不加以教导而让蒙昧之人直接做事结果不会好。九二爻指包容蒙昧之人的不足是吉利的，等到他们娶妻生子自然会承担起自己的责任。六三爻是指有的女人是不能娶回家的，如看到有钱的男人便会以身相许。六四爻表征被蒙昧幼稚所束缚，结局自然不好。六五爻表示尽管童稚蒙昧，但能持守中道，地位尊贵又不刻意彰显自己（五爻是阴爻居阳位）反倒为吉。上九爻表征惩罚蒙昧之人方式不得当，会事与愿违；方法得当，就会利好。

《泰》

【主旨】 越得意越需要节制。

【原文】

䷊泰：小往大來，吉亨。

初九：拔茅⁽¹⁾茹⁽²⁾以其彙⁽³⁾，征吉。

九二：包荒⁽⁴⁾，用馮河⁽⁵⁾，不遐⁽⁶⁾遺，朋亡，得尚⁽⁷⁾于中行。

九三：无平不陂⁽⁸⁾，无往不復，艱貞无咎。勿恤⁽⁹⁾其孚⁽¹⁰⁾，于食有福。

六四：翩翩⁽¹¹⁾不富，以⁽¹²⁾其鄰，不戒以孚⁽¹³⁾。

六五：帝乙⁽¹⁴⁾歸妹⁽¹⁵⁾，以祉元吉。

上六：城復⁽¹⁶⁾於隍⁽¹⁷⁾，勿用師。自邑告命，貞吝。

【注释】

（1）茅：茅草。

（2）茹：互相牵引的样子。

（3）彙（huì）：通"匯"，以类相从，指茅根相互牵引。

（4）荒："荒"的古字，蛮荒之地。

（5）冯（píng）河：徒步过河。

（6）遐：遥远。

（7）尚：同"赏"。

（8）陂（pō）：不平坦。

（9）恤：忧虑。

（10）孚：帛本《易》作"复"，回归。

（11）翩翩：轻浮、不殷实。

（12）以：效法。

（13）孚：使人信服。

（14）帝乙：商纣王的前任国君（纣王是帝辛）。

（15）归妹：嫁妹。

（16）复：倾覆。

（17）隍：古代城下的池子。

【读解】

泰☷☰卦是六十四卦的第十一卦，上坤下乾地天泰卦。该卦地在上、天在下，天地之气交通非常畅达，能够表征上情下达、下情上达的理想状态。十二消息卦中用以比拟农历正月。

初九爻是泰卦的开始，与九二、九三都是阳爻，志向相同，一动俱动，就像拔出茅草连着根系互相牵连。九二爻表征尽管条件很艰苦，甚至徒步过河，有作为的人也不会遗漏偏远地区。因持守中道不结党营私，可能没有特别亲密的朋友，但最终结局还不错。九三爻表征"平"和"陂"、"往"和"復"永远是共存的关系，没有一劳永逸的事情，在艰难的条件下守住自己的底线。不要担心没有回来的路，踏踏实实地坚持，终会有不错的回报。六四爻是从下转上、从阳转阴的第一步，指轻浮而不殷实，不妨学习它的邻居（三爻和五爻），不必戒备，坚守内心诚信。六五爻为君位，国君嫁妹，即五爻阴爻与二爻阳爻相应，以尊就低，得福而元吉。上六爻是泰卦的末尾，形势不妙，城池坍塌，用兵无益，只能自求多福，结局不太理想。

NOTE

《否》

【主旨】看清形势很重要。

【原文】

☶☰否之匪人，不利君子贞(1)。大(2)往小(3)來。

初六：拔茅茹以其彙，贞吉，亨。

六二：包承(4)，小人吉，大人否亨。

六三：包羞。

九四：有命无咎，疇(5)離(6)祉。

九五：休否，大人吉。其亡其亡，繫于苞(7)桑。

上九：傾否，先否後喜。

【注释】

（1）贞：守正。

（2）大：阳为大、为实。

（3）小：阴为小、为虚。

（4）承：二爻阴爻与五爻阳爻相应。

（5）疇：同类。

（6）离：丽，即依附。

（7）苞：紧密结实的样子。

【读解】

否☶☰卦是六十四卦的第十二卦，上乾下坤天地否卦。该卦天在上、地在下，指天地之气不相交通，有阻塞意。否卦时空下会阻隔那些不应该阻隔的人，不利于君子持守正道，手段应该灵活多样，不然结局不妙。此种时空下小人道长，君子道消。

初六爻是否卦的开始，形势尚可，下卦的三爻相互牵连，守正则吉利、亨通。六二阴爻，独与处在五位（尊位）的阳爻相应而得其荫庇易得吉祥，而大人麻烦不断，但二、五两爻皆处中位，所以亨通。六三爻以阴爻处于阳位有失位之嫌，处于否闭之时却过于积极，承担羞辱的结果就是理所当然的。九四爻尽管失位，但顺承君位（五爻）之命而行也不会有什么凶咎发生。同类相互依存，共克时艰。九五爻为君位且当位得正，有能力结束这种否闭的状态并得到吉祥的结果。衰亡的原因在于误认为自己所依赖的基础很结实、强壮。上九爻表征到了否闭之时的末尾，艰难的日子就要结束了，所以"先否后喜"。

《损》

【主旨】困境是道德的试金石。

【原文】

☲☷损：有孚元吉，无咎可贞，利有攸往。曷⁽¹⁾之用？二簋⁽²⁾可用享。

初九：已事遄⁽³⁾往，无咎；酌损之。

九二：利贞，征凶，弗损，益之。

六三：三人行则损一人，一人行则得其友。

六四：损其疾，使遄有喜，无咎。

六五：或益之十朋之龟⁽⁴⁾，弗克违，元吉。

上九：弗损，益之，无咎，贞吉，利有攸往，得臣无家。

【注释】

(1) 曷：通"何"。

(2) 簋（guǐ）：古时盛东西的器具。

(3) 遄（chuán）：快速。

(4) 十朋之龟：一神龟，二灵龟，三摄龟，四宝龟，五文龟，六筮龟，七山龟，八泽龟，九水龟，十火龟。朋，党。龟，古代占卜决疑之物。

【读解】

损☶卦为六十四卦的第四十一卦，上艮下兑山泽损卦。根据易学中的"卦变说"，损☶由泰☷变化而来（三阴三阳之卦来自泰、否），把泰卦下面的一个阳爻放置上面就是损卦，"损下益上谓之损"，不是补不足而是以下补上。下面益☴是"损上益下谓之益"。

损下益上，如果没有诚信则涉嫌谄媚。只有内心诚信才有吉利可言，可以有所行动。但处于损卦之时祭品无需多么丰厚，简约即可。

损卦初九爻代表开始，此时不可安逸，祭祀的事情要快速行动才能没有过失，酌情减损不必要的东西。九二爻处于下卦的中位，若一味迎合五爻减损自己则会有凶。若坚持中道不仅不会损失，反而获益。六三爻与上九爻是正应的关系，单独迎合上九爻则极容易被接纳，但如果六三爻与六四、六五三个阴爻一起承顺上九爻无疑自己会受损。六四爻与初九爻是正应的关系，两爻皆当位得正，以柔纳刚，隐患被大大减损。在此时空下，快速行动可免于凶咎，甚至有喜庆。六五爻以阴爻居尊位，自损守中反而获益，龟为决疑之物，也兆示结局吉利。上九爻已到损卦的末尾，此时不损反益，不会有什么过失，适合做事。得到了大臣（三爻）的帮助福临天下，要放眼全局，不拘泥于一家。

《益》

【主旨】积善之家必有余庆。

【原文】

☴☳益：利有攸往，利涉大川。

初九：利用为大作，元吉，无咎。

六二：或益之，十朋之龜弗克違，永貞吉；王用享于帝，吉。

六三：益之用凶事，无咎；有孚中行，告公用圭⁽¹⁾。

六四：中行，告公從，利用爲依遷國⁽²⁾。

九五：有孚惠心，勿問元吉，有孚惠我德。

上九：莫益之，或擊之，立心勿恒，凶。

【注释】

(1) 圭：古时大臣上朝时手握的玉器。

(2) 迁国：迁徙国都。

【读解】

益☲☵卦是六十四卦的第四十二卦，上巽下震风雷益卦，由否☰☷卦变化而来，把上面的一个阳爻增益到下面就成了益卦，所谓"损上益下谓之益"。益卦时空下，适合大有作为。

初九爻是益卦之始，利于大有作为，干一番事业。六二爻当位得正又与九五爻相应，得到尊位的关照，又有朋龟献策昭示吉祥，此时祭祀上天非常吉利。六三爻以阴爻居阳位，求利益之心过于迫切，也容易招致凶险。但如果能够内心诚信、不为己私、持守中道以告知王公，则可能得到支持。六四爻表征时刻循中道而行不但会得到王公的认可，还可以借助王公的支持完成迁都的大事。九五爻是君位，为益之大，莫大于信；为惠之大，莫大于心。怀有诚信仁爱之心去做事不必占问即吉。上九爻是益卦末尾，立心不稳、求益不止、贪得无厌终究会遭到打击，收获凶的结果。

《鼎》

【主旨】 善于打碎旧世界，更要善于建设新世界。

【原文】

☲☴鼎⁽¹⁾：元吉，亨。

初六：鼎顛趾，利出否，得妾以其子，无咎。

九二：鼎有實，我仇⁽²⁾有疾，不我能即⁽³⁾，吉。

九三：鼎耳革，其行塞，雉膏不食，方雨虧悔，終吉。

九四：鼎折足，覆公餗⁽⁴⁾，其形渥⁽⁵⁾，凶。

六五：鼎黄耳，金鉉⁽⁶⁾，利貞。

上九：鼎玉鉉，大吉，无不利。

【注释】

(1) 鼎：古代器物，一是烹饪食物，二是象征威仪。

(2) 仇：匹配。指二爻与五爻相应。

(3) 即：接近。

(4) 餗（sù）：鼎中食物。

（5）渥（wò）：沾湿，浸润。

（6）铉（xuàn）：横贯鼎耳以抬鼎之物。

【读解】

鼎☲卦是六十四卦的第五十卦，上离下巽火风鼎卦。鼎卦的上一卦是"革"卦，"革"为去除旧者，"鼎"为确立新者，所以有吉祥、亨通的含义。

初六爻是鼎卦之初，此时应该颠倒鼎器以利于倒出其中的旧物，就如同纳妾生子一样没什么不利的。九二爻表征鼎中盛满了食物，虽然九二爻与五爻相应（匹配），但五爻"乘刚"（阴爻在阳爻之上）被九三、九四两爻阻碍无法接近九二爻，本来已满，不再复加从而避免溢出所以为吉。九三爻是鼎耳的位置，是与"铉"配合移动鼎器的，但鼎耳丢失，鼎器难以移动，食物丰盛却无从吃到，就如天刚下点雨又散去，虽有遗憾但最终吉利。九四爻已到了上卦，且以阳爻处阴位为太满而导致鼎倾覆，王公的食物洒了出来，现场狼藉当然有凶。时至六五爻，鼎耳、鼎铉齐备，利于守正，各司其职。上九爻处鼎卦之终，鼎道已成，所以大吉。

《既济》

【主旨】 月盈则亏，未雨绸缪。

【原文】

☵既济：亨小，利贞；初吉終亂。

初九：曳(1)其輪，濡(2)其尾，无咎。

六二：婦喪其髴(3)，勿逐，七日得。

九三：高宗(4)伐鬼方(5)，三年克之，小人勿用。

六四：繻(6)有衣袽(7)，終日戒。

九五：東鄰殺牛，不如西鄰(8)之禴祭(9)，實受其福。

上六：濡其首，厲。

【注释】

（1）曳：拖拉。

（2）濡：沾湿。

（3）髴（fú）：古时妇女的首饰。

（4）高宗：殷王武丁。

（5）鬼方：殷商时期边疆的小国。

（6）繻：当作"濡"。

（7）袽（rú）：旧衣物或旧棉絮。

（8）西邻：周人。与"东邻"代表的殷人相对举。

（9）禴（yuè）祭：简单的祭祀。

【读解】

既济☲☵卦是六十四卦的倒数第二卦，上坎下离水火既济卦。"既"是已然，"济"为渡河。六十四卦表征时空发展至此，已到了一个相对稳定的状态，六爻皆得其位。这种时空下不会有太大的变动，卦辞才会有"亨小利贞"。但处于无限时空中不变化又是不可能的，因此才有"初吉终乱"。

初九爻是既济卦的开始，刚刚过河，车轮像被拖住，尾部被水沾湿，但没什么过咎。六二爻以阴爻处于阴位，所以以"妇"做喻，虽丢了首饰，但不必急于寻找，持守中道很快会失而复得。九三爻以阳爻处阳位，积极而动，就如殷王武丁讨伐不听话的小国，只需稍费时日便可征服，但要远离小人。六四爻以阴爻处阴位，谈不上功过，就如在有渗漏的地方用旧衣物堵住，应始终处于戒备的状态。九五爻表征殷人举行盛大的祭祀，不如周人简单的祭祀更有利，因其顺应了天时。上六爻则表示到了既济卦末尾，开始触底，会有凶咎发生。

《未济》

【主旨】柳暗花明又一村。

【原文】

☲☵未济：亨；小狐汔⁽¹⁾济，濡其尾，无攸利。

初六：濡其尾，吝。

九二：曳其轮，贞吉。

六三：未济，征凶。利涉大川。

九四：贞吉悔亡；震⁽²⁾用伐鬼方，三年有赏于大国。

六五：贞吉无悔，君子之光有孚，吉。

上九：有孚于饮酒，无咎。濡其首，有孚失是。

【注释】

(1) 汔（qì）：几乎，差不多。

(2) 震：声势巨大。

【读解】

未济☲☵卦是六十四卦的最后一卦，但同时也是下一个循环的开启。"未济"不是"不济"，而是有可济之理只是时间未到，从长远来看，前途还是光明亨通的。此时就像小狐以尾试水刚开始过河，前面会有凶险。

初六爻是未济之初，小狐以尾试水，前景充满了未知。九二爻处于下卦中位，守正道则吉，但还是像车被拖住轮子一样只能艰难前行。六三爻以阴爻处阳位，失位但还积极作为，在未济卦时空下当然会有凶险，最有利的只能是竭尽全力渡过大河。九四爻处于未济卦的上卦之初，最凶险的阶段已度过，用巨大的声势讨伐不听话的小国，最终取胜并得到大国的赏赐。六五爻虽以阴处阳位但能持守中道，以文御武故而吉利。处于尊位的君子的光辉在于诚信而吉利。上九爻是未济卦的末尾，已然渡河，内心诚信开怀畅饮并没有什么过咎，但如果得意忘形而失去节制则吉利尽失。

【知识链接】

明爻通变

夫爻者，何也？言乎变者也。变者何也？情伪之所为也。夫情伪之动，非数之所求也；故合散屈伸，与体相乖。形躁好静，质柔爱刚，体与情反，质与愿违。巧历不能定其算数，圣明不能为之典要；法制所不能齐，度量所不能均也。为之乎岂在夫大哉！陵三军者，或惧于朝廷之仪；暴威武者，或困于酒色之娱。

近不必比，远不必乖。同声相应，高下不必均也；同气相求，体质不必齐也。召云者龙，命吕者律。故二女相违，而刚柔合体。隆墀永叹，远壑必盈。投戈散地，则六亲不能相保；同舟而济，则吴越何患乎异心。故苟识其情，不忧乖远；苟明其趣，不烦强武。能说诸心，能研诸虑，睽而知其类，异而知其通，其唯明爻者乎？故有善迩而远至，命宫而商应；修下而高者降，与彼而取此者服矣！

是故，情伪相感，远近相追；爱恶相攻，屈伸相推；见情者获，直往则违。故拟议以成其变化，语成器而后有格。不知其所以为主，鼓舞而天下从，见乎其情者也。

是故，范围天地之化而不过，曲成万物而不遗，通乎昼夜之道而无体，一阴一阳而无穷。非天下之至变，其孰能与于此哉！是故，卦以存时，爻以示变。

——（魏）王弼《周易略例》

周易序

《易》之为书，卦爻象象之义备，而天地万物之情见，圣人之忧天下来世其至矣。先天下而开其物，后天下而成其务。是故极其数以定天下之象，著其象以定天下之吉凶。六十四卦、三百八十四爻，皆所以顺性命之理，尽变化之道也。散之在理，则有万殊；统之在道，则无二致。所以，易有太极，是生两仪。太极者，道也；两仪者，阴阳也。阴阳一道也，太极无极也。万物之生，负阴而抱阳，莫不有太极，莫不有两仪。絪缊交感，变化不穷。形一受其生，神一发其智，情伪出焉，万绪起焉，易所以定吉凶而生大业。故易者，阴阳之道也；卦者，阴阳之物也；爻者，阴阳之动也。卦虽不同，所同者奇耦；爻虽不同，所同者九六。是以六十四卦为其体，三百八十四爻互为其用，远在六合之外，近在一身之中。暂于瞬息，微于动静，莫不有卦之象焉，莫不有爻之义焉。至哉易乎！其道至大而无不包，其用至神而无不存。时固未始有一，而卦未始有定象；事固未始有穷，而爻亦未始有定位。以一时而索卦，则拘于无变，非易也；以一事而明爻，则窒而不通，非易也；知所谓卦爻象象之义，而不知有卦爻象象之用，亦非易也。故得之于精神之运、心术之动，与天地合其德，与日月合其明，与四时合其序，与鬼神合其吉凶，然后可以谓之知易也。虽然，易之有卦，易之已形者也。卦之有爻，卦之已见者也。已形已见者，可以知言；未形未见者，不可以名求，则所谓易者果何如哉？此学者所当知也。

——（宋）朱熹《周易本义》

NOTE

周易集解纂疏自序

古人之说《易》也慎，后人之说《易》也僭。古人之说《易》也，言象数而义理在其中；后人之说《易》也，言义理而象数因之以隐。说卦曰"圣人设卦观象"，又曰"圣人立象以尽言"，又曰"极数知来之谓占"，又曰"极其数，遂定天下之象"。使象数可废，则圣人之言为无稽，而羲、文之假象数以垂训者，反等于骈拇枝赘。夫规所以为圆，矩所以为方。必规矩具，然后方圆成。断无方圆成，而规矩遂为可弃。故作《易》者，不能离象数以设爻象。说《易》者，即不能外象数而空谈乎性命矣。说《易》莫先于左氏《内传》，纪事虽不免或失之诬，然解释筮辞皆准象数，犹可考见古人说经之遗。汉儒踵周、秦而兴，《易》师授受，一脉相承，恪守典型，毋敢失坠。凡互卦、卦变，以及卦气、爻辰、消息、纳甲、飞伏、升降之说，皆所不废。盖去圣未远，古义犹存，故其说往往与羲、文之旨相契合。自时厥后，一变为晋《易》，而老、庄虚无之焰炽。再变为宋《易》，而陈、李图学之说兴。夫老、庄之虚无，陈、李之图学，断不能远出汉儒象数之上。且王氏之注，论象数既不及汉儒之确，论义理又不及宋儒之醇。进退无所据，有识之士多摈斥不肯道。乃唐祭酒孔君冲远奉敕疏解诸经传注，独于《易》黜郑、虞而宗王、韩。取辅嗣野文疏而行之，其书遂藉以独尊于世，而汉学浸微。于是梓州李君鼎祚恐逸象就湮，乘其时古训未散，取子夏以下三十余家，成《集解》一书，表章汉学。俾古人象数之说，得以绵延，至今弗绝，则此编之力居多。予少时尝取其书读之，隐辞奥义，深邃难窥。予不自揆，辄欲有所阐发，以通突宣幽，卒以多所滞碍而止。久之，得东吴惠氏书，而向之滞者，十释四五矣。又久之，得毗陵张氏书，而向之滞者，十释二三矣。又久之，广览载籍旁及诸家之说，而向之滞者，即有未释，盖亦无几矣。复不自揣，萃会众说，句梳而字栉之。义必征诸古，例必溯其源。务使疏通证明，关节开解，读者可一览而得其指趣。旧注间有未应经义者，或别引一说，以申其义。或旁参愚虑，以备一解。亦不敢墨守疏家狐正首邱、叶归根本之习。

——（清）李道平《周易集解纂疏》

【实践讨论】

1. 谈谈你对"医易同源"的认识。

2. 如何看待《周易》的现代价值？谈谈你的看法。

阅读书目

1. （清）李道平《周易集解纂疏》，中华书局 1994 年版。

2. 李学勤《十三经注疏·周易正义》，北京大学出版社 1999 年版。

3. 刘大钧《周易概论》，巴蜀书社 2008 年版。

4. 曾凡朝《易经》，崇文书局 2007 年版。

《易传》导读

【知识导入】

《周易》由《易经》与《易传》两部分构成。"经"由六十四卦的卦形和卦爻辞构成，简称

《易》或《易经》，而"传"则是后人用来阐释《易经》经文形成的专论，包括《彖》《象》《系辞》《文言》《说卦》《序卦》《杂卦》等七个部分，其中《彖》《象》《系辞》各分上下两篇，合起来一共十篇。因为这十篇专论具有辅翼《易经》经文的作用，所以又称"十翼"。"十翼"的内容各有特色。《彖》是对卦辞的解释，每卦一则，共六十四则，分别解释六十四卦的卦名、卦辞与一卦要旨。《象》分《大象传》与《小象传》。前者每卦一则，分别阐发六十四卦卦形的取象原理与象征意义；后者每爻一则，共三百八十六则，分别解释各爻的取象原理与意义。《系辞》是对《易经》内容的通论，并涉及《易经》的作者、成书年代、体例及占筮原则等问题，其中还穿插解说了十九则爻辞的意义，是《易传》的核心和最重要部分。《文言》是对《乾》《坤》二卦的文饰与阐说，体现了《乾》《坤》两卦作为"易之门户"的重要地位。《说卦》是阐述重卦缘由及八经卦性质与象例的专论。《序卦》是揭示六十四卦编排次序及其意义的专论。《杂卦》，"杂糅众卦，错综其义"，把六十四卦分为三十二组，两两对举，是在比较中阐释卦义的专论。

《易传》作为《易经》经文之外的专论，原是单行的，不与经文相杂。汉代学者为便于经文对照阅读，遂将《彖》《象》分附于六十四卦之中，随上下经分为上下两篇；将《文言》分附于《乾》《坤》两卦，《系辞》《说卦》《序卦》《杂卦》则附录在经文之后。这种经传合编的《周易》，也就成为通行文本而流传于世。

关于《易传》的作者与著作时代，两汉以来，学者们都一致认为是孔子所作。直至宋初，欧阳修撰《易童子问》，认为《易传》并非出自一人之手，不可视为孔子所作。自此疑古学风渐启，关于《易传》是否为孔子所作，逐渐形成了三种看法：一是完全否定说，一是完全肯定说，还有一种是否定孔子作《易传》，但认为其内容与孔子思想关系密切。随着1973年长沙马王堆《帛书周易》的出土，这一长期争论的问题逐渐形成了较为统一的看法：《易传》作为对经文的阐发，作者并非一人，创作时间也并不一致，主要创作于战国中后期，由孔门弟子根据孔子的言论经过长期加工编纂而成，是战国时期儒家学派的重要著作，对于研究儒家思想的发展具有重要价值。

如果说，以卦形、爻形和卦爻辞为主要内容的《易经》最突出的效用是占筮，那么，孔门弟子根据孔子思想撰成的《易传》，则深入挖掘和阐发了《易经》在卦形、爻形及卦爻辞的占筮形式下所象征和蕴含的哲学内涵，堪称阐发《易经》义理内涵的哲学专论，使《易经》一书在宇宙生成论、人生与社会政治哲学及阴阳对立统一的辩证思想等方面所具有的丰富深邃的哲学意义得以凸显。

首先，《易传》根据《易经》的卦爻符号系统阐发了中国古人关于宇宙生成的思想。《系辞上》说："易有太极，是生两仪，两仪生四象，四象生八卦，八卦定吉凶，吉凶生大业。"太极、两仪、四象、八卦以至六十四卦，既是《易经》中符号系统的衍生过程，也是宇宙生化的过程。"太极"被视为天地未分的原始统一体，是天地万物的根源。由混沌状态的"太极"生出阴阳二气，即"两仪"；由阴阳的交感、往来等相互作用，生化出春、夏、秋、冬的"四象"，由四象生成八卦所象征的天、地、山、泽、风、雷、水、火等各种事物；八卦相重而为六十四卦，构成了天地自然及人类社会的各种物象及其关系，从而将整个宇宙万象囊括其中。

在宇宙生成论思想上，《易传》进一步提出"一阴一阳之谓道，继之者善也，成之者性也……显诸仁，藏诸用，鼓万物而不与圣人同忧，盛德大业至矣哉"及"形而上者谓之道，形而下者谓之器"（《系辞上》）等重要命题，反映了中国古人独特的道德形上学思想。在这一思想中，道和阴阳是两个基本概念。其中，阴阳是构成事物的基本属性，也是事物生成变化的基本动力。宇宙万物的生成变化都是阴阳两种力量相互作用的结果，如《系辞上》所谓"刚柔相推而生变化""一阖一辟谓之变"。阴阳二气交感和相互作用生成宇宙万象的动态统一，这就是"道"。但"形而上者谓之道"，"道"作为"形而上者"，无形无相，体现在阴阳二气和宇宙万物的生化之中。"道"极具包容性，合天、地、人为一体，是"三才"之道的统一，所谓"《易》之为书也，广大悉备。有天道焉，有人道焉，有地道焉。兼三才而两之，故六。六者非它也，三才之道也。"（《系辞下》）而《说卦》又称："昔者圣人之作《易》也，将以顺性命之理，是以立天之道曰阴与阳，立地之道曰柔与刚，立人之道曰仁与义。兼三才而两之，故《易》六画而成卦。"柔刚、仁义都是阴阳的表现。"三才"之道同是"一阴一阳之谓道"形上原理的体现。由此，《易传》从天地生化之道中确立了儒家关于"性善"与"仁"的形上根据。因为天道生化，虽不假安排，自然而然，所谓"鼓万物而不与圣人同忧"，但从万物生化的全体大用中，"品物流形"，"各正性命"（《乾·象》），其"继之者善也，成之者性也"，这种"继善成性"的大用流行正是"善""仁"包含于天道的体现。因此，从天、地、人合一，由天道下贯人道，再由人道返证天道，《易传》奠定了儒家哲学作为道德形上学的基本思路与特色。

以天人合一的形上学为根据，《易传》在人生与社会政治哲学方面也提出了许多重要的观念。如关于人的本性，《易传》认为，这是天道生生之德下贯的结果，所谓"继善成性"。本性之善源自天道。因此，人当承续天道的生生之德，参与、赞助天地的生化，以效法天道，扩充其性。乾、坤两卦《象传》称："天行健，君子以自强不息""地势坤，君子以厚德载物"，正是要求君子效法天地，既要有刚健自强、积极进取的精神，又要有宽容柔顺的品质和胸怀来承载和包容万物。作为天道生生之德的体现，《易传》特别重视"开物成务"的人事活动，强调"化而裁之谓之变，推而行之谓之通，举而错之天下之民谓之事业"（《系辞上》），并进而提出"崇德而广业"与"进德修业"的思想，与"富有之谓大业，日新之谓盛德"的论述一起，形成了德业双修的主体修养思想。在社会政治方面，《易传》提出"裁成天地之道，辅相天地之宜"（《泰·象》）的命题，将人类尊重自然、适应自然与开发和利用自然统一起来，这种天人协调的学说对后世思想产生了深刻影响。另外，《易传》特别强调"变通"以"趣时"。《系辞上》称："变而通之以尽利。"《系辞下》又说，"功业见乎变"；"易，穷则变，变则通，通则久"。必须变而通之，才能尽利；必须有所变动，才能成就功业。而易道的生生不息，正在于穷变通久。但"变通者，趣时者也"（《系辞下》）。变通的关键在于"趣时"，即善于把握事物变化的规律，动止适时，所谓"先天而天弗违，后天而奉天时"（《乾·文言》）。而在阴阳对立与统一的辩证思想方面，《易传》的论述更是非常丰富与深刻。"一阴一阳之谓道"可以说是中国古人关于对立统一原理最早也是最深刻的表述。一阴一阳，既相互对立，又相互统一，这就是宇宙变化的根本规律。"刚柔相推而生变化"；"日新之谓盛德，生生之谓易"；"乾坤其《易》之缊邪！乾坤成列，而《易》立乎其中矣；乾坤毁，则无以见《易》。《易》不可见，则乾坤或几乎息矣"（《系辞上》）。这些丰富的论述不仅揭示了宇宙变化的普遍性，还深刻揭示出变化的根源在于对立双方的相互作用。《系辞下》说："《易》之为书也不可远，为道也屡迁，变动不居，周流六虚，上下无常，刚柔相易，不可为典要，唯变所适。"《易经》指导人的认识与实践，正在于它揭示了宇宙万物的"变化之道"（《系辞上》）。这个"变化之道"，通过《易经》

中阴阳二爻的对立与转化，表现在六十四卦卦爻的具体变化上，从而象征着宇宙万物的变化。只有把握了这一"变化之道"，人们才能够在适时变通中准确把握事物的时和宜，进而在实践中处于有利的地位。《易传》关于阴阳对立统一的辩证思想是它在哲学思想上的一大突出贡献，对于中国古代辩证思想的发展有重要影响。

《易经》最初是用来占筮的书，但六十四卦的卦形、爻形及相应卦爻辞的象征意义，却蕴含着古人对自然、人事及天人关系的理解和体悟。当人们突破《易经》用于占筮的局限，而着重阐发卦爻辞所蕴含的义理内涵时，就形成了《易传》所阐释发挥的哲学系统。从"易经"到"易传"的发展，也由此成为后世易学史上"象数易学"与"义理易学"两大流派形成与发展的思想滥觞。自《易传》问世后，"经""传"并行，《周易》一书，遂因其内容之奇特、产生时代之古远及思想意义之丰富与深邃，而成为我国思想文化史上影响最为广泛深远的经典著作。

现以清代阮元校刻《十三经注疏》之《周易正义》为底本，选取《彖》《象》《系辞》《文言》《说卦》《序卦》《杂卦》的部分内容加以注释、评读，以冀读者对《易传》的哲学内容与思想特色有较为全面和深入的了解。

《乾·彖》

【原文】

《彖》[1]曰：大哉乾元[2]！萬物資始，乃統天[3]。雲行雨施，品物[4]流形，大明終始，六位[5]時成，時乘六龍，以御天。乾道變化，各正性命。保合大和[6]，乃利貞。首出庶物[7]，萬國咸寧。

【注释】

(1) 彖：断，断定一卦之义。

(2) 乾元：乾之元德。元，开始，为万物资始之德，儒家将这种元德称为仁。

(3) 统天：统领于天。统，统领。

(4) 品物：各类事物。

(5) 六位：六爻之位。

(6) 大和：即"太和"，和之至也。大，"太"的古字，赞词，极，最。

(7) 庶物：众物。庶，众。

【读解】

"彖者，断也，断定一卦之义。"由彖辞断定一卦之义。先儒认为："知者观其彖辞则思过半矣。"解读彖辞对于理解《周易》的哲学思想意义重大。乾卦作为六十四卦的首卦，其彖辞的重要性不言而喻。这则彖辞首先以"大哉乾元"开端，盛赞乾元始生万物之道的伟大。继而，以"云行雨施，品物流形，大明终始，六位时成，时乘六龙，以御天"，通过天道的运行生育与长养万物，解释卦辞中的"亨"。进而指出，在乾元之道的变化中，万物各得其性命之正；常常保合太和之气，使乾元之德常运不息，才能有利而贞正。最后，以"首出庶物，万国咸宁"作归结，再次赞叹乾元之道，指出其为万物创生之源。人若能够体悟、效法乾元之德，那么天下万国就都安宁了，从而体现出《易传》作者"象乾而立化"的创作义旨。

《坤·象》

【原文】

《象》曰：至哉坤元⁽¹⁾！萬物資生，乃順承天。坤厚載物，德合無疆⁽²⁾。含弘光大⁽³⁾，品物咸亨。牝馬地類，行地無疆。柔順利貞，君子攸行，先迷失道，後順得常。西南得朋，乃與類行⁽⁴⁾。東北喪朋，乃終有慶⁽⁵⁾。安貞之吉，應地無疆。

【注释】

（1）至哉坤元：盛赞大地有生养万物至极的美德。至，至极，赞词。坤，地。元，大。

（2）无疆：无有穷竭。

（3）含弘光大：包含宏厚，光著盛大。含，包容。弘，广大。光，显明。大，盛大。

（4）类行：与同类之人共行。类，同类。

（5）庆：福庆吉祥之事。"先迷"而"后顺"，故"终有庆"。

【读解】

坤卦象辞开篇盛赞"坤元"的美德，认为"坤元"以柔顺承奉天之所施，使万物得以生长，并以其厚德承载万物，与乾德相合，无有穷竭。继而以"含弘光大"来形容坤卦，正因其具有含、弘、光、大的品质，才能顺承天的功业，使万物得以亨通。由此进一步以牝马行地为象征，指出"柔顺利贞"才是坤卦的本性，"君子攸行"就是要合乎坤卦"柔顺利贞"的美德。最后，以"先迷失道"等卦辞重释"柔顺利贞"之义，认为君子若能效法地道的"柔顺利贞"，就会像大地一样，安然守正而得到无穷无尽的吉利结果。

《乾·象》

【原文】

《象》曰：天行健，君子以⁽¹⁾自强不息。"潛龍勿用"，陽在下⁽²⁾也。"見龍在田"，德施普⁽³⁾也。"終日乾乾"，反復道也。"或躍在淵"，進無咎也。"飛龍在天"，大人造⁽⁴⁾也。"亢龍有悔"，盈⁽⁵⁾不可久也。"用九"，天德不可爲首也。

【注释】

（1）以：介词，依此、像这样。

（2）阳在下：指初九，虽有阳气，但阳气潜伏在下。

（3）普：遍布，广大。

（4）造：这里指九五爻，"造，为也"，有作为。

（5）盈：盈满。

【读解】

象，即形象、象征，旨在阐释卦象与爻象的象征意义。《周易》各卦都是取象以为法，将卦象和爻象的象征意义作为认识和实践的基本准则。在乾卦《象传》中，"天行健，君子以自强不息"是总解乾卦一卦之象的"大象"传，后面的"潜龙勿用"至结尾，是分解六爻之象的"小象"传。其中，大象传"天行健，君子以自强不息"以天道运行不息象征乾卦之德即刚健、勇毅，君子应当体悟、效法天德，健进不已，自强不息。"小象传"中各爻的爻象都是"健行"之德的进一步展开。这种健进不已、自强不息的精神正是中华民族精神和人格特征的高度概括，影响广泛而深远。

《坤·象》

【原文】

《象》曰：地勢坤(1)，君子以厚德載物。"履霜堅冰"，陰始凝也，馴致其道(2)，至堅冰也。六二之動，直以方(3)也。"不習，無不利"，地道光也。"含章可貞"，以時發也。"或從王事"，知(4)光大也。"括囊無咎"，慎不害(5)也。"黃裳元吉"，文在中(6)也。"龍戰於野"，其道窮也。用六"永貞"，以大終也。

【注释】

（1）坤：古字为"〓"，是顺的借字。

（2）馴致其道：顺从初六的阴柔之道。驯，驯服，顺从。致，使之到来。

（3）直以方：正直无私而有方正之德。直，正直。方，方正。

（4）知："智"的古字，智慧。

（5）慎不害：谨慎而不受危害。慎，谨慎，在这里指慎于言、少说话。不害，无所害。

（6）文在中：因六五爻在上卦的中位，故称"文在中"。文，温文，与威武相对，又称文德。

【读解】

如果说乾卦以天行的阳刚之象来弘扬君子"自强不息"的进取精神，那么，坤卦则以地势的阴柔之征来彰显君子"厚德载物"的道德之美。具体来说，"地势坤，君子以厚德载物"是"大象"传，以地势顺承之象总括一卦之旨，认为君子观坤之象，就应该培蓄自己深厚的美德以容载万物，并能顺应万物之性而成就万物。在"履霜坚冰"至结尾的"小象"传中，君子"厚德载物"的美德从安静柔顺的品行、正直大方的仪态、含蓄内敛的心性及中和光大的内秀之美等多方面得到体现。坤卦之象也由此在六十四卦中被誉为"美之至"的卦象，对于君子的道德修养和人格完善具有格外重要的意义。

NOTE

《系辞上》节选

【原文】

天尊地卑，乾坤定矣。卑高以陈，贵贱位矣。动静有常，刚柔断矣。方以类聚[1]，物以群分，吉凶生矣。在天成象，在地成形，变化见矣。是故刚柔相摩，八卦相荡。鼓之以雷霆，润之以风雨。日月运行，一寒一暑。乾道成男，坤道成女。乾知大始，坤作成物。乾以易知，坤以简能[2]。易则易知，简则易从。易知则有亲，易从则有功。有亲则可久，有功则可大。可久则贤人之德，可大则贤人之业。易简而天下之理得矣。天下之理得，而成位乎其中矣。

【注释】

(1) 方以类聚：通过比拟将万物按类集聚。方，比拟，相比。（按朱熹的解释，"方""物"都是指事物。）

(2) 乾以易知，坤以简能：天地之道，不为而善始，不劳而善成，故称易简。易，平易。简，简省。

【读解】

《系辞》分上下两篇，阐述了《易经》的意义、原理、功用、起源与筮法等多方面内容，含有丰富的辩证法思想和社会历史内容，是《易传》思想的主体。由于理解不同，《系辞》分章历来不相统一。《周易正义》将上下篇分别分为 12 章和 9 章。本文所选为上篇第一章。该章通过天地之道来阐明作《易》之理，并在揭示乾坤易简之德后，盛赞圣人效法天地易简之德而能通天下万事之理，故能成立卦象于天地之中。

【原文】

圣人设卦观象，系辞焉而明吉凶，刚柔相推而生变化。是故吉凶者，失得之象也。悔吝者，忧虞之象也。变化者，进退之象也。刚柔者，昼夜之象也。六爻之动，三极之道也[1]。是故君子所居而安者，《易》之序也。所乐而玩者，爻之辞也。是故君子居则观其象而玩其辞，动则观其变而玩其占。是以自天佑之，吉无不利。

【注释】

(1) 六爻之动，三极之道也："三极"即天、地、人"三才"。六爻中，初至二象地，三至四象人，五至上象天。故六爻的变动，即三才的变动之道。

【读解】

本文所选为上篇第二章，阐述圣人设卦观象，卦爻辞中"吉凶悔吝"与得失忧虞等卦象之间的关系。君子学《易》，通过观察卦象和玩味爻辞，就可以得到吉凶的启示。

【原文】

　　精氣爲物，游魂爲變，是故知鬼神之情狀，與天地相似，故不違。知周乎萬物，而道濟⁽¹⁾天下，故不過。旁行而不流⁽²⁾，樂天知命，故不憂。安土敦乎仁，故能愛。範圍天地之化而不過，曲成萬物而不遺，通乎晝夜之道而知，故神無方，而《易》無體。一陰一陽之謂道，繼之者善也，成之者性也。仁者見之謂之仁，知者見之謂之知，百姓日用而不知，故君子之道鮮⁽³⁾矣。

【注释】

（1）济：成功。

（2）旁行而不流：指圣人处事旁通而不流于淫滥。旁，分布，旁通。流，流于淫滥。

（3）鲜：少。

【读解】

　　本文所选为上篇第四章，阐述《易经》功用之大，认为其"范围天地之化而不过，曲成万物而不遗"。圣人用之，不仅可以成就"知周万物，而道济天下"的事功，还能养成"乐天知命""敦仁爱民"的博大情怀。进而以"神无方而《易》无体"及"一阴一阳之谓道"揭示出《易》道的玄妙，认为《易》道唯变所适，无固定处所，无确定形态。其表现虽不外乎阴阳，但阴阳本身却并不就是道，所以阴阳者才是《易》道。正因《易》道极其玄妙，所以能够领悟这种《易》道的君子就很少了。

【原文】

　　是故《易》有太極⁽¹⁾，是生兩儀⁽²⁾。兩儀生四象⁽³⁾。四象生八卦。八卦定吉凶，吉凶生大業。是故法象莫大乎天地，變通莫大乎四時，縣⁽⁴⁾象著明莫大乎日月，崇高莫大乎富貴。備物致用，立成器以爲天下利，莫大乎聖人。探賾索隱，鉤深致遠，以定天下之吉凶，成天下之亹亹⁽⁵⁾者，莫大乎蓍龜。是故天生神物，聖人則⁽⁶⁾之。天地變化，聖人效之。天垂象，見吉凶，聖人象之。河出圖，洛出書，聖人則之。《易》有四象，所以示也。繫辭焉，所以告也。定之以吉凶，所以斷也。《易》曰："自天祐之，吉無不利⁽⁷⁾。"子曰："祐者，助也。天之所助者，順也；人之所助者，信也。履⁽⁸⁾信思乎順，又以尚賢也。是以'自天祐之，吉無不利'也。"

【注释】

（1）太极：指天地未分之前，元气混而为一，即太初、太一，为宇宙万物创生之源。

（2）两仪：天地之法。仪，法也。

（3）四象：指春夏秋冬四时之象，或指象征四时的少阳、老阳、少阴、老阴四种爻象。

（4）縣："悬"的古字，悬挂。

（5）亹亹（wěiwěi）：勤勉奋进。亹，勤勉的样子。

（6）则：效法。

（7）自天祐之，吉无不利：引自《大有》上九爻辞，即获得上天帮助，则无所不利。

NOTE

（8）履：履行，践行。

【读解】

本文所选为上篇第十一章，阐释《易经》创制原理及圣人作《易》的依据与功用。首先从"《易》有太极"开始阐述《易经》由太极→两仪→四象→八卦→六十四卦的创制过程，进而指出圣人正是借助蓍草的灵异与图象的启示，依据天地变化之象，制定筮法，创作《易经》，用来描绘宇宙形成过程，象征天、地、日、月、四时各种宇宙现象的变化。以期通过爻象与卦辞判断吉凶，指导人们的行动，从而实现"探赜索隐""钩深致远""吉无不利"的神奇功效。

【原文】

子曰："書不盡言，言不盡意。"然則聖人之意，其不可見乎？子曰："聖人立象以盡意，設卦以盡情偽，繫辭焉以盡其言，變而通之以盡利，鼓之舞之以盡神。"乾坤，其《易》之縕[1]邪？乾坤成列，而《易》立乎其中矣。乾坤毀，則無以見《易》。《易》不可見，則乾坤或幾乎息矣。是故形而上者謂之道，形而下者謂之器。化而裁之謂之變，推而行之謂之通。舉而錯之天下之民[2]，謂之事業。是故夫象，聖人有以見天下之賾，而擬諸其形容，象其物宜，是故謂之象。聖人有以見天下之動，而觀其會通，以行其典禮，繫辭焉以斷其吉凶，是故謂之爻。極天下之賾者存乎卦，鼓天下之動者存乎辭。化而裁之存乎變，推而行之存乎通，神而明之存乎其人。默而成之，不言而信，存乎德行。

【注释】

（1）缊：渊奥，即精微深奥之处。

（2）举而错之天下之民：拿"道"与"器"施于天下之民，使民皆能有用，则"谓之事业"。举，犹言"取"，即"拿"。错，"措"的古字，措置。

【读解】

本文所选为上篇第十二章，阐释《易经》立象尽意、系辞尽言的用意，进而通过乾坤与《易》之间的辩证关系揭示出"形而上者谓之道，形而下者谓之器"，最后指出《易》道的兴废在于变通，变通的关键在于人，而人之所以能使《易》道的变通具有神明的效果则在于德行。"默而成之，不言而信，存乎德行"，也就成为发挥《易》道神明功效的最高境界。

《系辞下》节选

【原文】

八卦成列，象在其中矣。因而重之，爻在其中矣。剛柔相推，變在其中矣。繫辭焉而命[1]之，動在其中矣。吉凶悔吝者，生乎動者也。剛柔者，立本者也。變通者，趣[2]時者也。吉凶者，貞勝[3]者也。天地之道，貞觀者也。日月之道，貞明者也。天下之動，貞夫一者也。夫乾，確然[4]示人易矣。夫坤，隤然⁽⁵⁾示人簡矣。爻也者，效此者也。象也者，像此者也。爻象動乎内，吉凶見乎外，功業見乎變，聖人之情見乎辭。天地之大德曰生，聖人之大寶曰位。何以守位？曰仁。何以聚人？曰財。理財正辭，禁民爲非曰義。

【注释】

(1) 命：告知。

(2) 趣：通"趋"，疾行，这里引申为顺应。

(3) 贞胜：以正而胜，用正当的方法和正直的品质取得吉利的结果。

(4) 确然：坚定刚健的样子。

(5) 隤然：柔顺安然的样子。

【读解】

本文所选为《系辞下》第一章。首先阐述《易经》象爻刚柔吉凶悔吝的意蕴与功用，指出"吉凶者，贞胜者也"，强调吉凶的变化主要取决于人们能否持正守一。由此进一步指出"贞胜"不仅是天地万物运行的基本规律，也是圣人守位治民的根本准则。其中"贞夫一者"，强调以简驭繁，以易驭难，既揭示出《易》道易简的特征，又概括了君子修身养性的要则，在中国文化中影响深远。

【原文】

古者包犧氏之王⁽¹⁾天下也，仰則觀象於天，俯則觀法於地，觀鳥獸之文與地之宜。近取諸身，遠取諸物，於是始作八卦，以通神明之德，以類萬物之情⁽²⁾。作結繩而爲罔罟，以佃以漁，蓋取諸《離》。

包犧氏没，神農氏作⁽³⁾。斫木爲耜，揉木爲耒，耒耨之利，以教天下，蓋取諸《益》。日中爲市，致天下之民，聚天下之貨，交易而退，各得其所，蓋取諸《噬嗑》。

神農氏没，黄帝、堯、舜氏作，通其變，使民不倦；神而化之，使民宜之。《易》窮則變，變則通，通則久。是以"自天祐之，吉無不利"。

黄帝、堯、舜垂衣裳而天下治，蓋取諸《乾》《坤》。刳木爲舟，剡木爲楫。舟楫之利，以濟⁽⁴⁾不通，致遠以利天下，蓋取諸《涣》。服牛乘馬，引重致遠，以利天下，蓋取諸《隨》。重門擊柝，以待暴客，蓋取諸《豫》。斷木爲杵，掘地爲臼，臼杵之利，萬民以濟，蓋取諸《小過》。弦木爲弧，剡木爲矢，弧矢之利，以威天下，蓋取諸《睽》。上古穴居而野處⁽⁵⁾，後世聖人易之以宫室，上棟下宇，以待風雨，蓋取諸《大壯》。古之葬者，厚衣之以薪⁽⁶⁾，葬之中野，不封不樹⁽⁷⁾，喪期無數，後世聖人易之以棺椁，蓋取諸《大過》。上古結繩⁽⁸⁾而治，後世聖人易之以書契⁽⁹⁾，百官以治，萬民以察，蓋取諸《夬》。

【注释】

(1) 王：统治。

（2）以通神明之德，以类万物之情：用来会通神明的德性，摹写万物的情态。通，会通。德，性质。类，分类，摹写。情，情态。

（3）作：兴起。

（4）济：渡，过河。

（5）处：居住。

（6）厚衣之以薪：用柴草厚厚地包裹。衣，包裹。薪，柴草。

（7）葬之中野，不封不树：葬在荒野中，不堆土为坟，也不植树作标记。中野，田野之中。封，聚土为坟。树，植树。

（8）结绳：在绳上打结。

（9）书契：文字。书，书写。契，刀刻。

【读解】

本文所选为下篇第二章，阐述圣人尚象制器和《易》道所具有的"穷变通久"的内在规律。首先叙述了传说中的伏羲氏法天地创作八卦及根据《离》卦创制罔罟的开创之功。继而叙述神农氏根据《益》与《噬嗑》而造器，突出《易经》所具有的尚象制器的功效。最后叙述黄帝、尧、舜根据《易》象广制器物，揭示《易》道"穷则变，变则通，通则久"的变通内涵，指出人若能根据《易》道善于变通，则能得天之佑，无所不利。

【原文】

《易》之興也，其於中古(1)乎？作《易》者，其有憂患乎？是故《履》，德之基也。《謙》，德之柄也。《復》，德之本也。《恒》，德之固也。《損》，德之修也。《益》，德之裕也。《困》，德之辨也。《井》，德之地也。《巽》，0 德之制也。《履》，和而至。《謙》，尊而光。《復》，小而辨於物。《恒》，雜而不厭。《損》，先難而後易。《益》，長裕而不設。《困》，窮而通。《井》，居其所而遷。《巽》，稱而隱(2)。《履》以和行。《謙》以制禮。《復》以自知。《恒》以一德。《損》以遠害。《益》以興利。《困》以寡怨。《井》以辯義。《巽》以行權。

【注释】

（1）中古，指《周易》创作时代，历来有两说：一是以伏羲氏为作者，以其所处时代为中古；二是以伏羲氏为上古，以文王所处时代为中古。因《系辞》后有"《易》之兴也，其当殷之末世，周之盛德邪？当文王与纣之事邪"，故以后说为是。

（2）《巽》，称而隐：《说卦》称"巽为风""为入"，象征《巽》卦敢于称扬号令而又不彰显自己。称，称扬。隐，隐藏。

【读解】

本文所选为下篇第六章，阐释圣人作《易》的原因在于忧患。正因为有忧患，才需修德以防患。这种修德防患的思想在《易经》六十四卦的卦象与卦爻辞中均有体现，而其中的《履》《谦》《复》《恒》《损》《益》《困》《井》《巽》九卦，更是突出强调了对修德防患的意义。因此，该章特别列举这九卦，从九卦在道德修养中的地位、特点及各自的功用三个层面详细阐释反身修德的重要意义，揭示了《易经》作者对于防范忧患重要性的充分认识。那就是，趋吉避凶的关键，不是靠卜筮与预知未来，而是要通过"进德修业"，在艰难困苦中磨砺和提升自己的道德品质与心性修养才能够实现。

《乾·文言》节选

【原文】

《文言》曰："元"者，善之長[(1)]也；"亨"者，嘉之會[(2)]也；"利"者，義之和[(3)]也；"貞"者，事之幹也。君子體仁足以長人[(4)]，嘉會足以合禮，利物足以和義，貞固[(5)]足以幹事。君子行此四德者，故曰"乾：元、亨、利、貞"。

【注释】

(1) 善之长：即善之首，有始义，故称"元"者，善之长也。

(2) 嘉之会：即美好之会合。嘉，嘉美。会，会合。

(3) 义之和：各得其宜而和同。义，宜，适宜。和，和同，相应。

(4) 体仁足以长人：践行仁德从而能为他人的尊长。体，践行，效法。长人，为他人的尊长。

(5) 贞固：正而固守之，坚定地守持正道。贞，正，正道。

【读解】

《文言》是对《乾》《坤》两卦意义的阐释。《乾》《坤》两卦是"易之门户"，其他各卦都是从这两卦派生出来的，故专为两卦进行衍释。这里所选的是《乾·文言》第一章。开篇先释乾之四德。天道生养万物，而善之大者，莫善于施生，故称"元者善之长"；"亨者嘉之会"，指天能通畅万物，使嘉美之物得以会聚；"利者义之和"，指天能使物各得其宜而和同；"贞者事之干"，指天能以中正之气成就万物。然后自"君子体仁足以长人"以下，是推究乾德用于人事，认为君子应法天之行，践履仁、义、礼、信四德。只有这样，才能得人尊重，和济万物而成就大业。

《坤·文言》节选

【原文】

《文言》曰：坤至柔而動也剛，至靜而德方[(1)]。後得主而有常，含萬物而化光[(2)]。坤道其順乎？承天而時行！

【注释】

(1) 至静而德方：《坤》为纯阴之象，故称"至静"。德方，指《坤》的恩德因阳动而流布于四方。

(2) 含万物而化光：地道含载万物并化育与成就万物，其德光大，故称"化光"。

NOTE

【读解】

本文所选为《坤·文言》第一章，阐释《坤》卦之德。《坤》卦六爻皆阴，是至柔。但其运动有变则为刚劲，如卦辞"履霜坚冰"；地体不动，是至静，但其滋生万物的厚德却流布四方。作为纯阴之卦，随顺于阳刚之德就是其常道。顺承天道的阳刚之德，大地容载万物，又化育并成就万物，功德光大。最后盛赞《坤》的常道就是顺从。她顺承天的施为，相时而动，从而发挥其柔顺之德来成就万物。这就是《坤》道的柔顺之德。

《说卦》节选

【原文】

昔者聖人之作《易》也，幽贊於神明而生蓍，參天兩地而倚數[1]，觀變於陰陽而立卦。發揮於剛柔而生爻，和順於道德而理於義，窮理盡性，以至於命。

昔者聖人之作《易》也，將以順性命之理。是以立天之道曰陰與陽，立地之道曰柔與剛，立人之道曰仁與義。兼三才而兩之，故《易》六畫而成卦。分陰分陽，迭用柔剛，故《易》六位而成章。

【注释】

(1) 参天两地而倚数：即取奇于天，取偶于地，而立阴阳之数。参，奇数。两，偶数。倚，立。古人以两为偶数之始，以三为奇数之初，故以三两来指称奇偶。

【读解】

《易经》中，八卦是六十四卦之本，所谓："八卦成列，象在其中矣。因而重之，爻在其中矣。"《说卦》就是阐述八经卦重为六十四卦的缘由及八卦具体象例的专论。在具体内容上，《说卦》共十一章，大致分为两大部分。其中，第一、二两章讲重卦缘由，第三至第十一章专说八卦。上引第一章从开篇至"以至于命"，阐释圣人以蓍数卦爻备明天道人事之理的目的。第二章从"昔者圣人"至"六位而成章"，认为八经卦仅有三画，于三才之道、阴阳未备，所以重三为六，才能"顺性命之理"，从爻位变化的角度阐明圣人"六画而成卦"的重卦之意。

【原文】

天地定位，山澤通氣，雷風相薄[1]，水火不相射[2]，八卦相錯。數往者順，知來者逆，是故《易》逆數也。

【注释】

(1) 薄：应和。

(2) 水火不相射：射，据《尔雅·释诂》："射，厌也。"水火相克而实通，故"不射"。又，现学界据出土的马王堆《帛书周易》，多认为该句应为"水火相射"，"不"为衍字，则射为本义。因为水火矛盾故相射，"不相射"则不能构成相反相成的作用。

【读解】

本文所选为《说卦》第三章，从八卦的卦象来阐述重卦的意义。《易》以《乾》《坤》象天地，《艮》《兑》象山泽，《震》《巽》象雷风，《坎》《离》象水火。若天地不交，水火异处，则万物无生成之用与变化之理，所以因而重之，令八卦相错，使《乾》《坤》《艮》《兑》《震》《巽》《坎》《离》，莫不交互而相重，以象天地、山泽、雷风、水火莫不交错，则《易》之爻卦范围天地，天地人事莫不赅备。这样，通过爻象的"顺""逆"变化就可推算过去或未来。

【原文】

雷以動之，風以散之。雨以潤之，日以烜[1]之。艮以止之，兌以說之[2]。乾以君之，坤以藏之。

【注释】

（1）烜：晒干。

（2）兑以说之：兑卦象泽，泽能润泽万物，故称"说之"。说，"悦"的古字，喜悦。

【读解】

本文所选为《说卦》第四章，从八卦所具有的特性来说明它们对事物分别具有的基本作用。

【原文】

帝出乎震，齊乎巽，相見乎離，致役乎坤，說言乎兌，戰乎乾，勞乎坎，成言乎艮。萬物出乎震，震，東方也。齊乎巽，巽，東南也。齊也者，言萬物之絜齊[1]也。離也者，明也。萬物皆相見，南方之卦也。聖人南面而聽天下，嚮明而治，蓋取諸此也。坤也者，地也，萬物皆致養焉，故曰"致役乎坤"。兌，正秋也，萬物之所說也，故曰"說言乎兌"。戰乎乾。乾，西北之卦也，言陰陽相薄也。坎者，水也，正北方之卦也，勞卦也，萬物之所歸也，故曰"勞乎坎"。艮，東北之卦也。萬物之所成終而成始也，故曰"成言乎艮"。

【注释】

（1）万物之絜齐：形容万物在春天出生后崭新整洁、欣欣向荣的样子。絜，通"潔"（"洁"），整洁。

【读解】

本文所选为《说卦》第五章，从"帝出乎震"至"成言乎艮"为总说，后面是进一步展开，由《震》而《巽》《离》《坤》《兑》《乾》《坎》《艮》的顺序揭示出八卦与事物发展阶段的联系，并将八卦与方位、时间相对应，使八卦由《震》至《艮》的顺序更为清晰。

【原文】

神也者，妙萬物而爲言者也。動萬物者，莫疾乎雷。橈[1]萬物者，莫疾乎風。躁萬物者，莫熯乎火[2]。說萬物者，莫說乎澤。潤萬物者，莫潤乎水。終

NOTE

萬物始萬物者，莫盛乎艮。故水火相逮⁽³⁾，雷風不相悖，山澤通氣，然後能變化，既成萬物也。

【注释】

（1）桡：弯曲。巽为风，风能吹拂万物，故称"桡万物者，莫疾乎风"。

（2）莫熯乎火：莫热于火。熯，干燥。

（3）故水火相逮：水火性质虽不同但相及，故有成物之功。逮，及，达到。

【读解】

《说卦》第六章，在对第三至第五章关于八卦顺序内容的延伸中，阐述了八卦生成万物的不同功用。

【原文】

乾，健也。坤，順也。震，動也。巽，入也。坎，陷也。離，麗也。艮，止也。兌，說也。

【读解】

本文所选为《说卦》第七章，阐释八卦所具有的特定的象征意义。在卦序上，自这一章至结尾的第十一章，都是按照《乾》《坤》《震》《巽》《坎》《离》《艮》《兑》的顺序展开，与第三至六章的卦序有显著区别，成为《说卦》后半部分中相对独立的单元。

【原文】

乾爲馬，坤爲牛，震爲龍，巽爲雞，坎爲豕，離爲稚，艮爲狗，兌爲羊。

乾爲首，坤爲腹，震爲足，巽爲股，坎爲耳，離爲目，艮爲手，兌爲口。

乾，天也，故稱乎父。坤，地也，故稱乎母。震一索而得男，故謂之長男。⁽¹⁾巽一索而得女，故謂之長女。坎再索而得男，故謂之中男。離再索而得女，故謂之中女。艮三索而得男，故謂之少男。兌三索而得女，故謂之少女。

【注释】

（1）震一索而得男，故谓之长男：以乾坤象征父母而求子，得父气的为男，得母气的为女。震卦第一爻为阳爻，象征男性，故称坤第一次求得乾气为震，并谓之长男。索，求取。

【读解】

本文所选为《说卦》的第八、九、十章。第八与第九章分别从远取诸物与近取诸身的角度阐述八卦所表征的各种物象。第十章则通过阴阳爻的位置变化来说明八卦对应的家庭关系，使八卦的卦象内容扩大到家庭伦理之中。第十章之后，《说卦》第十一章分八节在原有卦象基础上进一步扩展到各种物象。如第一节广明乾象，称："乾为天，为圜，为君，为父，为玉，为金，为寒，为冰，为大赤，为良马，为老马，为瘠马，为驳马，为木果。"其他各节与此相同，按照《乾》《坤》《震》《巽》《坎》《离》《艮》《兑》的顺序依次展开，使八卦的卦象内容大大拓展，充分体现出《易经》取象比类的思维方式与特点。这些丰富的卦象内容对于我们理解八卦的基本特征及《易经》中卦爻辞的含义都有重要的启迪。

《序卦》节选

【原文】

有天地，然後萬物生焉。盈天地之間者惟萬物，故受之以《屯》。屯者，盈也。屯者，物之始生也。物生必蒙，故受之以《蒙》。蒙者，蒙也，物之稚[1]也。物稚不可不養也，故受之以《需》。需者，飲食之道也。[2]飲食必有訟，故受之以《訟》。訟必有眾起，故受之以《師》。師者，眾也。眾必有所比[3]，故受之以《比》。比者，比也。比必有所畜[4]，故受之以《小畜》。物畜然後有禮，故受之以《履》[5]。履而泰，然後安，故受之以《泰》。泰者，通也。物不可以終通，故受之以《否》。物不可以終否，故受之以《同人》。與人同者，物必歸焉，故受之以《大有》。有大者，不可以盈，故受之以《謙》。有大而能謙必豫[6]，故受之以《豫》。豫必有隨，故受之以《隨》。以喜隨人者必有事，故受之以《蠱》。蠱者，事也。有事而後可大，故受之以《臨》。臨者，大也。物大然後可觀，故受之以《觀》。可觀而後有所合，故受之以《噬嗑》。嗑者，合也。物不可以苟合而已，故受之以《賁》。賁者，飾也。致飾然後亨則盡矣[7]，故受之以《剝》。剝者，剝也。物不可以終盡，剝窮上反下[8]，故受之以《復》。復則不妄矣，故受之以《無妄》。有無妄然後可畜，故受之以《大畜》。物畜然後可養，故受之以《頤》。頤者，養也。不養則不可動，故受之以《大過》[9]。物不可以終過，故受之以《坎》。坎者，陷也。陷必有所麗[10]，故受之以《離》。離者，麗也。

【注释】

(1) 稚：幼禾，引申为幼小之物。

(2) 需者，饮食之道也：《需》卦坎在乾上，互有离象，有水有火，故称"饮食之道"。

(3) 比：人与人比辅相亲。

(4) 畜："蓄"的古字，积蓄。

(5) 履：通"礼"，指履行礼仪。因物畜则宜用，有用则须礼，故称"物畜然后有礼"。

(6) 豫：喜悦，快乐。

(7) 致饰然后亨则尽矣：文饰到极致则失真。致，极致。

(8) 穷上反下：指《剥》卦阳爻穷于上位后，必返于下位而复升之。

(9) 大过：大有过越。过，过越。

(10) 丽：附丽，依附。人遇坎坷、险难，需附丽他人获得援助，故《坎》后继之以《离》。

【读解】

《序卦》揭示了六十四卦的编排次序及其意义。全文分两段，分别阐释上下经的卦次。本

NOTE

文所选为上段，是关于上经三十卦的卦次内容，下段则揭示出下经从《咸》到《未济》的三十四卦的编排次序与意义。全文概括地阐释了六十四卦的卦名意义，并从事物发展规律的角度揭示出六十四卦之间的内在联系。如《屯》《蒙》《需》《讼》等卦揭示的是事物相因相成的发展关系，而《乾》《坤》与《泰》《否》等卦则揭示了事物相反相成的发展关系。《序卦》语言简略，仅从阐释卦名来解释一卦的意义，显得过于简单化，而且部分卦序的解释也不尽合理。但是，它毕竟在整体上揭示了六十四卦所包括的天地万物的产生与发展过程，其中所蕴含的事物相因相成与相反相成的运动规律也包含着深刻的辩证法思想，对于我们深入认识《易经》六十四卦之间的内在联系和发展规律具有重要的参考价值。

《杂卦》

【原文】

《乾》刚《坤》柔，《比》乐《师》忧；《临》《观》之义，或与或求。《屯》见而不失其居。《蒙》杂而著。《震》，起也。《艮》，止也。《损》《益》，盛衰之始也。《大畜》，时也。《无妄》，灾也。《萃》聚而《升》不来也。《谦》轻而《豫》怠也。《噬嗑》，食也。《贲》，无色也。[1]《兑》见而《巽》伏也。《随》，无故也。《蛊》，则饬也。[2]《剥》，烂也。《复》，反也。《晋》，昼也。[3]《明夷》，诛也。《井》通而《困》相遇也。《咸》，速也。《恒》，久也。《涣》，离也。《节》，止也。《解》，缓也。《蹇》，难也。《睽》，外也。《家人》，内也。《否》《泰》，反其类也。《大壮》则止，《遁》则退也。《大有》，众也。《同人》，亲也。《革》，去故也。《鼎》，取新也。《小过》，过也。《中孚》，信也。《丰》，多故[4]也。亲寡，《旅》也。《离》上而《坎》下也。《小畜》，寡也。《履》，不处[5]也。《需》，不进也。《讼》，不亲也。《大过》，颠也。《姤》，遇也，柔遇刚也。《渐》，女归待男行也。[6]《颐》，养正也。《既济》，定也。《归妹》，女之终也。《未济》，男之穷[7]也。《夬》，决也，刚决柔也，君子道长，小人道忧也。[8]

【注释】

(1)《贲》，无色也：质本无色，文饰以合众为贵，故无定色。贲，文饰。

(2)《蛊》，则饬也：有事则需整治其事。蛊，有事。饬：整治。

(3)《晋》，昼也：《晋》卦象是日出地上，故有此说。

(4)故：故旧。

(5)处：居住，停留。

(6)《渐》，女归待男行也：《渐》卦象是以男下女，即女子出嫁，待男子迎娶才能成行。归，出嫁。

(7)穷：困穷。

（8）自"《大过》"以下至结尾的八卦，在排序上与前面各卦的排列规律不相一致，较为杂乱，是错简还是另有意义，至今尚无定论。

【读解】

《杂卦》之所以称"杂"，是因为它与《序卦》按照《易经》的卦序来解说卦义不同，而是根据六十四卦本身固有的"错""综"关系，将它们组成两两相对的形式，并在对比中以极其精炼的辞句揭示出各卦的主要特点，所谓"杂糅众卦，错综其义，或以同相类，或以异相明也"。这里所谓"错"，是指两卦的阴阳爻完全相反，是"以异相明"，如《乾》与《坤》、《颐》与《大过》；所谓"综"，则指两卦的卦象互为倒置，是"以同相类"，如《比》与《师》、《屯》与《蒙》。通过这种错综排列，《杂卦》揭示了六十四卦卦象中普遍具有的对立与互补的特征，从而以"杂"的形式诠释了六十四卦既对立又转化的运动本质，为我们更加全面地理解六十四卦的变化形式及其蕴含的辩证智慧拓展了一种新思路。

【知识链接】

明　象

夫象者，何也？统论一卦之体，明其所由之主者也。

夫众不能治众，治众者，至寡者也。夫动不能制动，制天下之动者，贞夫一者也。故众之所以得咸存者，主必致一也；动之所以得咸运者，原必无二也。

物无妄然，必由其理。统之有宗，会之有元，故繁而不乱，众而不惑。故六爻相错，可举一以明也；刚柔相乘，可立主以定也。是故杂物撰德，辩是与非，则非其中爻，莫之备矣！故自统而寻之，物虽众，则知可以执一御也；由本以观之，义虽博，则知可以一名举也。故处璇玑以观大运，则天地之动未足怪也；据会要以观方来，则六合辐辏未足多也。故举卦之名，义有主矣；观其《彖辞》，则思过半矣！夫古今虽殊，军国异容，中之为用，故未可远也。品制万变，宗主存焉；《彖》之所尚，斯为盛矣。

夫少者，多之所贵也；寡者，众之所宗也。一卦五阳而一阴，则一阴为之主矣；五阴而一阳，则一阳为之主矣！夫阴之所求者阳也，阳之所求者阴也。阳苟一焉，五阴何得不同而归之？阴苟只焉，五阳何得不同而从之？故阴爻虽贱，而为一卦之主者，处其至少之地也。或有遗爻而举二体者，卦体不由乎爻也。繁而不忧乱，变而不忧惑，约以存博，简以济众，其唯《彖》乎！乱而不能惑，变而不能渝，非天下之至赜，其孰能与于此乎！故观《彖》以斯，义可见矣。

——（魏）王弼《周易略例》

明　象

夫象者，出意者也。言者，明象者也。尽意莫若象，尽象莫若言。言生于象，故可寻言以观象；象生于意，故可寻象以观意。意以象尽，象以言著。故言者所以明象，得象而忘言；象者，所以存意，得意而忘象。犹蹄者所以在兔，得兔而忘蹄；筌者所以在鱼，得鱼而忘筌也。然则，言者，象之蹄也；象者，意之筌也。是故，存言者，非得象者也；存象者，非得意者也。象生于意而存象焉，则所存者乃非其象也；言生于象而存言焉，则所存者乃非其言也。然则，忘象者，乃得意者也；忘言者，乃得象者也。得意在忘象，得象在忘言。故立象以尽意，而象可忘也；重画以尽情，而画可忘也。

是故触类可为其象，合义可为其征。义苟在健，何必马乎？类苟在顺，何必牛乎？爻苟合顺，何必坤乃为牛？义苟应健，何必乾乃为马？而或者定马于乾，案文责卦，有马无乾，则伪说滋漫，难可纪矣。互体不足，遂及卦变；变又不足，推致五行。一失其原，巧愈弥甚。纵复或值，而义无所取。盖存象忘意之由也。忘象以求其意，义斯见矣。

——（魏）王弼《周易略例》

辩　位

案，《象》无初上得位失位之文。又，《系辞》但论三五、二四同功异位，亦不及初上，何乎？唯《乾》上九《文言》云，贵而无位；《需》上六云，虽不当位。若以上为阴位邪？则《需》上六不得云不当位也；若以上为阳位邪？则《乾》上九不得云贵而无位也。阴阳处之，皆云非位，而初亦不说当位失位也。然则，初上者是事之终始，无阴阳定位也。故《乾》初谓之潜，过五谓之无位。未有处其位而云潜，上有位而云无者也。历观众卦，尽亦如之，初上无阴阳定位，亦以明矣。

夫位者，列贵贱之地，待才用之宅也。爻者，守位分之任，应贵贱之序者也。位有尊卑，爻有阴阳。尊者，阳之所处；卑者，阴之所履也。故以尊为阳位，卑为阴位。去初上而论位分，则三五各在一卦之上，亦何得不谓之阳位？二四各在一卦之下，亦何得不谓之阴位？初上者，体之终始，事之先后也，故位无常分，事无常所，非可以阴阳定也。尊卑有常序，终始无常主。故《系辞》但论四爻功位之通例，而不及初上之定位也。然事不可无终始，卦不可无六爻，初上虽无阴阳本位，是终始之地也。统而论之，爻之所处则谓之位；卦以六爻为成，则不得不谓之六位时成也。

——（魏）王弼《周易略例》

【实践讨论】

1. 阅读《乾》《坤》两卦的《大象传》，谈谈它对于提升我们的道德修养有哪些启示？

2. 阅读《系辞上》第十二章，谈谈对于《周易》中言、意、象关系的理解。

【推荐阅读书目】

1.《十三经注疏》整理委员会《周易正义》，北京大学出版社 2000 年整理本。

2.（唐）李鼎祚《周易集解》，中央编译出版社 2011 年整理本。

3. 熊十力《读经示要》，上海书店出版社 2009 年版。

4. 杨天才、张善文《周易译注》，中华书局 2011 年版。

5. 刘大钧《〈周易〉经传》，上海科学技术文献出版社 2010 年版。

第七讲 《左传》导读
——左传春秋，存废兴亡

【知识导入】

《左传》本名《左氏春秋》，汉人称为《春秋左氏传》，简称《左传》。它是我国古代第一部叙事详备的编年体史书，依《春秋》体例，用鲁君世系编年，记述了自公元前 722 年（鲁隐公元年）至公元前 468 年（鲁哀公二十七年）间共 255 年的历史。其作者旧说是左丘明。汉儒把此书与《春秋公羊传》《春秋穀梁传》合称"《春秋》三传"。现在一般认为此书系战国初年汇集各国史料编辑而成。

《左传》全书近 20 万字，较全面地记录了我国古代由奴隶制社会转向封建社会这一阶段的历史风貌，汇集和保存了大量有关古代社会的政治、军事、经济、文化方面的史料，对于研究春秋时的社会状况很有价值。

一、《左传》的史学价值

《左传》具有很高的史学价值。作为一部历史著作，《左传》有着鲜明的政治观点与道德倾向。首先，《左传》体现了民本思想，如曹刿论取信于民，重视民的地位和作用，把"得民"看作立国之本，以民心向背决定了战争的胜负，主张"养民""勤民"，反对过分奴役百姓等。同时批判了昏君酷吏的贪婪和残暴，如晋灵公不君、秦穆公以三良殉葬等，颂扬了爱民如子的明君贤臣。其次，《左传》也体现了儒家的政治理想，强调等级秩序与宗法伦理，重视长幼尊卑之别，倡导"礼""仁"等思想观念和伦理道德，并以此作为解释历史事件成败的原因和评价历史人物的标准。再次，《左传》表现了爱国思想，如商人弦高救郑、申包胥哭秦廷等。最后，《左传》歌颂了一些有作为的政治家，如子产、晏婴等。但作者的基本立场是维护旧礼制，对历史事件的认识和解释偏向于唯心。书中还有许多地方宣扬了天道、鬼神等迷信思想，需要读者甄别。

二、《左传》的文学价值

《左传》具有很高的文学价值。在选材上，《左传》以时间为经、事件为纬，围绕中心事件选取史料，有详有略，有始有终，结构严谨，条理清晰。它精于叙事，善于通过一系列具体情节的描写，将历史事件叙述得非常生动，有较强的故事性。《左传》尤其擅长描写战争。全书记载了大小军事行动有三四百处之多。它写战争并不单纯地描写战场情况，而是非常注意写出战争的性质、起因、双方政治情况、力量对比的变化、人心的向背、战前的准备工作及战争的结果和对各国产生的影响。

《左传》还非常善于描摹人物，善于抓住人物在历史事件中重要环节的表现，通过语言描

NOTE

写、动作描写和细节描写等，将人物的内心世界和性格特征生动传神地表现出来，塑造了大量栩栩如生、形象鲜明的典型人物形象，有时还写出了人物性格成长的过程。

《左传》语言简洁、精练、婉曲、畅达，而尤善于叙写人物的外交辞令。在特定的外交场景中，人物语言上的交锋，典雅不失幽默，谦恭不失锋芒，或咄咄逼人，或不卑不亢，或引经据典，或鞭辟入里。这些委婉含蓄、机智巧妙的辞令描写极大地丰富了人物的形象。

《左传》对我国史学和文学的发展影响巨大。它倾向鲜明、直书无隐的精神，一直为司马迁以来的"良史"所继承，是我国古代历史散文的典范。

三、《左传》与《公羊传》《穀梁传》

《左传》与《公羊传》《穀梁传》合称《春秋》三传。《左传》在战国时已经流行，而《公羊传》《穀梁传》到汉代才写定。戴宏《公羊序》说："子夏传与公羊高，高传与其子平，平传与其子地，地传与其子敢，敢传与其子寿。至汉景帝时，寿及其弟子齐人胡母子都著于竹帛。"《穀梁》比《公羊》更晚。《公羊》《穀梁》是用当时的文字撰写，称为今文，西汉时得以立于官学。而《左传》战国时通行本以战国文字撰写，称为古文。古文《左传》西汉时始终未立于官学，但为学人看重。

四、《左传》的注本

《左传》的注本有晋代杜预的《春秋经传集解》，后改为《春秋左传集解》；唐代孔颖达《春秋左传正义》；清代洪亮吉《春秋左传诂》，刘文淇《春秋左氏传旧注疏证》；近人杨伯峻《春秋左传注》等。

五、《左传》与中医学密切相关

（一）五行理论在《左传》中已出现

"五行"在《左传》出现过3次：《襄公二十七年》子罕曰："天生五材，民并用之，废一不可。"充分说明当时人们对五行的重视。《昭公二十九年》蔡墨曰："故有五行之官，是为五官。实列受氏姓，封为上公，祀为贵神。社稷五祀，是尊是奉。木正曰句芒，火正曰祝融，金正曰蓐收，水正曰玄冥，土正曰后土。"其采用"木、火、金、水、土"的次序，木生火，金生水，土之所以列于最后，应是因为人们尊崇职掌稼穑农耕之大神后土，而且人们在论方位时，属土的"中"往往列在最后。《昭公三十一年》史墨曰："火胜金。"《哀公九年》史墨曰："水胜火。"而《文公七年》，晋郤缺言于赵宣子曰："九功之德皆可歌也。六府、三事，谓之九功。水、火、金、木、土、谷，谓之六府。正德、利用、厚生，谓之三事。""六府"之中，水、火、金、木、土完全是以五行相克的次序排列，充分反映人们已认识了五行相克规律。

（二）《左传》中已有探讨病因学说的记载

《左传》涉及的病因可分为四类：六志、六气、饮食、鬼神。六志是指好、恶、喜、怒、哀、乐六种情绪。《昭公二十五年》子大叔曰："民有好、恶、喜、怒、哀、乐，生于六气。是故审则宜类，以制六志。哀有哭泣，乐有歌舞，喜有施舍，怒有战斗。喜生于好，怒生于恶。是故审行信令，祸福赏罚，以制死生。生，好物也。死，恶物也。好物，乐也。恶物，哀也。哀乐不失，乃能协于天地之性，是以长久。"子大叔认为，六种情绪各有相应的外部表现形式，应审慎适当地表达情绪，与天地的本性相合，生命才能长久。过度与不及都将预示着疾病与灾祸的发生。晋代预注云："此六者皆禀阴、阳、风、雨、晦、明之气。"人的好、恶、喜、怒、哀、乐是禀受自然界阴、阳、风、雨、晦、明之气而发生的，显现出浓厚的天人相应色彩。

《左传》中关于六气致病的说法出现在《昭公元年》："天有六气，降生五味，发为五色，征为五声，淫生六疾。六气曰阴、阳、风、雨、晦、明也。分为四时，序为五节。过则为灾，阴淫寒疾，阳淫热疾，风淫末疾，雨淫腹疾，晦淫惑疾，明淫心疾。"天有四时、五序、六气，交替其中，万物才能生长。如果毫无节制，必成灾害。孔颖达疏曰："此淫生六疾，承气、味、色、声之下，则谓四者之过，皆生疾也。"杜预注曰："寒过则为冷，热过则喘渴；末，四支也，风为缓急，雨湿之气为泄注；宴寝过节，则心惑乱。思虑烦多，心劳生疾。"可见，"六气""五味""五色""五声"过度皆能致病。

《左传》还提到了饮食、起居异常容易导致疾病，如《昭公元年》，晋平公得病，郑国派子产前往探视。子产分析晋平公得病缘由，认为不是鬼神致病，而是由于"出入、饮食、哀乐之事也"，即劳逸失调、饮食失当、哀乐不节的缘故。子产说："君子有四时：朝以听政，昼以访问，夕以修令，夜以安身。于是乎节宣其气，勿使有所壅闭湫底，以露其体。"他认为一天之中，应该有良好的作息规律，不同时间做不同的事情。作为一国之君，应该早晨上朝听政，白天多方咨询，晚上修订政令制度，夜里好好安歇，调养身体心神，这样就可以使身体百气调畅，神气舒展，筋骨强健，心中没有壅闭不通之气，身体也就没有病痛；如果"兹心不爽，而昏乱百度"，则必会产生疾病。而晋平公"无乃壹之，则生疾矣"，每天沉迷于女乐之中，因而产生了疾病。

此外，《左传》中还提到疾病的治疗原则是"补不足而泻有余"。"以平为期"，是中医的治疗法则，这一思想在《左传》中也有所体现。如《昭公二十年》晏子曰："和如羹焉，水火醯醢盐梅以烹鱼肉，燀之以薪。宰夫和之，齐之以味，济其不及，以泄其过。君子食之，以平其心。"可见不仅医道讲究"反之以平"，饮食之道亦讲究"济其不及，以泄其过"而平君子之心。音乐之道亦是如此，如《昭公元年》医和曰："先王之乐，所以节百事也，故有五节。迟速本末以相及，中声以降。五降之后，不容弹矣。于是有烦手淫声，慆堙心耳，乃忘平和，君子弗听也……至于烦，乃舍也已，无以生疾。"音乐讲究中正平和，哀而不伤，乐而不淫，思无邪。

《左传》最早提出了节欲的思想，如《昭公元年》记载"晋侯有疾，求医于秦"，宫廷医生医和诊断为接近女色过度所致，给出的治疗方法就是节欲。他认为："女，阳物而晦时，淫则生内热惑蛊之疾。今君不节不时，能无及此乎？"可见，《左传》中涉及健康和疾患的内容不局限于某一个方面。

本讲所据底本为中华书局 1980 年影印清代阮元校刻的《十三经注疏》。

郑伯克段于鄢

【原文】

（隐公元年）初，郑武公[(1)]娶于申[(2)]，曰武姜[(3)]。生莊公及共叔段[(4)]。莊公寤生⁽⁵⁾，驚姜氏，故名曰“寤生”，遂惡之。愛共叔段，欲立之，亟⁽⁶⁾請於武公，公弗許。及莊公即位，爲之請制⁽⁷⁾。公曰：“制，巖⁽⁸⁾邑也，虢叔⁽⁹⁾死焉。佗邑唯命⁽¹⁰⁾。”請京⁽¹¹⁾，使居之，謂之京城大⁽¹²⁾叔。祭仲⁽¹³⁾曰：“都城⁽¹⁴⁾過百雉⁽¹⁵⁾，國之害也。先王之制：大都不過參國之一⁽¹⁶⁾；中，五之一；小，九之一。今京不度，非制也，君將不堪。”公曰：“姜氏欲之，焉辟⁽¹⁷⁾害？”對曰：“姜氏何厭之有⁽¹⁸⁾！不如早爲之所，無使滋蔓。⁽¹⁹⁾蔓，難圖⁽²⁰⁾也。蔓草猶不可除，況君之寵弟乎？”公曰：“多行不義，必自斃⁽²¹⁾，子姑待之！”

既而大叔命西鄙⁽²²⁾、北鄙貳於己⁽²³⁾。公子呂⁽²⁴⁾曰：“國不堪貳，君將若之何？⁽²⁵⁾欲與大叔，臣請事之；若弗與，則請除之。無生民心。”公曰：“無庸⁽²⁶⁾，將自及。”

大叔又收貳以爲己邑，至於廩延⁽²⁷⁾。子封曰：“可矣。厚將得眾。”公曰：“不義不暱⁽²⁸⁾，厚將崩。”

大叔完聚⁽²⁹⁾，繕甲兵⁽³⁰⁾，具卒乘⁽³¹⁾，將襲鄭。夫人將啟之。公聞其期，曰：“可矣！”命子封帥車二百乘以伐京。京叛大叔段。段入于鄢⁽³²⁾。公伐諸⁽³³⁾鄢。五月辛丑⁽³⁴⁾，大叔出奔⁽³⁵⁾共。

書⁽³⁶⁾曰：“鄭伯克段於鄢。”段不弟⁽³⁷⁾，故不言弟；如二君，故曰克；稱鄭伯，譏失教也；謂之鄭志⁽³⁸⁾。不言出奔，難⁽³⁹⁾之也。

遂寘⁽⁴⁰⁾姜氏於城潁⁽⁴¹⁾，而誓之曰：“不及黃泉，無相見也。”既而悔之。潁考叔⁽⁴²⁾爲潁谷⁽⁴³⁾封人⁽⁴⁴⁾，聞之，有獻於公。公賜之食，食舍肉，公問之，對曰：“小人有母，皆嘗小人之食矣，未嘗君之羹⁽⁴⁵⁾，請以遺⁽⁴⁶⁾之。”公曰：“爾有母遺，繄⁽⁴⁷⁾我獨無！”潁考叔曰：“敢⁽⁴⁸⁾問何謂也？”公語之故，且告之悔。對曰：“君何患焉？若闕⁽⁴⁹⁾地及泉，隧⁽⁵⁰⁾而相見，其誰曰不然？”公從之。公入而賦：“大隧之中，其樂也融融。”姜出而賦：“大隧之外，其樂也洩洩⁽⁵¹⁾。”遂爲母子如初。

君子⁽⁵²⁾曰：“潁考叔，純孝也。愛其母，施⁽⁵³⁾及莊公。《詩》曰：‘孝子不匱，永錫爾類。⁽⁵⁴⁾’其是之謂⁽⁵⁵⁾乎？”

【注释】

（1）郑武公：春秋时郑国第二代国君，郑桓公的儿子。姬姓，名掘突。

（2）申：周代诸侯国名，姜姓，在今河南南阳。

（3）武姜：“武”表示丈夫为武公，“姜”表示娘家姓姜。

（4）共叔段：庄公的弟弟，名段。古代常以“伯、仲、叔、季”来表示兄弟的排行，段比庄公小 3 岁，所以叫叔段。叔段后出奔共国，因此称为共叔段。共，诸侯国名，在今河南辉县。

（5）寤生：胎儿脚先出来，即难产。寤，通“牾”，逆，倒着。

（6）亟（qì）：屡次。

（7）制：地名，在今河南荥阳汜水西，又名虎牢。原为东虢国的属地，东虢为郑所灭，制遂属郑。

（8）巖：险要。

（9）虢叔：东虢的国君。

（10）佗邑唯命：其他地方任您吩咐。佗，同"他"，其他。唯命，"唯命是听"的缩语。

（11）京：郑国地名，在今河南荥阳东南。

（12）大：同"太"。

（13）祭（zhài）仲：郑国大夫，字足。

（14）城：指城墙。

（15）雉：量词，长三丈高一丈为一雉。

（16）参国之一：国都的三分之一。参，三。国，国都。按古制，侯伯之国，城墙为三百雉，三分之一就是百雉。

（17）辟：通"避"。

（18）何厌之有：宾语前置，正常语序为"有何厌"。厌，同"餍"，满足。

（19）不如早为之所，无使滋蔓：不如早点给他安排个地方，不要让他发展。无，通"毋"，不要。滋蔓，滋长，蔓延。这里指不断发展自己的势力。

（20）图：图谋，谋划。这里指想办法对付。

（21）毙：仆倒，倒下去。

（22）鄙：边境。

（23）贰于己：意思是使原来属于郑庄公管辖的西北边邑也同时臣属于自己。贰，两属，臣属二主。

（24）公子吕：郑国大夫，字子封。

（25）国不堪二，君将若之何：国家受不了两属的情况，您将对它怎么办？若之何，对它怎么处置。

（26）庸：用。

（27）廪延：郑国邑名，在今河南延津北。

（28）不义不暱：指对君不义、对兄不亲。暱，同"昵"，亲近。

（29）完聚：修葺积聚。完，修葺，这里指修城。聚，指聚集粮食。一说聚民众。

（30）缮甲兵：整修铠甲和武器。

（31）具卒乘（shèng）：准备步兵和兵车。具，准备。卒，步兵。乘，古代军队组织的单位。一乘有甲士（带盔甲的兵士）三人，步卒七十二人。二百乘共有甲士六百人，步卒一万四千四百人。亦指兵车。

（32）鄢（yān）：地名，在今河南省鄢陵县一带。

（33）诸：兼词，之于。

（34）辛丑：古人以干支纪日，辛丑即隐公元年五月二十三日。

（35）出奔：指逃到外国避难。

（36）书：这里指《春秋》经文的记述。以下几句话是解释《春秋》经文的，为后人所加。

（37）不弟：不像弟弟的样子。弟，名词活用作动词。

NOTE

（38）郑志：郑庄公的本意，意谓《春秋》笔法含蓄指出了郑庄公蓄意养奸，想除掉共叔段的企图。

（39）难：责难。

（40）寘：同"置"，放置，安顿。这里有放逐的意思。

（41）城颍：郑国邑名，在今河南临颍西北。

（42）颍考叔：郑国大夫。

（43）颍谷：郑国边邑，在今河南登封西南。

（44）封人：管理疆界的官。封，疆界。

（45）羹：带汁的肉食。

（46）遗（wèi）：赠予，送给。这里指留给。

（47）繄（yì）：句首语气词，与"惟"相近。

（48）敢：表谦敬的副词，有大胆、冒昧的意思。

（49）阙：通"掘"，挖。

（50）隧：这里用作动词，挖隧道。

（51）泄泄（yìyì）：快乐舒畅的样子。

（52）君子：《左传》中习用的发表评论的方式，或者只是作者的假托。

（53）施（yì）：延及，扩展。

（54）"孝子"二句：出自《诗经·大雅·既醉》。意思是孝子的孝没有穷尽，可以永远赐予和你一样的人。匮，尽。锡，通"赐"，给予。类，同类。

（55）是之谓：宾语前置。正常语序为"谓是"。

【读解】

本文选自《隐公元年》，是《左传》的开篇。春秋时期，周王室逐渐衰微，各诸侯国之间开始了互相兼并的战争，各国内部贵族之间也争夺权势。本文记叙了春秋初期发生在郑国的一个历史事件。作品描写了郑庄公的阴险狡诈、其母姜氏的偏心狠毒和其弟共叔段的贪婪愚蠢，表现了郑国统治者母子兄弟之间尔虞我诈、互相倾轧的激烈斗争。本文语言简洁，形象生动，情节曲折，是一篇富有文学色彩的历史散文。

本文完整地记叙了"郑伯克段于鄢"的过程并点明了其"微言大义"。郑庄公的母亲武姜因厌恶庄公，偏爱小儿子共叔段，于是帮助共叔段谋取君位。共叔段暗中积蓄力量，步步为营，企图谋反。郑庄公欲擒故纵，以退为进，等待时机，最后一举打败共叔段，使其逃离郑国，铲除了威胁自己的兄弟。庄公与母之怨亦随之爆发，既将其赶到城颍，又誓言生不再见。幸有颍考叔为助，方使母子重归于好。至于"郑伯克段于鄢"六字的"微言大义"，即文中所谓"段不弟，故不言弟；如二君，故曰'克'；称'郑伯'，讥失教也；谓之郑志，不言出奔，难之也"。从封建道德的准则出发，既批判了共叔段目无兄长国君、贪婪愚妄甚至谋反的恶劣品行，也批判了郑庄公身为兄长、国君不施教于弟，而是处心积虑地必欲除之而后快的居心及其报复于母的不孝行为。至于武姜，则亦基于封建道德之"为尊者讳"，避而不予评判。而颍考叔"爱其母，施及庄公"的孝德，相较之下，就尤显难能可贵，故堪称榜样。

作者非常讲究故事的剪裁和遣词用字，文笔精练而重点突出，用语多有深意，很好地写出了郑庄公的善于权谋、武姜的偏溺昏愦、共叔段的贪婪愚妄及颍考叔的孝与广孝之德。

NOTE

齐桓公伐楚

【原文】

四年春，齊侯以⁽¹⁾諸侯之師⁽²⁾侵蔡。蔡潰，遂伐楚。楚子⁽³⁾使與師言曰："君處北海⁽⁴⁾，寡人處南海，唯⁽⁵⁾是風馬牛不相及⁽⁶⁾也，不虞⁽⁷⁾君之涉吾地也，何故？"管仲對曰："昔召康公⁽⁸⁾命我先君⁽⁹⁾大公⁽¹⁰⁾曰：'五侯九伯⁽¹¹⁾，女⁽¹²⁾實征之，以夾輔⁽¹³⁾周室！'賜我先君履⁽¹⁴⁾，東至于海，西至于河⁽¹⁵⁾，南至于穆陵⁽¹⁶⁾，北至于無棣⁽¹⁷⁾。爾貢苞茅⁽¹⁸⁾不入，王祭不共⁽¹⁹⁾，無以縮酒⁽²⁰⁾，寡人是徵⁽²¹⁾。昭王⁽²²⁾南征而不復，寡人是問。"對曰："貢之不入，寡君之罪也，敢不共給？昭王之不復，君其問諸水濱！"師進，次⁽²³⁾于陘⁽²⁴⁾。

【注释】

（1）以：率领。

（2）诸侯之师：指参与侵蔡的鲁、宋、陈、卫、郑等诸国军队。

（3）楚子：指楚成王。楚属子爵，故称楚子。

（4）处北海：居住在北方边远的地方。处，居住。北海，泛指北方边远的地方。下文"南海"泛指南方边远的地方，不实指海，形容两国相距极远。

（5）唯：句首语气词。

（6）风马牛不相及：谓齐、楚两国相隔甚远，一向互不相干。风，牛马牝牡相诱而相逐。

（7）不虞：不料。

（8）召（shào）康公：周成王时太保召公奭，因其封地在召，故称召公。"康"是谥号。

（9）先君：对本国已故君王的尊称。

（10）大公：即太公望，名尚，齐之始封君。

（11）五侯九伯：泛指各国诸侯。五侯，即公、侯、伯、子、男五等爵位的诸侯。九伯，九州之长。

（12）女：通"汝"，你。实：句中语气词，表示命令或期望。

（13）夹辅：辅佐。

（14）履：践踏。这里指齐国可以征伐的范围。

（15）河：黄河。

（16）穆陵：古地名，今湖北省麻城县北一百里的穆陵关。

（17）无棣：地名，齐国的北境，在今山东无棣县附近。

（18）苞茅：裹束起来的青茅。苞，各本作"包"，裹束。茅，菁茅，楚地特产。

（19）共：同"供"，供给。

（20）缩酒：滤酒去渣，祭祀时的仪式之一。祭神之时，束茅立之，把酒倒在束茅上渗下去，就像神饮了一样。

（21）寡人是征：犹言寡人征是，宾语前置。征，问罪。

NOTE

（22）昭王：周昭王。相传昭王德衰，南巡行至汉水时，人民恨他，进献一艘胶粘的船，行至中流，船解体，昭王溺死。

（23）次：军队临时驻扎。

（24）陉：山名，在今河南偃城县南。

【原文】

夏，楚子使屈完⁽¹⁾如師。師退，次于召陵⁽²⁾。

齊侯陳諸侯之師，與屈完乘⁽³⁾而觀之。齊侯曰："豈不穀⁽⁴⁾是爲？先君之好是繼，與不穀同好⁽⁵⁾如何？"對曰："君惠徼⁽⁶⁾福於敝邑⁽⁷⁾之社稷，辱⁽⁸⁾收⁽⁹⁾寡君，寡君之願也。"齊侯曰："以此衆戰，誰能禦之？以此攻城，何城不克？"對曰："君若以德綏⁽¹⁰⁾諸侯，誰敢不服？君若以力，楚國方城以爲城，漢水以爲池，雖衆，無所用之。"

屈完及諸侯盟⁽¹¹⁾。

【注释】

（1）屈完：楚大夫，楚之同族。

（2）召（shào）陵：楚国地名，在今河南偃城东。

（3）乘：共载。

（4）不穀：犹言不善，古代诸侯自贬之谦称。

（5）同好：共同友好。

（6）徼：通"邀"，求。

（7）敝邑：对自己国家的谦称。

（8）辱：表敬副词，无义。

（9）收：收容。一说安抚。

（10）绥：安抚。

（11）盟：订立盟约。

【读解】

本文选自《僖公四年》，记述了春秋时期齐楚两国之间的一场外交斗争。齐桓公有称霸天下之野心，带八国军队侵蔡。既而伐楚，未料楚国毫不示弱，楚使者善于应对，屈完义正词严，齐国终未达目的，最后齐鲁等国不得不和楚国订立盟约。文章对双方的描写妙笔传神：管仲强找借口；齐侯则一副霸主神态；楚国使者应变自如，使对方无懈可击；而屈完不为威武所屈，不被强势所迫，直到达成目的。文章语言运用老辣，耐人回味，是一篇绝好的外交辞令。

骊姬之乱

【原文】

（莊公二十八年）晉獻公娶于賈⁽¹⁾，無子。烝⁽²⁾於齊姜⁽³⁾，生秦穆夫人⁽⁴⁾

及太子申生。又娶二女於戎。大戎⁽⁵⁾狐姬生重耳⁽⁶⁾，小戎子生夷吾⁽⁷⁾。晉伐驪戎⁽⁸⁾，驪戎男⁽⁹⁾女⁽¹⁰⁾以驪姬。歸，生奚齊，其娣⁽¹¹⁾生卓子。驪姬嬖⁽¹²⁾，欲立其子，賂外嬖⁽¹³⁾梁五與東關嬖五⁽¹⁴⁾，使言於公曰："曲沃⁽¹⁵⁾，君之宗也。蒲⁽¹⁶⁾與二屈⁽¹⁷⁾，君之疆也。不可以無主。宗邑無主，則民不威；疆埸⁽¹⁸⁾無主，則啓戎心。戎之生心，民慢其政，國之患也。若使大子⁽¹⁹⁾主曲沃，而重耳、夷吾主蒲與屈，則可以威民而懼戎，且旌⁽²⁰⁾君伐⁽²¹⁾。"使俱曰："狄之廣莫⁽²²⁾，於晉爲都。晉之啓土，不亦宜乎！"晉侯說之。夏，使大子居曲沃，重耳居蒲城，夷吾居屈。羣公子皆鄙⁽²³⁾，唯二姬之子在絳⁽²⁴⁾。二五卒與驪姬譖⁽²⁵⁾羣公子而立奚齊，晉人謂之二五耦⁽²⁶⁾。

【注释】

(1) 贾：姬姓侯国。在今山西省襄汾县东。

(2) 烝：下淫上，指和母辈通奸。

(3) 齐姜：齐桓公之女，初嫁晋武公为妾。

(4) 秦穆夫人：后来嫁给秦穆公，故称秦穆夫人。

(5) 大戎：古族名。春秋时分布在晋国境内，即今山西太原附近。一说是周的同姓子孙。

(6) 重耳：即晋文公，春秋五霸之一，公元前636年至公元前628年在位。

(7) 夷吾：即晋惠公，公元前650至公元前637年在位。

(8) 骊戎：古族名，古戎人的一支，国君姬姓，在今陕西省临潼县一带。一说在今山西省析城、王屋两山之间。

(9) 骊戎男：骊戎部落的首领，其爵位为男。

(10) 女（nǜ）：纳女于人。

(11) 娣：二女同嫁一夫，年龄小的称为娣。

(12) 嬖（bì）：受宠。

(13) 外嬖：指宫禁外的宠臣（包括男宠）。

(14) 梁五与东关嬖五：梁、东关是两人的姓，五是二人之名。二者皆大夫，为献公所嬖幸。

(15) 曲沃：晋邑名，在今山西闻喜县东北。

(16) 蒲：晋邑名，在今山西省隰县西北。

(17) 二屈：春秋时晋国南屈、北屈二邑的合称。

(18) 疆埸（yì）：边界，边境。埸，疆界，边境。

(19) 大子：即太子。下同。

(20) 旌：表彰。

(21) 伐：功劳，功勋。

(22) 广莫：辽阔无边。

(23) 鄙：边邑，边远的地方。

(24) 绛：晋的都城。今山西省侯马市。

(25) 谮（zèn）：说别人的坏话，诬陷，中伤。

(26) 二五耦：谓梁五与东关嬖五朋比为奸。耦，两人并肩而耕。

【原文】

（僖公四年）初，晉獻公欲以驪姬爲夫人，卜⁽¹⁾之，不吉；筮⁽²⁾之，吉。公曰：“從筮。”卜人曰：“筮短龜長⁽³⁾，不如從長。且其繇⁽⁴⁾曰：‘專之⁽⁵⁾渝⁽⁶⁾，攘⁽⁷⁾公之羭⁽⁸⁾。一薰一蕕⁽⁹⁾，十年尚猶有臭。’必不可！”弗聽，立之。生奚齊，其娣生卓子。

及將立奚齊，既與中大夫成謀。姬謂大子曰：“君夢齊姜，必速祭之！”大子祭于曲沃，歸胙⁽¹⁰⁾於公。公田⁽¹¹⁾，姬寘⁽¹²⁾諸宮六日。公至，毒而獻之。公祭之地，地墳⁽¹³⁾；與犬，犬斃；與小臣，小臣亦斃。姬泣曰：“賊⁽¹⁴⁾由大子。”大子奔新城⁽¹⁵⁾。公殺其傅杜原款。或謂大子：“子辭⁽¹⁶⁾，君必辯焉。”大子曰：“君非姬氏，居不安，食不飽。我辭，姬必有罪。君老矣，吾又不樂。”曰：“子其行乎？”大子曰：“君實不察其罪，被⁽¹⁷⁾此名也以出，人誰⁽¹⁸⁾納我？”十二月戊申⁽¹⁹⁾，縊于新城。

姬遂譖二公子曰：“皆知之。”重耳奔蒲，夷吾奔屈。

【注释】

（1）卜：用龟甲占卜。

（2）筮：用蓍草占卜。

（3）筮短龟长：谓筮占所言理短，龟卜所言理长。

（4）繇（zhòu）：通“籀”。古时占卜的文辞。

（5）专之：指专宠骊姬。

（6）渝：变，指变乱。

（7）攘：夺去，除去。

（8）羭（yú）：美。这里暗指太子申生。

（9）一薰一蕕（yóu）：薰蕕相混，比喻善常为恶所掩。薰，香草。蕕，臭草。

（10）胙（zuò）：祭祀时用的酒肉。

（11）田：打猎。

（12）寘：同“置”，放置。

（13）坟：隆起，高起。

（14）贼：祸端，祸害。此指阴谋害君。

（15）新城：指曲沃。

（16）辞：申辩，辩解。

（17）被：蒙受，带着。

（18）人谁：即“谁人”，哪个人。

（19）戊申：十二月二十七日。

【原文】

（僖公五年）初，晉侯使士蒍⁽¹⁾爲二公子築蒲與屈，不慎，寘薪焉。夷吾訴⁽²⁾之。公使讓之。士蔿稽首而對曰："臣聞之：'無喪而慼⁽³⁾，憂必讎⁽⁴⁾焉。無戎而城，讎⁽⁵⁾必保⁽⁶⁾焉。'寇讎之保，又何慎焉？守官⁽⁷⁾廢命⁽⁸⁾，不敬；固讎之保，不忠。失敬與忠，何以事君？《詩》云：'懷德惟寧，宗子惟城。⁽⁹⁾'君其脩德而固宗子，何城如之？三年將尋師⁽¹⁰⁾焉，焉⁽¹¹⁾用慎？"退而賦曰："狐裘⁽¹²⁾尨茸⁽¹³⁾，一國三公，吾誰適⁽¹⁴⁾從？"

及難⁽¹⁵⁾，公使寺人⁽¹⁶⁾披⁽¹⁷⁾伐蒲。重耳曰："君父之命不校⁽¹⁸⁾。"乃徇⁽¹⁹⁾曰："校者，吾讎也。"踰垣而走，披斬其袪，遂出奔翟⁽²⁰⁾。

【注释】

（1）士蔿（wěi）：晋国大夫。

（2）诉：诽谤，说别人的坏话。

（3）慼：忧愁，悲伤。

（4）仇：应答，指相随而来。

（5）仇：仇敌。

（6）保：据有，占据。

（7）守官：在职的官员。

（8）废命：不接受君命。

（9）怀德惟宁，宗子惟城：出自《诗经·大雅·板》。怀德，心存德行，不忘修德。宗子，同姓子弟。

（10）寻师：用兵。

（11）焉：哪里。

（12）狐裘：大夫的服饰。

（13）尨（méng）茸：蓬松杂乱的样子。

（14）适：随从，跟从。

（15）及难：等到灾祸发生。难，此处指骊姬诬杀申生的祸难。

（16）寺人：古代宫中的近侍小臣，多以阉人充任。

（17）披：人名。

（18）校：违抗。

（19）徇（xùn）：当众宣告，布告。

（20）翟：同"狄"，古时中国北方的少数民族。重耳和夷吾之母都曾在狄居住。

【原文】

（僖公六年）六年春，晉侯使賈華⁽¹⁾伐屈。夷吾不能守，盟⁽²⁾而行。將奔狄，郤芮⁽³⁾曰："後出同走，罪也，不如之梁⁽⁴⁾。梁近秦而幸⁽⁵⁾焉。"乃之梁。

【注释】

（1）贾华：晋国大夫。

（2）盟：结盟。

（3）郤芮（xìruì）：晋国大夫。

（4）梁：诸侯国名，嬴姓，在今陕西韩城县南。

（5）幸：宠信，宠幸。

【读解】

本文选自《庄公二十八年》（公元前 666 年）和《僖公四年》《僖公五年》《僖公六年》（公元前 656 年—公元前 654 年）。"废嫡立庶"历来都是宫廷内部矛盾斗争敏感、残酷的主题之一。"骊姬之乱"也是因此而引发的一场发生在晋献公晚年的宫廷内乱。骊姬本是骊戎首领的女儿，作为战败的牺牲品被父亲献给了晋献公，并生下公子奚齐。骊姬不满足于自己只是夫人的地位，欲将自己的儿子立为太子，于是精心设计了一整套"夺嫡之计"，最终导致了晋国政权二十余年的动荡不安。

作者以精炼之笔清晰完整地叙述了事件的起因、经过和结局，情节环环相扣，引人入胜。人物语言和行动的描写生动细腻，成功地塑造了晋献公、骊姬、申生、士蒍等性格鲜明的人物形象。

宫之奇谏假道

【原文】

晋侯⁽¹⁾復假道於虞以伐虢。宫之奇谏曰："虢，虞之表⁽²⁾也；虢亡，虞必從之。晋不可啓⁽³⁾，寇不可翫⁽⁴⁾。一之謂甚，其⁽⁵⁾可再乎？諺所謂'輔⁽⁶⁾車相依，唇亡齒寒'者，其虞、虢之謂也。"公曰："晋，吾宗⁽⁷⁾也，豈害我哉？"對曰："大伯、虞仲，大王之昭⁽⁸⁾也。大伯不從⁽⁹⁾，是以不嗣⁽¹⁰⁾。虢仲、虢叔，王季之穆也⁽¹¹⁾，爲文王卿士，勳在王室，藏於盟府⁽¹²⁾。將虢是滅⁽¹³⁾，何愛於虞？且虞能親於桓、莊⁽¹⁴⁾乎？其愛之也，桓、莊之族何罪？而以爲戮，不唯⁽¹⁵⁾偪⁽¹⁶⁾乎？親以寵⁽¹⁷⁾偪，猶尚害之，況以國乎？"公曰："吾享祀⁽¹⁸⁾豐絜⁽¹⁹⁾，神必據⁽²⁰⁾我。"對曰："臣聞之，鬼神非人實親，惟德是依⁽²¹⁾。故周書曰：'皇天無親，惟德是輔。'又曰：'黍稷非馨，明德惟馨⁽²²⁾。'又曰：'民不易物，惟德繄⁽²³⁾物。'如是，則非德，民不和，神不享矣。神所馮⁽²⁴⁾依，將在德矣。若晋取虞，而明德⁽²⁵⁾以薦馨香⁽²⁶⁾，神其⁽²⁷⁾吐⁽²⁸⁾之乎？"弗聽，許晋使。宫之奇以其族行⁽²⁹⁾，曰："虞不臘⁽³⁰⁾矣。在此行也，晋不更⁽³¹⁾舉⁽³²⁾矣。"

【注释】

（1）晋侯：晋献公。

（2）表：外表，这里指屏障。

（3）启：开也，这里指使晋扩张其野心。

（4）翫：即"玩"，这里是轻视、轻侮的意思。

（5）其：同"岂"。反诘语气词，难道。

（6）辅：车两旁之板。一说辅为面颊，车为牙床骨。

（7）宗：同姓，同一宗族。晋、虞、虢都是姬姓诸侯国。

（8）昭：宗庙在左的位次。古代宗庙制度，始祖的神位居中，其下则左昭右穆。昭位之子在穆位，穆位之子在昭位。昭穆相承，所以又说昭生穆、穆生昭。大伯、虞仲是周始祖太王的长子和次子，皆为昭。

（9）不从：指不随从在侧。一说不从王命。

（10）嗣：继承（王位）。

（11）虢仲、虢叔：王季于周为昭，故虢仲、虢叔为王季之穆。虢仲、虢叔，王季之次子和三子，文王的弟弟。

（12）盟府：主功勋赏赐。一说主盟誓、典策的官府。

（13）将虢是灭：将灭虢。是，宾语前置的标志。

（14）桓庄：指桓庄之族。桓，桓叔。庄，庄伯。桓叔是献公的曾祖，庄伯是献公的祖父。晋献公曾尽杀桓叔、庄伯的后代。

（15）唯：因为。

（16）偪（bì）：通“逼”，侵逼，这里有威胁的意思。

（17）宠：在尊位。桓、庄之族的高位。桓、庄之族因其亲近且曾受宠，能加压力与献公。

（18）享祀：泛指一切祭祀。

（19）絜（jié）：同“洁”，洁净。

（20）据：依从，即保佑。

（21）鬼神非人实亲，惟德是依：前置宾语。实、是，代词，复指前置宾语。下文“惟德是辅”结构同此。

（22）馨：远处可闻的香气。

（23）繄（yī）：犹“是”，即抵作、充当。一说“繄”作“其”。

（24）冯：同“凭”。

（25）明德：使德明。

（26）馨香：指黍稷。

（27）其：同“岂”。

（28）吐：指不食所祭之物。

（29）以其族行：指率领全族离开虞。以，率领。

（30）腊：岁终祭祀。这里用作动词，指举行腊祭。

（31）更：副词，再。

（32）举：举兵。

【原文】

　　八月甲午，晋侯围上陽⁽¹⁾。问於卜偃⁽²⁾曰：“吾其濟⁽³⁾乎？”對曰：“克之。”公曰：“何時？”對曰：“童謠云：‘丙之晨⁽⁴⁾，龍尾⁽⁵⁾伏辰⁽⁶⁾；均服⁽⁷⁾振振⁽⁸⁾，取虢之旂⁽⁹⁾。鶉⁽¹⁰⁾之賁賁⁽¹¹⁾，天策⁽¹²⁾焞焞⁽¹³⁾，火中⁽¹⁴⁾成軍⁽¹⁵⁾，虢公其奔。’其九月、十月之交乎！丙子旦，日在尾，月在策，鶉火中，⁽¹⁶⁾必是

時也。”

冬十二月丙子，朔⁽¹⁷⁾，晉滅虢。虢公醜⁽¹⁸⁾奔京師⁽¹⁹⁾。師还，舘于虞，遂襲虞，滅之。執虞公及其大夫井伯，以媵⁽²⁰⁾秦穆姬⁽²¹⁾，而修虞祀⁽²²⁾，且歸其職貢於王。

故書⁽²³⁾曰：“晉人執虞公。”罪虞，且言易也。

【注释】

(1) 上阳：南虢。在今河南省陕县南。

(2) 卜偃：名偃的卜官。

(3) 济：成功。

(4) 丙之晨：丙子日的早晨。

(5) 龙尾：即尾宿，苍龙七宿之第六宿。有星九，均属天蝎座。

(6) 伏辰：伏于辰。日月之会曰辰。龙尾伏于辰，龙尾为日光所掩，伏而不见。

(7) 均服：服装一致。一作袀服、戎服，黑色。

(8) 振振：盛貌。

(9) 旂（qí）：同“旗”。取旗即获胜。

(10) 鹑：鹑火。此盖指柳宿。

(11) 贲贲：飞貌。一说状柳宿形。

(12) 天策：即传说星。

(13) 焞焞（tūntūn）：无光耀，昏暗。

(14) 火中：鹑火出现于南方。

(15) 成军：勒兵整旅，指发动军事。

(16) 丙子旦……鹑火中：丙子日清晨，日在尾星的地位，月在天策的地位，鹑火在南方。丙子，初一，正逢干支的丙子。

(17) 朔：每月初一日。

(18) 丑：虢公名。

(19) 京师：东周都城。

(20) 媵（yìng）：以男女陪嫁曰媵。

(21) 秦穆姬：晋献公女，嫁秦穆公。

(22) 虞祀：虞国之祭祀。虞虽被灭，晋仍不废其祭。

(23) 书：指《春秋》。

【读解】

本文选自《僖公五年》，记述了晋侯借道虞国以伐虢国，宫之奇看出晋国的阴谋，力谏虞公，虞公不听，终致灭亡的故事。文中宫之奇以“唇亡齿寒”作比，阐明“虢亡，虞必从之”的道理；又以古书实例为据，有力地驳斥了虞公迷信宗族关系和神权的思想，破灭了虞公“享祀丰絜，神必据我”的希望。他指出存亡在人不在神，应该实行德政，“民不和则神不享”，反映了当时的民本思想。

烛之武退秦师

【原文】

九月甲午，晉侯、秦伯⁽¹⁾圍鄭，以其無禮於晉⁽²⁾，且貳⁽³⁾於楚也。晉軍函陵⁽⁴⁾，秦軍氾南⁽⁵⁾。

佚之狐⁽⁶⁾言於鄭伯⁽⁷⁾曰："國危矣！若使燭之武⁽⁸⁾見秦君，師必退。"公從之。辭⁽⁹⁾曰："臣之壯也，猶不如人；今老矣，無能爲也已⁽¹⁰⁾。"公曰："吾不能早用子，今急而求子，是寡人之過也。然鄭亡，子亦有不利焉！"許之。

夜，縋⁽¹¹⁾而出。見秦伯，曰："秦、晉圍鄭，鄭既知亡矣。若亡鄭而有益於君，敢以煩執事⁽¹²⁾。越國以鄙遠⁽¹³⁾，君知其難也；焉用亡鄭以陪⁽¹⁴⁾鄰？鄰之厚，君之薄也。若舍鄭以爲東道主⁽¹⁵⁾，行李⁽¹⁶⁾之往來，共⁽¹⁷⁾其乏困，君亦無所害。且君嘗爲晉君賜矣。許君焦、瑕⁽¹⁸⁾，朝濟而夕設版焉⁽¹⁹⁾，君之所知也。夫晉，何厭之有⁽²⁰⁾？既東封鄭⁽²¹⁾，又欲肆其西封⁽²²⁾；若不闕秦⁽²³⁾，將焉取之？闕秦以利晉，唯⁽²⁴⁾君圖之⁽²⁵⁾。"

秦伯說，與鄭人盟，使杞子、逢孫、楊孫⁽²⁶⁾戍⁽²⁷⁾之，乃還。

子犯⁽²⁸⁾請擊之。公曰："不可。微夫人之力不及此。因人之力而敝⁽²⁹⁾之，不仁；失其所與，不知⁽³⁰⁾；以亂易整，不武。吾其還也。"亦去之。

【注释】

(1) 晋侯、秦伯：指晋文公和秦穆公。

(2) 无礼于晋：指晋文公重耳流亡经过郑国时，郑文公未以礼相待。

(3) 贰：两属，同时亲附对立的双方。这里指城濮之战前，郑文公曾以军队支援楚国，准备同晋国作战的事。

(4) 晋军函陵：晋军驻扎在函陵。军，名词活用作动词，驻扎。函陵，郑国地名，在今河南新郑北。

(5) 氾（fàn）南：氾水南面，这里指东氾水，在今河南中牟县南。

(6) 佚之狐：郑国大夫。

(7) 郑伯：郑文公。

(8) 烛之武：春秋时期郑国大夫。

(9) 辞：推辞。

(10) 已：同"矣"。

(11) 缒（zhuì）：用绳子栓着人或物从上往下运。这里指把烛之武从城墙上运下去。

(12) 执事：本指国君左右的办事人员。这里指秦穆公。

(13) 越国以鄙远：越过别国而把远地（郑国）当作边邑。越国，越过晋国，秦在西，郑在东，晋在两国中间。鄙，边邑，这里用作动词，指把远地作为边邑。

（14）陪：增益，增加。

（15）东道主：东方路上的主人，因郑国在秦国的东边。后世用这个词作"主人"的代称。

（16）行李：也作"行吏"，外交使节。

（17）共：通"供"，供给。

（18）焦、瑕：晋国邑名，焦在今河南三门峡附近，瑕在今河南灵宝东。

（19）朝济而夕设版焉：（晋惠公）早上渡过黄河（回国），晚上就筑城防御。济，渡河。设版，指筑墙。版，筑土墙用的夹板。这里指晋惠公归国后拒绝割地的言而无信之举。

（20）厌：通"餍"，满足。

（21）东封郑：在东边让郑国成为晋国的边境。指晋灭郑。封，疆界，这里作用动词。

（22）肆其西封：开拓西边的疆界。指晋国灭郑以后，必将图谋秦国。肆，极力扩张。

（23）阙秦：损害秦国，指侵害秦国土地。

（24）唯：用于句首，表示希望的语气。

（25）图：谋划，考虑。

（26）杞子、逢孙、杨孙：三人都是秦国大夫。

（27）戍：驻守。

（28）子犯：晋国大夫。

（29）敝：损害。

（30）知：同"智"。

【读解】

本文选自《僖公三十年》。僖公三十年（公元前630年）九月，晋、秦联合围攻郑国，郑国危在旦夕，烛之武说服秦伯退兵，使郑国转危为安。本文是《左传》中记载行人辞令的精彩篇章之一。烛之武的言辞能够奏效，关键在于他洞悉秦、晋之间的利益矛盾，并把这种矛盾的利害关系对秦君作了透彻的分析。烛之武说服秦伯的语言魅力还在于他对听话者心理的把握。烛之武的目的是为自己的国家解围，可是他在言辞上却好像处处是在为秦国考虑。这也是值得我们学习的一个高明的论辩技巧。

本篇所记述的是秦晋联合攻打郑国之前开展的一场外交斗争。事情发生在公元前630年（鲁僖公三十年）。此前两年（公元前632年，即鲁僖公二十八年）爆发了晋楚争霸的城濮之战，结果楚国战败，晋国称霸。在城濮之战中，郑国曾经出兵帮助楚国，因而结怨于晋，这就是晋秦联合攻打郑国的直接原因。这次战争也可以说是城濮之战的余波。郑国被晋、秦两个大国的军队所包围，国家危在旦夕，烛之武奉郑君之命，说退秦军。他善于利用矛盾，采取分化瓦解的办法，一番说辞，便说服了秦君撤出围郑的军队，并且派兵帮助郑国防守，最后晋军也不得已而撤退，从而解除了郑国的危机。

这篇文章赞扬了烛之武在国家危难之际，能够临危受命，不避险阻，只身去说服秦君，维护了国家安全的爱国主义精神，同时也间接反映了春秋时代各诸侯国之间斗争的复杂性。

崔杼弑齐庄公

【原文】

　　齊棠公[(1)]之妻，東郭偃之姊也。東郭偃臣崔武子[(2)]。棠公死，偃御[(3)]武子以吊焉。見棠姜[(4)]而美之，使偃取[(5)]之。偃曰：“男女辨姓，今君出自丁[(6)]，臣出自桓[(7)]，不可。”武子筮[(8)]之，遇《困》[(9)]之《大過》[(10)]。史皆曰“吉”。示陳文子[(11)]，文子曰：“夫從風，風隕妻，不可娶也。且其繇[(12)]曰：‘困于石，據於蒺藜，入于其宮，不見其妻，凶。[(13)]’困於石，往不濟也；據於蒺藜，所恃傷也；入於其宮，不見其妻，凶，無所歸也。”崔子曰：“嫠[(13)]也，何害？先夫當之矣。”遂取之。

【注释】

（1）齐棠公：齐国棠邑的地方官。

（2）崔武子：即崔杼（？—公元前546年），又称崔子，春秋时齐国大夫，后为齐国执政。

（3）御：驾车。

（4）棠姜：即齐棠公的妻子东郭姜。

（5）取：同“娶”。

（6）丁：齐丁公，崔杼之祖。

（7）桓：齐桓公小白，东郭偃之祖。同姜姓，故不可婚。

（8）筮：占卜。

（9）《困》：《易经》的卦名，困卦。

（10）《大过》：《易经》的卦名，大过卦。

（11）陈文子：齐国大夫，名须无。

（12）繇（zhòu）：通“籀”。古时占卜的文辞。

（13）困于石……凶：出自《困卦》六三爻辞。困于石缝之中，卡于荆棘之内，回家却不见妻子，凶。

（14）嫠（lí）：寡妇。指东郭姜。

【原文】

　　莊公通焉[(1)]，驟[(2)]如崔氏，以崔子之冠賜人。侍者曰：“不可。”公曰：“不爲崔子，其無冠乎？”崔子因是，又以其間[(3)]伐晉也，曰：“晉必將報。”欲弑公以說[(4)]於晉，而不獲間[(5)]。公鞭侍人賈舉[(6)]，而又近之，乃爲崔子間[(7)]公。

　　夏，五月，莒[(8)]爲且於之役故[(9)]，莒子朝於齊。甲戌[(10)]，饗[(11)]諸北郭，崔子稱疾，不視事。乙亥[(12)]，公問崔子，遂從姜氏。姜入于室，與崔子自側戶出。公拊楹[(13)]而歌。侍人賈舉止衆從者而入，閉門。甲興，公登臺而請，

NOTE

弗許；請盟，弗許；請自刃於廟，弗許。皆曰："君之臣杼疾病，不能聽命。近於公宮，陪臣⁽¹⁴⁾干掫⁽¹⁵⁾有淫者，不知二命。"公逾牆，又射之，中股，反隊⁽¹⁶⁾，遂弑之。賈舉、州綽、邴師、公孫敖、封具、鐸父、襄伊、僂堙皆死。祝佗父⁽¹⁷⁾祭于高唐⁽¹⁸⁾，至，覆命，不說弁⁽¹⁹⁾而死於崔氏。申蒯⁽²⁰⁾，侍漁者，退，謂其宰曰："爾以帑⁽²¹⁾免，我將死。"其宰曰："免，是反子之義也。"與之皆⁽²²⁾死。崔氏殺鬷蔑⁽²³⁾於平陰。

【注释】

（1）庄公通焉：齐庄公跟棠姜私通。

（2）骤：多次，频频。

（3）间：乘机，伺机。

（4）说：同"悦"，讨好。

（5）间：机会。

（6）贾举：齐国的力士，齐庄公的仆人。

（7）间：窥伺。

（8）莒（jǔ）：莒国。下文莒子即莒国国君。

（9）且于之役：发生在齐、莒之间的战役。

（10）甲戌：十六日。

（11）飨：招待，接待。

（12）乙亥：十七日。

（13）拊楹（fǔyíng）：拍着柱子。

（14）陪臣：甲士的自称。

（15）干掫（zōu）：巡夜缉捕。干，通"捍"。

（16）队：通"坠"。

（17）祝佗（tuó）父：齐国大夫。

（18）高唐：地名，在今山东高唐东。

（19）说弁：脱帽。说，通"脱"。弁，古代贵族的一种帽子，通常穿礼服时用之（吉礼之服用冕）。赤黑色的布做的叫爵弁，是文冠；白鹿皮做的叫皮弁，是武冠。

（20）申蒯（kuǎi）：管理渔业的官员。

（21）帑（nú）：古同"孥"，儿女。

（22）皆：同"偕"，一起。

（23）鬷蔑（zōngmiè）：齐国大夫。

【原文】

晏子⁽¹⁾立於崔氏之門外，其人曰："死乎?"曰："獨吾君也乎哉，吾死也?"曰："行⁽²⁾乎?"曰："吾罪也乎哉，吾亡也?"曰："歸乎?"曰："君死，安歸?君民者，豈以陵⁽³⁾民?社稷是主。臣君者，豈爲其口實，社稷是養。故君爲社稷死，则死之；為社稷亡，则亡之。若為己死，而為己亡，非其私暱(4)，谁敢任之？且人有君而弑之，吾焉得死之？而焉得亡之？将庸何归？"门啟而入，枕屍股而哭，興，三踊(5)而出。人謂崔子必殺之。崔子曰："民之望也，舍之，得民。"

盧蒲癸(6)奔晉，王何奔莒。叔孫宣伯(7)之在齊也，叔孫還納其女於靈公，嬖(8)，生景公。丁丑(9)，崔杼立而相之，慶封為左相，盟國人於大宮(10)，曰："所不與(11)崔、慶者……"晏子仰天歎曰："嬰所不唯忠於君、利社稷者是與，有如上帝！"乃歃(12)。辛巳(13)，公(14)與大夫及莒子盟。

大史(15)書曰："崔杼弑其君。"崔子殺之。其弟嗣書(16)，而死者二人(17)。其弟又書，乃舍之。南史氏(18)聞大史盡死，執簡以往。聞既書矣，乃還。

【注释】

（1）晏子：即晏婴。

（2）行：逃跑。

（3）陵：同"凌"，凌驾，欺凌。

（4）私暱：宠臣。暱，本作"昵"。

（5）踊：跳跃。

（6）卢蒲癸：齐庄公的宠臣。后文王何亦为齐庄公宠臣。

（7）叔孙宣伯：流亡在齐国的鲁国大夫叔孙侨如。

（8）嬖：宠幸。

（9）丁丑：十九日。

（10）大宫：太公庙，姜太公之神庙。

（11）与：结交，依附。

（12）歃（shà）：即歃血为盟。古代盟誓时，用牲血涂在嘴边，表示诚信不渝。

（13）辛巳：二十三日。

（14）公：齐景公。

（15）大史：即太史，史官。

（16）嗣书：接着写。

（17）死者二人：指太史的两个弟弟因为同样如实记录也被杀了。

（18）南史氏：史官。

【读解】

本文选自《襄公二十五年》。春秋时期，国君和士大夫家族之间的权力争夺非常激烈，崔杼杀齐庄公是其中典型的案例。这起事件中，最出彩的不是杀人犯和受害者，而是以矮小机智闻名的晏婴。他在崔家门口"逃还是不逃"的对白、在盟会上公然对抗崔杼的誓词，都大大增添了他作为"贤相"的道德光彩。

崔杼遭到后人的猛烈唾骂，固然因为他以下犯上，触犯了纲常，更重要的是他杀掉了敢于记录真相的史官。这让以舆论监督为己任的知识分子相当愤怒。枪杆子只能夺去人的生命，笔杆子却可以让人遭受无数遍的道德惩罚，崔杼就是极好的反面典型。前赴后继、以身殉职的三位无名史官也因而把自己写进了历史。

　　自《春秋》收"崔杼弑其君"事略后，《公羊传》《穀梁传》均有记载并略有评议，但记载最具体、处理最精当的还是《左传》。文章开篇"美之"二字是发轫，崔杼娶之，庄公通焉，崔杼弑君，许多党羽遭殃，史官三兄弟遇害，都是棠姜之"美"惹的祸。庄公如何私通，崔杼怎样受辱而起"欲弑"之心，用语极简，但清晰透彻。弑的过程，仅着力写庄公的"三请"，既穷昏君的无奈可悲，又尽崔杼的执意狠毒，可见"其言简而要"。面对晏子的"不死""不行""不归"，崔杼"舍之"、用之。作者用大量笔墨描写这段，既刻画了晏子形象，又侧显出崔杼的心机，同时也反衬出庄公无道。翔实的文字材料，给读者留下了更多思考、权衡、评品是非的空间，可谓"事详而博"。这就是《左传》沿用的春秋笔法，即记载事实中寓褒贬。

季札观乐

【原文】

　　吴公子札[1] 來聘[2] ……請觀於周樂[3]。使工[4] 爲之歌[5]《周南》《召南》[6]，曰："美哉！始基之[7] 矣，猶未[8] 也，然勤[9] 而不怨[10] 矣。"爲之歌《邶[11]》《鄘[12]》《衛[13]》，曰："美哉！淵乎！憂而不困者也。吾聞衛康叔、武公[14]之德如是，是其《衛風》乎？"爲之歌《王》[15]，曰："美哉！思而不懼[16]，其周之東乎！"爲之歌《鄭[17]》，曰："美哉！其細[18]已甚，民弗堪也。是其先亡乎？"爲之歌《齊》，曰："美哉！泱泱[19]乎！大風也哉！表東海[20]者，其大公[21]乎！國未可量也。"爲之歌《豳[22]》，曰："美哉！蕩[23]乎！樂而不淫[24]，其周公之東[25]乎！"爲之歌《秦》，曰："此之謂夏聲[26]。夫能夏則大，大之至也，其周之舊乎！"爲之歌《魏[27]》，曰："美哉！渢渢[28]乎！大而婉，險[29]而易行。以德輔此，則明主也！"爲之歌《唐[30]》，曰："思深哉！其有陶唐氏[31]之遺民乎！不然，何其憂之遠也？非令德之後[32]，誰能若是？"爲之歌《陳[33]》，曰："國無主，其能久乎！"自《鄶[34]》以下無譏[35]焉。

【注释】

（1）吴公子札：即季札，吴王寿梦的第四子。

（2）聘：古代国与国之间的遣使访问。

（3）周乐：周王室的音乐舞蹈。周成王曾把周乐赐给鲁国，故鲁国公室有周乐。

（4）工：乐工。

（5）歌：此指弦歌，歌唱时有乐曲伴奏。

（6）《周南》《召南》：《诗经·国风》中的歌诗。以下所歌均是十五国风中各国的诗歌。

（7）基之：为王业奠定基础。

（8）犹未：尚未尽善。

（9）勤：劳，勤劳。

（10）怨：怨恨。

（11）邶（bèi）：在今河南汤阴南。

（12）鄘（yōng）：在今河南新乡市南。

（13）卫：在今河南淇县。以上三国都为周代诸侯国。

（14）康叔、武公：两人都是卫国贤君。康叔，周公之弟，卫国开国君主。武公，康叔的九世孙。

（15）《王》：即《王风》，周平王东迁后周王城洛邑的乐歌。

（16）思而不惧：指虽有宗周陨灭的忧思，但仍有先王之遗风，故思而不惧。

（17）郑：周代诸侯国，今河南新郑一带。

（18）细：细碎、琐碎。诗中所言多为男女间琐碎之事，极少关乎政治。

（19）泱泱：气势宏大。

（20）表东海：为东海诸侯国作表率。

（21）大公：太公，即姜太公，指齐国第一位国君吕尚。

（22）豳（bīn）：西周公刘时的旧都，在今陕西彬县东北。

（23）荡：博大的样子。

（24）淫：过度，无节制。

（25）周公之东：指周公东征，平定"三监"叛乱的事。

（26）夏声：即正声、雅声，是西周的"王畿之乐"。夏，周人称西周王畿之地为夏。秦在今陕西、甘肃一带，拥有西周旧都之地。

（27）魏：诸侯国名，在今山西芮县北。

（28）沨（fēng）沨：轻飘浮动的样子。

（29）险：不平，这里指乐曲曲折而多变化。

（30）唐：在今山西太原。晋国开国国君叔虞初封于唐。

（31）陶唐氏：尧先封于陶，后迁于唐，陶唐氏即指帝尧。晋国是陶唐氏旧地。

（32）令德之后：美德之后，指陶唐氏的后代。

（33）陈：陈都宛丘，在今河南淮阳。

（34）郐（kuài）：亦作"桧"，在今河南郑州南，被郑武公所灭。《诗经》中《桧风》以下尚有《曹风》。

（35）讥：评论。

【原文】

爲之歌《小雅》，曰。"美哉！思而不貳[1]，怨而不言，其周德之衰乎？猶有先王[2]之遺民焉。"爲之歌《大雅》，曰："廣哉！熙熙[3]乎！曲而有直體[4]，其文王之德乎？"爲之歌《頌》，曰："至矣哉！直而不倨[5]，曲而不屈；邇[6]而不偪[7]，遠而不攜[8]；遷而不淫[9]，復而不厭；哀而不愁，樂而不荒[10]；用而不匱，廣而不宣；施[11]而不費[12]，取而不貪；處[13]而不底[14]，行而不流。五聲[15]和，八風[16]平[17]；節[18]有度，守有序[19]。盛德之所同[20]也！"

【注释】

（1）不贰：无二心，即无背叛之心。

（2）先王：指周代文、武、成、康等王。

（3）熙熙：和美融洽的样子。

（4）曲而有直体：指乐曲抑扬顿挫而内容刚劲有力。

（5）倨：倨傲，不逊。

（6）迩：近。

（7）偪：同"逼"，侵逼。

（8）携：离散，离心。

（9）淫：乱。

（10）荒：过度，放纵。

（11）施：施惠。

（12）费：耗费钱财。

（13）处：安守。

（14）底：停顿，停滞。

（15）五声：指宫、商、角、徵、羽。

（16）八风：八方之风。此处指乐曲。

（17）平：和谐。

（18）节：节拍。

（19）守有序：乐器演奏有一定次序，和谐不乱。

（20）盛德之所同：意为文、武、周三公均有如此的盛德。这里是以音乐作为政治的象征。

【原文】

　　见舞《象箾(1)》《南籥(2)》者，曰："美哉！犹有憾！"见舞《大武(3)》者，曰："美哉！周之盛也，其若此乎！"见舞《韶濩(4)》者，曰："圣人之弘也，而犹有惭德(5)，圣人之难也！"见舞《大夏(6)》者，曰："美哉！勤而不德(7)，非禹，其谁能脩(8)之?"见舞《韶箾(9)》者，曰："德至矣哉，大矣！如天之无不帱(10)也，如地之无不载也。虽甚盛德，其蔑(11)以加于此矣，观止(12)矣。若有他乐，吾不敢请已！"

【注释】

（1）象箾（xiāo）：舞名，武舞。箾，同"箫"，管乐器。

（2）南籥（yuè）：舞名，文舞。籥，形似笛的乐器。

（3）大武：周武王的乐舞。

（4）韶濩（hù）：商汤的乐舞。

（5）惭德：遗憾，缺憾。汤伐夏桀是以下犯上，故曰"犹有惭德"以表不满。

（6）大夏：夏禹的乐舞。

（7）不德：不自以为德，不居功。

(8) 修：作，创作。

(9) 韶箾：虞舜的乐舞。

(10) 帱（dào）：覆盖。

(11) 蔑：无，没有。

(12) 观止：达到顶点。

【读解】

本文选自《襄公二十九年》（公元前 544 年）。吴国公子季札到鲁国访问，观赏了鲁乐工表演的歌舞，并逐一加以评论。

文中说是"观"，实为"悟"。季札观后的评论已经跳出了乐舞作为娱乐消遣的最初功能，也没有停留在基本的乐理层面，而是将其感悟到的艺术效果同周王朝的德行功绩、民风盛衰及政治得失联系起来，把乐舞视为政治教化、精神道德的象征和体现，正如《乐记》所说："乐者，德之华也。"可见，"乐"在春秋时期就已为"礼乐"政治奠定了坚实的基础。

"听声而类形"是本文另一特点。季札从不同的乐曲引发了对人和事物的联想，从而将抽象的听觉感受用具体的语言描绘出来，生动形象，显现了季札对音乐的深厚修养。

【知识链接】

春秋正义序

夫《春秋》者，纪人君动作之务，是左史所职之书。王者统三才而宅九有，顺四时而理万物。四时序则玉烛调于上，三才协则宝命昌于下，故可以享国永年，令闻长世。然则有为之务，可不慎与？国之大事，在祀与戎。祀则必尽其敬，戎则不加无罪，盟会协于礼，兴动顺其节，失则贬其恶，得则褒其善。此《春秋》之大旨，为皇王之明鉴也。若夫五始之目，章于帝轩，六经之道，光于《礼记》。然则此书之发，其来尚矣。但年祀绵邈，无得而言。暨乎周室东迁，王纲不振，楚子北伐，神器将移。郑伯败王于前，晋侯请隧于后。窃僭名号者，何国不然！专行征伐者，诸侯皆是。下陵上替，内叛外侵，九域骚然，三纲遂绝。夫子内韫，大圣逢时若此，欲垂之以法则无位，正之以武则无兵，赏之以利则无财，说之以道则不用。虚叹衔书之凤，乃似丧家之狗，既不救于已往，冀垂训于后昆。因鲁史之有得失，据周经以正褒贬。一字所嘉，有同华衮之赠；一言所黜，无异萧斧之诛。所谓不怒而人威，不赏而人劝，实永世而作则，历百王而不朽者也。至于秦灭典籍，鸿猷遂寝。汉德既兴，儒风不泯，其前汉传《左氏》者有张苍、贾谊、尹咸、刘歆，后汉有郑众、贾逵、服虔、许惠卿之等，各为诂训。然杂取《公羊》《穀梁》以释《左氏》，此乃以冠双屦，将丝综麻，方凿圆枘，其可入乎？晋世杜元凯又为《左氏集解》，专取丘明之传，以释孔氏之经，所谓子应乎母，以胶投漆，虽欲勿合，其可离乎？今校先儒优劣，杜为甲矣，故晋宋传授，以至于今。其为义疏者，则有沈文何、苏宽、刘炫。然沈氏于义例粗可，于经传极疏；苏氏则全不体本文，唯旁攻贾、服，使后之学者钻仰无成；刘炫于数君之内，实为翘楚，然聪惠辩博，固亦罕俦，而探赜钩深，未能致远。其经注易者，必具饰以文辞；其理致难者，乃不入其根节。又意在矜伐，性好非毁，规杜氏之失，凡一百五十余条，习杜义而攻杜氏，犹蠹生于木而还食其木，非其理也。虽规杜过，义又浅近，所谓捕鸣蝉于前，不知黄雀在其后。案僖公三十三年经云："晋人败狄于箕。"杜注云："郤缺称'人'者，未为卿。"刘炫规云："晋侯称'人'，与殽战同。"案殽战在葬晋文公之前，可得云背丧用兵，以贱者告。箕战在葬晋文公之后，非是背丧用兵，何得云"与殽战同"？此则一年之经，数行而已，曾不勘省上下，妄规得失。又襄公二十一年传云："邾庶其以漆闾丘来奔，以公姑姊妻之。"杜注云："盖寡者二人。"刘炫规云："是襄公之姑，成公之姊，只一人而已。"案成公二年，成公之子公衡为质，及宋逃归。案《家语·本命》云："男子十六而化生。"公衡已能逃归，则十六七矣。公衡之年如此，则于时成公三十三四矣，计至襄二十一年，成公七十余矣，何得有姊而妻庶其？此等皆其事历然，犹尚妄说，况其余错乱，良可悲矣！然比诸义疏，犹有可观。今奉敕删定，据以为本，其有疏漏，以沈氏补焉。若两义俱违，则特申短见。

——（唐）孔颖达《春秋正义序》

春秋左传诂序

余少从师受《春秋左氏传》，即觉杜元凯于训诂、地理之学殊疏。及长，博览汉儒说经诸书，而益觉元凯之注，其望文生义、不臻古训者，十居五六。未尝不叹汉儒专家之学，至孙炎、薛夏、韦昭、唐固之后，法已尽亡。自魏受禅，至晋平吴之岁，不及百年，戎马倥偬，著书者渐少。辅嗣既启空疏之习，子雍复开饰伪之门，而孔门之弟子门人一线相承不绝如缕者，至此始断而不克续矣。然又窃怪元凯虽无师承，然其时精舆地之学者，裴秀、京相璠、司马彪之俦，尚布列中外；即以训诂论，《左氏》一经，陈元、郑众、贾逵、马融、延笃、服虔、彭汪、许淑、颖容诸人之说俱在；倘精心搜采，参酌得中，何至师心自用若此！岂平吴之后，位望既显，心迹较粗；又一时诸儒，学浅位下，不复能驳难故耶？自此书盛行，千六百年，虽有乐逊《序义》、刘炫《规过》之书，不能敌也。况今日去刘炫等又复千载，其敢明目张胆起而与之争乎？然以后人证前人之失，人或不信之；以前人以前之人正前人之失，则庶可厘然服矣。于是冥心搜录，以他经证此经，以别传校此传，寒暑不辍者又十年。分经为四卷，传为十六卷，遵《汉·艺文志》例也。训诂则以贾、许、郑、服为主，以三家固专门，许则亲问业于贾者也。掇及《通俗文》者，服子慎之所注，与李虔所续者，截然而两，徐坚《初学记》等所引可证也。地理则以班固、应劭、京相璠、司马彪等为主，辅而晋以前舆地图经可信者，亦酌取焉。又旧经多古字、古音，半亡于杜氏，而俗字之无从钩校者，又半出此书。因一一依本经与二传，暨汉唐《石经》、陆氏《释文》，与先儒之说信而可征者，逐件校正，疑者阙之。大旨则以前古之人正中古之失。虽旁证曲引，惟求申古人之旨，而己无预焉者也。

——（清）洪亮吉《春秋左传诂序》

【实践讨论】

1.《左传》是一部怎样的书？

2.讲一个《左传》中的故事。

【推荐阅读书目】

1. 童书业《春秋左传研究》，上海人民出版社 1980 年版。

2. 杨伯峻《春秋左传词典》，中华书局 1985 年版。

3. 林银生《左传外交辞令赏析》，广西人民出版社 1989 年版。

4. 杨伯峻《春秋左传注》，中华书局 2009 年版。

第八讲　《大学》导读
——明三纲领，析八条目

【知识导入】

　　《大学》本是《礼记》中的一篇，即《礼记·大学第四十二》。早在唐代人们就比较关注《大学》，古文运动的倡导者韩愈在《原道》一文中多次引用和阐释《大学》。北宋时期人们更加关注《大学》，南宋目录学家陈振孙《直斋书录解题》中载有司马光《大学广义》一卷；理学家程颢、程颐推崇《大学》，从《礼记》中把它抽取出来并重新编定章次。南宋朱熹作《四书章句集注》，把它与《中庸》《论语》《孟子》并称为"四书"，并居于"四书"之首。宋元以后，《大学》成为官定教科书和科举考试必读书，对中国古代教育产生了极大影响。

　　《大学》的成书年代一般认为是在战国初期，其作者已不可考。程颐认为出自孔子之手。朱熹分《大学》为一经十传，认为经文部分是孔子的言论，由曾子纂述；传文部分是曾子之意而门人记之。

　　《大学》主要论述了儒家诚意正心修身齐家治国平天下的思想，可以概括为"修己以安百姓"，并着重阐述了提高个人修养、培养良好道德品质与治国平天下之间的重要关系。朱熹《大学章句》分为经一章、传十章。

　　首先，在第一部分"经"中提出大学之道，即培养的目标和实现的途径是"三纲八目"。"三纲"即"明明德、亲民、止于至善"；"八目"即"格物、致知、诚意、正心、修身、齐家、治国、平天下"。"三纲"是《大学》的纲领，也是儒学"垂世立教"的目标所在；"八目"是为达到"三纲"目标而设计的路径，也是儒学为我们所展示的人生进修阶梯。这一进修过程是递进的，从外到内，又由内而外，与今天"从实践中来，到实践中去"的思想不谋而合。格物，推究其原理，了解外部世界；致知，获得知识；诚意、正心，是对个人内心的要求，是修身的前提条件。只有做到以上几点，才能逐渐修养好自身。只有修养好自身，才能做到齐家、治国、平天下。

　　接着，下文以"传"的形式分十章逐句解释了"三纲八目"。

前三章阐释"三纲"：

　　第一章对"明明德"进行了阐述。"明德"是上天赋予人的美好善良的品德，从《大学》的论述来看，这种"善"包括两个方面：内在的修身和外在对家国与天下的贡献。为了保持善性，发扬人的美德，儒家先贤们特别强调后天环境和教育的作用。古人所谓"三不朽"事业，排在第一位的就是"立德"。"立德"体现了中国古代仁人志士对道德的终极追求。

　　第二章是对革新的阐述。作为人，外在的面貌、形象固然要常新，但内在的品德和精神更新更为重要。中国古代的知识分子一直把养新德、求新知作为毕生的追求。曾子所谓"吾日三省吾身"（《论语·学而》），庄子所说的"澡雪而精神"（《庄子·知北游》），《礼记·儒行》所言的"澡身而浴德"，都反映了古人对完善精神道德的孜孜以求。唐代张子厚有《咏芭蕉》诗："芭蕉心尽展新枝，新卷新心暗已随。愿学新心养新德，长随新叶起新知。"

第三章是对"止于至善"的阐释。古人认为不同阶层的人，其所止的"至善"有所不同。作为人君，应止于仁；作为人臣，应止于敬；作为人子，应止于孝；作为人父，应止于慈；与他人交往，应止于信。那么如何达到"止于至善"的境界呢？就是要不断加强个人修养，如雕琢加工玉石一般，经过反复切磋琢磨，最后臻于完美。不同阶层、不同身份的人虽然努力方向不同，但殊途同归，最后要达到的目标一致，那就是"盛德至善，民之不能忘"，即成为具有人格完善、精神完足的个体。

第四至第十章是对"八目"进行阐释：

第四章强调要分清本末，预防邪恶比惩治犯罪更为重要，其实谈的是教化与治理的问题。教化是根本，治理在其次。以此为出发点来观照《大学》，我们会发现《大学》全篇再三强调的都是以修身为"本"，齐家、治国、平天下只是"末"的道理。

第五章是谈"格物致知"，即获得知识的途径和方法。要获取知识，必须到实践中去，接触客观万物，穷究其原理。经过长期积累，总有一天会豁然开朗，对事物的特点和发展规律了然于心，不再有闭塞和疑惑，从而达到知识的顶点。"格物致知"是儒家思想的一个重要概念，体现了重视探求客观实际实事求是的精神，古往今来很多学者都对其含义进行了探索和发挥。明代思想家王阳明、现代科学家丁肇中等对其都有独到而深刻的理解与阐述。

第六章解释"诚意"。这里的"诚意"是指发自内心对善的追求。要达到"诚意"的境界，必须做到"慎独"。自古以来君子在自我修养上十分强调"慎独"，道德自我约束不仅体现在大庭广众之下，更体现在一个人孤寂独处的时候。如果一个人经常在背后做不善的事情，内心也难以获得安宁，即所谓的"小人长戚戚"。真正的君子光明磊落，人前人后一个样，不虚伪、不矫饰。君子追求"慎独"，不是出于对"十目所视，十手所指"的畏惧，而是真正达到"诚意"的境界，即所谓的"君子坦荡荡"，"仰不愧于天，俯不怍于人"。

第七章解释"正心"和"修身"。修身的关键在于端正心思（即正心），用理智控制七情六欲，不被愤怒、恐惧、喜好、忧虑等情感控制，保持中正平和的心态，以集中精神修养品性。当然，正心和诚意并不是水火不容、完全对立的。作为鲜活的个体不可能没有七情六欲、喜怒哀乐，也不能完全摒弃人本能的情感，这里强调的是人要能控制好自己的情感，时刻保持理智和中正平和的心态，使修身养性在情与理之间找到平衡点。

第八章解释"修身"和"齐家"。"修身"是"齐家"的前提条件。"正人必先正己"，古人所谓的齐家是指家庭成员在符合礼制规范的情况下，根据个人的能力，尽其所能，维护家庭和家族的共同利益，共同构建和谐大家族。只有通过修身，不断完善自我，才能逐渐做到不偏不倚，这样才能树立威信，管理好家庭，让每个家庭成员信服。个人家庭和谐了，就能带动影响周围的亲戚、朋友，共同构建和谐社会。

第九章解释"齐家"和"治国"，论述了二者的密切关系。在中国古代宗法制社会中，国和家的关系历来密不可分，古代"家"不仅指家庭、家族，还可以指大夫的封地（与指诸侯封地的"国"概念基本一致），"家"本身就是一个小王国。家庭伦理观念中的孝、悌、慈同样可以运用到国家的治理层面，可以说君君、臣臣、父父、子子的规范始终贯穿于中国古代的国与家之中。北宋理学家张载曾提出"民胞物与"的观点，从理论上构建了天与人、家与国的统一关系。他认为天地就是我们的父母，民众就是我们的同胞，万物都是我们的朋友，君主可以看作是这个"大家庭"的嫡长子，大臣是宗子的家相，因而每个人对他人应有的态度是孝慈。在当今社会，封建宗法制早已不复存在，旧有的伦常关系也被打破，但孝和悌的观念，个人、家庭在社会中的责任仍然是我们要提倡和坚守的。一个家庭，只有父慈子孝，才会和谐；一个社会，只有官员清正廉洁，才会风清气正。当前社会存在很多需要完善的地方，家庭道德教育缺失，导致一些年轻人一切以自我为重心，不尊重父母和老人，普遍缺乏家庭和社会责任感；一些官员不遵纪守法，道德败坏、腐化堕落，严重败坏了社会风气。改变社会风气、培养良好社会风尚是我们每一个人的责任，古代的治国齐家思想在当今社会仍有积极意义。

第十章解释"治国"和"平天下"。"平天下在治其国"，要治其国则君子应有絜矩之道。所谓絜矩之道，与前一章所强调的"恕道"是一脉相承的，既是推己及人的恕人之道，更是以身作则的示范之道。文中阐述了"德"对于治国平天下的重要作用，有德才能得人心。孔子说："远人不服，则修文德以来之。"（《论语·季氏》）孟子也说过："以德服人者，中心悦而诚服也。"（《孟子·公孙丑上》）"德本财末"，德是立国之基、立人之基，相比之下，财物显得不那么重要。把德与财对举起来进行比较，体现了儒家重精神轻物质、崇德抑财的倾向。同样，在用人的问题上，文中也强调应该把品德放在第一位。当政者必须要有识辨人才的本领，"唯仁人为能爱人，能恶人"，也就是说首先执政者本身要仁，这样才能去爱人，才能排斥小人，任用有德的人。此外，文中还探讨了与"德本财末"密切相关的"利"与"义"的关系问题。"不与民争利"是儒家的治国智慧，"食禄者不得与下民争利"（《史记·循吏列传》），国家要以义为利，不与民争利，藏富于民，只有这样才能得民心，国家才会长治久安。

《大学》提出的"三纲八目"思想体现了古代知识分子追求的层级性，具有浓厚的实践色彩。"穷则独善其身，达则兼善天下"（《孟子·尽心下》），"修、齐、治、平"思想几乎成为古代所有读书人的理想和追求，时至今日仍然在我们身上发挥着潜移默化的作用。《大学》寄托了古人"内圣外王"的理想，强调了学习者自身道德修养的重要性，以及对社会的关心和参与精神，这对于广大青年学子树立远大理想追求、培养社会责任感，对于形成良好的社会风气、促进社会发展，具有积极意义。作为青年学子，应不断求知进取，加强个人修养，树立远大志向，并努力付诸实践，在对社会和家国的贡献中实现自己的人生价值。

《大学》文辞简约，内涵丰富深刻，行文富于逻辑性。《大学》的版本主要有两个：一是经朱熹编排整理，划分为经、传的《大学章句》本；一是按原有次序排列的古本，即《礼记》中的《大学》原文。其中朱熹《大学章句》本流传最广、影响最大，该本共分为十章，本文所据即为齐鲁书社 1992 年校点本《四书章句集注》。朱熹把《大学》分为经和传两部分，共一经十传，下文即照此编排。

（一）

【主旨】儒家"三纲八目"的追求。

【原文】

大學⁽¹⁾之道，在明明德⁽²⁾，在親民⁽³⁾，在止⁽⁴⁾於至善。知止⁽⁵⁾而後有

定⁽⁶⁾，定而後能靜，靜而後能安⁽⁷⁾，安而後能慮⁽⁸⁾，慮而後能得。物有本末，事有終始，知所先後，則近道⁽⁹⁾矣。古之欲明明德於天下者，先治其國；欲治其國者，先齊其家⁽¹⁰⁾；欲齊其家者，先脩其身；欲脩其身者，先正其心；欲正其心者，先誠其意；欲誠其意者，先致其知⁽¹¹⁾。致知在格物⁽¹²⁾。物格而後知至，知至而後意誠，意誠而後心正，心正而後身脩，身脩而後家齊，家齊而後國治，國治而後天下平。自天子以至於庶人，壹是⁽¹³⁾皆以脩身爲本⁽¹⁴⁾。其本亂而末⁽¹⁵⁾治者否矣⁽¹⁶⁾；其所厚者薄⁽¹⁷⁾，而其所薄者厚⁽¹⁸⁾，未之有也。

【注释】

(1) 大学："大学"与"小学"相对。按照朱熹的理解，"小学"主要学习"洒扫、应对、进退之节，礼乐、射御、书数之文"；"大学"主要学习"穷理、正心、修己、治人之道"。

(2) 明明德：彰明光明正大的品德。明，使……彰显。明德：美德。

(3) 亲民：据朱熹注，"亲"应为"新"。新民，使民道德不断更新，即教民向善。

(4) 止：至，达到。

(5) 知止：知道目标所在。

(6) 定：确定的志向。

(7) 安：精神安宁。

(8) 虑：思虑周详。

(9) 道：规律，原则。

(10) 齐其家：管理好自己的家庭和家族。齐，使……齐。

(11) 致其知：使自己获得知识。

(12) 格物：穷究事物的原理。

(13) 壹是：一律。

(14) 本：根本。

(15) 末：末节，指修身以外的种种事情。

(16) 否：没有。意为不会出现这样的情况。

(17) 所厚者薄：该重视的（修身）不重视。

(18) 所薄者厚：不该重视的（细枝末节）却加以重视。

【读解】

本文是朱熹《大学章句》"经"的内容，也是《大学》的核心内容。文中提出了大学的宗旨——"三纲八目"，即大学要达到三个方面的培养目标：一要明德，二要求新，三要止于至善。而要达到这样的目标，就要从格物、致知、诚意、正心、修身、齐家、治国、平天下八个方面进行修养。这既是对儒家思想的总结，也对其后来的发展起着引领作用，后世的儒家思想学说都是遵循"三纲八目"展开的，因而要了解儒家思想、领略儒家经典的内涵，就要抓住"三纲八目"这个核心。

（二）

【主旨】 对"大学之道，在明明德"进行论证说明。

【原文】

《康诰》⁽¹⁾曰："克⁽²⁾明德。"《太甲》⁽³⁾曰："顾諟天之明命⁽⁴⁾。"《帝典》⁽⁵⁾曰："克明峻德⁽⁶⁾。"皆自明也。

【注释】

（1）《康诰》：《尚书·周书》中的一篇。《尚书》最早称为"书"，"尚书"即上古之书，是我国第一部历史文献和上古政事史料汇编。全书分为《虞书》《夏书》《商书》《周书》四部分，从尧舜到夏商周，跨越两千余年，以记言为主。《康诰》是周成王任命康叔治理殷商旧地民众的命令。

（2）克：能够。

（3）《太甲》：《尚书·商书》中的一篇。太甲是商汤的嫡长孙，商朝第四位君主。《太甲》主要写太甲不遵守祖训，丞相伊尹把他放逐到商汤墓地附近的桐宫反省思过，而由自己摄政。太甲在桐宫待了三年，终于悔过自责，于是伊尹又将他迎回亳都，还政于他。

（4）顾諟天之明命：要顾念上天赋予的光明禀性。孔安国传："顾谓常目在之。諟，是也，言敬奉天命，承顺天地。"顾，顾念。諟，此。明命，特指帝王的命令、诏旨。

（5）《帝典》：即《尧典》，《尚书·虞书》中的一篇。

（6）克明峻德：能够彰显崇高的品德。峻，《尚书》作"俊"，意为大，指品德崇高。

【读解】

本文是"传"的第一章，是对前面经文"大学之道，在明明德"进行的论证说明。文中引用了《尚书》中古代帝王圣贤的言论，说明弘扬人性中光明正大的品德是从夏、商、周时代就开始强调的，是应该遵循的历史传统。文中提到，要明的"德"是"明命"和"峻德"，是上天赋予人的崇高品德，是善良、无私的光明品德。"明德"的目的在于"止于至善"。年轻学子肩负着建设祖国的重任，是祖国的未来和希望，因而"明德"非常重要，要不断加强自己的品德修养，培养善性，追求至善，让这种对美德的追求一代一代传承下去。

（三）

【主旨】 革新的重要性。

【原文】

汤⁽¹⁾之盘铭⁽²⁾曰："苟日新⁽³⁾，日日新，又日新。"《康诰》曰："作新民⁽⁴⁾。"《诗》⁽⁵⁾云："周虽旧邦，其命维新⁽⁶⁾。"是故君子无所不用其极⁽⁷⁾。

【注释】

（1）汤：商汤，商朝开国君主。

（2）盘铭：刻在器皿上用以警戒自己的箴言。盘，指商汤沐浴的澡盆。

（3）新：这里用洗澡除去身体上的污垢使身体焕然一新，比喻精神上的弃旧图新、去恶从善。

（4）作新民：激励民众自新。作，振作，激励。

（5）《诗》：指《诗经·大雅·文王》。这首诗歌颂了周王朝的奠基者文王姬昌。

（6）周虽旧邦，其命维新：周虽是古老的邦国，接受天命建立新王朝。旧邦：周立国从尧舜时代的后稷算起，时间已经很久了。朱熹《诗集传》："是以周邦虽自后稷始封，千有余年，而其受天命，则自今始也。"其命，指周朝所禀受的天命。维，助词，无义。

（6）是故君子无所不用其极：因此有道德修养的人无处不追求至善至美。是故，因此。君子，有道德修养的人。

【读解】

本文是"传"的第二章，强调无论国家还是个人都要不断革新。文中引用了商周帝王的诫勉之语，以史为鉴，说明革新的重要性。商王汤的澡盆上所刻文字"苟日新，日日新，又日新"，本意是说人要经常沐浴，把身体上的污垢洗涤干净，其隐喻之义则在于：人在品德、精神上也要时时求新，品德要时常砥砺，精神要不断接受洗礼、不断升华。君子的毕生追求就是道德的不断完善、人格的不断升华，从而逐渐形成了中国古代知识分子重视修身养性的传统。古今中外，无论时代怎样变迁，提高人的品德修养都是教育的根本目标，品德也是个人安身立命之基。

（四）

【主旨】 阐释"止于至善"。

【原文】

《詩》云："邦畿千里，惟民所止。(1)"《詩》云："緡蠻黃鳥，止於丘隅。(2)"子曰："於止，知其所止，可以人而不如鳥乎？"

《詩》云："穆穆文王，於緝熙敬止！(3)"爲人君，止於仁；爲人臣，止於敬；爲人子，止於孝；爲人父，止于慈；與國人交，止於信。

《詩》云："瞻彼淇澳，菉竹猗猗。有斐君子，如切如磋，如琢如磨。瑟兮僩兮，赫兮咺兮。有斐君子，終不可諠兮！"(4)"如切如磋"者，道學也。"如琢如磨"者，自脩也。"瑟兮僩兮"者，恂栗(5)也。"赫兮咺兮"者，威儀也。"有斐君子，終不可諠兮"者，道(6)盛德至善，民之不能忘也。《詩》云："於戲，前王不忘！(7)"君子賢其賢而親其親，小人樂其樂而利其利，此以没世(8)不忘也。

【注释】

（1）邦畿（jī）千里，惟民所止：出自《诗经·商颂·玄鸟》，这是殷商后裔宋国国君祭祀商代祖先高宗武丁的颂歌。邦畿，国都及其周围地区。畿，靠近国都的地方。止，停止，居住。

（2）缗（mín）蛮黄鸟，止于丘隅：出自《诗经·小雅·绵蛮》，这首诗描写一个行役者在长途跋涉中，疲劳不堪，又饥又渴，希望能有人周恤他、指示他、提携他。缗蛮，即绵蛮，鸟鸣声。止，栖息。隅，角落。

（3）穆穆文王，于缉熙敬止：出自《诗经·大雅·文王》。穆穆：庄重恭敬的样子。于，叹词。缉熙，光明。朱熹《四书章句集注》："缉，继续也；熙，光明也。"敬，严肃谨慎。止，语助词，无义。

（4）《诗》云……终不可谖兮：出自《诗经·卫风·淇澳（yù）》，这首诗赞美了德才兼备、宽和幽默的高雅君子。淇，指淇水，在今河南北部。澳，水边弯曲的地方。菉竹，草名，即荩草。一说菉为王刍，竹为萹蓄。猗（ē）猗，通阿，长而美的样子。斐，有文采的样子。切、磋、琢、磨，这里都用来指君子文采好、有修养。《尔雅·释器》："骨谓之切，象谓之磋，玉谓之琢，石谓之磨。"瑟，庄严貌。僩（xiàn），宽大貌。赫，威严貌。咺，有威仪貌。谖，忘记。

（5）恂栗：恐惧颤栗。

（6）道：言，说。

（7）於戏（wūhū），前王不忘：出自《诗经·周颂·烈文》，这是一首周成王即位后祭祀祖先时戒勉助祭诸侯的诗。於戏，叹词。前王，指周文王、周武王。

（8）没世：去世。

【读解】

本文是"传"的第三章，是对《大学》开篇第一章经文"止于至善"的阐释。文中运用了比喻手法，以鸟为喻，连鸟儿都知道自己应该栖息在什么地方，作为人更应该明白这一道理。百姓自古以来都向往并愿意聚居在国都及其附近，正如当今人们纷纷涌向北京、上海等大城市，因为那里经济、教育、文化发达，资源丰富，充满机遇。同样，在道德修养上，人也应该知道所止之处，即要找到自己的精神故乡。古人认为帝王圣贤在这方面树立了榜样，周文王知道自己该止于何处，所以做事庄重谨慎。

（五）

【主旨】解释"本末"。

【原文】

子曰："聽訟，吾猶人也。必也使無訟乎！"(1) 無情者不得盡其辭(2)，大畏民志(3)。此謂知本。

【注释】

（1）子曰……必也使无讼乎：引自《论语·颜渊》。大意是，审理诉讼案件，我也同别人一样，目的一定在于使诉讼不再发生。听讼，审理案件。

（2）无情者不得尽其辞：使隐瞒真实情况的人不能够花言巧语。

（3）民志：民心。

【读解】

　　本文是"传"的第四章，解释"本末"。以《论语》中孔子对诉讼的看法来阐发事情本末、先后的道理，强调凡事都要抓住根本。审案的根本目的在于使案件不再发生，即防患于未然。

（六）

【主旨】获得知识的途径。

【原文】

　　所謂致知在格物者，言欲致吾之知，在即[1]物而窮[2]其理也。蓋人心之靈莫不有知，而天下之物莫不有理，惟於理有未窮[3]，故其知有不盡也。是以《大學》始教，必始學者即凡天下之物，莫不因其已知之理而益窮之，以求至乎其極。至於用力之久，而一旦豁然貫通焉，則眾物之表裏精粗無不到，而吾心之全體大用無不明矣。此謂物格，此謂知之至也。

【注释】

（1）即：接近，接触。

（2）穷：穷究，彻底研究。

（3）穷：穷尽。

【读解】

　　本文是"传"的第五章。这一章原文只有"此谓知本，此谓知之至也"两句。朱熹认为"此谓知本"一句是上一章的衍文，"此谓知之至也"一句前面又缺了一段文字，因此根据上下文关系补充了这段文字。这一章是谈获得知识的途径。要想获得知识，就要接触事物，认识、研究万事万物，彻底研究它的原理。《大学》中第一次提出"格物"的概念，把格物致知列入儒家伦理学、政治学和哲学的基本范畴，赋予认知活动对于修身养性和治理国家极其重要的意义。

（七）

【主旨】解释"诚意"。

【原文】

　　所謂誠其意[1]者，毋自欺也，如惡惡臭[2]，如好好色[3]，此之謂自謙[4]，故君子必慎其獨也。小人閒居[5]爲不善，無所不至，見君子而後厭然[6]，揜[7]

其不善，而著⁽⁸⁾其善。人之視己，如見其肺肝然，則何益矣。此謂誠於中，形於外，故君子必慎其獨也。曾子曰："十目所視，十手所指，其嚴⁽⁹⁾乎！"富潤屋，德潤身，心廣體胖⁽¹⁰⁾，故君子必誠其意。

【注释】

（1）诚其意：使意念真诚。

（2）恶（wù）恶（è）臭（xiù）：厌恶难闻的气味。臭，泛指气味。

（3）好（hào）好（hǎo）色：喜欢美色。

（4）谦（qiè）：通"慊"，满足。

（5）闲居：独处。

（6）厌（yā）然：躲躲闪闪的样子。厌，闭藏。

（7）揜：意义同"掩"，掩盖，掩藏。

（8）著：显示。

（9）严：畏惮，畏惧。

（10）心广体胖（pán）：心胸开阔，身体就安泰舒适。胖，安舒。

【读解】

本文是"传"的第六章，解释"诚意"。"诚其意"是"正其心"的前提条件，也是"慎独"的目的，"慎独"是达到"诚其意"的功夫。不自欺欺人，不掩饰，不做作，不文过饰非，好恶皆出自天性，一切发自内心，如果能够做到这样，古人认为就是达到了"诚意"的要求。现代新儒家的早期代表人物梁漱溟认为，"诚"有两个意义，一是天然，一是真实。事物之间的关系、人的身心之间的关系是天然的，有其本然的道理，顺应这种天然的关系就是诚，违背这种关系就是不诚，就是伪。南宋理学家陆九渊说过："慎独即不自欺。"（《陆九渊集》）曾国藩说："慎独则心安。自修之道，莫难于养心；养心之难，又在慎独。能慎独，则内省不疚，可以对天地质鬼神。"（《曾国藩家书》）德国哲学家康德也说过："这个世界上唯有两样东西能让我们的心灵感到深深的震撼：一是我们头上灿烂的星空，一是我们内心崇高的道德法则。"（《纯粹理性批判》）对于慎独的理解，古今中外达成了共识。当然，要做到"慎独"绝非易事，需要具备顽强的毅力和良好的克制力。君子正是通过对个人道德的不断完善，逐渐做到德行合一，无论是大是大非的原则性问题，还是生活的细枝末节，都能做到表里如一，问心无愧。

（八）

【主旨】解释"正心"和"修身"。

【原文】

所謂脩身在正其心者，身⁽¹⁾有所忿懥⁽²⁾，則不得其正；有所恐懼，則不得其正；有所好樂，則不得其正；有所憂患，則不得其正。心不在焉⁽³⁾，視而不見，聽而不聞，食而不知其味。此謂脩身在正其心。

NOTE

【注释】

(1) 身：程颐认为应为"心"。

(2) 忿懥（zhì）：愤怒。

(3) 焉：相当于"于之"，在这里。

【读解】

本文是"传"的第七章，解释"正心"和"修身"。正心是诚意之后更高的一个进修阶段。修身仅靠意念真诚还远远不够，因为诚意随时可能被个人的愤怒、恐惧、好乐、忧患等情感所左右，使人失去控制，偏离修身，所以"诚意"之外还要"正心"。端正心思的标准是不能三心二意，如果身在此而心在彼，则如同视而不见、充耳不闻、食不知味，也就无法达到修身目的。

（九）

【主旨】"齐家"和"修身"的关系。

【原文】

所谓齐其家在脩其身者，人之[1]其所亲爱而辟[2]焉，之其所贱恶而辟焉，之其所畏敬而辟焉，之其所哀矜[3]而辟焉，之其所敖惰[4]而辟焉。故好而知其恶，恶而知其美者，天下鲜矣。故谚有之曰："人莫知其子之恶，莫知其苗之硕[5]。"此谓身不脩不可以齐其家。

【注释】

(1) 之：即"于"，对于。

(2) 辟："僻"的古字，偏爱，偏向。

(3) 哀矜：同情，怜悯。

(4) 敖惰：傲慢及怠惰。敖，傲慢。惰，怠惰。

(5) 硕：大，肥壮。

【读解】

本文是"传"的第八章，谈论"齐家"和"修身"的关系。"修身"是"齐家"的前提条件。儒家进修阶梯是由内向外展开的，此前的致知、诚意、正心是在个体自身进行的，此后的修身、齐家、治国、平天下则是在由个体到家庭、再到社会和国家这样的层递性人际关系处理中进行的。修养自身的关键是克服感情上的偏私好恶，因此这里揭示了儒家自我修身的起点和关键：正己。偏见几乎与生俱来，是每个人难以克服的人性弱点，对于自己喜欢的人、厌恶的人、敬畏的人、同情的人、轻视的人，我们或偏爱，或偏恨，很难做到持正公允。如果带着个人偏见观察社会、处理人际关系，就会出现这样那样的问题，很难与他人搞好关系。自身不能正，就不可能成为家庭楷模，在治理家族方面就没有号召力。修身是个人成功的前提，要想改变世界，必须从改变自己开始。在伦敦闻名世界的威斯敏斯特大教堂地下室的墓碑林中，有一块名扬世界的无名氏墓碑，上面刻着这样一段墓志铭："当我年轻的时候，我的想象力从没有受到过限制，我梦想改变这个世界。当我成熟以后，我发现我不能改变这个世界，我将目光缩短了些，决定只改变我的国家。当我进入暮年后，我发现我不能改变我的国家，我的最后愿望仅仅是改变一下我的家庭。但是，这也不可能。当我躺在床上，行将就木时，我突然意识到：如果一开始我仅仅去改变我自己，然后作为一个榜样，我可能改变我的家庭；在家人的帮助和鼓励下，我可能为国家做一些事情，我甚至可能改变世界。"

（十）

【主旨】治国与齐家的关系。

【原文】

　　所謂治國必先齊其家者，其家不可教而能教人者，無之。故君子不出家而成教於國：孝者，所以事君也；弟⁽¹⁾者，所以事長也；慈⁽²⁾者，所以使眾也。《康誥》曰："如保赤子⁽³⁾。"心誠求之，雖不中⁽⁴⁾不遠矣。未有學養子而後嫁者也。一家仁，一國興仁；一家讓，一國興讓；一人貪戾，一國作亂。其機⁽⁵⁾如此。此謂一言僨⁽⁶⁾事，一人定國。堯、舜帥⁽⁷⁾天下以仁，而民從之。桀、紂帥天下以暴，而民從之。其所令反其所好，而民不從。是故君子有諸己而後求諸人⁽⁸⁾，無諸己而後非諸人。所藏乎身不恕⁽⁹⁾，而能喻⁽¹⁰⁾諸人者，未之有也。故治國在齊其家。

　　《詩》云："桃之夭夭，其葉蓁蓁。之子于歸，宜其家人。⁽¹¹⁾"宜其家人，而後可以教國人。

　　《詩》云："宜兄宜弟。⁽¹²⁾"宜兄宜弟，而後可以教國人。

　　《詩》云："其儀不忒，正是四國。⁽¹³⁾"其爲父子兄弟足法，而後民法之也。此謂治國在齊其家。

【注释】

（1）弟（tì）：敬爱兄长，引申指敬重长辈。

（2）慈：指父母对子女慈爱。

（3）如保赤子：出自《尚书·周书·康诰》，原文作"若保赤子"。这是周成王告诫康叔姬封的话，意思是对待百姓要如同养护婴儿一样。赤子，刚出生的婴儿。

（4）中（zhòng）：达到目标。

（5）机：本指弩箭上的发动机关，引申指关键。

（6）僨（fèn）：跌倒，引申为败坏。

（7）帅：意义同"率"，率领。

（8）有诸己而后求诸人：自己先做到然后才要求别人做到。

（9）所藏乎身不恕：积藏在自身上的有不符合恕道的东西。乎，介词，在。恕，恕道，即孔子所谓的"己所不欲，勿施于人"。

（10）喻：使……明白。

（11）桃之夭夭……宜其家人：出自《诗经·周南·桃夭》，这是一首祝贺女子出嫁的诗歌。夭夭，形容桃树幼壮的样子。蓁蓁，形容桃树枝叶茂盛。之，这个。归，指女子出嫁。

（12）宜兄宜弟：出自《诗经·小雅·蓼萧》，这是一首诸侯朝见周天子时歌颂天子的诗歌。宜兄宜弟，指兄弟间亲爱和睦。

（13）其仪不忒，正是四国：出自《诗经·曹风·鸤鸠》："其仪不忒，正是四国。"这是赞美君子（统治者）仪容端庄，可为四方各国的表率。

【读解】

本文是"传"的第九章，讨论治国与齐家的关系。文中强调了家庭在社会和国家中的重要作用："一家仁，一国兴仁；一家让，一国兴让。"从家庭培养熏陶出来的人甚至会对国家命运产生重大影响，有可能"一人贪戾，一国作乱"，也有可能"一人定国"。"一屋不扫，何以扫天下"，只有把家庭管理好了，才能治理好国家。如果一家之长和当政者不以身作则、率先垂范，不能做到"有诸己而后求诸人，无诸己而后非诸人"，则不会令人信从。因此对个体的教育不可不重视。

（十一）

【主旨】　阐释"平天下在治其国"的道理。

【原文】

所謂平天下在治其國者，上老老(1)而民興孝，上長長(2)而民興弟，上恤孤(3)而民不倍(4)，是以君子有絜矩之道(5)也。

所惡於上，毋以使下；所惡於下，毋以事上；所惡於前，毋以先後；所惡於後，毋以從前；所惡於右，毋以交於左；所惡於左，毋以交於右。此之謂絜矩之道。

《詩》云："樂只君子，民之父母。(6)"民之所好好之，民之所惡惡之，此之謂民之父母。《詩》云："節彼南山，維石巖巖。赫赫師尹，民具爾瞻。(7)"有國者不可以不慎，辟則為天下僇(8)矣。《詩》云："殷之未喪師，克配上帝。儀監于殷，峻命不易。(9)"道得眾則得國，失眾則失國。

是故君子先慎乎德。有德此(10)有人，有人此有土，有土此有財，有財此有用。德者，本也；財者，末也。外本內末，爭民(11)施奪(12)。是故財聚則民散，財散則民聚。是故言悖(13)而出者，亦悖而入；貨悖而入者，亦悖而出。

《康誥》曰："惟命不于常。(14)"道善則得之，不善則失之矣。《楚書》曰："楚國無以爲寶，惟善以爲寶。(15)"舅犯曰："亡人無以爲寶，仁親以爲寶。(16)"《秦誓》(17)曰："若有一介臣，斷斷(18)兮無他技，其心休休(19)焉，其如有容(20)焉。人之有技，若己有之；人之彥聖(21)，其心好之，不啻(22)若自其口出。寔(23)能容之，以能保我子孫黎民，尚亦有利哉！人之有技，媢嫉(24)以惡之；

人之彦聖，而違⁽²⁵⁾之，俾不通。寔不能容，以不能保我子孫黎民，亦曰殆哉！”唯仁人放流⁽²⁶⁾之，迸⁽²⁷⁾諸四夷⁽²⁸⁾，不與同中國⁽²⁹⁾。此謂唯仁人爲能愛人，能惡人。見賢而不能舉，舉而不能先，命⁽³⁰⁾也；見不善而不能退，退而不能遠，過也。好人之所惡，惡人之所好，是謂拂⁽³¹⁾人之性，菑⁽³²⁾必逮⁽³³⁾夫身。是故君子有大道，必忠信以得之，驕泰⁽³⁴⁾以失之。

生財有大道，生之者眾，食之者寡，爲之者疾，用之者舒⁽³⁵⁾，則財恒足矣。仁者以財發身，不仁者以身發財。未有上好仁而下不好義者也，未有好義其事不終者也，未有府庫財非其財者也⁽³⁶⁾。孟獻子⁽³⁷⁾曰：“畜馬乘⁽³⁸⁾不察於雞豚，伐冰之家⁽³⁹⁾不畜牛羊，百乘之家⁽⁴⁰⁾不畜聚斂之臣。與其有聚斂之臣，寧有盜臣。”此謂國不以利爲利，以義爲利也。長⁽⁴¹⁾國家而務財用者，必自小人矣。彼爲善之⁽⁴²⁾，小人之使爲國家，菑害並至。雖有善者，亦無如之何⁽⁴³⁾矣！此謂國不以利爲利，以義爲利也。

【注释】

（1）老老：尊敬老人。前一个“老”是意动用法，把……当作老人（看待）。

（2）长长：尊重长辈。前一个“长”是意动用法，把……当作长辈（看待）。

（3）恤孤：体恤孤儿。恤，体恤。孤，孤儿，古时指幼而无父的人。

（4）倍：通“背”，背弃，背叛。

（5）絜（xié）矩之道：儒家伦理思想之一，以“絜矩”象征道德上的规范，指一言一行要有示范作用。絜，量度。矩，画直角或方形用的尺子，引申为法度、规则。

（6）乐只君子，民之父母：出自《诗经·小雅·南山有台》，这是一首颂德祝寿的宴饮诗。只，语助词，无义。

（7）节彼南山……民具尔瞻：出自《诗经·小雅·节南山》，这是周孝王之子家父斥责执政者尹氏的诗。节，通“截”，高大巍峨。岩岩，险峻的样子。赫赫，显赫的样子。师尹，师和尹都是官职名，即太师和史尹。太师为西周掌军事大权的长官，史尹为西周文职大臣、卿士之首。具，同“俱”，都。尔，你。瞻，瞻仰，仰望。

（8）僇：通“戮”，杀戮。

（9）殷之未丧师……峻命不易：出自《诗经·大雅·文王》，此诗歌颂周王朝的奠基者文王姬昌。丧师，丧失民心。师，民众。克配上帝，能够与上帝之意相符合。仪，宜。监，戒鉴。峻命，大命，即天命。峻，大。不易，不容易。朱熹注：“不易，言难保也。”

（10）此：乃，才。

（11）争民：与民争利。

（12）施夺：施行劫夺。

（13）悖：逆，违背。

（14）《康诰》……不于常：出自《诗经·周书·康诰》，是西周时周成王任命康叔治理殷商旧地民众的命令。惟命不于常，天命不是恒常不变的。惟，句首语助词。

（15）《楚书》……惟善以为宝：《楚书》是楚昭王时史书。楚昭王派王孙围出使晋国，晋国赵简子问楚国宝玉白珩现在怎么样了，王孙圉答道，楚国从来没有把美玉当作珍宝，视为珍宝的是像观射父和倚相这样的人才。事见《国语·楚语》。汉代刘向的《新序》中也有类似记载。

（16）舅犯……仁亲以为宝：舅犯，晋文公重耳的舅父狐偃，字子犯。亡人：流亡的人，指重耳。春秋时期晋献公因听信后娶妻子骊姬的谗言，逼迫太子申生自缢而死，公子重耳逃到狄国避难。后来晋献公去世，秦穆公派人劝重耳回国执掌政事。重耳将此事告诉子犯，子犯劝他推辞，说了如上几句话。事见《礼记·檀弓下》。

（17）《秦誓》：《尚书》最后一篇，是春秋时期秦穆公在崤之战被晋国大败之后所做的誓众之辞。

（18）断断：专一，忠诚。

（19）休休：宽容大量。

（20）有容：能够容人。

（21）彦圣：指德才兼备。彦，美。圣，明。

（22）不啻（chì）：不止，不亚于。

（23）寔：此处意义同"实"。

（24）媢（mào）疾：妒嫉。

（25）违：阻抑。

（26）放流：流放。

（27）迸：通"屏"，排除，斥逐。

（28）四夷：四方之夷。夷，古代指东方民族。

（29）中国：指中原。

（30）命：东汉经学家郑玄认为应是"慢"字之误，意为轻慢、怠慢。

（31）拂：逆，违背。

（32）菑："灾"的异体字。

（33）逮：及，到。

（34）骄泰：骄横放纵。

（35）舒：慢，指消费速度慢。

（36）未有府库财非其财者也：没有（爱好道义的）民众不把府库之财当作自己的财物加以爱惜的。

（37）孟献子：春秋时鲁国大夫仲孙蔑。

（38）畜马乘（shèng）：指家中备有马车的士大夫。畜，养。乘，马车。

（39）伐冰之家：有资格采冰用于丧祭的人家，代指达官贵族。

（40）百乘之家：指拥有一百辆兵车的大夫。

（41）长：统率。

（42）彼为善之：如果国君认为他（指小人）好。彼，指国君。善，意动用法。之，代指小人。

（43）无如之何：没有办法。

【读解】

本文是《大学》的最后一章，"传"的第十章。本章阐释了"平天下在治其国"的道理，主要论述了以下内容：

一是君子有絜矩之道，一言一行都要符合规范，并讲述了达到絜矩之道的具体做法。首先，君子即在上位者要有"絜矩之道"。作为在上位的君子，要自身端正，才能影响带动民众，执政者只有不偏不倚、公平中正，才能包容涵养万民、惠泽苍生。榜样的力量是无穷的，"君子之德，风，小人之德，草"（《论语·颜渊》），意思是上层君子的德行就像风，百姓的德行就像草，草会顺着风的方向倒伏。"下之化上，疾于景响"（《史记·张释之传》），下面的百姓受上面官员的影响而变化，其速度比影子随着形体、回声跟着发声还要快。所以"有国者不可以不慎"。其次是谈普通人的"絜矩之道"。文中提到了社会中的六种人际关系：上下、前后、左右。"上下"是就地位而言，有尊卑，有长幼；"前后"是就时间顺序而言，职务接替等有先有后；"左右"是就平行关系而言，指同一级别的同事、平辈的人。这六种人际关系，可以说涵盖了人事关系的方方面面。处理好人际关系的关键也是要懂得"絜矩之道"，要宽容大度，学会推己及人，即学会换位思考。

二是论述了得民心的重要性，"得众则得国，失众则失国"。民之父母应好民之所好，恶民之所恶。

三是强调德为本、财为末，"财聚则民散，财散则民聚"。

四是阐述用人应以善人为珍宝，强调忠信得人。古人以"善"为宝，衡量人才的标准首先是要"善"，认为人才首先是有德之人，一个人即使没有什么才干，但只要他心地善良，心胸宽广，有容人之量，那么也可以重用。文中还强调忠信得人，骄恣放纵则会失去拥戴。

最后探讨了利与义的问题。"仁者以财发身"，"以财发身"的人把钱财视为身外之物，因此能够做到仗义疏财，从而实现道德的提升和完善，实现自身价值；"不仁者以身发财"，"以身发财"的人爱财如命，不讲道义，不惜以牺牲自己的名誉为代价去敛财，丧失了起码的道德。对于一个国家而言也是如此，国家应以义为利，不与百姓争利。要做到以义为利，前提是"上好仁"，上好仁则下好义，做事就会善始善终，这样才能达到预期的目标。

【知识链接】

大学章句序

大学之书，古之大学所以教人之法也。盖自天降生民，则既莫不与之以仁、义、礼、智之性矣。然其气质之禀或不能齐，是以不能皆有以知其性之所有而全之也。一有聪明睿智能尽其性者出于其间，则天必命之以为亿兆之君师，使之治而教之，以复其性。此伏羲、神农、黄帝、尧、舜，所以继天立极，而司徒之职、典乐之官所由设也。

三代之隆，其法寝备，然后王宫、国都以及闾巷，莫不有学。人生八岁，则自王公以下，至于庶人之子弟，皆入小学，而教之以洒扫、应对、进退之节，礼乐、射御、书数之文；及其十有五年，则自天子之元子、众子，以至公、卿、大夫、元士之适子，与凡民之俊秀，皆入大学，而教之以穷理、正心、修己、治人之道。此又学校之教、大小之节所以分也。

夫以学校之设，其广如此，教之之术，其次第节目之详又如此，而其所以为教，则又皆本之人君躬行心得之余，不待求之民生日用彝伦之外，是以当世之人无不学。其学焉者，无不有

NOTE

以知其性分之所固有，职分之所当为，而各俛焉以尽其力。此古昔盛时所以治隆于上，俗美于下，而非后世之所能及也！

及周之衰，贤圣之君不作，学校之政不修，教化陵夷，风俗颓败，时则有若孔子之圣，而不得君师之位以行其政教，于是独取先王之法，诵而传之以诏后世。若《曲礼》《少仪》《内则》《弟子职》诸篇，固小学之支流余裔，而此篇者，则因小学之成功，以著大学之明法，外有以极其规模之大，而内有以尽其节目之详者也。三千之徒，盖莫不闻其说，而曾氏之传独得其宗，于是作为传义，以发其意。及孟子没而其传泯焉，则其书虽存，而知者鲜矣！

自是以来，俗儒记诵词章之习，其功倍于小学而无用；异端虚无寂灭之教，其高过于大学而无实。其他权谋术数，一切以就功名之说，与夫百家众技之流，所以惑世诬民、充塞仁义者，又纷然杂出乎其间。使其君子不幸而不得闻大道之要，其小人不幸而不得蒙至治之泽，晦盲否塞，反覆沈痼，以及五季之衰，而坏乱极矣！

天运循环，无往不复。宋德隆盛，治教休明。于是河南程氏两夫子出，而有以接乎孟氏之传。实始尊信此篇而表章之，既又为之次其简编，发其归趣，然后古者大学教人之法、圣经贤传之指，粲然复明于世。虽以熹之不敏，亦幸私淑而与有闻焉。顾其为书犹颇放失，是以忘其固陋，采而辑之，间亦窃附己意，补其阙略，以俟后之君子。极知僭踰，无所逃罪，然于国家化民成俗之意、学者修己治人之方，则未必无小补云。

——（宋）朱熹《大学章句》

【实践讨论】

1. "三纲八目"的含义是什么？

2. 古人的"日新"思想在当今有何意义？作为大学生应如何求"新"？

3. 如何理解"慎独"？古代的"慎独"思想在当今有何现实意义？

【推荐阅读书目】

1. （宋）朱熹《四书章句集注》，中华书局 1983 年版。

2. 钱穆《四书释义》，九州出版社 2010 年版。

3. 陈晓芬、徐儒宗《论语·大学·中庸》，中华书局 2011 年版。

第九讲 《中庸》导读
——致广大尽精微，极高明道中庸

【知识导入】

《中庸》原为《礼记》（《小戴礼记》）第三十一篇。北宋程颢、程颐兄弟极力推崇《中庸》，认为其思想深刻，是"孔门传授心法"之书，把它从《礼记》中抽取出来，独立成篇。南宋程门弟子、著名理学家朱熹认为读《中庸》可以"求古人之微妙处"，将《中庸》与《大学》《论语》《孟子》合编注释，称为《四书章句集注》，作为一套儒家经典书籍刊刻问世，并作为儒家传道授业的基本教材。北宋前，人们公认的中国古代儒家经典主要有《诗经》《尚书》《礼记》《周易》《春秋》"五经"。元代延祐年间恢复科举考试后，正式把出题范围限定在朱熹的"四书"之内。明清僵化更甚的"八股文"科考制度，也把题目限定在朱熹的"四书"里。"四书"成为官定的学校教科书和科举考试的必读书。包括《中庸》在内的"四书"由此获得了比"五经"更高的地位，成为儒家最重要的经典。

《中庸》的具体作者已无法考证确认。司马迁曾说子思作《中庸》，宋儒认为《中庸》是战国时期孔子之孙孔伋（字子思）传述孔子之意而加以阐发的文本（朱熹在《中庸章句》中指出：此篇乃孔门传授心法，子思恐其久而差也，故笔之于书，以授孟子）；但也有近代学者认为《中庸》应是秦汉时期的作品，因其中第二十八章出现了"生乎今之世，反古之道""今天下车同轨，书同文，行同伦"这样描述秦朝情形的字句。目前一般多认为《中庸》的作者应是子思，后可能经过秦代学者修改整理。

《中庸》是儒家经典中理论性较强、哲学味较浓的一部著作，其思想深刻，要读通、读懂它很不容易。早在西汉时代，就出现了专门解释《中庸》的著作，《汉书·艺文志》中记载有《中庸说》二篇，以后各朝代也都有解说的著作。其中影响较大、流传较广的有两个版本：一是汉代郑玄注、唐代孔颖达疏的《中庸注疏》（十三经注疏本）；二是南宋朱熹《四书章句集注》中的《中庸章句》。《中庸》中提出的许多概念和命题，如命、性、教、道、诚、情、慎独、已发未发、中和、时中、用中、大本、达道、费隐、尊德性而道问学、治国九经、择善固执、博学审问、慎思明辨、笃行等，对中国传统哲学和文化都产生了深远的影响。

《中庸》着重论述天道与人道及二者之间的关系，凸显了中国古代天人合一的思想旨趣。通过对性、道、教的内涵阐明及其相互关系的揭示，特别强调了"中庸"（或"中和"）和"诚"的思想。中是天下之大本，和是天下之达道。诚是天之道，即上天本然的道理和状态。大公无私，真实无妄，致中和就是致诚。"自诚明"，即由至诚而后有明德。这是自然而然的圣人的行为，完全是依从天命本性而来。"自明诚"，即先由明德而后有至诚，这是贤人经过受教学习、修养培育后才能达到的。

NOTE

众所周知，儒家非常重视仁义道德。但道德的本源何在，是一个必须回答的问题，《中庸》开篇就以"天命之谓性"作了解答，指出道德的形而上的本体是"天"。只是这里的"天"并不是至上的人格神，而是自然之天。"天命"也并不是神的意志，而是气、阴阳、五行等大而流行化生万物（包括人类）的状态和过程。因此，儒家并不推崇对现实之外的追求来实现"外在超越"，而是主张通过精神境界的升华来实现"内在超越"。在《中庸》这里，"极高明而道中庸"是更多地植根于现实生活中庸言庸行的内在升华与超越。"极高明"表现了对道德本体和价值观的追求，"道中庸"则强调通过日常生活的言行来实现这种追求，现实的伦常生活及实践活动在这里已成为道德价值的现实源头，生命也能在日用常行中获得永恒、崇高、超越的价值，这凸显了儒家的价值原则和现实品格。《中庸》中"中庸"（或"中和"）这一核心概念，既是一种"适度"的原则，也表现了人与自然、人与社会、现实与超越的统一。

《中庸》全篇以"中庸"或"中和"作为最高的道德准则和修身为人的根本要求，也将"中庸"作为解决一切问题的最高智慧。这种"中庸之道"的价值追求和思维方式，对传统中国的民族性格、文化品位、国家形象、生活习惯、社会风俗等的形成都发挥了巨大作用。从这个意义上讲，我们说中国是中庸之国或中和之国，也并不为过。中庸实际就是要求人们在思考问题、处理事务、修身养性时不走极端，无"过"与"不及"，从实际出发，把握好一个合理的度，力求达到一种"恰到好处"的完美状态和理想境界，这是有着辩证法的合理内核和实事求是的思想精髓的。二程认为，不偏之谓中，不易之谓庸。朱熹认为，中就是不偏、不倚无过不及，庸就是平常。中庸的适度原则就是要求人们在待人待物时，联系实际，把握分寸，做到恰到好处、无过无不及，从而用这一客观规律恰如其分地把握事物、协调矛盾，实现天人关系及人与社会关系的各要素内部及其相互间的和谐稳定状态。

中国传统中庸之道的中心主题是教育人们严格要求自己，追求高尚的理想人格，自觉地进行自我修养、自我教育、自我监督、自我提高、自我完善，把自己培养成为一个"尊德性而道问学，致广大而尽精微，极高明而道中庸"的理想人格，最终使整个世界达到"致中和，天地位焉，万物育焉"的理想境界。这无疑能对现代人的修身养性增加正能量，能为当下人们实现身心之和、人际之和、人与自然之和、人与社会之和提供可借鉴的思想资源，为现代人类理想社会的建设提供积极有益的启示。

本讲所用据本为 1997 年上海古籍出版社影印清代阮元校刻《十三经注疏》，依据朱熹《四书章句集注》中《中庸章句》进行章节划分。

第一章

【主旨】《中庸》全篇的中心思想。

【原文】

天命[1]之謂性，率[2]性之謂道，脩[3]道之謂教。道也者，不可須臾[4]離也；可離非道也。是故君子戒慎乎其所不睹，恐懼乎其所不聞。[5]莫見[6]乎隱，莫顯乎微，故君子慎其獨[7]也。喜怒哀樂之未發，謂之中[8]；發而皆中節[9]，謂之和。中也者，天下之大本[10]也；和也者，天下之達道[11]也。致[12]中和，天地位[13]焉，萬物育焉。

【注释】

（1）天命：指自然的禀赋。

（2）率：遵循，顺着。

（3）修：修养，学习，实行。

（4）须臾：一会儿，片刻。

（5）是故……其所不闻：意为君子在不被别人看见的情况下也保持谨慎，在不被别人听见的情况下也心怀敬畏。

（6）见：同"现"，显露。

（7）独：指一个人独处的时候，也指别人不知而自己独有的心思。

（8）中：指含而未发的内心情感，也可指内心情感含而未发的状态。

（9）中（zhòng）节：合乎规定或标准。

（10）大本：最大的根本。

（11）达道：普遍通行的道理。

（12）致：达到。

（13）位：处在正确合理的位置上。

【读解】

本章是《中庸》全篇的纲要，开宗明义，提纲挈领，先立其大，以天作为逻辑起点，首先说明了性、道、教的内涵及相互关系，强调了人们慎独修身的重要性，其次阐明中和（中庸）的含义和重要地位，最后指出人类致中和对天地万物包括人类自身的重大意义。短短数语，表现了中国古代儒家以天论人、以人配天、尊天贵人、天人合一的思想主张。从第二章到第十一章都是《中庸》的作者引述孔子的话，进一步阐释第一章的意蕴。其中提到了舜的"智"、颜回的"仁"、子路的"勇"（强），认为智、仁、勇这三"达德"是进入中庸之道的门径，只有将三者有机结合起来，缺一不可，才能逐步接近"中庸"境界。

本章开篇即指出，人的自然禀赋叫作人性，依循人的本性去思考行事就是正道，修习正道就是教育。喜、怒、哀、乐这些情欲是每个人天生就有的，它们在人的性情中没有表现出来，无所偏向，这就是"中"；如果它们能够被恰到好处地表露出来，有节度，符合万物之理，就是"和"。"中"是世界万事万物的根本，"和"则是其遵循的规律。人们如果能将二者协调运用，就是"中和"（中庸），对待和处理任何事情就不会有偏颇，就会游刃有余，从容自由。这也就是孔子所说的"从心所欲而不逾矩"的人生之理想幸福状态，而包括人类在内的整个世界也就和谐繁盛了。但正如以孟子为代表的儒家性善论所认为的，人生而皆有天所命之善端，但后天实际表现出来却未必都是善行，也会有恶。因此就需要后天修习正道，需要人们高度重视慎独修身。

第二章

【主旨】君子与小人在对待中庸问题上的不同表现。

【原文】

仲尼曰："君子中庸，小人反中庸。君子之中庸也，君子而時中⁽¹⁾；小人之⁽²⁾中庸也，小人而無忌憚⁽³⁾也。"

【注释】

(1) 时中：时时处处都做到恰到好处，符合中庸的规范和要求。

(2) 之：王肃本作"小人之反中庸也"，程、朱皆从之。

(3) 忌惮：忌讳和害怕。

【读解】

本章接第一章"中和"这一概念，利用"君子"和"小人"这一对立的范畴，继续解释"中庸"的意思，把是否坚持中庸作为划分君子与小人的重要标准，并用"时中"这一概念来说明中庸的内涵。君子时时处处努力做到符合中庸的规范和要求；而小人则违反中庸，胡作非为，肆无忌惮。从中我们可以看出"中庸"这一思想在儒家学说中的重要地位。

第三章

【主旨】 一般人很难达到中庸的极致境界。

【原文】

子曰："中庸其至⁽¹⁾矣乎！民鲜⁽²⁾能久矣。"

【注释】

(1) 至：极致，顶点。

(2) 鲜（xiǎn）：少。

【读解】

本章主要说明中庸是最高的道德境界，一般人很难达到。这里表现了儒家的现实品格，它没有虚幻性、迷惑性或欺骗性，而是强调立足社会现实，坚持实事求是的态度和精神。

第四章

【主旨】中庸之道不能广为人们认知和遵循的原因。

【原文】

子曰："道⁽¹⁾之不行也，我知之矣，知⁽²⁾者过之，愚者不及也。道之不明也，我知之矣，賢者过之，不肖⁽³⁾者不及也。人莫不飲食也，鲜能知味也。"

【注释】

(1) 道：这里指中庸之道。

(2) 知：同"智"。

（3）不肖：指不贤。

【读解】

本章主要解释中庸之道不能为人们广泛认识和遵循的原因：过与不及。从认知方面看，人们的智力有智与愚两个极端差别，导致智者对中庸之道理解过了头而愚者理解不到位；从实践方面看，人们的品德有贤和不肖两个对立之分，导致贤者对中庸之道实践太过而不贤者实践缺失。人们要么太过，要么不及，在认识和实践上都不能达到恰到好处或适度的中庸境界。在孔子看来，根本的原因还是人们在认识上缺乏对中庸之道的真正理解，就如同人们每天都在吃喝而知其真味者却极少一样。

第五章

【主旨】孔子感叹中庸之道不能实行。

【原文】

子曰："道其⁽¹⁾不行矣夫⁽²⁾！"

【注释】

（1）其：这里是语气助词，表推测之意。
（2）夫：表示感叹的语尾词，无独立的实际含义。

【读解】

本章强调由于人们对中庸之道的内容和重要性不了解，因此不能践行。要使人们真正能够在现实生活中做到中庸，必须帮助其对"中庸之道"有彻底的领悟。

第六章

【主旨】孔子赞扬舜在知行上都做到了中庸。

【原文】

子曰："舜其大知⁽¹⁾也與！舜好問而好察邇言⁽²⁾，隱惡而揚善，執⁽³⁾其兩端，用其中於民，其斯以爲舜乎！"

【注释】

（1）大知：大智，指有很高的才能。知，同"智"。
（2）邇言：浅近的话。邇，近。
（3）执：掌握。

【读解】

孔子认为舜作为中国古代圣明伟大的帝王，在认识和实践上都具有中庸的大智慧。他能广泛听取民众的呼声，体察民情，又能包容别人的短处而颂扬别人的长处，还能很好地把握事物的两个极端并进行折中处理，因而深得民众的认可、支持和爱戴。舜作为一个领导者，很好地践行了"中庸之道"。

第七章

【主旨】知行中庸不易。

【原文】

子曰："人皆曰予⁽¹⁾知⁽²⁾，驅而納諸罟擭⁽³⁾陷阱之中，而莫之知辟⁽⁴⁾也；人皆曰予知，擇乎中庸，而不能期月⁽⁵⁾守也。"

【注释】

(1) 予：我。

(2) 知：同"智"。

(3) 罟擭（gǔhuò）：捕捉野兽的器具。罟，捕捉野兽的网。擭，装有机关的捕兽木笼。

(4) 辟：同"避"，躲避，逃避。

(5) 期（jī）月：满一整月。

【读解】

本章指出自作聪明的人很难理解中庸，也很难做到中庸。即使偶尔做到中庸但也很难持守中庸，就像有时明明知道会有祸害却不知道避让一样。这从另一个侧面再次强调了前面所论述的"知行中庸不易"的观点。既然"中庸之道"难于做到，那孔子为什么还要大力推行呢？因为他认为"中庸之道"是为人处世最高、最好的原则，即使绝大多数人不能时刻做到，也要努力去做，尽量靠近，"知其不可为而为之"，社会就会有进步，自己的品德修养才会有所提高。

第八章

【主旨】孔子赞扬颜回很好地持守了中庸之道。

【原文】

子曰："回⁽¹⁾之爲人也，擇乎中庸，得一善則拳拳⁽²⁾服膺⁽³⁾而弗⁽⁴⁾失之矣。"

【注释】

(1) 回：指孔子的弟子颜回，字子渊，因此也称颜渊，德行高。

(2) 拳拳：双手紧紧握住不舍不放的样子。

(3) 服膺：指牢记在心中。服，置放。膺，胸口。

(4) 弗：不。

【读解】

本章从正面立论，孔子以最得意的弟子颜回为例，肯定和赞扬他很好地持守"中庸之道"。如前章所言，尽管"中庸之道"很难做到，但也要努力去做，颜回在这方面就是我们学习的榜样。他体会到了"中庸之道"的奥妙，认识到了"中庸之道"的好处，并将它铭记在心，唯恐得而复失。我们只要像颜回一样努力去做，就会有进步和提升。

第九章

【主旨】孔子提醒人们，践行中庸很难。

【原文】

子曰："天下⁽¹⁾国家⁽²⁾可均⁽³⁾也，爵禄可辞⁽⁴⁾也，白刃可蹈也，中庸不可能也。"

【注释】

（1）天下：指中国古代周天子管辖下的所有地方。

（2）国家：指由周天子分封的诸侯国。

（3）均：平定，治理。

（4）辞：放弃，辞掉。

【读解】

本章以治理天下国家、辞掉爵禄、踩踏白刃等现实中极难办到但还是能够办到的事例为对比，意在引起人们对"中庸之道"的重视，强调践行中庸的难度，说明要做到中庸其实需要大智大勇。

第十章

【主旨】解读什么是真正的强。

【原文】

子路⁽¹⁾问强。子曰："南方之强与？北方之强与？抑⁽²⁾而⁽³⁾强与？宽柔以教，不报无道，南方之强也，君子居之；衽⁽⁴⁾金革，死而不厌，北方之强也，而强者居之。故君子和而不流，强哉矫⁽⁵⁾；中立而不倚，强哉矫；国有道，不变塞⁽⁶⁾焉，强哉矫；国无道，至死不变，强哉矫。"

【注释】

（1）子路：孔子的弟子，名仲由，字子路，又字季路。

（2）抑：还是。

（3）而：第二人称代词"你"，此处指子路。

（4）衽（rèn）：卧席，此处指躺卧。

（5）矫：强壮的样子。

（6）变塞（sè）：改变穷困时的志向操守。塞，不通，指穷困不达时的境遇。

【读解】

本章以子路、孔子问答的形式解释了什么是强。"强"有"南方之强"和"北方之强"之分："北方之强"果敢勇猛，尚武好斗，能够头枕兵戈而随时效命疆场，是一种物理性的"刚"强；"南方之强"能以宽容的胸怀对待人，包容不同的意见但又能坚持己见而不同流合污，做到和而不同，这是一种精神性的"柔"强。孔子强调真正的强是"南方之强"，也就是君子应该具有的强是和而不流、中立而不倚。这也是中庸的内涵之一。

第十一章

【主旨】说明如何坚守中庸之道。

【原文】

子曰："素隐行怪(1)，後世有述焉，吾弗爲之矣。君子遵道而行，半塗而癈，吾弗能已(2)矣；君子依乎中庸，遁世不見知(3)而不悔，唯聖者能之。"

【注释】

(1) 素隐行怪：指探求隐避不正之理，做奇异怪诞之事，以欺世盗名。素，据《汉书》应为"索"之误，寻求、探索之意。隐，隐僻。行怪，行为怪异。

(2) 弗能已：不会中途停止。弗，不。已，停止。

(3) 遁世不见知：避世隐居不被人知道。见，被。

【读解】

本章继续讲如何坚守"中庸之道"，就是要不为世俗名利所羁绊，该坚持就坚持，即使最终不为人所知、不闻名于世，也绝不后悔。那些刻意标新立异、故作诡秘、欺世盗名或者半途而废的做法，都是不合乎"中庸之道"的。

第十二章

【主旨】君子之道费而隐。

【原文】

君子之道费而隐(1)。夫婦(2)之愚，可以與(3)知焉，及其至(4)也，雖聖人亦有所不知焉。夫婦之不肖，可以能行焉，及其至也，雖聖人亦有所不能焉。天地之大也，人猶有所憾。故君子語大，天下莫能載焉；語小，天下莫能破焉。《詩》(5)云："鳶飛戾(6)天，魚躍于淵。"言其上下察也。君子之道，造端(7)乎夫婦，及其至也，察乎天地。

【注释】

(1) 道费而隐：广大而又精微。费，指用处广大。隐，精微，隐秘，高深。

（2）夫妇：指普通男女，亦言匹夫、匹妇。

（3）与：参与。

（4）至：指最精微高妙处。

（5）《诗》：指《诗经》。

（6）鸢（yuān）飞戾（lì）天：老鹰高飞上青天。鸢，老鹰。戾，到达。

（7）造端：开始。

【读解】

本章用"费"与"隐"两个概念来说明君子之道即"中庸之道"的特点。费指的是道无所不在的普遍性及其用途广泛性，它与芸芸众生的日常人伦生活须臾不可离，连普通男女都可以学习、理解和践行。隐指的是道的精微、隐秘。道能够表现为无所不在的"费"的广泛性，是因为道不是某种具体的实物般的存在，而是一种最高的规律性的存在，即人们常说的道理，因此必然有其精微奥妙的一面。其最高深的境界，是连圣人也有所不知、有所不能的。正因为"中庸之道"具有费而隐的特点，所以应该针对不同人的特点，提出不同的修"道"要求和方法。

第十三章

【主旨】强调道不远人。

【原文】

子曰："道不远人。人之为道而远人，不可以为道。《诗》云：'伐柯（1）伐柯，其则（2）不远。'执柯以伐柯，睨而视之，犹以为远，故君子以人治人（3），改而止。忠恕违道不远，施诸己而不愿，亦勿施於人。君子之道四，丘未能一焉。所求乎子以事父，未能也；所求乎臣以事君，未能也；所求乎弟以事兄，未能也；所求乎朋友先施之，未能也。庸（4）德之行，庸言之谨。有所不足，不敢不勉；有余，不敢尽。言顾行，行顾言，君子胡（5）不慥慥（6）尔。"

【注释】

（1）伐柯：砍削斧头的木柄。柯，斧柄。

（2）则：准则，此处指斧柄的样式。

（3）以人治人：以人固有之道来治理人。

（4）庸：平常。

（5）胡：何，怎么。

（6）慥慥（zàozào）：诚实忠厚的样子。

【读解】

本章强调"道不远人"和"忠恕违道不远"两个基本观点。要求人们立足日常生活，从实际出发，设身处地、将心比心地为他人着想，"己所不欲，勿施于人"。自己不愿意的事，也不要施加给别人，并像孔子那样时时从君臣关系、父子关系、兄弟关系、朋友关系各方面反思自己的不足，谨小慎微，努力改进，使自己成为言行一致的忠厚笃实之人。

第十四章

【主旨】君子反求诸己的修养方法。

【原文】

君子素⁽¹⁾其位而行，不願⁽²⁾乎其外。素富貴行乎富貴，素貧賤行乎貧賤，素夷狄⁽³⁾行乎夷狄，素患難行乎患難。君子無入⁽⁴⁾而不自得焉。在上位不陵⁽⁵⁾下，在下位不援⁽⁶⁾上。正己而不求於人則無怨。上不怨天，下不尤⁽⁷⁾人。故君子居易以俟命⁽⁸⁾，小人行險以徼幸⁽⁹⁾。子曰："射有似乎君子。失諸正鵠⁽¹⁰⁾，反求諸其身。"

【注释】

（1）素：平素、现在的意思，此处为动词。

（2）愿：羡慕。

（3）夷狄：泛指当时的各少数民族。夷，中国古代东方的部族。狄，中国古代西方的部族。

（4）无入：无论在何种情况下。

（5）陵：通"凌"，欺侮。

（6）援：攀附，投靠，巴结。

（7）尤：抱怨。

（8）居易以俟（sì）命：安居现状而等待天命。居易，居于平易安全的地方，意指安居现状。俟命，等待天命、命运。

（9）徼幸：即侥幸。

（10）正鹄（gǔ）：古代画在靶心上的圆圈。

【读解】

本章论述了君子反求诸己的修养方法，强调人要依靠自身的力量，正确面对现实，努力提升自己的道德品质。既不好高骛远、三心二意，也不浑浑噩噩、无所作为，要一心一意、脚踏实地地做好本职工作，才能最终实现自己的理想。那种只会想入非非、怨天尤人而不"安分守己"反求诸己的做法，是不合乎"中庸之道"的。

宋代儒家认为命有两种：一种是天赋的道德，人人皆有，关键在于个人的努力；一种是富贵、贫贱、寿夭等，也是天生的，自己无法安排，甚至自己无论怎么努力都不会改变。因此君子该做的、能做的就是努力修养以提升自己的道德水平，不怨天尤人，达不到目的的话就反求诸己。儒家突出了道德的至上性、无条件性和崇高感，使人能顺应社会环境而不患得患失。实际上，在一定条件下，在某种程度上，通过自己力所能及的主观努力，人的社会地位和客观环境都是可以有所改变的，并不完全由天命所定。

第十五章

【主旨】 "庸"即为"常"，中庸之道就在日常生活中。

【原文】

君子之道，辟$^{(1)}$如行远必自邇$^{(2)}$；辟如登高必自卑$^{(3)}$。《詩》曰："妻子好合，如鼓瑟琴。兄弟既翕$^{(4)}$，和樂且耽$^{(5)}$。宜爾室家，樂爾妻帑$^{(6)}$。"子曰："父母其順$^{(7)}$矣乎！"

【注释】

（1）辟：通"譬"。

（2）邇：近。

（3）卑：低处。

（4）翕：融洽和睦。

（5）耽：安乐，《毛诗》原为"湛"。

（6）帑（nú）：通"孥"，儿女。

（7）顺：安乐舒心。

【读解】

本章释"庸"为"常"，认为中庸就是平平常常的道理，融合和表现在人们的日常生活中。人们应该一切从自己做起，从身边之事做起，一步一步，踏踏实实，才能从近到远，从低到高。所以君子践行"中庸之道"，首先要使家庭和睦。要做到这一点，又须先做到妻儿和睦、兄弟融洽、父母安乐。这也是《大学》所说修身、齐家、治国、平天下循序渐进的道理。

第十六章

【主旨】 大德者必受命。

【原文】

子曰："舜其大孝也與！德爲聖人，尊爲天子，富有四海之内，宗廟饗$^{(1)}$之，子孫保之。故大德必得其位，必得其禄，必得其名，必得其壽。故天之生物，必因其材而篤$^{(2)}$焉。故栽者培之，傾者覆之。《詩》曰：'嘉樂$^{(3)}$君子，憲憲令德$^{(4)}$。宜民宜人，受禄于天。保佑命之，自天申$^{(5)}$之。'故大德者必受命。"

【注释】

（1）饗（xiǎng）：一种祭祀形式。

（2）笃：厚。

（3）嘉乐：善良美好。

NOTE

（4）宪宪令德：美德盛明。宪宪，显明盛大的样子。令德，美善的德行。

（5）申：重申，赋予。

【读解】

本章称颂了舜的大孝大德，以舜的实例强调了"大德者必受命"的观点，再次突出了道德的至上性，并希望人们无条件地加强道德修养，提升道德品质。因为德行修养好了，"中庸之道"运用好了，人们的事业也就成功了，这就是要先做人，再做事，才能够水到渠成，所以说"天生我材必有用"。

第十七章

【主旨】　文武周公的大德大业。

【原文】

子曰："無憂者，其惟文王乎！以王季爲父，以武王爲子，父作之，子述之。武王纘(1)大王、王季、文王之緒(2)，壹戎衣而有天下。身不失天下之顯名，尊爲天子，富有四海之內，宗廟饗之，子孫保之。武王末(3)受命，周公成文武之德，追王(4)大王、王季，上祀先公以天子之禮。斯禮也，達乎諸侯大夫，及士、庶人。父爲大夫，子爲士，葬以大夫，祭以士。父爲士，子爲大夫，葬以士，祭以大夫。期之喪(5)，達乎大夫；三年之喪，達乎天子；父母之喪，無貴賤，一也。"

【注释】

（1）纘（zuǎn）：继续。

（2）绪：事业。

（3）末：晚年。

（4）追王（wàng）：追封……为王。此处"王"为动词。

（5）期（jī）之丧：指一年的守丧之期。期，指一整年。

【读解】

本章依次讲述了周文王、周武王、周公大德大业的事迹，重申了"大德者必受命"的观点。尤其强调了周公"制礼作乐"，成就周文王、周武王的大德功业，为后世礼制的推行打下了坚实的基础，表彰了周公"中庸之道"的德行修养。

第十八章

【主旨】　以孝治天下。

【原文】

子曰："武王、周公，其達孝矣乎！夫孝者，善繼人之志，善述人之事者也。春秋脩其祖廟，陳其宗器，設其裳衣，薦其時食。宗廟之禮，所以序昭穆(1)也。序爵，所以辨貴賤也；序事，所以辨賢也。旅酬(2)下為上，所以逮賤(3)也；燕毛(4)，所以序齒也。踐其位，行其禮，奏其樂，敬其所尊，爱其所親，事死如事生，事亡如事存，孝之至也。郊社(5)之禮，所以事上帝也；宗廟之禮，所以祀乎其先也。明乎郊社之禮、禘嘗(6)之義，治國其如示諸掌(7)乎！"

【注释】

(1) 昭穆：宗庙排列次序。始祖居中，以下父子按左昭右穆顺序排列。

(2) 旅酬：众人举杯劝酒。

(3) 逮贱：祖先的恩惠下达到卑贱者。

(4) 燕毛：宴饮时根据毛发的颜色来区分长幼次序。燕，通"宴"。

(5) 郊社：周代祭祀天地的制度。郊，中国古代冬至时在南郊祭天的礼仪。社，中国古代夏至时在北郊祭地的礼仪。

(6) 禘（dì）尝：此代指四时祭祀。禘，天子在宗庙举行的隆重祭祀。尝，秋祭。

(7) 示诸掌：看放在手掌上的东西，指容易看见。示，通"视"。

【读解】

本章称颂周武王、周公的品德，认为他们能够继承先祖未竟之业，是天下最大的孝道。孝就是要继人之志，述人之事。同时进一步阐释了周代宗庙礼乐制度，强调"慎终追远"，并主张以孝治理天下。

第十九章

【主旨】 儒家五达道、三达德、治国九经、诚与诚之、学问思辨行。

【原文】

哀公(1)問政。子曰："文武之政，布在方策(2)。其人存，則其政舉；其人亡，則其政息。人道敏政，地道敏樹。夫政也者，蒲盧(3)也。故為政在人，取人以身。脩身以道，脩道以仁。仁者，人也，親親為大。義者，宜也，尊賢為大。親親之殺(4)，尊賢之等，禮所生也。在下位不獲乎上，民不可得而治矣。故君子不可以不脩身，思脩身不可以不事親，思事親不可以不知人，思知人不可以不知天。

"天下之達道(5)五，所以行之者三。曰：君臣也，父子也，夫婦也，昆弟(6)也，朋友之交也。五者天下之達道也。知、仁、勇三者，天下之達德也，所以行之者一也。或生而知之，或學而知之，或困而知之，及其知之一也。或安而行之，或利而行之，或勉強而行之，及其成功一也。子曰："好學近乎知，力行近乎仁，知恥近乎勇。知斯三者，則知所以脩身；知所以脩身，則知所以

NOTE

治人；知所以治人，則知所以治天下國家矣。"

　　凡爲天下國家有九經⁽⁷⁾，曰：脩身也，尊賢也，親親也，敬大臣也，體羣臣也，子庶民也，来百工也，柔遠人也，懷諸侯也。脩身則道立，尊賢則不惑，親親則諸父昆弟不怨，敬大臣則不眩⁽⁸⁾，體羣臣則士之報禮重，子庶民⁽⁹⁾則百姓勸，来百工則財用足，柔遠人則四方歸之，懷諸侯則天下畏之。齊明盛服，非禮不動，所以脩身也；去讒遠色，賤貨而貴德，所以勸賢也；尊其位，重其禄，同其好惡，所以勸親親；官盛任使，所以勸大臣也；忠信重禄，所以勸士也；時使薄斂，所以勸百姓也；日省月試，既廩稱事⁽¹⁰⁾，所以勸百工也；送往迎来，嘉善而矜⁽¹¹⁾不能，所以柔遠人也；繼絶世，舉癈國，治亂持危，朝聘⁽¹²⁾以時，厚往而薄来，所以懷諸侯也。凡爲天下國家有九經，所以行之者一也。

　　凡事豫⁽¹³⁾則立，不豫則癈。言前定則不跲⁽¹⁴⁾，事前定則不困，行前定則不疚，道前定則不窮。在下位不獲乎上，民不可得而治矣。獲乎上有道，不信乎朋友，不獲乎上矣；信乎朋友有道，不順乎親，不信乎朋友矣；順乎親有道，反諸身不誠，不順乎親矣；誠身有道，不明乎善，不誠乎身矣。誠者，天之道也；誠之者，人之道也。誠者不勉而中，不思而得，從容中道，聖人也。誠之者，擇善而固執之者也。

　　博學之，審問之，慎思之，明辨之，篤行之。有弗⁽¹⁵⁾學，學之弗能弗措⁽¹⁶⁾也；有弗問，問之弗知弗措也；有弗思，思之弗得弗措也；有弗辨，辨之弗明弗措也；有弗行，行之弗篤弗措也。人一能之，己百之；人十能之，己千之。果能此道矣，雖愚必明，雖柔必強。

【注释】

（1）哀公：春秋时鲁国国君。

（2）布在方策：记载在典籍上。布，陈列。方，古代书写用的木板。策，古代书写用的竹简。

（3）蒲卢：芦苇。其性柔而生长迅速。

（4）杀（shài）：等级、差别。

（5）达道：古今中外共同遵循的道理。

（6）昆弟：兄弟。

（7）经：准则，原则。

（8）眩：迷惑，困惑。

（9）子庶民：把庶民当作子女来对待，爱民如子。

（10）既廩（xìlǐn）称事：发给的薪水、粱米与工作业绩相称。既禀，即饩廪，指薪水、粮食。

（11）矜：怜悯，同情。

（12）朝聘：诸侯定期去朝见天子。

(13) 豫：通"预"，预备，提前准备。

(14) 跲（jiá）：绊倒，此处指说话磕巴不顺畅。

(15) 弗：不。

(16) 措：停止。

【读解】

本章是《中庸》的重点篇章，提出了五达道（君臣、父子、夫妇、兄弟、朋友）、三达德（智、仁、勇）、治国九经（修身、尊贤、亲亲、敬大臣、体群臣、子庶民、来百工、柔远人、怀诸侯）、诚与诚之、学问思辨行等一系列儒家关于天道、人道及其相互关系的重要原则。五达道、三达德、治国九经这些原则和标准，最终落脚于"诚"上，真诚是做人做事的基本原则。而要做到"诚"，又必须博学、审问、慎思、明辨、笃行，核心是修身的问题。只有加强自身修养，才能做到真诚，只有做到真诚，才能处理好人与人、人与社会、人与自身的关系，这也就是真正践行了"中庸之道"。

第二十章

【主旨】诚与明、性与教的关系。

【原文】

自(1)诚明(2)，谓之性；自明诚，谓之教。诚则(3)明矣，明则诚矣。

【注释】

(1) 自：从，由。

(2) 明：明白。

(3) 则：就，即。

【读解】

在儒家看来，道德真实无妄而又普遍存在，由诚开始便具有道德，这是天性，是圣人之德。普通人则一般先明白道理，而后使道德真实无妄，这是后天教育的结果。但无论是天性还是教育，只要都做到真诚，二者也就一样了。

第二十一章

【主旨】"尽性"的重大意义。

【原文】

唯天下至诚，为能尽其性(1)；能尽其性，则能尽人之性；能尽人之性，则能尽物之性；能尽物之性，则可以赞(2)天地之化育(3)；可以赞天地之化育，则可以与天地参(4)矣。

NOTE

【注释】

(1) 尽其性：充分发挥其本性。

(2) 赞：赞助，帮助。

(3) 化育：变化繁育。

(4) 参：并列。

【读解】

本章说明了诚与性的关系，强调了"尽性"的重大意义，凸显了儒家天人合一的思想基调和价值追求。天下至诚的圣人，无天道之外的私欲，能充分展现人性的善和美，在德行上表现出极高的修养，成为民众的楷模，从而启发、教化万民，使民众也能逐步形成真诚的优秀品质。这样，民众就能取万物而有度，用万物而尽其性，人与自然就能够相融相通，成为一个和谐繁盛的命运共同体。这就是榜样的力量，其功绩是伟大的，足可以与日月同辉，与天地同寿。

第二十二章

【主旨】 论述至诚之道，可以前知。

【原文】

至誠之道，可以前知。國家將興，必有禎祥[1]；國家將亡，必有妖孽。見乎蓍龜[2]，動乎四體。禍福將至，善，必先知之；不善，必先知之。故至誠如神。

【注释】

(1) 禎（zhēn）祥：吉祥的征兆。

(2) 蓍（shī）龟：蓍草和龟甲，古代用来占卜。

【读解】

达到至诚的境界，人们就可以预先知道未来的事。国家将兴、将亡，必有相应吉兆、凶兆出现；祸福将至，也必有前兆可知。至诚的人努力修养自己诚实的品性，并多方面获取知识，就能洞悉万事万物的客观规律，对事物的发展多一份预见性，更好地把握复杂多变的世界。所以说至诚之人可以预知未来，就好像有神灵暗助一样。

第二十三章

【主旨】 合外内之道。

【原文】

誠者，自成[1]也，而道自道也。誠者物之終始，不誠無物。是故君子誠之爲貴。誠者，非自成己⁽²⁾而已也，所以成物也。成己，仁也；成物，知⁽³⁾也。性之德也，合外内之道也，故時措⁽⁴⁾之宜也。

【注释】

(1) 自成：自我成全，自我完善。

(2) 成己：成全自己，完善自己。

(3) 知：通"智"。

(4) 时措：适时实行。

【读解】

本章讨论了用诚来成己成物的问题，强调了诚外化的重要性。我们不能把真诚仅仅看作是自我的道德完善、是一种主观内在的道德品质，还要把它外化到他人和万事万物中去，即做到"合外内之道"，这样世界就美好了。真诚是事物的本性，世间万事万物也因其本性而存在，没有本性，就不成其为万事万物。

第二十四章

【主旨】　大哉圣人之道。

【原文】

大哉聖人之道！洋洋乎發育萬物，峻極于天。優優大哉，禮儀⁽¹⁾三百，威儀⁽²⁾三千。待其人然後行。故曰苟不至德，至道不凝焉。故君子尊德性而道問學，致廣大而盡精微，極高明而道中庸。溫故而知新，敦厚以崇禮，是故居上不驕，爲下不倍⁽³⁾。國有道，其言足以興；國無道，其默足以容⁽⁴⁾。《詩》曰："既明且哲，以保其身。"其此之謂與？

【注释】

(1) 礼仪：古代礼节的主要规则，也称经礼。

(2) 威仪：古代礼节的具体规范，也称曲礼。

(3) 倍：通"背"，背弃，背叛。

(4) 容：容身，保全自己。

【读解】

本章是对圣人之道的总结。首先盛赞圣人之道的浩瀚宏大，认为圣人之所以伟大，就在于其能够很好地把握"中庸之道"，并充分运用"中庸之道"来处理纷繁复杂的世间万事万物；其次强调圣人之道和礼仪必须由道德高尚的人来实行，否则，再好的道德原则、法律法规都不能很好地落到实处。这就要求君子要"尊德性而道问学，致广大而尽精微，极高明而道中庸"。最后指出君子既要不失其道，也要运用智慧保护好自己，不做无谓之牺牲。

第二十五章

【主旨】 君子之道应该做好三件大事。

【原文】

王天下⁽¹⁾有三重⁽²⁾焉，其寡過矣乎！上焉者⁽³⁾雖善無徵，無徵不信，不信民弗從；下焉者⁽⁴⁾雖善不尊，不尊不信，不信民弗從。故君子之道，本諸身，徵諸庶民，考諸三王而不缪⁽⁵⁾，建諸天地而不悖，質諸鬼神而無疑，百世以俟聖人而不惑。質諸鬼神而無疑，知天也；百世以俟聖人而不惑，知人也。是故君子動而世爲天下道，行而世爲天下法，言而世爲天下則。遠之則有望，近之則不厭。《詩》曰："在彼無惡⁽⁶⁾，在此無射⁽⁷⁾；庶幾夙夜，以永終譽。"君子未有不如此，而蚤⁽⁸⁾有譽於天下者也。

【注释】

（1） 王（wàng）天下：以王道治理天下，统治天下。王，动词。

（2） 三重（zhòng）：要重视三件大事，指议礼、制度、考文。

（3） 上焉者：在上位的人，即君王。

（4） 下焉者：在下位的人，即臣子。

（5） 缪：通"谬"，谬误。

（6） 恶（wù）：厌恶，厌倦。

（7） 射（yì）：《诗经》本为"斁"，厌弃之意。

（8） 蚤：通"早"。

【读解】

本章强调治理天下的君子之道，即在上位者要以自身的修养为根本，以身作则，诚信服人，知天知人，使自己的言行经得起历史考验，被天下人世世代代所遵奉，成为万世不易的准则。有位的君子，一方面要发号施令、制订制度，另一方面又要自觉加强自身道德修养、努力提高执政能力、虚心征求民众意见并恭敬地学习古代圣贤的治国经验。只有这样才能成为有位、有为、有畏的君主，才能把国家真正治理好，而他本人也就自然而然得到民众由衷的尊敬爱戴。没有人能够在不加强自身修养、不多方面学习的情况下反而得到天下人赞誉的。

第二十六章

【主旨】 盛赞孔子品德，倡导万物并育而不相害，道并行而不相悖。

【原文】

仲尼祖述⁽¹⁾堯舜，憲章⁽²⁾文武；上律⁽³⁾天時，下襲⁽⁴⁾水土。辟⁽⁵⁾如天地之

無不持載，無不覆幬⁽⁶⁾。辟如四時之錯行⁽⁷⁾，如日月之代明。萬物並育而不相害，道並行而不相悖，小德川流，大德敦化，此天地之所以爲大也。

【注释】

(1) 祖述：效法、遵循前人的思想、品德和行为。

(2) 宪章：效法宣扬。

(3) 律：取法，效法。

(4) 袭：因循，顺从。

(5) 辟：通"譬"。

(6) 覆幬（dào）：覆盖。

(7) 错行：更迭运行。

【读解】

本章盛赞孔子与天地同德。其思想和德行，像天地日月那样盛大光明，灿烂辉煌。又由人及天，指出天地之所以伟大，就在于它能使"万物并育而不相害，道并行而不相悖"，使小的德行像河水一样长流不息，泽润四方，大的德行敦化天下，厚生万物，盛大无穷。赞天地化育万物之大德。

第二十七章

【主旨】 圣人德行配天。

【原文】

唯天下至聖爲能聰明睿知⁽¹⁾，足以有臨⁽²⁾也；寬裕溫柔，足以有容也；發強剛毅，足以有執也；齊莊中正，足以有敬也；文理密察，足以有別⁽³⁾也。溥⁽⁴⁾博淵泉，而時出之。溥博如天，淵泉如淵。見而民莫不敬，言而民莫不信，行而民莫不說。是以聲名洋溢乎中國，施及蠻貊⁽⁵⁾。舟車所至，人力所通，天之所覆，地之所載，日月所照，霜露所隊⁽⁶⁾，凡有血氣者，莫不尊親，故曰配天。

【注释】

(1) 知：通"智"。

(2) 临：居上临下，君临天下。

(3) 别：明辨正邪是非。

(4) 溥（pǔ）：广大，普遍。

(5) 貊（mò）：古代称东北方的民族。

(6) 队（zhuì）：通"坠"，坠落。

【读解】

本章接上章赞扬孔子与天同德的话进一步赞扬了圣人的德行可以与天媲美。至圣之人聪明

NOTE

睿智而可以君临天下，宽厚温柔而可以包容万物，刚健有为而能决断大事，庄重正直而能受到赞赏，条理清晰严密而能明辨是非正邪，其美德广博而深厚，老百姓莫不敬佩其仪容，莫不信服其言谈，莫不称赞其行动，天下所有人都尊崇他、亲近他。圣人具有这样"智、仁、勇"的德行，真是与天地日月同光。

第二十八章

【主旨】 至诚之人立天下之大本。

【原文】

唯天下至誠，爲能經綸⁽¹⁾天下之大經，立天下之大本，知天地之化育。夫焉有所倚？肫肫⁽²⁾其仁！淵淵其淵⁽³⁾！浩浩其天⁽⁴⁾！苟不固聰明聖知達天德者，其孰能知之？

【注释】

（1）经纶：原指纺织前整理丝线的工序。朱熹《中庸章句》认为："经者，理其绪而分之；纶者，比其类而合之也。"此处引申为规划、制定之意。

（2）肫肫（zhūnzhūn）：真挚诚恳的样子。

（3）渊渊其渊：指圣人的思想像潭水一样幽深。渊渊，水幽深的样子。

（4）浩浩其天：指圣人的美德像苍茫的天空一样广阔。浩浩，原指水浩淼广大的样子，此处引申为天空的广大浩阔。

【读解】

本章认为，只有道德修养达到至诚境界的人，才能谋划、制定治理天下的基本纲领，确立治理天下的根本原则，知道天地万物化生繁育的道理。要做到这一点，除了至诚，就没有什么别的依靠了。这里表现了原始儒家德智并重的取向和一种天生圣人、圣人超群、圣人创世的思想。

第二十九章

【主旨】 君子笃恭而天下平。

【原文】

《詩》曰："衣錦尚絅⁽¹⁾。"惡其文⁽²⁾之著也。故君子之道，闇然⁽³⁾而日章⁽⁴⁾；小人之道，的然⁽⁵⁾而日亡。君子之道，淡而不厭，簡而文，溫而理。知遠之近，知風之自，知微之顯，可與入德⁽⁶⁾矣。《詩》云："潛雖伏矣，亦孔之昭。⁽⁷⁾"故君子內省不疚，無惡於志⁽⁸⁾。君子所不可及者，其唯人之所不見乎？《詩》云："相在爾室，尚不愧于屋漏。⁽⁹⁾"故君子不動而敬，不言而信。《詩》

曰："奏假無言，時靡有爭。⁽¹⁰⁾"是故君子不賞而民勸，不怒而民威於鈇鉞⁽¹¹⁾；《詩》曰："不顯惟德，百辟其刑之。⁽¹²⁾"是故君子篤恭而天下平。《詩》曰："予懷明德，不大聲以色。"子曰："聲色之於以化民，末也。"《詩》曰："德輶如毛⁽¹³⁾。"毛猶有倫⁽¹⁴⁾。"上天之載，無聲無臭"，至矣！

【注释】

（1）衣（yì）锦尚絅（jiǒng）：穿着华丽的衣服，又在外面加上罩衫。衣，穿。尚，加上，罩上。絅，罩在外面的单衣。

（2）文：花纹，纹饰。

（3）闇（àn）然：即暗然，暗淡不起眼的样子。

（4）章：通"彰"，彰显，显露。

（5）的（dì）然：鲜明的样子。

（6）入德：进入到圣人的道德境界。

（7）潜虽伏矣，亦孔之昭：鱼儿虽然潜伏在水底，也能被看得很清楚。孔，很。昭，明白。

（8）无恶于志：无愧于自己的志向。无恶，无愧。

（9）相在尔室，尚不愧于屋漏：看你独处房中，也心地光明而无愧于天。相，看，观察，注视。屋漏，指古代室内西北角祭祀神灵的隐蔽之处。不愧屋漏喻指君子慎独，心地光明，不暗中起坏念头和做坏事。

（10）奏假（gé）无言，时靡有争：奏乐祈祷，感通神灵，肃敬无言，没有争执。奏，进奉。假，朱熹《中庸章句》认为同"格"，意为感通。靡，没有。

（11）鈇钺（fūyuè）：刀和斧子，喻指刑戮。

（12）不（pī）显惟德，百辟（bì）其刑之：充分彰显你的美德，诸侯就会效法。不，通"丕"，大。辟，君主。刑，通"型"，效法，示范。

（13）德輶（yóu）如毛：用德行教化人民，如羽毛一样轻而易举。輶，古代一种轻便车，此处引申为轻。

（14）毛犹有伦：毛虽轻，还是有类别可比的。伦，比较，类比。

【读解】

本章以总结的形式再次强调了儒家以德修身、以德立人、以德感人、以德服人、以德治国平天下的基本立场，突出了儒家坚持道德至上和内心自觉的价值原则。并特别指出身教重于言传，统治者的以身作则、率先垂范在社会道德教化中起着关键性的作用。作者广泛援引《诗经》以进一步总结性地阐述君子应具备的品质：君子处世外表简朴平淡，不刻意表现自己，但却具有内在的文采和意味，美德日益彰显；君子经常在内心深处反省自己，使自己哪怕在独处的时候也没有一丝邪念，从而做到问心无愧；君子的道德修养高远深厚，无所表现也能受人尊敬，不信誓旦旦也能彰显诚实；君子的美德，如春雨润物细无声，真正是最高的境界。

NOTE

【知识链接】

北宋天圣五年（1027）四月二十一日，18 岁的仁宗皇帝在琼林苑宴见新科及第进士 197 人（后来被戏说为家喻户晓的"包青天"包拯即名列其中）。这次宴见的议程之一是年轻的仁宗皇帝向新科进士们赐御书《中庸》篇各一轴，并由当朝宰相张知白逐句宣读讲解。这次宴见，这个议程，这种御赐礼器身份，改变了《中庸》的历史命运，推动了儒学的义理转向，由此也带出了一个纷争千年的无头悬案，这就是《中庸》的作者归属和成书时间。

《中庸》的作者是孔子的嫡孙子思，成书于孟子之前的战国初期，这种看法在两宋之前很长一段时间里几乎是无疑之"定论"。但中国文人学者向来有钱锺书在《中国诗与中国画》中所说的"暴发户造谱牒或者野孩子认父亲"的返根情结。《中庸》就像一夜成名的人一样，天圣五年之后，其"谱牒"或"父亲"开始受到前所未有的关注。有些人竭力要造《中庸》的谱牒，由此形成了儒家的道统；有些人则要毁《中庸》的谱牒，由此形成居心各异的一拨拨反对派或怀疑派。道统及"敌人"皆可谓持之有故，言之成理，据理力争，各执己见，但聚讼千年却莫衷一是，因为每一方都拿不出压倒性的铁证。简单地说，关于《中庸》的作者与成书，历史上有三派三种说法：一是传统派，认为《中庸》是子思所述，子思门人编定，成于先秦；二是怀疑派，认为《中庸》是秦汉儒生伪作，并托名子思；三是折中派，认为《中庸》文本可分而言之，一部分为子思述之、门人订之，一部分为秦汉儒生重新整理，并间杂其语。

三派结论虽然简单，但辩难相当复杂。其辩难的焦点，主要集中于《中庸》中"三同""华岳""仲尼"等字句说法及《中庸》前后两分文体不一、遣词造句有秦汉痕迹、思想虚高不类孔孟、晚周诸子不称引《中庸》等方面。如在"三同"的争论方面，宋代的王十朋就认为战国之世，周主失色，诸侯纷争，各自为政，是典型的分裂乱世，要实现车同轨、书同文、行同伦的一统景象绝无可能。而《中庸》第二十八章中却有"今天下，车同轨、书同文、行同伦"的所谓"三同"说，因此说《中庸》是战国时期的子思所作，便大可怀疑。而朱熹则认为周代就有书同文、车同轨，并不是秦的首创，因此不能因为《中庸》中有"三同"的说法就认为是后人托名子思的伪作。

——杨少涵《中庸原论：儒家情感形上学之创发与潜变》，

社会科学文献出版社 2015 年版，第 377～408 页

【实践讨论】

1. 结合今天人类生态危机如中国北方城市严重的雾霾，谈谈你对"致中和，天地位焉，万物育焉"这一说法的理解。

2. 谈谈《中庸》中提出的治天下国家九经的现实启示。

【参考书目】

1. 影印（清）阮元校刻本《十三经注疏》，上海古籍出版社 1997 年版。

2.（宋）朱熹《宋本大学章句宋本中庸章句》，国家图书馆出版社 2016 年版。

3. 王国轩《大学·中庸·孝经》，中华书局 2012 年版。

4. 丁联、曾振宇《大学中庸新注》，人民出版社 2015 年版。

第十讲　《论语》导读
——礼义廉耻，进退人生

【知识导入】

《论语》是记载孔子及其学生言行的一部书。

孔子（公元前 551—公元前 479），名丘，字仲尼，春秋时鲁国陬邑（今山东曲阜）人。儒家学派创始人，中国古代著名的思想家、政治家、教育家，对中国思想文化的发展有极其深远的影响。

孔子的祖先原为宋国贵族，后因避宫廷祸乱而迁居鲁国。孔子的父亲是一名武士，虽跻身于贵族之列，但地位很低。孔子三岁时，父亲便去世了，他跟着母亲颜徵在过着贫困的生活。孔子年轻时做过"委吏""乘田"一类的小官。鲁定公时，孔子曾任中都宰、大司寇（主管司法，与司徒、司马、司空三卿并列）。鲁定公十二年（公元前 498 年），孔子"由大司寇行摄相事"，"与闻国政"（《史记·孔子世家》），政治生涯到达顶峰。由于与当时主宰鲁国政权的季孙氏、叔孙氏、孟孙氏三家政治观点不和，孔子便离开鲁国周游列国，希望在别的国家实现自己的政治抱负。他先后到了卫、宋、陈、蔡、楚等国，都没有受到重用，晚年回到鲁国，一心一意讲学和整理古代文献资料。孔子曾整理删定《诗》《书》等，并根据鲁国史官所记《春秋》加以删修，使之成为中国第一部编年体历史著作。孔子讲学，学生多达 3000 人，其中著名的有 72 人（所谓"三千弟子，七十二贤人"）。

《论语》在十三经中篇幅较短，仅次于《孝经》。全书共 20 篇，507 章，共 15919 字。东汉经学家赵岐在《孟子题辞》中称："七十子之畴，会集夫子所言，以为《论语》。《论语》者，五经之錧辖，六艺之喉衿也。"清末学者唐晏在其所著《两汉三国学案》卷十中，也对《论语》做出了极高的评价："群经之锁钥，百代之权衡也。"这些评价充分说明了《论语》一书在中华民族形成过程中，对构成民族文化共同心态曾经起过积极的作用。

司马迁在《史记·仲尼弟子列传》中论述孔子答弟子及他人询问时，曾列举《论语》的两种原名云："学者多称七十子之徒，誉者或过其实，毁者或损其真，钧之未睹厥容貌，则《论》言弟子籍，出孔氏古文，近是。余以弟子名姓文字悉取《论语》弟子问并次为篇，疑者阙焉。"《史记》同篇述《古论》又云："出孔氏古文。"今按《汉书·艺文志》所载："《论语》古二十一篇，出孔氏壁中。"《史》《汉》所载彼此相合。又《史记·封禅书》单称《论语》为《传》，还有单称为《论》者。王充《论衡·正说篇》云："说《论》者皆知说文解语而已……时尚称书难晓，名之曰《传》，后更隶写以传诵。初孔子孙孔安国以教鲁人扶卿，官至荆州刺史，始曰《论语》。"《汉书·艺文志》云："《论语》者，孔子应答弟子、时人及弟子相与言而接闻于夫子之语也。当时弟子各有所记。夫子既卒，门人相与辑而论纂，故谓之《论语》。汉兴，有齐、鲁之说。传齐《论》者，昌邑中尉王吉、少府宋畸、御史大夫贡禹、尚书令五鹿充宗、胶东庸生，唯王阳名家（师古曰：王吉，字子阳，故谓之王阳）。传鲁《论语》者，常山都尉龚奋、长信少府夏侯胜、丞相韦贤、鲁扶卿、前将军萧望之、安昌侯张禹，皆名家。张氏最后而行于世。”

《论语》成书的时间，近人杨伯峻认为：“《论语》的著笔当开始于春秋末期，而编辑成书，则在战国初期。”杨氏在这段话的注释中转引日本学者山下寅次的《〈论语〉编纂年代考》，以为在公元前479年（孔子卒年）至前400年（子思卒年）之间。按此说与唐人柳宗元《论语辩》所涉及的时间人物大体一致，柳氏云：“孔子弟子，曾参最少，少孔子四十六岁。曾子老而死，是书记曾子之死，则去孔子也远矣。曾子之死，孔子弟子略无存者矣。吾意曾子弟子之为之也。何哉？且是书载弟子必以字，独曾子、有子不然。由是言之，弟子之号之也。”柳氏之辩，证明曾子之弟子孔伋（子思）对《论语》做过增补，因而对曾参尊称为“曾子”。将柳氏之辩与《汉书·艺文志》之论断结合起来看，《论语》的成书是孔子的弟子及再传弟子“相与辑而论纂”与增补修订而不断完善的。

《论语》为论说散文集。全书分为二十篇，取篇首二三字为篇名。全书记载了孔子及其弟子等的一些言论和活动情况，从多方面反映了孔子的思想和为人，内容十分丰富，主要表现在以下几个方面。

（一）以爱人为核心的仁德

孔子思想的主要内容是“仁”，此字在《论语》中出现计109次，其含义广泛又灵活多变，给后人见仁见智的理解提供了多种可能。这就要从儒学系统对孔子阐发“仁”的不同境界与理想加以探索考察，方能知其底蕴。孔子依据人的主体意识，将周公以来礼乐文化的内在根源完全归结为“仁”，使“仁”成为礼乐的核心和人际关系的根本，强调“仁者爱人”与“克己复礼为仁”。

（二）以法先王为基础的礼论

孔子处在礼坏乐崩、天下无道的动乱年代。《论语》中所讲的礼多为“周礼”，即在周初确定的一整套典章、制度、规矩、仪节。其基本特征是上层建筑、意识形态直接来自原始文化：一方面有上下等级、尊卑长幼等严格秩序规定，使原始氏族全民性礼仪变为少数贵族垄断；另一方面，因经济基础继承氏族共同体的基本社会结构，该“礼仪”大体仍保存着原始的民族成分。这种情况，直至流传到汉代的三礼之首的《仪礼》，其首篇《士冠礼》，实为原始氏族社会共有的“成丁礼”及“入社礼”的延续。《论语·乡党》云：“乡人饮酒，杖者出，斯出矣。”这句话也反映了这种古老礼仪在当时的施行情况。杨宽《古史新探》认为这种礼仪“不仅是一种酒会中敬老者的仪式，而且具有元老会议的性质，这在我国古代政权机构中有一定地位”。古代的礼仪相当于后世的法律，实即未成文的习惯法，殷周时代逐渐变为替氏族贵族服务的专利品。孔子对周礼的态度，也反映了对氏族统治体系及其所保留的原始礼仪的维护。礼的起源及其核心是尊敬、祭祀祖先，其后扩展为对人及与人相关的吉、凶、军、宾、嘉各种礼仪制度。以孔子为代表的儒家，正是由原始礼仪巫术活动的组织者领导者（巫、尹、史）演化来的“礼仪”的专职监督保存者。章学诚认为古礼之集大成者为周公而非孔子，并谓“孔子之大，学周礼一言，可以蔽其全体”（《文史通义·原道下》，中华书局1985年5月版）。孔子说自己“述而不作”（《述而》），其所述多为周礼，并对制定《周礼》的周公甚为尊崇怀念。孔子对西周礼仪及周公怀念向往，对传统礼仪维护和尊崇，对劳动人民也倡导礼教，使人心归服，取信于民。

孔子主张的礼，是对周礼进行过改造、有所损益的礼。周礼规定"礼不下庶人，刑不上大夫"，使礼为贵族阶级所专有，而孔子却主张对老百姓"齐之以礼"，将礼的实施范围扩大到庶民身上。这就是对周礼原则性的修正。

（三）完整充实的教育思想

在中华民族的教育史上，孔子被尊称为"至圣先师"，这个称号既中肯而又恰切，切合孔子作为中国首席教育家的地位和实际情况。孔子及其《论语》，对中国教育的影响极为直接而深刻远大。可以肯定地说，中国传统教育的基本理论及最宝贵的教学方法，都是孔子奠基的，都可以从《论语》中探得源头。《论语》中诸多有关教、学、思、问的言论事例，都是值得遵循研讨的。

孔子毕生大部分时间和主要精力用于讲学与从事著述。《史记·孔子世家》称："孔子以《诗》《书》《礼》《乐》教，弟子盖三千焉，身通六艺者，七十有二人。"孔子创办私学，是私人讲学的创始人之一，也是有系统地传播古代典籍的第一人。古代文化的流传直至后世的发展、扩大，都与孔子的贡献密切相关。孔子对文化教育的功绩和贡献可以概括为两方面：一是整理、保存了古代文化典籍；二是开创了私人自由讲学的风气，积累了丰富的教育经验，形成了比较系统的教育思想。其直接影响是战国诸子百家学派的兴盛，其长远影响是西汉独尊儒家之后，孔子的教育思想两千年来绵延不断，千古流传。

《论语》涉及哲学、政治、经济，教育、文艺等诸多方面，内容非常丰富，是儒学最主要的经典。语言精练而形象生动，是语录体散文的典范。历代注释《论语》者众多，其中影响比较大的注本有三国时魏国何晏《论语集解》、南朝梁代黄侃《论语义疏》、宋代邢昺《论语注疏》、朱熹《论语集注》、清代刘宝楠《论语正义》等。

本讲所据底本为中华书局 1980 年影印清代阮元校刻《十三经注疏》本。

《学而》节选

【主旨】本篇围绕立身处世这一中心问题展开，主要谈论由孝而忠等修身问题，以论学为主，特别强调读书与做人之间的密切关系，强调学以致用。

【原文】

子⁽¹⁾曰："學而時習⁽²⁾之，不亦說⁽³⁾乎？有朋⁽⁴⁾自遠方來，不亦樂乎？人不知而不慍⁽⁵⁾，不亦君子乎？"

【注释】

（1）子：古人对男子的尊称。《论语》中"子曰"的"子"都是对孔子的称呼，义同"先生"。

（2）时习：学界对"时习"有三种理解。一指年岁言，古人六岁始学识字，七八岁教以日常简单礼节，十岁教书写计算，十三岁教歌诗舞蹈，此指年为时；二指季节言，古人春夏学诗乐弦歌，秋冬学书礼射猎，此指季节为时；三指晨夕言，温习、进修、游散、休息，依时为之。习者，如鸟学飞，数数反复。人之为学，当日复日，时复时，年复年，反复不已，老而无倦。（钱穆《论语新解》）

（3）说：同"悦"，高兴的意思。学能时习，所学渐熟，入之日深，心中欣喜也。

（4）朋：古时同门为朋，同志为友。

（5）愠：怒。

【读解】

本文是讲对待学习交友和他人能否理解的态度，正确理解本篇思想是认识孔子及《论语》全书关键所在。钱穆先生《论语新解》中对本章评析最为精当："孔子一生重在教，孔子之教重在学。孔子之教人以学，重在学为人之道。本篇各章，多务本之义，乃学者之先务，故《论语》编者列之全书之首。又以本章列本篇之首，实有深义。学者循此为学，时时反验之于己心，可以自考其学之虚实浅深，而其进不能自已矣。学者读《论语》，当知反求诸己之义。如读此章，若不切实学而时习，宁知不亦悦乎之真义？孔子之学，皆由真修实践来。无此真修实践，即无由明其义蕴。本章学字，乃兼所学之事与为学之功言。孔门论学，范围虽广，然必兼心地修养与人格完成之两义。学者诚能如此章所言，自始即可有逢源之妙，而终身率循，亦不能尽所蕴之深。此圣人之言所以为上下一致，终始一辙也。"

【原文】

有子[1]曰："其爲人也孝弟，而好犯上者，鮮[2]矣；不好犯上，而好作亂者，未之有也。君子務本，本立而道生。孝弟也者，其爲仁之本與[3]！"

【注释】

（1）有子：孔子的学生，姓有，名若。

（2）鲜：少。

（3）与：同"欤"，语气词。

【读解】

本文阐述孝道，认为孝悌是实行仁道的根本，孝顺父母、尊敬兄长是实行仁义的根本。孝悌作为政治秩序的根本，人们由孝悌而守礼、敬上，社会秩序才能得到保障。这实际上是《大学》"齐家治国平天下"的道理，也就是孟子去见梁惠王时所说的"老吾老以及人之老，幼吾幼以及人之幼，天下可运于掌"（《孟子·梁惠王上》）。因此，在儒家学说中，一个人对父母是否孝顺，对兄长是否尊敬，不是个人问题，也不是家庭问题，而是关系到社会是否安定、天下是否太平的大问题。

【原文】

曾子[1]曰："吾日三省[2]吾身，爲人謀而不忠乎？與朋友交而不信乎？傳[3]不習乎？"

【注释】

（1）曾子：孔子的学生，名参，字子舆。

NOTE

（2）三省：多次自我反省。"三"表示多次，不是实指。

（3）传（chuán）：动词作名词用，指老师传授的学业。

【读解】

本文强调儒家最为重视的修己问题，讲儒家倡导的一日数次的反省功夫，儒者的自我反省是为现世的自我完善而进行的人格解剖，因此，是一种现实的自我认识，具有鲜明的理性思辨精神。正如朱熹所言："日省其身，有则改之，无则加勉。"

【原文】

子曰："弟子(1)入则孝，出则弟(2)，谨而信，汎爱众，而亲仁(3)。行有餘力，则以学文。"

【注释】

（1）弟子：指学生或年纪幼小的人。

（2）入则孝，出则弟：古代父子分别住在不同的居处，学习则在外舍。《礼记·内则》："由命士以上，父子皆异宫。""入"指"入父宫"，即到父母的房间里去；"出"指"出己宫"，即走出自己的房间与兄弟相处。

（3）亲仁：亲近有仁德的人。

【读解】

本文按照刘宝楠《论语正义》的观点是阐述品德和学问的关系，即讲做人第一、学问第二。刘氏曰："此章明人以德为本，学为末。"首先是修养品德，其次才谈得上学习知识。如果要学习文化知识，精通学问之道，也只有从做人的体会、人生的经验入手，才能够学有所成、学以致用。

【原文】

子夏(1)曰："贤贤易色(2)；事父母，能竭其力；事君，能致(3)其身；与朋友交，言而有信。虽曰未学，吾必谓之学矣。"

【注释】

（1）子夏：孔子的学生，姓卜，名商，字子夏。

（2）贤贤易色：指看重贤德而不以女色为重。第一个"贤"字用作动词，尊重。"易"有两种解释：一是改变的意思，此句即为尊重贤者而改变好色之心；二是轻视的意思，即看重贤德而轻视女色。

（3）致：献纳，尽力。

【读解】

本文子夏所论述的依然是处世为学之道，分别论说了对待妻子、父母、君上、朋友所应有的态度，同时也讲了衡量学习与否的标准，儒家衡量学习与否的标准是看行为和言谈举止。孔子说："行有余力，则以学文。"子夏说："虽曰未学，吾必谓之学矣。"这些都是教人求实务本，先做人，后做学问。

NOTE

【原文】

曾子曰："慎终(1)追远(2)，民德归厚矣。"

【注释】

(1) 终：指丧礼。言人死为终，这里指亲人的去世。

(2) 远：指祭礼言。死者去不复返，抑且益去益远。死者去我日远，能时时追思之不忘，而后始有祭礼。追远指追思祖先的祭礼。

【读解】

本文论述孝道及其对改善民风的作用。孝道可使民风淳朴，慎终追远是孝道的体现，按照儒家"孝弟也者，其为仁之本与"，这就是仁道的根本。关于忠、孝的道德观念，在《论语》书中时常出现，表明儒家十分重视忠孝等伦理道德观念，希望把人们塑造成有教养的忠孝两全的君子。这是与春秋时代宗法制度相适应的。只有做到忠与孝，社会与家庭才可以得到安定。

【原文】

有子曰："礼之用，和为贵。先王之道，斯(1)为美，小大由之。有所不行，知和而和，不以礼节(2)之，亦不可行也。"

【注释】

(1) 斯：此，这。

(2) 节：节制，约束，限别义。如竹节，虽一气相通，而上下有别。

【读解】

本文表现了儒家"以和为贵""以礼节和"的礼治主张，阐述了"和"与"礼"的辩证关系。礼本来指的是区别尊卑贵贱的等级制度及与之相应的礼节仪式。《礼记·中庸》："喜怒哀乐之未发谓之中，发而皆中节谓之和。"近人杨树达《论语疏证》认为："事之中节者皆谓之和，不独喜怒哀乐之发一事也。和，今言适合，言恰当，言恰到好处。"按照儒家的礼治观点，礼的推行和应用要以和谐为贵，就是要人们在遵守礼法的前提下和睦相处。礼贵得中，知有所节，能得中庸之常道，不偏不倚，恰到好处。要保持"和"，重要的是守礼、有道。

【原文】

子曰："君子食无求饱，居无求安，敏于事而慎于言，就有道(1)而正(2)焉，可谓好学也已。"

【注释】

(1) 就有道：接近德才兼备的人。

(2) 正：改正，修正。

【读解】

本文论述人不能追求物质享受，应加强君子的道德修养。孔子认为，一个有道德的人，不应当过多地讲究自己的饮食与居处，在工作方面应当勤劳敏捷、谨慎小心，而且能经常检讨自己，请有道德的人对自己的言行加以匡正。安贫乐道，不重视物质生活享受却追求精神境界的升华；多做少说；以他人为镜来改正、修养自己。做到这些，就可以称得上是好学的人，

【原文】

子曰："不患(1)人之不己知(2)，患不知人也。"

【注释】

(1) 患：忧虑；担心。

(2) 不己知："不知己"的倒装。

【读解】

本文如邢昺《论语疏》所言："此章言人当责己而不当责人。"孔子教育人们应当立足自身，为人处世首先反省自己而不是责备别人，正如在《学而》第一章所言："人不知而不愠，不亦君子乎？"而且又在这末尾的一章里再次语重心长地说："不患人之不己知，患不知人也。"全篇恰好首尾照应。

《为政》节选

【主旨】 本篇主要谈的是为政之道，围绕实行德政展开，具体谈论了为政必须注重教化，以道德感化和教育民众；为政必须任人唯贤，实行德政，并论述了贤人君子所应有的品质。

【原文】

子曰："爲政以德，譬如北辰(1)居其所而眾星共(2)之。"

【注释】

(1) 北辰：北极星。

(2) 共：同"拱"，环抱，环绕。

【读解】

本文是全篇的总纲，孔子认为为政主要就是教化，教化的工具就是道德。上文讲述了两个儒家的政治问题：一是德治的主体问题，主张为政者必须有德，因以治国，而非强民有德；二是为政者如何以德治国，主张为政者以德行教育感化百姓。德治正是儒家政治的特色，也是中国古代政治的特色。

【原文】

子曰："道(1)之以政，齊(2)之以刑，民免(3)而無恥；道之以德，齊之以禮，有恥且格(4)。"

【注释】

(1) 道：同"导"，训导、引导、领导的意思。

(2) 齐：整治。

NOTE

（3）免：避免罪责。

（4）格：至。在上者以德化之，又能以礼齐之，在下者自知耻所不及，而与上同至其所。格又有"正"义，如今言格式、规格。在下者耻所不及，必求达在上者所定之标准。二义相通。（钱穆《论语新解》）

【读解】

本文论述以德、礼治理社会，才能使人民知耻，从而心悦诚服，自觉遵守礼制，达到天下大治。孔子在此举出两种截然不同的治国方针。孔子认为，刑罚只能使人避免犯罪，不能使人懂得犯罪可耻的道理；而道德教化比刑罚要高明得多，既能使百姓循规蹈矩，又能使百姓有知耻之心。这反映了道德在治理国家时有不同于法制的特点。这里的德治与法治，实际上说的是儒家政治与刑政政治的区别：儒家政治主张德治，以道德和礼教约束民众；刑政政治主张法治，以政令、刑法驱遣民众。

【原文】

子曰："吾十有⁽¹⁾五而志於學，三十而立⁽²⁾，四十而不惑⁽³⁾，五十而知天命，六十而耳順⁽⁴⁾，七十而從心所欲，不逾矩。"

【注释】

（1）有：同"又"，古人在整数和小一位的数字之间习惯用"有"字，而不用"又"字。"十有五"即"十五"。

（2）立：自立。

（3）不惑：不迷惑。

（4）耳顺：何晏《论语集解》引郑玄注云："耳闻其言，而知其微旨。"这里指能明辨逆耳的忠言和乱德的"巧言"。

【读解】

本文是孔子自述人生各阶段的不同境界。每个人生命的历程虽然各不相同，但立身进德、明志求道十分重要。

【原文】

子游⁽¹⁾問孝。子曰："今之孝者，是謂能養。至於⁽²⁾犬馬，皆能有養。不敬，何以別乎？"

【注释】

（1）子游：孔子的学生，姓言名偃，字子游。

（2）至于：就连、就是，表示提到另一件事。

【读解】

本文论述孝道。"敬"是孔子思想的重要概念，孔子从人与禽兽的区别角度指出为孝必敬，是从人的本质属性切入，孝道的根本不在于赡养父母，而在于要有孝心。正如孟子所言："人之所以异于禽兽者几希，庶民去之，君子存之。"（《孟子·离娄下》）

NOTE

【原文】

子曰："视其所以，观其所由，⁽¹⁾察其所安⁽²⁾。人焉廋⁽³⁾哉？人焉廋哉？"

【注释】

(1) 视其所以，观其所由：何晏《论语集解》云："以，用也，言视其所行用；由，经也，言观其所经从。"

(2) 所安：所赖以安身立命者。

(3) 廋（sōu）：隐藏，隐匿。

【读解】

本文记述了孔子观察人的方法，可以与《大戴礼记·文王官人》"考其所为，观其所由，察其所安，以其占其后，以其见占其隐，以其小占其大，此之谓视中也"对读。孔子认为，对人应当听其言而观其行，还要看他做事的心境，从言论、行动到内心，全面了解、观察，那么这个人就没有什么可以隐藏的。

【原文】

子曰："温故⁽¹⁾而知新，可以为师矣。"

【注释】

(1) 温故：温习旧知识。"故"字有两解：一曰旧所闻，昔所知为故，今所得，新所悟为新；一曰故，如故事、典故。《礼记·中庸》："君子尊德性而道问学，致广大而尽精微，极高明而道中庸，温故而知新，敦厚以崇礼。"

【读解】

本文温故而知新的法则适用于很多方面，"学而时习之，不亦说乎？"悦在哪里？就在"温故而知新"。钱穆先生指出："本章新故合一，教学合一，温故必求知新，能学然后能教。若仅务于记诵稗贩，不能开新，即不足以任教。义蕴深长。"

【原文】

子曰："君子不器⁽¹⁾。"

【注释】

(1) 器：本指器皿。朱熹《四书章句集注》注曰："器者，各适其用而不能相通。成德之士，体无不具，故用无不周，非特为一才一艺而已。"

【读解】

本文强调君子应该做一个通才，器皿各有所用，而君子进德修正，无论是做学问还是从政，都应该博学而才能广泛，努力使自己成为适应各个方面的通才。

【原文】

子曰："君子周⁽¹⁾而不比⁽²⁾，小人比而不周。"

【注释】

(1) 周：忠信合群。

（2）比（bǐ）：阿党偏私。

【读解】

本文讲述人应该与周围的人搞好关系，而不是互相勾结。能否做到这一点，是区分君子和小人的道德标准。《论语》每以君子、小人对举。孔子在本文中提出君子与小人的区别之一就是小人结党营私，与人相勾结，不能与大多数人融洽相处；而君子则不同，胸怀广阔，与众人和谐相处。

【原文】

哀公[1]問曰："何爲則民服？"孔子對曰："舉直錯諸枉[2]，則民服；舉枉錯諸直，則民不服。"

【注释】

（1）哀公：鲁国的国君，姓姬名蒋，鲁定公的儿子，在位 27 年（公元前 494—公元前 466）。"哀"是谥号。

（2）举直错诸枉：举，提拔。直，正直，这里指正直的人。错，同"措"，有两解。一谓废置之，则当云"举直错枉""举枉错直"，似多两诸字；一谓错乃加置其上义，放置。枉，与"直"相对，这里指不正直的人。

【读解】

本文论述为政者要任贤使能，以直压枉、以正压邪，以顺应民心。只有这样，才能治国服人。

《八佾》节选

【主旨】 本篇主题是讨论"礼"及礼乐文化的政治意义和社会意义，内容包括丧礼、祭礼、射礼、乐歌、礼之本原及礼乐意义等，总体上属于礼乐文化或广义"礼"的范畴。

【原文】

孔子謂季氏[1]："八佾[2]舞於庭，是可忍也，孰不可忍也？"

【注释】

（1）季氏：鲁国正卿季孙氏，即季平子，当时鲁国三大权门之一。

（2）八佾（yì）：古代乐舞行列，一行八人叫一佾。按照周代礼制的规定，天子举行乐舞用八行人，叫八佾。诸侯用六佾。大夫只能用四佾。季氏为大夫，却用了八佾，这是对天子之礼的僭越。

【读解】

本文指斥季氏"八佾舞于庭"之举违背礼制，实即揭示了春秋末年"礼坏乐崩"的社会背景。孔子一生为维护周朝礼制而努力，面对这种局面，痛心疾首，发出沉重的感叹。

【原文】

　子曰："人而不仁，如禮何⁽¹⁾？人而不仁，如樂何？"

【注释】

（1）如礼何：拿礼怎么办，意即礼对他已没有什么意义了。下文"如乐何"义同。

【读解】

　本文专为上文季氏"八佾舞于庭"事而发，"八佾舞于庭"为僭制违礼之事，因此孔子讽刺之。孔子认为仁德是礼乐的前提，一个人如果失去了仁德，像季氏那样，僭越天子之礼，滥用天子之乐，那礼乐对他还有什么意义呢？

【原文】

　林放⁽¹⁾問禮之本。子曰："大哉問！禮，與其奢也，寧儉；喪，與其易⁽²⁾也，寧戚⁽³⁾。"

【注释】

（1）林放：鲁国人。

（2）易：此字有两解。一平易义，如地有易险，行于平易之地，其心轻放，履险则否，人之居丧，其心宁戚毋易；另一解，治地使平亦曰易，故易有治办义。

（3）戚：哀伤。

【读解】

　本文反映孔子认为礼不在奢侈铺张，而在于是否合乎规范、合乎礼仪，祭丧尤其如此。本文可与《孔子家语·论礼》篇中孔子论"五至三无"部分内容相印证。综合这些文献可以看出，孔子对待礼仪并不重礼文之奢华，而强调达礼之本原，提倡情感上的质朴与纯真。

《里仁》节选

【主旨】本篇主要围绕"仁"加以论述，讲述如何修德、修身，也有关于父子及乡里关系的论述。本篇是《论语》中记载孔子论"仁"最集中的一篇，对本篇的准确理解有助于正确认识孔子"仁"的思想。

【原文】

　子曰："里⁽¹⁾仁爲美。擇不處⁽²⁾仁，焉得知⁽³⁾？"

【注释】

（1）里：《说文》："里，居也。"这里作动词用，指居住。

（2）处：动词，与上文"里"同义。

（3）知：同"智"。

【读解】

　本文反映孔子选择居处以有无仁德之风为标准。"昔孟母，择邻处。子不学，断机杼。"

NOTE

（《三字经》）"孟母三迁"的故事已经是妇孺皆知。其实，它正好以生动形象的方式表达了孔子"里仁为美"的思想。荀子说："君子居必择乡，游必就士，所以防邪僻而近中正也。"（《劝学》）

儒家一贯重视居住环境，重视对朋友的选择。近朱者赤、近墨者黑，与有仁德的人住在一起，耳濡目染，就会受到仁德者的影响；反之，则不可能养成仁的情操。"里仁为美"就是强调环境对人的重要影响。

【原文】

子曰："君子之於天下也，無適(1)也，無莫(2)也，義之與比(3)。"

【注释】

(1) 适：通"敌"，引申为牴牾、抵触。
(2) 莫：通"慕"，贪慕。
(3) 比：紧靠，为邻。

【读解】

本文论君子待人之态度。孔子认为对待天下之人，应既无妄加抵触之念，也无贪慕之心，只是亲近仁义之人。这反映了孔子"毋必毋固"（《子罕》）、通权达变的思想。正如孟子对他的赞美："可以仕则仕，可以止则止，可以久则久，可以速则速。"（《孟子·公孙丑上》）只有"义"是唯一的标准。因此，孔子又被称为"圣之时"，是识时务的圣人。

【原文】

子曰："参(1)乎！吾道一以貫(2)之。"曾子曰："唯。"子出，門人問曰："何謂也？"曾子曰："夫子之道，忠恕而已矣。"

【注释】

(1) 参：曾参，孔子弟子。
(2) 贯：贯穿，贯通。如以绳穿物。孔子言道虽所指繁多，实可会通，归于一贯。

【读解】

本文阐述孔子一生中一以贯之的忠恕之道。什么是忠？什么是恕？曾子没有说，但孔子自己在别的地方有过解说。忠恕是孔子待人的基本原则，是一个问题的两个方面。"忠"是从积极的方面来说，也就是孔子在《雍也》篇里所说的"己欲立而立人，己欲达而达人"。而"恕"则是孔子在《卫灵公》篇里回答子贡的话："其恕乎！己所不欲，勿施于人。"

【原文】

子曰："君子喻(1)於義，小人喻於利。"

【注释】

(1) 喻：明白，知晓。君子于事必辨其是非，小人于事必计其利害。用心不同，故其所晓亦异。

【读解】

本文孔子论君子、小人之别，意在申明仁义。义与利的选择问题，这正如"君子怀德，小人怀土，君子怀刑，小人怀惠"一样，把"义"与"利"作为一对对立的范畴并列起来，二者不可兼得。要把"义"与"利"分别开来，并用君子和小人加以界限。其用心良苦，告诫人们应重"义"而轻"利"。

【原文】

子曰："事父母幾(1)谏。见志不从，又敬不违(2)，劳(3)而不怨。"

【注释】

(1) 几（jǐ）：轻微，婉转。

(2) 违：冒犯。

(3) 劳：忧愁。

【读解】

见父母有过错而不加以劝阻，是陷父母于不义之中，自己也是不义；劝阻而不恭敬委婉，是不孝。因此，要情理兼顾，做得恰到好处，这就是中庸之道。

【原文】

子曰："德不孤，必有邻。"

【读解】

本文与首章意思上有互相呼应的关系。首章孔子讲择仁而居，本文则从另一个角度论述有德者必有善邻，正如《周易·系辞上》所言："方以类聚，物以群分。"一方面，有道德的人自己有修养和风范，自然会影响周围的人，吸引周围的人成为同志和朋友。另一方面，有道德的人既已献身于道德学问，就会耐得住孤单和寂寞，即便暂时没有得到周围的人理解，也会在道德学问中、在先贤的思想和人格中找到志同道合的朋友。

《公冶长》节选

【主旨】 本篇记载了孔子对古今人物贤愚得失的评价，因首章所论人物为公冶长，故名《公冶长》，篇中前半部分为孔子评价弟子德行，后半部分主要是评论古今人物的得失长短，还有孔子自言其志的章节。通过对各种人物的评论，表达了孔子关于修养、为人、处世、从政等方面问题的看法。

【原文】

或曰："雍(1)也仁而不佞(2)。"子曰："焉用佞？御(3)人以口给(4)，屡憎於人。不知其仁，焉用佞？"

【注释】

(1) 雍：孔子的学生，姓冉，名雍，字仲弓，生于公元前 522 年。

(2) 佞（nìng）：口才之美为佞。

(3) 御：防御，对付。

(4) 口给：说话伶牙俐齿。给，足。

【读解】

本文阐述孔子对仁人在言语方面的要求，"仁"充实于内心，必然会在言语、神态、行为上有所表现，孔子说过"巧言令色，鲜矣仁"的话，又一再主张"敏于事而慎于言"。他认为人只要有仁德就足够了，根本不需要能言善辩、伶牙俐齿。孔门所重，在德不在佞。

【原文】

子謂子貢曰："女$^{(1)}$與回也孰愈$^{(2)}$？"對曰："賜也何敢望$^{(3)}$回？回也聞一以知十，賜也聞一以知二。"子曰："弗如也，吾與女弗如也！"

【注释】

(1) 女：即"汝"，你。

(2) 愈：更，胜过。

(3) 望：比。

【读解】

本文是对颜回悟性的高度评价。孔子强调学习要有悟性，要做到对知识融会贯通，才能举一反三。孔子对颜回的赞扬还有许多，比如说他大智若愚（《为政》）、安贫乐道（《雍也》）等，这里则主要是说他的禀赋聪明。子贡一半因为要和颜回作对比，一半因为在老师面前谦虚，所以说自己只能闻一知二。此处孔子希望其他弟子都能像颜回那样，刻苦学习，举一反三，由此及彼，在学业上尽可能事半功倍。

【原文】

宰予晝寢。子曰："朽木不可雕也，糞土之牆不可杇$^{(1)}$也！於予與$^{(2)}$何誅$^{(3)}$？"子曰："始吾於人也，聽其言而信其行；今吾於人也，聽其言而觀其行。於予與改是。"

【注释】

(1) 杇（wū）：饰墙之泥刀，指泥工抹墙的工具。此处作动词用，意同"粉刷"。

(2) 与：语气词，同"欤"，下文"于予与改是"中的"与"同义。

(3) 诛：责备。

【读解】

孔子强调学习要勤奋，人要"敏而好学""学而不厌"，反对懒惰。《论语》中孔子对"饱食终日，无所用心"之人多有斥责。宰予大白天睡觉，孔子斥责他"朽木不可雕也，粪土之墙不可杇也"。孔子还认为知人、识人不要看表象，要看是否言行一致、表里如一。

【原文】

子謂子產⁽¹⁾：“有君子之道四焉：其行己⁽²⁾也恭，其事上也敬，其養民也惠，其使民也義。”

【注释】

（1）子产：春秋时郑国的贤相，著名政治家。姓公孙，名侨，字子产，在郑简公、郑定公时执政 22 年，使郑国能够在晋国和楚国两大强国之间得到尊敬和保全。

（2）行己：自我修养。

【读解】

本文孔子赞美子产的品德。在儒家思想中，君子是理想人格的化身，也是个人品德修养完善的典型。孔子通过对子产的评价提出了作为政治家应该做到的四个方面：严于律己，忠于君上，以恩惠教养人民，以道义役使百姓。这四个方面既包含对人对己，又包含对上对下，是一个较为全面的评价和要求。

【原文】

子曰：“巧言、令色、足恭⁽¹⁾，左丘明⁽²⁾恥之，丘亦恥之。匿怨而友其人，左丘明恥之，丘亦恥之。”

【注释】

（1）足恭：何晏《论语集解》引孔安国注云：“足恭，便僻貌。”即十足的恭敬。

（2）左丘明：相传是《左传》的作者，但无确证。

【读解】

本文孔子提倡为人要正直坦率、言行一致、表里如一。在《学而》篇里，孔子曾说过：“巧言令色，鲜矣仁。”

【原文】

顏淵、季路侍⁽¹⁾。子曰：“盍⁽²⁾各言爾志？”子路曰：“願車馬衣輕裘⁽³⁾與朋友共，敝⁽⁴⁾之而無憾。”顏淵曰：“願無伐善⁽⁵⁾，無施勞。”子路曰：“願聞子之志。”子曰：“老者安之，朋友信之，少者懷之。”

【注释】

（1）侍：指立侍。若坐侍，则称侍坐。

（2）盍：“何不”的合音字。

（3）车马衣轻裘：此处误多一“轻”字，当作车马衣裘。（钱穆《论语新解》）

（4）敝：坏。

（5）伐善：夸耀自己的好处。伐，自夸。

【读解】

本文是子路、颜回、孔子各自表达自己的志向。朱熹在《四书集注》中引程子之语：“夫子安仁，颜渊不违仁，子路求仁。”又说：“子路、颜渊、孔子之志，皆与物共者也，但又小大之差

NOTE

尔。"又说："先观二子之言，后观圣人之言，分明天地气象。"他认为本文有"圣贤气象"。子路是豪侠之志，颜渊是仁者之志，道德修养非常高。一方面非常谦逊，不愿意表白自己的好处；另一方面要实行孔子所一再倡导并认为要终生奉行的恕道，不把劳苦的事施加给别人。一武一文的志向，一个豪爽，一个隐忍。而圣人孔子自己的志向则是"老者安之，朋友信之，少者怀之"。

《雍也》节选

【主旨】 本篇前半部分评论人物，与《公冶长》相同，后半部分泛论人生。宋代邢昺认为"此篇亦论贤人、君子及仁、知、中庸之德，大抵与前篇类，故以次之。"方骥龄《论语新诠》认为本篇重在论义行。其中有一些著名的论述，如"文质彬彬""敬鬼神而远之""智者乐水，仁者乐山"等已经成为千古名言。

【原文】

哀公問："弟子孰爲好學?"孔子對曰："有顏回者好學，不遷怒，不貳過。不幸短命死矣! 今也則亡，未聞好學者也。"

【读解】

本文孔子称颜渊好学，特举"不迁怒、不贰过"二事，足见孔门学问主要在修心为人。正如近人程树德所说："古人之学，在学为人。今人之学，在求知识。语云：士先器识而后文艺。不揣其本，而惟务其末，呜呼!"在孔子看来，"不迁怒、不贰过"是儒家学者的人生境界。

【原文】

子曰："賢哉，回也! 一簞[1] 食，一瓢飲，在陋巷，人不堪其憂，回也不改其樂。賢哉，回也!"

【注释】

(1) 簞：古人盛饭的圆形竹器，类似筐。

【读解】

本文孔子赞美颜回安贫乐道的乐观精神，《四书集注》朱熹引程子语："颜回之乐，非乐箪瓢陋巷也……箪瓢陋巷非可乐，盖自有其乐尔，其字当玩味，自有深意。"颜回所乐，就是安贫乐道，为了精神的追求而不在意物质生活的窘迫。孔子、颜回都是圣贤人物，安贫乐道，风情高达。

【原文】

子曰："質[1] 勝文[2] 則野，文勝質則史[3]。文質彬彬[4]，然後君子。"

【注释】

(1) 质：质朴。

(2) 文：文饰。

（3）史：虚浮不实。

（4）文质彬彬：今形容人文雅有礼貌。彬彬，相杂适中的样子。

【读解】

这段话可以从多种层次来理解和发挥。

大而言之，从文化人类学的角度来理解，"质"是指人类朴素的本质，"文"则指文化的累积。"质胜文则野"就是指人没有文化，就会像原始人一样粗野、落后。"文胜质则史"就是指文化过于发达后，人类失去了原来朴素的本质，显得虚浮而没有根基。因此要"文质彬彬"，文化的发展要与人类的本质相适应、相协调。

小而言之，从个人修养的角度来理解，"质"是指质朴的品质，"文"则是指文化的修养。"质胜文则野"就是指一个人没有文化修养就会显得很粗俗；"文胜质则史"就是指一个人过于文雅就会显得注重繁文缛节而不切实际。因此要"文质彬彬"，既要有文化修养，又不要迷失了本性，只有这样才能够称得上是真正的君子。

【原文】

子貢曰："如有博施於民而能濟眾，何如？可謂仁乎？"子曰："何事於仁，必也聖乎！堯舜其猶病諸(1)！夫(2)仁者，己欲立而立人，己欲達而達人。能近取譬，可謂仁之方也已。"

【注释】

（1）病诸：遗憾。

（2）夫：发语词，在句首起提挈作用。

【读解】

本文重点谈儒家学说中两个重要的道德范畴"圣"与"仁"。"圣"是儒家思想人格修养中最高的境界，是德行崇高且德仁兼备；"仁"是孔门道德修养中的核心标准。孔子认为"仁"可力致，"圣"则非力所能致也。"博施于民而能济众"，实际上就是圣人的境界，也就是孔子所说"必也圣乎"的境界，这当然不是一般人能做得到的；但反身而诚，由己及人，虽达不到博施济众，也能达到"仁"的境界。正如朱熹《论语集注》指出："由己及人，仁者之心也。"

《述而》节选

【主旨】本篇主要记述孔子本人的思想、志趣与行为，集中反映了孔子的思想理念、志向、行事。邢昺《论语注疏》认为："此篇皆明孔子之志行也，以前篇论贤人君子及仁者之德行，成德有渐，故以圣人次之。"本篇中有很多儒家的格言名句，如"述而不作""学而不厌，诲人不倦""举一反三""用人则行，舍之则藏""三人行，必有我师焉""君子坦荡荡，小人长戚戚"等。

【原文】

子曰："述而不作，信而好古，竊比于我老彭(1)。"

【注释】

(1) 窃比于我老彭：即"窃比我于老彭"。老彭，商朝的贤大夫。何晏《论语集解》引包咸说："老彭，殷贤大夫，好述古事。"

【读解】

本文是孔子对自己文化观的明确表达，也是本篇的核心思想。"述而不作，信而好古"虽然是孔子自谦之词，但这更是一种宏观的文化观念，所彰显的是孔子对文化事业的担当和抱负。正如《中庸》所云："仲尼祖述尧舜，宪章文武。"从孔子的实际文化活动来看，删《诗》《书》，定礼乐，赞《周易》，修《春秋》，的确都是编辑整理古代文化典籍，虽不是他自己的创作，却非常不简单，是"集群圣之大成而折衷之。其事虽述，其功则倍于作矣"（《论语集注》）。

【原文】

子曰："默而識(1)之，學而不厭，誨人不倦，何有於我哉?"

【注释】

(1) 识（zhi）：记，指不言而存之心。

【读解】

本文分别讲孔子的学与教，前两句讲学习，后一句讲教人。孔子不仅一个孜孜不倦的读书人，而且是一个勤勤恳恳的教育者。帛书《易传·缪和》篇载孔子曰："君子于仁义之道也，虽弗身能，岂能已哉？日夜不休，终身不倦，日日载载，必成而后止。"可与本文印证。

【原文】

子之燕居(1)，申申如也(2)，夭夭如也(3)。

【注释】

(1) 燕居：闲居，古代士大夫退朝而居叫燕居。
(2) 申申如也：仪态舒展的样子。如，形容词词尾，义同"然"。
(3) 夭夭如也：和乐喜悦的样子。

【读解】

本文记述孔子闲居在家时的"气象"，黄侃《论语义疏》引孙绰云："燕居无事，故云心内夷和外舒畅者也。"孔子在家闲居时仪态舒展自如，神色和乐喜悦，过着无忧无虑的生活，完全不是我们所想象的严肃庄重的样子。这是因为他虽然忧国忧民忧天下，但却不忧个人生活，在个人生活上抱着以平淡为乐的旷达态度，所以始终能保持爽朗的胸襟、舒展自如的心情。

【原文】

子曰："飯疏食(1)，飲水(2)，曲肱(3)而枕(4)之，樂亦在其中矣。不義而富且貴，於我如浮雲。"

【注释】

(1) 饭疏食：饭，这里作动词用，指吃饭。疏食，粗粮。

（2）水：古代以"汤"和"水"对举。"汤"指热水，"水"就是冷水。

（3）肱：上臂，这用泛指胳膊。

（4）枕：用作动词。

【读解】

本文可与孔子赞颜回"贤哉回也！居陋巷，一箪食，一瓢饮，人不堪其忧，回也不改其乐，贤哉回也"相对读，此即宋儒所谓"孔颜乐处"。这一段为夫子自道，可见其独立人格与"舍之则藏"之操守。孔子不以一己富贵为念，而时时关切天下、心系社稷，其造次、颠沛所为努力者，在求王道之治、天下大同。

【原文】

陈司败⁽¹⁾问："昭公⁽²⁾知礼乎？"孔子曰："知礼。"

孔子退，揖巫马期⁽³⁾而进之曰："吾闻君子不党⁽⁴⁾，君子亦党乎？君取⁽⁵⁾于吴，为同姓⁽⁶⁾，谓之吴孟子⁽⁷⁾。君而知礼，孰不知礼？"

巫马期以告，子曰："丘也幸，苟有过，人必知之。"

【注释】

（1）陈司败：陈，陈国。司败，即司寇，官名，主管司法。

（2）昭公：即鲁昭公，鲁国的国君。

（3）巫马期：孔子的学生，姓巫马，名施，字子期。

（4）党：这里是包庇、偏袒的意思。

（5）取：同"娶"。

（6）为同姓：鲁为周公之后，吴为太伯之后，都姓姬。

（7）吴孟子：当时国君夫人的称号一般是由其生长国家的国名加其本姓组成，如鲁娶于吴，这位夫人就应叫吴姬，但这样就明显地暴露出鲁昭公违反了"同姓不好"的礼法，所以改称为"吴孟子"，回避了姓姬的问题。"孟子"可能是这位夫人的字。

【读解】

本文乃孔子周游陈国时之事，通过"昭公是否知礼"的问答，彰显孔子"礼"的观念。鲁昭公娶同姓女为夫人，违反了礼的规定，而孔子却说他懂礼。这表明孔子的确在为鲁昭公祖护，即"为尊者讳"。孔子以维护当时的宗法等级制度为最高原则，故其自身出现了矛盾。在这种情况下，孔子又不得不自嘲似地说："丘也幸，苟有过，人必知之。"事实上，他已经承认偏袒鲁昭公是自己的过错，只是无法解决这个矛盾而已。

《泰伯》节选

【主旨】　本篇论古圣贤和记载曾子言行的内容较多，涉及政治、德行、学问等各方面的问题，集中记载了孔子对数位古代圣贤品德的颂扬，辅之以孔子之为政思想，体现儒门之政治品格与精神。

NOTE

【原文】

曾子曰："士不可以不弘毅⑴，任重而道遠。仁以爲己任，不亦重乎？死而後已，不亦遠乎？"

【注释】

⑴ 弘毅：指志向远大，意志坚毅。弘，大。毅，坚毅，弘毅。

【读解】

本文曾子论"士"最为有名，此乃儒家精神之最佳写照。《礼记·表记》中子曰："仁之为器重，其为道远。举者莫能胜也，行者莫能致也。取数多者，仁也。夫勉于仁者，不亦重乎？"可与曾子所言相印证。

【原文】

子曰："三年學，不至⑴於穀⑵，不易得也。"

【注释】

⑴ 至：这里指意念所至。
⑵ 谷：禄也。当时士皆以学求仕，三年之期已久，而其向学之心不转到谷禄上，为难能。

【读解】

所谓"学而优则仕"（《子张》），读书人向往当官吃俸禄。即使是孔子的学生，也有"子张学干禄"，专门向孔子学习当官吃俸禄的技巧。不过，在孔子看来，学习目的还是纯洁一点儿好，"学而时习之，不亦说乎"？为学问而学问，在求学中得到乐趣。

【原文】

子曰："篤信好學，守死善道⑴。危邦不入，亂邦不居。天下有道則見⑵，無道則隱。邦有道，貧且賤焉，恥也；邦無道，富且貴焉，恥也。"

【注释】

⑴ 善道：正确的学说，引申为真理。
⑵ 见：同"现"。

【读解】

本文孔子论为官之道、进退之理，"天下有道则见，无道则隐。"实际上还是"用之则行，舍之则藏。"（《述而》）只不过联系学与守、贫贱与富贵，作了更深入的阐发，使之具有更为坚实的基础和更为广阔的境界。这是孔子为官处世的一条重要原则。此外，他还提出应当把个人的荣辱与国家的兴衰联系起来。

《子罕》节选

【主旨】 本篇重点谈论个人的修养、人生的进退。宋代邢昺《论语疏》云："此篇皆论孔子之德行也，故以次《泰伯》尧、禹之至德也。"全篇围绕德行这一中心问题展开阐述。

【原文】

子罕[1]言利與命與仁。

【注释】

（1）罕：少。

【读解】

本文主要论述孔子对"利""命"与"仁"的态度。《论语》一书中讲"利"的只有六次，讲"命"的大致八到九次，应该说是谈得很少了，基本上主张"先义后利""重义轻利"，可以说孔子很少谈"利"。此外，本文说孔子赞同"命"和"仁"，表明他对此十分重视。孔子讲"命"，常将"命"与"天"相连，即"天命"，这是孔子思想中的一个组成部分。孔子还讲"仁"，这是其思想的核心。

【原文】

達巷黨[1]人曰："大哉孔子！博學而無所成名[2]。"子聞之，謂門弟子曰："吾何執？執御乎？執射乎？吾執御矣。"

【注释】

（1）达巷党：五百家为一党，达巷是党名。这是说达巷党这地方的人。

（2）无所成名：不好说在哪方面有特别著称的专长。

【读解】

在《为政》篇里，孔子曾经说过"君子不器"的话，要求君子不要像一个器皿一样，只能派某一方面的用场，而应该博学且才能广泛，努力使自己成为能适应各个方面的通才。在这里借达巷人的口告诉我们，孔子不仅是这样要求别人的，也是这样身体力行的。

【原文】

顏淵喟然[1]歎曰："仰之彌高，鑽之彌堅。瞻之在前，忽焉在後。夫子循循然善誘人，博我以文，約我以禮，欲罷不能。既竭吾才，如有所立卓爾[2]。雖欲從之，末由[3]也已。"

【注释】

（1）喟（kuì）然：叹息的样子。

（2）卓尔：挺立的样子。

（3）末由：不知从什么地方。

【读解】

本文讲述孔子在学生心目中是天纵之才，学问高深。这是孔门弟子的学习体会，对老师的学说崇敬而神往。"循循然善诱人"即"循循善诱"成语的由来。

【原文】

子在川上曰："逝者[1]如斯[2]夫！不舍晝夜。"

NOTE

【注释】

(1) 逝者：指流逝的时光。

(2) 斯：这里指"川"，即河水。

【读解】

孔子一方面感叹时光易逝，往事难再；另一方面以水为喻，勉励我们进德修业都应该像永不止息的河水一样，孜孜不已，不舍昼夜。

【原文】

子曰："苗而不秀⁽¹⁾者有矣夫！秀而不實者有矣夫！"

【注释】

(1) 秀：庄稼吐穗开花。

【读解】

苗而不秀、秀而不实都是半途而废。事实上，拿高标准、严要求来衡量，人生也就是这样，半途而废者大有人在。

孔子的意思是勉励弟子向颜渊学习，自强不息，死而后已，而不要半途而废。

【原文】

子曰："法語⁽¹⁾之言，能無從乎？改之爲貴。巽與之言⁽²⁾，能無說⁽³⁾乎？繹之爲貴。說而不繹，從而不改，吾末如之何也已矣。"

【注释】

(1) 法语：指严肃正告的话。法，严正。语，作动词用，告诉。

(2) 巽与之言：指恭维的话。巽，通"逊"，谦恭。与，称许。

(3) 说：同"悦"。

【读解】

本文是孔子传授弟子如何从交友中提升自己，见教在人而学在己。"法语之言"就是忠言，庄重的告诫。虽然听起来不顺耳，但却有利于行动。因此，听忠言的关键是牢记在心，落实在行动，诚意正心，正确听取他人言语。

【原文】

子曰："三軍⁽¹⁾可奪帥也，匹夫⁽²⁾不可奪志也。"

【注释】

(1) 三军：军队的通称。

(2) 匹夫：夫妇相匹配，分开说则叫匹夫、匹妇，匹夫指男子汉。

【读解】

本文是在说明修身立命过程中个人立志的重要性。志向的确立和坚守是非常重要的，是儒家修身的基本内容之一。正如康有为《论语注》所言："立志为学者第一事，志不立则天下无可为者。"

【原文】

子曰："歲寒，然後知松柏之後彫(1)也。"

【注释】

（1）彫：同"凋"，凋落。

【读解】

本文以松柏为喻，说明在艰苦环境下更能考验君子的坚贞，一个人只有在艰难困苦的时候才展现出他的品质。

【原文】

子曰："可與共學，不可與適(1)道；可與適道，未可與立(2)；可與立，未可與權(3)。"

【注释】

（1）适：至，往。

（2）立：包含立身处世、创业成道等多方面的内容。

（3）权：本指秤锤，秤锤能够权衡物的轻重，引申为权衡轻重、通权达变。

【读解】

本文正如黄侃《论语义疏》引张凭曰："此言学者渐进阶级之次耳，始志于学，求发其蒙而未审所适也；既向方矣，而信道未笃，则所立未固也；又既固，又未达变通之权也，明知反而合道者，则日劝之业，曡曡之功，其几乎此矣。"本文体现了儒家为学的不同境界。

《乡党》节选

【主旨】 本篇在《论语》中非常特殊，不是记录语言，而是记录孔子的日常生活情况，是一篇孔子的生活素描。全篇原文没有分章，后世研究者根据各自的理解分为若干节。如刘宝楠《论语正义》分为 25 节，杨伯峻《论语译注》划分为 27 节，可见孔子生活情况之一斑，同时有助于读者从做人的角度来了解孔子，从而更加深入而立体地理解孔子的思想和精神。

【原文】

孔子於鄉黨(1)，恂恂(2)如也，似不能言者。

其在宗廟朝廷，便便(3)言，唯謹爾。

朝，與下大夫(4)言，侃侃(5)如也；與上大夫言，誾誾(6)如也。君在，踧踖(7)如也，與與(8)如也。

【注释】

（1）乡党：即邻里。乡党，古代地方居民单位名称，五家为邻，二十五家为里，一万两千五百家为乡，五百家为党。这里的乡党相当于今天说的家乡。

（2）恂恂：恭顺的样子。

（3）便便：明辩。

（4）下大夫：大夫是诸侯下面的一个等级，又分下大夫和上大夫。

（5）侃侃：和乐的样子。

（6）誾（yín）誾：和颜悦色而正直的样子。

（7）踧踖（cújí）：恭敬的样子。

（8）与与：郑重而自然的样子。

【读解】

本之从日常言语角度说明孔子的言谈举止均符合古代的"礼"。清代孙奇逢《论语近指》云："乡党是做人第一步，他日立朝廷、交邻国、事上接下俱在此植基，故记者以乡党先之。"在孔子看来，在不同的场合、对待不同的人应该用不同的语言方式和仪态。这不是庸俗，而是待人处世应因人而异、恰如其分。

【原文】

执圭(1)，鞠躬如也，如不胜(2)。上如揖，下如授。勃如战色(3)，足宿宿(4)如有循。

享礼(5)，有容色。

私觌(6)，愉愉如也。

【注释】

（1）执圭：圭，一种玉器，上面圆形或剑头形，下面方形。国君派使臣访问外国，执国君之圭为信物，故执圭代指出使外国。

（2）不胜：不能胜任其重。这里指执轻若重，表示敬慎。

（3）战色：战战兢兢的面色。

（4）宿宿：脚步很小的样子。

（5）享礼：献礼。

（6）私觌：以私礼相见，也就是以个人身份相交往。

【读解】

本文是记述孔子出使时的容貌，《仪礼·聘礼》："使者受圭，同面垂缫以受命，既述命，同面授上介，上介受圭屈缫，出授贾人，众介不从，受享束帛加璧，受夫人之聘璋，享玄纁，束帛加琮，皆如初。"详细记载了使者出使的礼节。孔子做外交官时与在本国进入宫廷时差不多，都是一副恭敬而庄重的样子。面部表情、一举一动都非常注意合于礼节，使人无可挑剔。但他在完成公务后私交时就不一样了，轻松愉快，无拘无束，再也不用一言一行、一举一动都小心翼翼了。

【原文】

齐必变食(1)，居必迁坐(2)。

食不厌精，脍(3)不厌细。

食饐而餲⁽⁴⁾，鱼馁而肉败⁽⁵⁾，不食。色恶，不食。臭⁽⁶⁾恶，不食。失饪⁽⁷⁾，不食。不时⁽⁸⁾，不食。割不正⁽⁹⁾，不食。不得其酱，不食。

肉虽多，不使胜食气⁽¹⁰⁾。

唯酒无量，不及乱⁽¹¹⁾。

沽酒市脯⁽¹²⁾，不食。

不撤⁽¹³⁾姜食，不多食。

【注释】

(1) 齐必变食："齐"通"斋"。变食，指斋戒时改变日常的饮食，不饮酒，不吃荤（指有浓厚气味的蔬菜，如蒜、韭、葱等，不指鱼肉等腥膻食物）。

(2) 迁坐：指斋戒时改变平常的住处，不与妻妾住在一起，而迁到"外寝"（或叫"正寝"）独住。

(3) 脍：切得很细的鱼和肉。

(4) 饐而餲：饐与餲同义，都指食物腐败变味，餲的程度更重。

(5) 馁、败：鱼腐烂叫馁，肉腐烂叫败。

(6) 臭：气味。

(7) 失饪：饪指生熟的火候，失饪即指火候不当。

(8) 不时：不是该吃的时候。

(9) 割不正：指切割不得法，刀法不好。

(10) 食气：指食料、主食。气同"饩"。

(11) 乱：指神志昏乱，即酒醉。

(12) 市脯：买来的肉干。

(13) 撤：去。

【读解】

本文说明孔子对日常饮食方面的要求。强调讲究卫生，以减少疾病的发生。

《先进》节选

【主旨】　本篇主要记录了孔子学生的德行、学业成就及孔子对学生们的评价，介绍了儒家"过犹不及"的中庸思想、学习知识与从政的关系，以及孔子对待鬼神、生死问题的态度。在最后一章里，孔子和他的学生们各述其志向，反映出孔子在政治思想上的倾向。

【原文】

季路⁽¹⁾问事鬼神。子曰："未能事⁽²⁾人，焉⁽³⁾能事鬼？"

曰："敢⁽⁴⁾问死。"曰："未知生，焉知死？"

【注释】

(1) 季路：孔子的弟子，姓仲，名由，字子路。

（2）事：动词，侍奉。

（3）焉：怎么，表疑问的副词。

（4）敢：尊敬对方的谦辞，无实义，古代地位低下者向尊贵者进言，多用之。

【读解】

本文表明了孔子在鬼神、生死问题上的基本态度。在商周时期，人们对于鬼神一直充满着敬畏之心，《周礼》云："享大鬼之神也。"反映了先民对鬼神的崇拜。孔子虽然也生活在这个时代，但他对鬼神一直抱着怀疑甚至疏远的态度，既不否认鬼神的存在，也不认为鬼神可以左右人的命运。因此，当季路问到该如何侍奉鬼神时，孔子巧妙地避开了问题的锋芒，提出了先"事人""知生"的观点，强调如果不能事父、事君，也谈不上敬事鬼神。他认为不应该把时间和精力放在死后的事情上，提倡做能做的事，进一步阐述了孔子"敬鬼神而远之"的观点。

【原文】

子貢問："師與商(1)也孰賢？"子曰："師也過，商也不及。"

曰："然則師愈(2)與？"子曰："過猶不及。"

【注释】

（1）师与商：师，颛孙师，即子张。商，卜商，即子夏。两人都是孔子的弟子。

（2）愈：胜过，强些。

【读解】

本文为儒家的"中庸之道"做了具体说明。《中庸》有言"道之不行也，我知之矣。知者过之，愚者不及也。道之不明也，我知之矣。贤者过之，不肖者不及也。"无论是做得过分还是不足，都不是"中庸"，因此孔子对子张和子夏的评价是"过犹不及"。如何才能做到"中"？在《礼记·仲尼燕居》篇中有这样的记载。子贡越席而对曰："敢问将何以为此中者也？"子曰："礼乎礼！夫礼所以制中也。"也就是说礼可以作为决定"中"的标准，只有不偏不倚，才能做得恰到好处。当然，这里的中庸并不是简单的折衷主义，倘若只是毫无原则地四面讨好、自私伪善，就会被孔子称之为"乡愿"，"乡愿，德之贼也"。

《颜渊》节选

【主旨】本篇主要记述了孔子对君子的判断标准及"仁"的主张和学说。孔子提出"克己复礼为仁"，强调依礼而行是"仁"的基本要求，但"仁"也是礼的基础。在对于政事的处理上，孔子认为"自古皆有死，民无信不立"，将百姓对统治者的信任提到了前所未有的高度，同时强调"君君、臣臣、父父、子子"的儒家礼制纲常，表达了孔子的政治理想。

【原文】

顏淵問仁。子曰："克己復禮(1)爲仁。一日克己復禮，天下歸仁(2)焉。爲仁由己，而由人乎哉？"

顏淵曰："請問其目(3)。"子曰："非禮勿視，非禮勿聽，非禮勿言，非禮勿動。"

顏淵曰:"回雖不敏⁽⁴⁾,請事⁽⁵⁾斯語矣。"

【注释】

(1) 克己复礼:克己,克制自己。复礼,使自己的言行符合道德规范。《左传·昭公十二年》说:"仲尼曰:'古也有志:克己复礼,仁也。'"这里的"克己复礼为仁"是孔子为前人的话赋予新的含义。

(2) 归仁:"称仁"之意。

(3) 目:纲目,指具体内容。

(4) 不敏:自谦之词,不才、愚钝的意思。

(5) 事:从事,奉行。

【读解】

"仁"是孔子思想的核心,"礼"是孔子思想的表现。孔子认为,克制自己的种种非分之想,严格按照礼制的要求规范自己,就是"仁"了。宋代学者朱熹认为:"克己"的真正含义就是战胜自我的私欲,这里的"礼"并不仅仅是具体礼节,而是泛指天理。所谓"复礼"就是顺应天道。他还指出,"仁"就是人内心的完美道德境界,其实也无非天理,能战胜自己的私欲而复归于天理,自然就达到了仁的境界。其实,人难免都有私欲,倘若任由私欲膨胀,社会将不堪设想。孔子反对的并不是人的欲望,他说"饮食男女,人之大欲存焉"。他反对的只是过分的奢望而已。当颜回问到如何实施仁,也就是如何才能做到"克己"时,孔子答之以"四勿",实际上也就是让人们约束自己,净化思想,让自己的一言一行都合于礼的规范准则,礼由此得到复归,自然就达到仁的境界了。

【原文】

司馬牛⁽¹⁾憂曰:"人皆有兄弟,我獨亡⁽²⁾。"子夏曰:"商聞之矣:死生有命,富貴在天。君子敬而無失⁽³⁾,與人恭而有禮。四海之內,皆兄弟也。君子何患乎無兄弟也?"

【注释】

(1) 司马牛:名耕,字子牛,宋国人。

(2) 亡:同"无",没有。

(3) 敬而无失:敬,严肃,慎重。失,差错。

【读解】

司马牛是孔子的弟子,相传他的兄长桓魋为宋国司马,为人凶顽无道,当年孔子路经宋国时曾被他围攻。当时孔子及其弟子正在大树下演习周礼,桓魋砍倒大树,并要杀掉孔子,孔子在学生们的保护下才逃离宋国。《论语·述而》中"子曰:天生德于予,桓魋其如予何"便是这件事情。后来,桓魋及其兄弟参与了宋国的叛乱,失败逃跑,因此司马牛虽有兄弟却与没有兄弟无异,常常感到孤独和忧虑。这里子夏用"死生有命,富贵在天"来劝慰司马牛,是希望司马牛能坦然面对命运,同时告诉他,只要为人恭顺有礼,那么"四海之内皆兄弟也"。

NOTE

【原文】

子曰:"君子成人之美,不成人之恶。小人反是。"

【读解】

朱熹在《论语集注》中说:"成者,诱掖奖劝,以成其事也。""成人之美"是儒家一贯坚持的主张,"己欲立而立人,己欲达而达人"。孔子认为,成人之美是实现"立人""达人"的重要途径。成全了别人,也就成全了自己。君子胸怀宽广,与人为善,所以总会想方设法地去帮别人完成心愿;小人则恰恰相反,凡事都从自己的利益出发,即便是损人不利己,也要极力促成。

《子路》节选

【主旨】 本篇内容涉及品德、政事等方面。在如何治国的问题上,孔子提出"名不正,则言不顺",强调正名对治国的重要性,要求统治者要以身作则,国家政治体制和政治秩序的建立,都应该以"礼"为准则。在个人品德方面,孔子通过君子与小人的对比,如"君子和而不同,小人同而不和""君子泰而不骄,小人骄而不泰"等,提出了君子修养的要求。

【原文】

子曰:"诵《诗》三百,授之以政,不达[1];使[2]于四方,不能专对[3];虽多,亦奚以为[4]?"

【注释】

(1) 达:通达,通晓。这里意为胜任。

(2) 使:出使。

(3) 专对:独自对答。指交涉应对,能随机应变。

(4) 以为:以,用。为,语气词,表示反问或感叹。

【读解】

儒学主张学以致用,在孔子看来,虽然《诗》可以"兴、观、群、怨",但如果只是单纯读诵,不知民心之所向、政事之所趋,不能将所学的知识运用到实际之中,即便学得再多,也没有什么用处。如此可见,孔子的教育思想和目的就是致力于培养对国家有用的人才,使所育之人能够治理国家,而不是成为单纯的文人或书呆子。

【原文】

子曰:"其身正,不令而行;其身不正,虽令不从。"

【读解】

本文着重阐明了"正人必先正己"的必要性,这是孔子对于执政者的一贯主张,认为统治者与其发号施令,倒不如以身作则。只有自己本身的行为"正"了,才会"上行下效",整个社会的风气才会随之而"正"。若自身不正,超然独立于社会行为规范、法律之外,却要求其他人去遵守，那么即使有命令，别人也不会听从，更别提去正人了。孔子讲为政以德，对执政者提出要求和约束，有着重要的现实意义。

【原文】

子夏爲莒父⁽¹⁾宰，問政。子曰："無欲速，無見小利。欲速，則不達；見小利，則大事不成。"

【注释】

（1）莒（jǔ）父：鲁国之一邑，在今山东省莒县境内。

【读解】

本文通过子夏问政，教育为官者做任何事都不可急功近利，若只追求速度，不计后果，不但无法达到目的，反而会适得其反。作为从政者，应扎实为民谋福，从百姓的长远利益出发，不能不顾客观条件的限制，盲目追求所谓的"政绩"，为了蝇头小利而置百姓利益于不顾。

【原文】

子曰："君子和而不同，小人同而不和。"

【读解】

"和而不同"是孔子思想体系中的重要组成部分。君子善于调和，可以与周围的人保持和谐融洽的关系，但这是在平衡利弊得失后的结果，不是简单的雷同、盲目的附和。小人则恰恰相反，只是为了和而和，没有自己的独到见解，一味追求与别人完全一致。因此，君子无论如何和谐，也会各自施展自己的才华，不会因为"和"而失了自己。小人虽然在名义上的追求是相同的，但却会为了各自的利益明争暗斗，同而不和。

《宪问》节选

【主旨】本篇主要讨论的是为官从政之道。文章开篇就指出在"邦有道"和"邦无道"的情况下，君子应做出怎样的选择。提出了"不在其位，不谋其政"的观点，要求为官者要各负其责、各司其职，做好分内的事情。在德行方面，孔子认为"仁德"是一切道德品质的基础，实现"仁政"就必须先遵循"礼"，同时提出安贫和"修己"的要求，对古代知识分子产生了深远的影响。

【原文】

憲⁽¹⁾問恥。子曰："邦有道，穀⁽²⁾；邦無道，穀，恥也。"

"克⁽³⁾、伐⁽⁴⁾、怨、欲不行焉，可以爲仁矣？"子曰："可以爲難矣，仁則吾不知也。"

【注释】

（1）宪：姓原名宪，孔子的学生。

（2）谷：谷物。这里指为官者的俸禄。

（3）克：好胜。

（4）伐：自夸。

【读解】

孔子一向主张"天下有道则见，无道则隐"，如果国家政治黑暗，无道殃民，还身居高位，食朝廷俸禄，那是非常可耻的。这一思想对原宪的影响非常大，孔子去世后，原宪便放弃功名利禄，退隐民间。《史记·仲尼弟子列传》就有这样的记载："孔子卒，原宪遂亡在草泽中。子贡相卫，而结驷连骑，排藜藿入穷阎，过谢原宪。宪摄敝衣冠见子贡。子贡耻之，曰：'夫子岂病乎？'原宪曰：'吾闻之，无财者谓之贫，学道而不能行者谓之病。若宪，贫也，非病也。'子贡惭，不怿而去，终身耻其言之过也。"

原宪问：如果一个人克服了好胜、自矜、怨恨、贪欲，是不是就达到仁的境界了？孔子答：那样只能算难能可贵，至于是不是达到了仁的境界，我就不知道了。这样说的目的，是希望原宪能够有更高的提升。

【原文】

或曰："以德報怨，何如？"子曰："何以報德？以直⁽¹⁾報怨，以德報德。"

【注释】

（1）直：正，合乎正义。

【读解】

《老子》六十三章有"报怨以德"之说，这是老子哲学中一种调和化解矛盾的思想，孔子对这种思想提出了异议。孔子认为不能"以德报怨"，而应该"以直报怨"。也就是要用公平正直来对待怨恨你的人，而不是毫无原则地用恩德去化解怨恨，虽然要以和为贵，但要想达到和，一定是用公平正直的途径，不是武力相加，也不是一味委曲求全。

【原文】

子曰："莫我知也夫！"子貢曰："何爲其莫知子也？"子曰："不怨天，不尤⁽¹⁾人。下學而上達⁽²⁾，知我者其⁽³⁾天乎！"

【注释】

（1）尤：责怪，怨恨。

（2）下学而上达：下学学人事，上达达天命。

（3）其：表示揣测。

【读解】

孔子的一生几乎都在为了天下和平、安定奔走呼告，但始终得不到重用。据《史记·孔子世家》记载：鲁哀公十四年春，鲁君在大野泽狩猎，获一个怪兽，孔子认为是麒麟，这种本应该出现在太平盛世的祥瑞之兽，却被捕获而死，是极其不祥之兆，引起了孔子的无限伤感，感叹自己的政治理想不能实现了，大呼"吾道穷矣"。"莫我知也夫"便是此时的孔子常常发出的感叹。当子贡问出"何为其莫知子也"时，孔子并没有直面回答，转而去谈论自己的做法，将自己的信念寄付于上苍，即如果说还有人理解我，那就是老天吧。全文道出了孔子的内心苦闷，可孔子在无人理解的情况下，仍能做到"不怨天、不尤人"，表现出其"知其不可为而为之"的进取情怀。

《卫灵公》节选

【主旨】 本篇进一步探讨了治国、做人、修身和为学的问题。治国方面，孔子主张"行夏之时""放郑声"，从根本上恢复周朝的礼乐制度；做人方面，孔子倡导"忠信"，反对"巧言乱德"的小人，提出了"一以贯之"的忠恕之道，再次强调"己所不欲，勿施于人"。同时本篇还传达了孔子的教育思想，明确提出"有教无类"的主张。

【原文】

子曰："志士仁人，無求生以害仁，有殺身以成仁。"

【读解】

本文是成语"杀身成仁"的出处。在孔子心目中，仁是最高的准则，追求"仁""道"等远远重于珍惜生命，宁"求仁"不求生，所以志士仁人绝不会为了自己活命而做出损害仁义的事情，而是会不顾个人安危甚至牺牲生命来成全仁德，这种"杀身成仁"的精神，是中华民族强大凝聚力的重要组成部分，影响了无数中华儿女，特别是经过孟子的强调以后，在古代读书人之中成为一种稳定而牢固的价值观念。

【原文】

子貢問爲仁。子曰："工欲善(1)其事，必先利(2)其器。居是邦也，事(3)其大夫之賢者，友其士之仁者。"

【注释】

(1) 善：用作动词，使其完善。
(2) 利：用作动词，使其精良。
(3) 事：事奉，为……服务。

【读解】

常言道："磨刀不误砍柴工。"工匠要想完成自己的工作，就要事先准备好工具，这样用起来才能得心应手，事半功倍。道德修养亦是如此，若想让自己成为仁人，也需要"利器"，这个"利器"就是仁者和贤者。何晏《论语集解》引孔安国的注解说："工以利器为用，人以贤友为助。"通过与贤者交往，可以提高自己的思想境界和道德修养，所谓的"君子以文会友，以友辅仁"便是这个道理。

【原文】

子曰："君子矜(1)而不争，羣而不黨(2)。"

【注释】

(1) 矜：庄持稳重。

（2）党：结党营私，拉帮结伙。

【读解】

孔子思想的重心是自尊、自强，因此君子都会庄重持己，没有骄戾自满之心，所以也就不会为了利益与他人争强斗胜。他们很合群，但也会恪守礼仪，不会朋比为奸，结党营私。孔子在《为政》篇中所说的"君子周而不比，小人比而不周"便是这个意思。这是孔子对君子的要求，也是人人都应该恪守的原则。

【原文】

子曰："君子不以言举⁽¹⁾人，不以人废⁽²⁾言。"

【注释】

（1）举：推举、提拔。

（2）废：废弃。

【读解】

本文论述了孔子选人用人的方法，即在人才选拔时，不能因为他能说会道就推举他，也不能仅凭一个人的身份地位就决定是否采纳他的意见，而是要从实际品德出发，以个人的才干和德行作为用人的主要标准。李贽就非常赞同孔子的这一主张，但他又认为："世俗之病，'不以言举人'易，'不以人废言'难。"（《四书评·论语》）其实即便孔子自己，也经历了一个认识的过程，他说："始吾于人也，听其言而信其行；今吾于人也，听其言而观其行。"（《论语·公冶长》）所以，此处强调"不以言举人"，更深层的含义就是要"观其行"，根据他的所作所为来决定是否举荐他。

《季氏》节选

【主旨】 本篇主要阐述了孔子的政治主张及对理想人格的追求。开篇首先记录了孔子对季氏征伐颛臾的态度，表达了孔子的反战思想，提出一个国家"不患寡而患不均，不患贫而患不安"的观点，认为"季孙之忧，不在颛臾，而在萧墙之内"，"祸起萧墙"一词便来源于此。在君子道德修养方面，强调君子"三戒""三畏"和"九思"，对君子的行为做出了具体要求和忠告，而这些忠告即便在今天也具有十分重要的意义。

【原文】

孔子曰："益者三友，损者三友。友直，友谅⁽¹⁾，友多闻，益矣。友便辟⁽²⁾，友善柔⁽³⁾，友便佞⁽⁴⁾，损矣。"

【注释】

（1）谅：诚实，诚信。

（2）便辟：惯于摆架子，装样子，内心却邪恶不正。

（3）善柔：表面上柔顺，内心却奸险。

（4）便佞：惯于花言巧语取悦别人。

【读解】

　　近朱者赤，近墨者黑。对于如何交友，孔子一直非常重视，因为人的一生走什么路、结果如何，很大程度上取决于与什么样的人交往，所以孔子反复告诫弟子们交友一定要择善而从，"就有道而正焉"。与能够提升自己德行，增长自己见识的正直诚信的人交友会受益无穷，反之，与损害自己德行，引导自己走上邪路的人交友，则百害而无一利。

【原文】

　　孔子曰："益者三樂，損者三樂。樂⁽¹⁾節禮樂，樂道人之善，樂多賢友，益矣。樂驕樂⁽²⁾，樂佚⁽³⁾游，樂宴樂，損矣。"

【注释】

（1）乐：以……为乐。

（2）骄乐：纵横不知约束地取乐。

（3）佚：通"逸"，过分。

【读解】

　　追求快乐是人的本性，孔子也十分重视"乐"，并多次谈到"乐"，但他也强调对于快乐的追求要有节、有度。在他看来，只有那些能增加自己见闻，弥补自己德行的快乐才是有益的，而那些放纵自己的欲望，毫无节制的欢乐是有害的。君子可以追求快乐，但不要超出礼仪的规范。

【原文】

　　孔子曰："君子有三戒：少之時，血氣未定，戒之在色；及其壯也，血氣方剛，戒之在鬥；及其老也，血氣既衰，戒之在得。"

【读解】

　　孔子告诫他的弟子，在不同的年龄阶段，要戒除不同的欲念。"君子三戒"不仅是在自然生命层面的要求，更是对道德生命的提升。正是因为人性好色、好斗、贪得，所以孔子才提醒人们要有所戒惧，在种种诱惑面前，克制自身的欲望，不可违背礼法，丧失人格，只有这样，才能在道德层面得到提升。

【原文】

　　孔子曰："生而知之者，上也；學而知之者，次也；困而學之，又其次也；困而不學，民斯⁽¹⁾爲下矣。"

【注释】

（1）斯：乃、则。

【读解】

　　在本文中，孔子根据人的天赋和资质把人分为四等：上等是有着非凡天赋的生而知之者，次等是勤奋好学的学而知之者，再次等是在生活和工作中遇到困难而努力学习的困而知之者，最次的是即便遇到困难也不愿花时间和精力去学习的人，这种人被孔子认为是最下等。虽然人的天资禀赋存有差异，但无论是哪一等，都要努力学习，即便天赋再高，倘若不学，也会沦为蠢材。对于孔子自己，他在《述而》篇中这样说"我非生而知之者，好古，敏以求之者也。"可见，他认为自己也是属于学而知之者。

《阳货》节选

【主旨】 本篇主要通过记载孔子为官的几件事情，表达了孔子为官的态度和目的，介绍了孔子的道德教育思想，其中的"五者""六言""六蔽"等观点，进一步阐释了孔子的"仁学"理论。此外，本篇还提出了"三年之丧"，表明了儒家在孝道问题上的道德制度化。虽然文中"唯上智与下愚不移"等观念包含了一定的唯心主义因素，但"性相近，习相远"的认识又是非常进步的。

【原文】

陽貨(1)欲見(2)孔子，孔子不見，歸孔子豚(3)。

孔子時其亡(4)也，而往拜之，遇諸塗(5)。謂孔子曰："來！予與爾言。"曰："懷其寶(6)而迷其邦(7)，可謂仁乎？"曰："不可。""好從事(8)而亟(9)失時(10)，可謂知乎？"曰："不可。""日月逝矣，歲不我與(11)。"

孔子曰："諾，吾將仕矣。"

【注释】

（1）阳货：又叫阳虎，季氏家臣中最有权势的人。

（2）欲见：想使孔子拜见自己。见，谒见，拜见。这里用作使动。

（3）归孔子豚：归，通"馈"，赠送。豚，小猪，这里指煮熟了的小猪。

（4）时其亡：等他不在家的时候。时，同"伺"，窥伺，暗中打听。亡，不在。

（5）遇诸涂：在路上遇到了他。涂，同"途"，道路。

（6）怀其宝：怀揣着自己的宝物。比喻孔子有政治才能却不想施展。

（7）迷其邦：听任国家迷乱，政局动荡不安。

（8）从事：从政。"事"指政事。

（9）亟：副词，屡次。

（10）失时：错过时机。

（11）岁不我与：岁月是不等待我们的。与，动词，等待。"我"是代词，在否定句中作宾语，故前置。

【读解】

鲁定公五年（公元前505年），鲁国的实际操控者季平子去世，其家臣阳货制服了新嗣立的季桓子，掌握了鲁国政权，所以孔子称他是"陪臣执国命"，不愿为违礼者任官施政。但阳货却很想借助孔子的名望来巩固自己的地位，所以利用了当时"大夫有赐于士，不得受于其家，则往拜其门"（《孟子·滕文公下》）的礼俗，迫使孔子与之见面。于是孔子便决定等阳货不在家时，前去回拜，没想到二人却在途中相遇。阳货针对孔子的主张，劝孔子早日出仕。孔子虽然答应，但于阳货当权时没有出仕，如《史记·孔子世家》所记："陪臣执国政，是以鲁自大夫以下皆僭离于正道。故孔子不仕，退而修诗书礼乐，弟子弥众，至自远方，莫不受业焉。"

【原文】

子張問仁於孔子。孔子曰："能行五者於天下，爲仁矣。"

"請問之。"曰："恭、寬、信、敏、惠。恭則不侮，寬則得衆，信則人任焉，敏則有功，惠則足以使人⁽¹⁾。"

【注释】

(1) 使人：役使别人。

【读解】

孔子向来讲究因材施教，所以针对不同学生问"仁"，孔子总是给出不同的答案。当子张向孔子问仁，孔子就提出了五种仁者应具备的品德，即庄重、宽厚、诚实、勤敏、慈惠。之所以如此，是因为子张为人才高意广，且秉性有些偏激，常常向孔子询问为政之道，所以这五个方面基本都是针对为政者提出的，希望为政者能够具备这些品德，推行爱民、惠民政策。

【原文】

子曰："小子何莫學夫《詩》？《詩》，可以興⁽¹⁾，可以觀⁽²⁾，可以羣⁽³⁾，可以怨⁽⁴⁾。邇⁽⁵⁾之事父，遠之事君。多識於鳥獸草木之名。"

【注释】

(1) 兴：激发感情的意思，一说是诗的比兴。
(2) 观：本义是观察，这里指提高人的观察能力。
(3) 群：使合群。
(4) 怨：讽刺，怨而不怒。
(5) 迩：近。

【读解】

《诗经》是孔子教授弟子的重要科目，他曾告诫儿子"不学《诗》，无以言"。在本章，孔子对学《诗》的基本功能进行了高度概括，在他看来，《诗》不仅是一部文学作品，更是可以修身养性、培养君子性情的重要途径。《诗》不仅具有审美性，更具功用。所谓"兴观群怨"就是对这些功能的具体解释。通过学《诗》可以表达人的内心，认识自然，还可以参与政事，与人辩论，更能提升人的精神，从而达到礼义教化和人格培养的目的。

《微子》节选

【主旨】 本篇主要通过描述孔子对一些人物的认识及同时代的一些人对孔子的评价，表明孔子济世救国的政治理想及知其不可为而为之的勇气。在政治黑暗、社会动荡的时期，许多

NOTE

人都选择了退隐，但孔子言"鸟兽不可与同群"，子路也说"君子之仕也，行其义也"，表现了儒家积极入世，执着求道的精神。

【原文】

楚狂接舆[1]歌而过孔子曰："鳳兮鳳兮！何德之衰[2]？往者不可諫[3]，來者猶可追。已而[4]，已而！今之從政者殆[5]而！"

孔子下，欲與之言。趨而辟[6]之，不得與之言。

【注释】

（1）接舆：楚国狂人，当时的隐士，不是真实姓名。《论语》中的隐士多以事命名，如看门的称"晨门"，执杖的称"丈人"，接舆就是靠近孔子车子的人。

（2）衰：衰落。

（3）谏：劝阻。

（4）已而：罢了。

（5）殆：危险。

（6）辟：同"避"，躲避。

【读解】

古代人认为，凤凰是吉祥鸟，只有在太平盛世才会出现，天下无道时就会隐去。接舆是个有道之人，他看到当时礼崩乐坏，社会已经无法收拾，就选择了逃避，装作疯癫而不去做官。但他知道孔子是个贤人，所以当他见到孔子时，就把孔子比作凤凰，说他在天下无道时却不隐去，是一种德行衰败的表现，所以劝他不如归隐。孔子对此心知肚明，连忙停车，想与之交谈，却最终没能如愿。其实，这个现实情况孔子也并非不知道，也曾有过归隐之心，但他也认为："君子之仕也，行其义也。"无论社会状况如何，作为君子，理应承担起他的社会责任，"明知不可为而为之"，哪怕是在"滔滔者天下皆是"的"礼崩乐坏"的社会中如"丧家之狗"，也绝不逃离社会，反映了他积极入世挽救世道人心之志。

【原文】

子路從而後[1]，遇丈人[2]，以杖荷蓧[3]。

子路問曰："子見夫子乎？"丈人曰："四體不勤，五穀不分[4]，孰爲夫子？"植其杖而芸[5]。子路拱而立[6]。

止子路宿，殺雞爲黍而食[7]之。見[8]其二子焉。

明日，子路行以告。子曰："隱者也。"使子路反見之。至，則行矣。

子路曰："不仕無義。長幼之節，不可廢也。君臣之義，如之何其廢之？欲潔其身，而亂大倫[9]。君子之仕也，行其義也。道之不行，已知之矣。"

【注释】

（1）后：动词，走在后面，落在后面。

（2）丈人：老年男子。

（3）蓧（diào）：除草用的农具。

（4）四体不勤，五谷不分：指不从事种植劳动以自养。

（5）芸：通"耘"，除草。

（6）拱而立：拱手而立，示敬也。拱，抱拳敛手。

（7）食（sì）：拿东西给人吃。

（8）见：使……拜见。

（9）大伦：指君臣之间的正常关系。人伦有五：父子有亲、君臣有义、夫妇有别、长幼有序、朋友有信，"君臣有义"为其中大者。

【读解】

本文中的丈人是一个隐者，起初因为对孔子不理解，所以对子路也是一副傲慢的态度，但子路反而更加恭敬，所以丈人留子路住宿在家中，并且热情款待子路，还让自己的两个儿子出来与子路相见，由此可见这位隐士并非不明事理之人。然而，当子路奉孔子之命返回拜见那位隐士的时候，他却不在了。于是子路便把"君臣有义"的道理讲了出来，或许是想让丈人的家人转告他，也是在告诉天下君子：长幼之节尚不可废，君臣之义又怎么能废呢？若只顾保持自身的清洁，却眼看着国家混乱而旁观不顾，反而是破坏"君臣有义"的大伦。但君子从政，并非是为了功名利禄，而是"行义以达其道"。正如张岱《四书遇》所说："春秋时人皆看仕为功名之会，故一时高士死心避世；圣贤提出大纲常来，唤醒丈人辈。若仕皆行义，便宜多少斗筲之人！必君子之仕，乃为行义，此是圣人为天下正人君子高立地步也。"

《子张》节选

【主旨】 本篇主要记载了孔子门人的一些言行，内容涉及政事、德行等多个方面，其中"博学而笃志，切问而近思""仕而优则学，学而优则仕"的观点，形象地阐明了孔子的教育方针和治学理念。文中提到的"子贡贤于仲尼"又从侧面反映了后世对孔子思想的不理解，而子贡的回答体现了孔子学生对他的推崇之情，塑造了门人眼中的孔子形象。此外，本篇还通过描写孔子对纣王的评价，以及君子和小人面对错误时的不同态度，进一步阐明孔子的理想人格和道德标准。

【原文】

子夏曰："仕而優則學，學而優則仕。"

【读解】

这段话是子夏对于孔子教育方针和办学目的的高度概括。简单讲就是学习之余，如果还有精力和时间，就去做官；做官之余，如果还有时间和精力，就去学习治国安邦之道。但清代学者段玉裁在《说文解字注》中指出："训仕为入官，此今义也。"他引《毛诗传》为据，认为："仕，事也。"认为孔子时代的"仕"只是做事、实践的意思。南宋朱熹在《四书集注》中也写道："优，有余力也。士与学，理同而事异，故当其事者，必先有以尽其事，而后可及其余。然仕而学则所以资其仕者益深，学而仕则所以验其学者益广。"由此看来，"学"与"仕"的关系也可以理解为学习与实践的关系。

NOTE

【原文】

子貢曰："君子之過也，如日月之食⁽¹⁾焉。過也，人皆見之；更⁽²⁾也，人皆仰之。"

【注释】

（1）日月之食：日食与月食。

（2）更：改正。

【读解】

日食和月食是正常的天文现象，出现的次数少，且持续的时间非常短暂，但人们可以看得见，短暂的黑暗过后，又会恢复光明，为人们所敬仰。这里用"日月之食"比喻君子之过非常恰当。君子做事，坦坦荡荡，敢作敢当，即便偶尔犯错，也如"日月之食"，不加丝毫掩饰，把自己放在众目睽睽之下，随时得到监督，并及时改正。而且这样的小过错也不会损害君子的形象，人们依旧会崇敬他、爱戴他。

《尧曰》节选

【主旨】 本篇主要阐述的是如何为政。一方面，孔子以三代的美德善政为例，阐述自己治国为政的理想。另一方面，又通过子张与孔子的对话，分析当时的历史形势，提出"尊五美，屏四恶"的治国策略。最后一章中，孔子再次强调了知命、知礼、知言的重要性。

【原文】

孔子曰："不知命⁽¹⁾，無以爲君子也。不知禮，無以立也。不知言⁽²⁾，無以知人也。"

【注释】

（1）命：人事之规律。

（2）知言：通过言语辨别是非。

【读解】

本文是《论语》全书的总结，孔子再次向君子提出了三个要求，即"知命""知礼""知言"，这是君子为人处世的基本原则，也表明了此书之重点。对于"知礼"和"知言"，孔子已经论述过很多次，但对于"知命"却比较抽象，李泽厚先生在他的《论语今读》中有这样一段论述，"命也者，不知所以然而然者也"，即人力所不能控制、难以预测的某种外在的力量、前景、遭遇或结果。所以，可以说，"命"是偶然性。"不知命，无以为君子也"，就是说不懂得、不认识外在力量的这种不可掌握的偶然性（及其重要性），不足以为"君子"。就人生来讲，总被偶然性影响着、支配着，在现代社会更是如此。如何注意、懂得、认识、重视偶然性，与偶然性抗争（这抗争包括利用、掌握等），从而从偶然性中建立起属于自己的"必然"，这就是"立命""造命"。因此，不能盲目顺从、无所作为、畏惧以至崇拜偶然性，而恰恰在抓紧、了解和主动适应偶然性。

因此，若想做到这三点，就必须努力学习，掌握更多的知识，更好地了解历史发展的客观规律，达到知命；态度谦逊，与人为善，做到知礼；认真研习他人观点，虚心受教，则可纳言知人。

【知识链接】

孔子以诗书礼乐教，弟子盖三千焉，身通六艺者七十有二人。如颜浊邹之徒，颇受业者甚众。

孔子以四教：文，行，忠，信。绝四：毋意，毋必，毋固，毋我。所慎：齐，战，疾。子罕言利与命与仁。不愤不启，举一隅不以三隅反，则弗复也。

其于乡党，恂恂似不能言者。其于宗庙朝廷，辩辩言，唯谨尔。朝，与上大夫言，訚訚如也；与下大夫言，侃侃如也。入公门，鞠躬如也；趋进，翼如也。君召使傧，色勃如也。君命召，不俟驾行矣。

鱼馁、肉败、割不正，不食。席不正，不坐。食于有丧者之侧，未尝饱也。

是日哭，则不歌。见齐衰、瞽者，虽童子必变。

"三人行，必得我师。""德之不修，学之不讲，闻义不能徙，不善不能改，是吾忧也。"使人歌，善，则使复之，然后和之。

子不语：怪，力，乱，神。

子贡曰："夫子之文章，可得闻也。夫子言天道与性命，弗可得闻也已。"颜渊喟然叹曰："仰之弥高，钻之弥坚。瞻之在前，忽焉在后。夫子循循然善诱人，博我以文，约我以礼，欲罢不能。既竭我才，如有所立，卓尔。虽欲从之，蔑由也已。"达巷党人曰："大哉孔子，博学而无所成名。"子闻之曰："我何执？执御乎？执射乎？我执御矣。"牢曰："子云'不试，故艺'。"

——（西汉）司马迁《史记·孔子世家》

何氏曰："鲁《论语》二十篇。齐《论语》别有《问王》《知道》，凡二十二篇。其二十篇中章句颇多于鲁《论》。《古论》出孔氏壁中，分《尧曰》下章"子张问"以为一篇，有两《子张》，凡二十一篇，篇次不与齐鲁《论》同。"

程子曰："《论语》之书，成于有子、曾子之门人，故其书独二子以子称。"

程子曰："读《论语》，有读了全然无事者；有读了后，其中得一两句喜者；有读了后，知好之者；有读了后，直有不知手之舞之、足之蹈之者。"

程子曰："今人不会读书。如读《论语》，未读时是此等人，读了后又只是此等人，便是不曾读。"

程子曰："颐自十七八读《论语》，当时已晓文义。读之愈久，但觉意味深长。"

——（宋）朱熹《四书集注·论语序说》

【实践讨论】

1. 结合《论语》的内容谈谈你对孔子教育思想的理解。

2. 结合《论语》的内容谈谈你对儒家"仁爱"思想的认识。

3. 宋儒教学、教人要弟子"寻孔颜乐处，所乐何事"，结合《论语》的内容，谈谈你对此问题的看法。

【推荐阅读书目】

1. （清）阮元校刻《十三经注疏》之《论语注疏》，中华书局1980年影印本。

NOTE

2.（宋）朱熹《四书章句集注》，中华书局 1983 年版。

3.（清）刘宝楠《论语正义》，中华书局 1990 年版。

4.杨树达《论语疏证》，科学出版社 1955 年版、上海古籍出版社 1986 年重版。

5.杨伯峻《论语译注》，中华书局 1983 年版。

第十一讲　《孟子》导读
——尧舜之理，仲尼之意

【知识导入】

《孟子》是记载战国时代著名思想家、教育家孟子思想的主要著作。孟子，名轲，邹国（今山东省邹城市）人，生卒年不详，约公元前 372—前 289 年，"寿八十四岁"（元程复心《孟子年谱》）。孟子成长过程中得母教导，刘向《列女传》载有孟母"三迁"以教子的故事，《韩诗外传》记载了孟母断机、杀豚、去妻的故事，虽不可尽信，但孟子母亲应该是给予了孟子良好的教育，并对孟子的思想有重要的、良性的影响。

孟子是儒家学派的重要代表人物，继承并发扬孔子的学说，曾自言"予未得为孔子徒也，予私淑诸人也"（《孟子·离娄下》）。其学说与子思相近，《史记·孟子荀卿列传》言其"受业子思之门人"。而刘向、班固、赵岐、应劭、司马光等人均认为孟子以子思为师，但此说后来备受质疑，焦竑、周广业、曹之升等人，考孟子生卒年与子思生卒年，时间不合，认为孟子不可能受业于子思，司马迁之说当较为合理。政治上，孟子主张仁政，提出"尧舜之道，不以仁政，不能平治天下"（《孟子·离娄上》）。在诸雄纷争的战国时代，其政治主张未能得到诸侯采纳。孟子最先在邹出仕，周广业《孟子四考·卷四·出处时地考》认为"孟子之仕，自邹始也"，其后先后到过齐、宋、薛、鲁、滕、梁等国，在经历了近三十年的奔走游说后，孟子意识到自己的王道思想无法成为现实，但又不忍心让自己的学说湮没，于是仿效《论语》，与万章等人著书立说，成《孟子》七篇。《史记·孟子荀卿列传》记载孟子"退而与万章之徒序《诗》《书》，述仲尼之意，作《孟子》七篇"。据此可知，孟子为《孟子》一书的主要作者，且此书在其生前已经著成。

《孟子》书成后，被视为诸子书得以流传。在秦始皇焚书坑儒的浩劫中，孟子一派的儒生虽遭不幸，但《孟子》一书却得以保存。赵岐《孟子题辞》曾言及此事："逮至亡秦，焚灭经术，坑戮儒生，孟子徒党尽矣。其书号为诸子，故篇籍得不泯绝。"汉文帝曾将《孟子》列入学官，为之设置传记博士。汉代赵岐作《孟子章句》，虽称孟子为"亚圣"，但《孟子》在汉代基本上仍以诸子书流传。唐代韩愈提出尊"孔孟"而非"孔颜"，在阐述儒学的传承历史时，认为"孔子传之孟轲，轲之死，不得其传焉"（韩愈《原道》），将孟子视为孔子学说的继承者。五代后蜀孟昶以儒家经典之内容刻石，历时近两百年，至宋代将《孟子》补刻入石，形成"十三经"。南宋著名理学家朱熹将其与《大学》《中庸》《论语》合为一编，作《四书章句集注》（又称《四书集注》），《孟子》得到推崇，成为儒家经典。明清两朝科举尤重"四书"，《孟子》地位进一步得以稳固。

从古至今，有多人、多书对《孟子》进行校注、解读。汉代虽有扬雄、郑玄、高诱、赵岐等人曾先后注解《孟子》，但流传至今者只有东汉末年赵岐的《孟子章句》。《孟子章句》是留存于世的最早的一部两汉章句之学著作，是流传至今的最早的《孟子》注本，对后世影响深远。《孟子章句》保存了大量的先秦两汉古注，既有对文字的训释，也有注者对原书思想义理的阐扬。焦循高度评价赵岐的注解，认为其注"精密而条畅"。南宋朱熹《四书集注》中的《孟子集注》，对前贤注解多有辑录，融汇诸家之说，所注内容简明精确，并在此基础上阐发其理学思想，其见解多有独到之处。朱熹为《四书集注》付出了极大心血，此书是宋明理学的代表性著作。《孟子集注》流传甚广，后世多有翻刻，是南宋到明清时最有影响力的《孟子》注释本。清代焦循以赵岐注为基础作《孟子正义》，集清代学者考订训释之大成，内容详备，引证丰富，训诂考据成就巨大，学术价值较高。清人阮元主持校刻了《十三经注疏》，其中包含汉代赵岐注、宋代孙奭疏的《孟子注疏》，其中的《孟子注疏校勘记》对诸家注疏做了辨伪、正误、补脱、删衍等工作，成就突出，是清代校勘《孟子》的代表作，在校勘学史上有重大影响。今人杨伯峻《孟子译注》流传甚广，以朱熹《孟子集注》和焦循《孟子正义》为主要依据，并录多家菁华，考释音义，且译成今文，利于初习者学习。

《史记·孟子荀卿列传》记载《孟子》有七篇传世，而刘歆《七略》认为《孟子》有十一篇，《汉书·艺文志》亦言"《孟子》十一篇"，应劭《风俗通·穷通篇》也持十一篇的看法，"退与万章之徒序《诗》《书》、仲尼之意，作书中外十一篇"。对此，赵岐认为孟子及其弟子所作《孟子》应该仅有七篇。赵岐在《孟子题辞》中言及："于是退而论集所与高第弟子公孙丑、万章之徒难疑答问，又自撰其法度之言，著书七篇，二百六十一章，三万四千六百八十五字，包罗天地，揆叙万类。"而《汉书·艺文志》所言其余四篇的来历，《孟子题辞》认为乃是伪书："又有外书四篇，《性善辩》《文说》《孝经》《为正》，其文不能弘深，不与内篇相似，似非孟子本真，后世依放而托之者也。"因此，赵岐注《孟子》时，将此四篇删除。而流传至今者，即赵岐《孟子题辞》中所言及的内篇。

《孟子》行文以记言为主，是孟子思想的主要载体。其主要观点有以下几点。

天命观。孟子认为天或命是偶然的。"莫之为而为者，天也；莫之致而至者，命也。"（《万章上》）命运是没有主宰者或者指使者的，它具有巨大的力量，甚至可以主导人的生死和天下形势的变动，所谓"顺天者存，逆天者亡"（《离娄上》）。面对天命，孟子不抗命不听命，主张"莫非命也，顺受其正，是故知命者不立乎岩墙之下，尽其道而死者，正命也；桎梏死者，非正命也"（《尽心上》）。孟子认为，行自己的正道，即使死也是"正命"。

民本思想。孟子重视人民的权益，明确提出"民为贵，社稷次之，君为轻"（《尽心下》），若君王有大过，则"贵戚之卿"可替代之："君有大过则谏；反复之而不听，则易位。"（《万章下》）认为桀、纣非良君，杀之非"弑君"（《梁惠王下》）。更直言君臣之间不是固定的尊卑关系，为君者应尊重为臣者，方能得其心，受其尊重："君之视臣如手足，则臣视君如腹心；君之视臣如犬马，则臣视君如国人；君之视臣如土芥，则臣视君如寇仇。"（《离娄下》）因此，孟子认为"天时不如地利，地利不如人和"（《公孙丑下》），强调民心对维持统治的重要作用。

仁政思想。孟子提出"仁者，爱人"（《离娄下》），"恻隐之心，仁也"（《告子上》）是孟子仁政的出发点。君王以仁心推仁政，方可良好地治理天下："先王有不忍人之心，斯有不忍人之政矣。以不忍人之心，行不忍人之政，治天下可运之掌上。"（《公孙丑上》）施仁政，行王道，是孟子认为的最好的平治天下的办法，对此，他直接以"仁者无敌"（《梁惠王上》）来表达其对仁政的推崇，认为一旦施行仁政，践行王道，将如磁石吸铁般，吸引天下仕人、耕者、商贾、行旅之人前往投奔，从而实现天下归顺的局面，可不用武力，不经战争，实现君王"王天下"的政治理想。仁政的具体措施，首在养民，使民安居乐业。养民要先制其产而安其居："是故明君制民之产，必使仰足以事父母，俯足以畜妻子，乐岁终身饱，凶年免于死亡，然后驱而之善，故民之从之也轻。"（《梁惠王上》）制民之产，要使百姓休养生息，按时生产："不违农时，谷不可胜食也；数罟不入洿池，鱼鳖不可胜食也；斧斤以时入山林，材木不可胜用也。谷与鱼鳖不可胜食，材木不可胜用，是使民养生丧死无憾也。养生丧死无憾，王道之始也。"（《梁惠王上》）其次要教民。教民之法在教之"孝悌"之道："谨庠序之教，申之以孝悌之义。"（《梁惠王上》）

主张性善论。孔子提出"性相近也，习相远也"（《论语·阳货》），指出人之本性相似，孟子则在《公孙丑上》以"恻隐之心"演绎出"四心""四端"，认为人之天性本善，只需后天加以培育壮大。孟子认为人人皆有善心，他指出"人无有不善，水无有不下"（《告子上》）。孟子所创立的性善论的观点对后世二程、朱熹的理学思想影响较大，程颐、程颢评价"孟子有大功于世，以其言性善也"（朱熹《孟子集注·孟子序说》），朱熹进一步提出"人之初，性本善"，明代王阳明继承并发展出"良知说"。

重义轻利观。孟子客观上承认人对利的合理追求，承认人的物质欲望的正当性，指出"富，人之所欲"，"贵，人之所欲"（《万章上》），"口之于味也，目之于色也，耳之于声也，鼻之于臭也，四肢之于安佚也，性也"（《尽心下》）。"五谷熟而民人育"（《滕文公上》）、"民非水火不生活"（《尽心上》）等语，都表明孟子认为"五谷""水火"等物质资料是人赖以生存的物质基础。因此，孟子主张采取保障人民生产时间等措施，发展生产，创造财富，以使民安居乐业，并认为丰足的财富是实现王道的开端和基础："谷与鱼鳖不可胜食，材木不可胜用，是使民养生丧死无憾也。养生丧死无憾，王道之始也。"（《梁惠王上》）孟子认为"义"是"人之正路"，并将其作为个人内在的道德原则，主张在强调"义"的同时，可以合理地追求"利"，但谋利一定要合乎"义"。他反对舍义取利的行为，指出"非其义也，非其道也，禄之以天下，弗顾也"（《万章上》），认为"非其道，则一箪食不可受于人"（《滕文公下》）。孟子认为即使是高爵位、多财富，但与"义"不合，也会不屑一顾。如果"义""利"冲突，孟子主张以义为先、义利结合。《孟子》一书开篇即是孟子与梁惠王谈义利，提出："王何必曰利？亦有仁义而已矣。"（《梁惠王上》）主张君王行仁义，富民教民，而后天下太平，从而实现君王最大的利。对个人而言，当义、利冲突不可调和时，应"寡欲"及舍利取义。孟子提出"养心莫善于寡欲"（《尽心下》），认为淡泊物欲可助人成为君子。孟子指出："生亦我所欲，义亦我所欲也；二者不可得兼，舍生而取义者也。"（《告子上》）

《孟子》行文巧妙高超，干净利落，极少多余之言，言辞坦荡犀利，常以譬喻论理，善用疑问句、感叹句、否定句，文气波澜起伏，饱含无私无畏的激越之情，有"浩然"之气。赵岐对其评价较高，认为"孟子长于譬喻，辞不迫切，而意已独至"。

本讲所据底本为上海古籍出版社 1997 年影印清代阮元主持校刻的《十三经注疏》之《孟子注疏》。

NOTE

《梁惠王上》节选（一）

【主旨】孟子论"义""利"。

【原文】

孟子見梁惠王⁽¹⁾。王曰："叟⁽²⁾不遠千里而來，亦將有以利吾國乎？"

孟子對⁽³⁾曰："王何必曰利？亦⁽⁴⁾有仁義而已矣。王曰'何以利吾國'，大夫⁽⁵⁾曰'何以利吾家⁽⁶⁾'，士庶人⁽⁷⁾曰'何以利吾身'，上下交征⁽⁸⁾利而國危矣。萬乘⁽⁹⁾之國，弒⁽¹⁰⁾其君者，必千乘之家；千乘之國，弒其君者，必百乘之家。萬取千焉，千取百焉，不爲不多矣。苟爲後義而先利，不奪不饜⁽¹¹⁾。未有仁而遺⁽¹²⁾其親者也，未有義而後⁽¹³⁾其君者也。王亦曰仁義而已矣，何必曰利？"

【注释】

（1）梁惠王：战国时魏惠王魏罃，魏武侯的儿子，魏文侯的孙子，"惠"是其谥号。魏原来的都城在安邑（今山西夏县西北），魏惠王九年（公元前 361 年，一说为魏惠王三十一年）迁都大梁（今河南开封），故魏国也被称为梁国，魏惠王也被称为梁惠王。

（2）叟：老先生，老丈。据江永《群经补义》、钱穆《先秦诸子系年考辨·孟子游梁考》考证，孟子见梁惠王时约在梁惠王后元十六年（公元前 319 年），此时梁惠王即位五十年，孟子约七十岁。

（3）对：此处表臣对君。

（4）亦：只。

（5）大夫：先秦时代职官等级名，国君之下有卿、大夫、士三级。

（6）家：古代执政大夫的封邑。封邑是诸侯封赐所属的卿、大夫作为世禄的田邑（包括土地上的劳动者在内），又称采地。采地的所有者拥有军队，封邑大的公卿可以出兵车千乘，封邑小的大夫可以出兵车百乘。

（7）士庶人：士是一个阶层，可以上升为大夫或卿，故有时"士""大夫"连称。平时与"庶人"地位相近。

（8）征：求取，索取。

（9）乘（shèng）：量词，古代兵车一车四马为一乘。当时一辆兵车配有四匹马、三名武装战士及若干步兵。古代常以兵车的多少衡量诸侯国或卿大夫封邑的大小。

（10）弒：古时以下杀上、以卑杀尊叫弒。

（11）饜（yàn）：满足。

（12）遗：遗弃。

（13）后：怠慢。

【读解】

本文为《梁惠王上》第一章，阐明孟子对待"义""利"的看法。"义"和"利"涉及社会财富的分配，为社会大众所关注；作为哲学范畴，备受历代儒学重视，是儒学的重大理论问题。此处孟子将"仁""义"并论，主要指以施行仁政为特征的治国方略。孟子不远千里前去拜见梁惠王，见面即被问及有何好处。孟子指出，一个上上下下都讲利益的国家是非常危险的。因此，国君不要只讲"利"，而更应当关注"仁义"，"仁义"就是国君最大的利益。孟子没有将"义"和"利"完全对立起来，而是主张在施行仁义的基础上，将"义"和"利"进行统一，并在不违反"仁义"的前提下追求"利"。他客观承认人对私利的欲望，在《万章上》中明确指出"富，人之所欲""贵，人之所欲"。他在此处其实是不反对国君求利的，而是认为施行了"仁义"，方能让民众富足安宁，更有利于国家的稳定和君位的安定，才能实现全国上下更广大、更高远的利，这才是君王最大的"利"。

《梁惠王上》节选（二）

【主旨】孟子言仁政之重要性。

【原文】

梁惠王曰："晉國$^{(1)}$，天下莫强焉$^{(2)}$，叟之所知也。及寡人之身，東敗於齊，長子死焉$^{(3)}$；西喪地於秦七百里$^{(4)}$；南辱於楚$^{(5)}$。寡人恥之，願比$^{(6)}$死者壹洒$^{(7)}$之，如之何則可？"

孟子對曰："地方百里$^{(8)}$而可以王。王如施仁政於民，省刑罰，薄稅斂，深耕易耨$^{(9)}$；壯者以暇日修其孝悌忠信，入以事其父兄，出以事其長上，可使制梃$^{(10)}$以撻秦楚之堅甲利兵矣。彼奪其民時，使不得耕耨以養其父母。父母凍餓，兄弟妻子離散。彼陷溺其民，王往而征之，夫誰與王敵？故曰：仁者無敵。王請勿疑！"

【注释】

（1）晋国：此指梁国。刘宝楠《愈愚录》卷四："《孟子》梁惠王自称'晋国'，魏人周霄亦自称'晋国'。此晋国即指魏国也。"《孟子·滕文公下》第三章"周霄问曰"中有"晋国亦仕国也"，赵岐注"周霄"为"魏人也"。朱熹《孟子集注》："魏本晋大夫魏斯，与韩氏、赵氏共分晋地，号曰三晋。故惠王犹自谓晋国。"1957年安徽寿县出土了"鄂君启金节"其铭文曰"大司马邵阳败晋师于襄陵"，可见楚国也以梁（魏）为晋。

（2）天下莫强焉：天下诸国没有一个国家强于晋国。莫，无指代词。焉，兼词，相当于"于是"。

（3）东败于齐，长子死焉：指梁惠王三十年（公元前340年）的马陵之战，太子申被俘，后死去。长子，指太子申，是梁惠王的长子。《史记·魏世家》："三十年，魏伐赵，赵告急齐。齐宣王用孙子计。救赵击魏。魏遂大兴师，使庞涓将，而令太子申为上将军……太子果与齐人战，败于马陵。齐虏魏太子申，杀将军涓，军遂大破。"此战后，魏国军事实力大损，国势逐渐衰微。

（4）西丧地于秦七百里：马陵之战后，秦国多次打败魏国。魏国被迫献出河西、上郡等地，约七百里地。《史记·魏世家》："三十一年，秦、赵、齐共伐我，秦将商君诈我将军公子卬而袭夺其军，破之。秦用商君，东地至河，而齐、赵数破我，安邑近秦，于是徙治大梁，以公子赫为太子。"《史记·商君列传》载："齐败魏兵于马陵，虏其太子申，杀将军庞涓。其明年……孝公以为然，使卫鞅将而伐魏。魏使公子卬将而击之……会盟已，饮，而卫鞅伏甲士而袭虏魏公子卬，因攻其军，尽破之以归秦。魏惠王兵数破于齐、秦，国内空，日以削，恐，乃使使割河西之地，献于秦以和。而魏遂去安邑，徙都大梁。"

（5）南辱于楚：《史记·楚世家》："（怀王）六年，楚使柱国昭阳将兵而攻魏，破之于襄陵，得八邑。"《史记·魏世家》列于魏襄王十二年，考《竹书纪年》，实为魏惠王后元十一年事。

（6）比：替代。《方言》卷三："比，代也。"

（7）洒（xǐ）：洗涤。后作"洗"。

（8）地方百里：当读为"地，方百里"，意为一万平方里。方百里，即四方每方均百里。

（9）易耨（nòu）：易，疾速。《左传·昭二十九年》"易之亡也"，王引之《经义述闻》言："家大人曰：'易者，疾也，速也。'"耨，锄草。

（10）梃（tǐng）：棍棒。

【读解】

本文为《梁惠王上》第五章，是《孟子》中记载的孟子与梁惠王的最后一次对话，文末"仁者无敌"之语，再次点明孟子与梁惠王数次对话的主旨：施行仁政。此处所谓"仁者"，当指施行仁政的君王。梁惠王因国势由强转弱，屡遭败仗，故向孟子请教对应之道，孟子再次劝梁惠王施行仁政，认为仁政之下，即使是木棒也可以抗击尖兵利剑。在当时的形势之下，"省刑罚，薄税敛，深耕易耨"之法，不能迅速有效地解除梁惠王的忧患，故而孟子的"仁政"主张在当时难以得到采纳。

《梁惠王上》节选（三）

【主旨】孟子反对嗜杀。

【原文】

孟子見梁襄王(1)，出，語(2)人曰："望之不似人君，就之而不見所畏焉。卒然(3)問曰：'天下惡(4)乎定？'吾對曰：'定于一(5)。''孰能一之？'對曰：'不嗜殺人者能一之。''孰能與(6)之？'對曰：'天下莫不與也。王知夫苗乎？七八月(7)之間旱，則苗槁矣。天油然(8)作雲，沛然(9)下雨，則苗浡然(10)興之矣。其如是，孰能禦(11)之？今夫天下之人牧(12)，未有不嗜殺人者也。如有不嗜殺人者，則天下之民皆引領而望(13)之矣。誠如是也，民歸之，由(14)水之就下，沛然誰能禦之？'"

【注释】

（1）梁襄王：梁惠王的儿子，名嗣，公元前318—前296年在位。

(2) 语（yù）：告诉。

(3) 卒然：猝然。卒，通"猝"。

(4) 恶（wū）：表示疑问，相当于"何""怎么"。

(5) 一：统一。

(6) 与（yǔ）：随从，跟从。

(7) 七八月：此为周代历法的七八月，相当于夏历的五六月。朱熹《孟子集注》："周七八月，夏五六月也。"

(8) 油然：形容云气上升的样子。朱熹《孟子集注》："油然，云盛貌。"

(9) 沛然：盛大的样子。朱熹《孟子集注》："沛然，雨盛貌。"

(10) 浡（bó）然：旺盛的样子。朱熹《孟子集注》："勃然，兴起貌。"

(11) 御：阻挡，抵御。朱熹《孟子集注》："御，禁止也。"

(12) 人牧：治理人民的人，即国君。

(13) 引领而望：伸长脖子遥望，形容殷切期盼。领，颈脖。

(14) 由：同"犹"，如同。

【读解】

本文为《梁惠王上》第六章，阐明孟子反对国君滥杀无辜，重视人命的思想。其根本的核心思想还是向君王推行施行仁政的政治主张，只有推行仁政才可以使天下归心。此次会面，是梁惠王去世，梁襄王即位后，孟子与梁襄王的初次会谈。此处孟子以禾苗久旱逢甘霖来比喻人民对君主施行仁政的殷切盼望之心，生动形象地说明君王施行仁政所带来的政治利益。

《梁惠王上》节选（四）

【主旨】 孟子言施仁政之法。

【原文】

曰："然则王之所大欲可知已(1)。欲辟土地(2)，朝(3)秦、楚，莅中國而撫四夷(4)也。以若(5)所爲，求若所欲，猶緣木而求魚(6)也。"

王曰："若是其甚與？"

曰："殆有甚焉(7)。緣木求魚，雖不得魚，無後災。以若所爲，求若所欲，盡心力而爲之，後必有災。"

曰："可得聞與？"

曰："鄒(8)人與楚人戰，則王以爲孰勝？"

曰："楚人勝。"

曰："然則小固不可以敵大，寡固不可以敵眾，弱固不可以敵強。海内之地，方千里者九，齊集有其一(9)；以一服八，何以異於鄒敵楚哉！蓋(10)亦反其本矣！今王發政施仁，使天下仕者皆欲立於王之朝，耕者皆欲耕於王之野，商贾皆欲藏於王之市⁽¹¹⁾，行旅⁽¹²⁾皆欲出於王之塗⁽¹³⁾，天下之欲疾其君者皆欲赴愬⁽¹⁴⁾於王。其若是，孰能禦之？"

王曰："吾惛⁽¹⁵⁾，不能進於是矣！願夫子輔吾志，明以教我。我雖不敏⁽¹⁶⁾，請嘗試之！"

曰："無恒產而有恒心⁽¹⁷⁾者，惟士爲能。若⁽¹⁸⁾民，則⁽¹⁹⁾無恒產，因無恒心。苟無恒心，放辟邪侈⁽²⁰⁾，無不爲已。及陷於罪，然後從而刑之，是罔民⁽²¹⁾也。焉有仁人在位，罔民而可爲也！是故明君制⁽²²⁾民之產，必使仰足以事⁽²³⁾父母，俯足以畜⁽²⁴⁾妻子，樂歲終⁽²⁵⁾身飽，凶年免於死亡；然後驅而之善，故民之從之也輕⁽²⁶⁾。今也制民之產，仰不足以事父母，俯不足以畜妻子，樂歲終身苦，凶年不免於死亡。此惟救死而恐不贍⁽²⁷⁾，奚⁽²⁸⁾暇治禮義哉！王欲行之，則盍反其本矣！五畝之宅，樹之以桑，五十者可以衣⁽²⁹⁾帛矣；雞豚⁽³⁰⁾狗彘⁽³¹⁾之畜，無失其時，七十者可以食肉矣；百畝之田，勿奪其時，八口之家，可以無飢矣；謹庠序⁽³²⁾之教，申⁽³³⁾之以孝悌之義，頒白者⁽³⁴⁾不負戴於道路矣。老者衣帛食肉，黎民⁽³⁵⁾不飢不寒，然而不王者，未之有也。"

【注释】

（1）已：语气词，用法与"矣"相似，表示对结语的确信。

（2）辟土地：开疆辟土，即侵占别国。

（3）朝：使动，使……来朝见。

（4）莅（lì）中国而抚四夷：此言齐王想要成诸国霸主，号令天下。莅，莅临。中国，霸主所在之地。抚，安抚。四夷，指四方落后地区。

（5）若：如此，后作"偌"。朱熹《孟子集注》："若，如此也。"

（6）缘木而求鱼：攀缘树木去求鱼。

（7）殆有甚焉：殆，副词，表示不确定，大概之意。有，通"又"。

（8）邹：国名，与鲁国相邻的小国，在今山东邹城。

（9）齐集有其一：言齐国土地合起来约有一千个平方里。古人计算面积以平均每方长度计，齐地东西长，南北短，面积大约方千里，占了"海内地"的九分之一。集，凑集。朱熹《孟子集注》："集，合齐地。"

（10）盖：同"盍"，兼词，"何不"的合音。

（11）商贾皆欲藏于王之市：做生意的都愿意把货物储存在大王的集市上。商贾，一切商人。《周礼·天官·太宰》郑玄注："行曰商，处曰贾。"藏，储藏。

（12）行旅：各地往来之人。

（13）涂：通"途"，道路。

（14）疾其君者皆欲赴愬：憎恨其君主之人都想前来申诉。疾，憎恨。赴愬，前来申诉。愬，同"诉"。

（15）惛：同"昏"，糊涂。

（16）敏：聪慧。

（17）无恒产而有恒心：没有固定产业而有安居守分之心。恒产，用以维持生活的固定的产业。恒心，安居守分之心。

（18）若：至于，表转折。

（19）则：如果，假如，表假设的连词。

（20）放辟邪侈：肆意作恶。放，放荡。辟，邪僻。邪，不正。侈，奢侈。

（21）罔民：张开罗网陷害百姓。罔，同"网"，张网捕捉，喻陷害。

（22）制：规定，订立制度。

（23）事：奉养。

（24）畜：同"蓄"，养活，抚育。

（25）乐岁终：年景丰收。乐岁，丰收的年头。终，一年。

（26）轻：容易。

（27）赡（shàn）：足，及。

（28）奚：何。

（29）衣：穿。

（30）豚（tún）：小猪。

（31）彘（zhì）：大猪。

（32）谨庠（xiáng）序：重视教育。谨，重视。庠序，古代学校的名称。周代叫庠，殷代叫序。

（33）申：反复教导。赵岐《注》："申重。"《荀子·仲尼》"疾力以申重之"，杨倞注："申重犹再三也。"

（34）颁白者：头发半白半黑的老人。颁，同"斑"。

（35）黎民：黑头发的百姓，此指少壮者。

【读解】

本文节选自《梁惠王上》第七章，孟子在此点明齐宣王的"大欲"，指明其面临的危险，指出唯有施行仁政方能实现其号令天下的"大欲"，言明施行仁政的具体措施在于养民、教民。养民的要点在于制民之产、不违农时，使之安居乐业后，再予以教化引导。如此方可成就王业。

《公孙丑上》节选（一）

【主旨】 孟子养气与知言之法。

【原文】

"敢问夫子恶乎长？"[1]

曰："我知言，我善养吾浩然[2]之氣。"

"敢问何謂浩然之氣？"

曰："難言也。其爲氣也，至大至剛[3]；以直養而無害，則塞于天地之間。

NOTE

其爲氣也，配義與道；無是，餒⁽⁴⁾也。是集義所生者，非義襲而取之也。行有不慊⁽⁵⁾於心，則餒矣。我故曰：告子⁽⁶⁾未嘗知義，以其外⁽⁷⁾之也。必有事焉，而勿正⁽⁸⁾，心勿忘，勿助長也。無若宋人然。宋人有閔⁽⁹⁾其苗之不長而揠⁽¹⁰⁾之者，芒芒然⁽¹¹⁾歸，謂其人⁽¹²⁾曰：'今日病⁽¹³⁾矣！予助苗長矣。'其子趨而往視之，苗則⁽¹⁴⁾槁矣。天下之不助苗長者寡矣。以爲無益而舍之者，不耘⁽¹⁵⁾苗者也。助之長者，揠苗者也。非徒無益⁽¹⁶⁾，而又害之。"

"何謂知言？"

曰："詖辭知其所蔽⁽¹⁷⁾，淫辭知其所陷⁽¹⁸⁾，邪辭知其所離⁽¹⁹⁾，遁辭知其所窮⁽²⁰⁾。生於其心，害於其政，發於其政，害於其事。聖人復起，必從吾言矣。"

【注释】

（1）敢问夫子恶（wū）乎长：此段节选公孙丑与孟子的对话，问话的是公孙丑。恶，表示疑问，相当于"何"。朱熹《孟子集注》："恶，平声。"

（2）浩然：盛大而流动的样子。朱熹《孟子集注》："浩然，盛大流行之貌。"

（3）至大至刚：博大刚强。朱熹《孟子集注》："至大，初无限量，至刚，不可屈挠。"

（4）馁（něi）：泄气，丧气。朱熹《孟子集注》："馁，饥乏而气不充体也。"

（5）慊（qiè）：通"惬"，满意，痛快。赵岐注："慊，快也。"

（6）告子：《孟子·告子》篇记录了孟子与告子讨论人性的言论，告子主张"性无善无不善"的人性论。《墨子·公孟》篇曾提及告子，似曾受教于墨子。梁启超在《墨子年代考》中认为："案《孟子》本文，无以证明告子为孟子弟子，恐是孟子前辈耳。墨子卒下距孟子生不过十余年，告子弱冠得见墨子晚年，告子老宿得见孟子中年。"

（7）外：意动用法。文中意指视为心外之物。告子主张"仁内义外"的观点，见《告子上》第四章。

（8）正：目的。王夫之《孟子稗疏》："正者，徵也，的也，指物以为徵准使必然也。"

（9）闵（mǐn）：同"悯"，担心，忧愁。

（10）揠（yà）：拔。

（11）芒芒然：疲倦的样子。赵岐注："罢（疲）倦之貌。"

（12）其人：指他家里的人。朱熹《孟子集注》："其人，家人也。"

（13）病：疲倦，劳累。朱熹《孟子集注》："病，疲倦也。"

（14）则：都已经。对已然或发生的事进行强调。

（15）耘：除田间草。

（16）非徒无益：此句省略主语，主语上承前句。

（17）詖（bì）辞知其所蔽：偏颇之辞知其片面之所在。詖辞，偏颇不公正的言辞。朱熹《孟子集注》："詖，偏陂也。"蔽，蒙蔽，不能认识全局。朱熹《孟子集注》："蔽，遮隔也。"

（18）淫辞知其所陷：过分之辞知其失误之所在。淫辞，夸张、过分的言辞。淫，过分。陷，失误，失足。

（19）邪辞知其所离：邪僻之辞知其与正道分离之所在。邪，不合正道，偏离正轨。朱熹《孟子集注》："邪，邪僻也。"离，分离，背离。朱熹《孟子集注》："离，叛去也。"

（20）遁辞知其所穷：躲闪之辞知其理穷之所在。遁辞，躲闪的言辞。朱熹《孟子集注》："遁，逃避也。"

【读解】

　　本文选自《公孙丑上》第二章。此章中，孟子回答了公孙丑自己所擅长的两件事情：善于养"浩然之气"（即"养气"）和分析别人的言辞（"知言"）。孟子提出了"浩然之气"及其修养方法，认为浩然之气因正义的积累方能博大刚强，对浩然之气的培养，孟子主张要顺其自然，不能破坏其正常的发展规律，尤其重视道德之心的培养。在"知言"方面，孟子指出了错误理论对人心和社会的危害性，认为分析他人的言辞，要根据其内容分析其是否片面、偏激、邪僻、无理，对不当言辞，必须要予以阻止，以免害国害民。孟子的"浩然正气"，不同于医家所言的自然之气，而是充满了刚健之力的道德之气。

《公孙丑上》节选（二）

【主旨】　孟子言"人性善"。

【原文】

　　孟子曰："人皆有不忍人之心(1)。先王有不忍人之心，斯有不忍人之政(2)矣。以不忍人之心，行不忍人之政，治天下可運之掌上。所以謂人皆有不忍人之心者，今人乍(3)見孺子(4)將入於井，皆有怵惕惻隱(5)之心，非所以内交(6)於孺子之父母也，非所以要譽(7)於鄉黨朋友也，非惡其聲而然也。由是觀之，無惻隱之心，非人也；無羞惡之心，非人也；無辭讓之心，非人也；無是非之心，非人也。惻隱之心，仁之端(8)也；羞惡之心，義之端也；辭讓之心，禮之端也；是非之心，智之端也。人之有是四端也，猶其有四體也。有是四端而自謂不能者，自賊(9)者也；謂其君不能者，賊其君者也。凡有四端於我者，知皆擴而充之矣(10)，若火之始然(11)，泉之始達(12)。苟能充(13)之，足以保(14)四海；苟不充之，不足以事父母。"

【注释】

（1）不忍人之心：不愿伤害他人之心，怜悯体恤他人之心。忍，残忍、狠心。赵岐注："不忍害人之心。"

（2）不忍人之政：不忍伤害百姓之心，怜悯体恤百姓之心。赵岐注："先圣王推不忍害人之心，以行不忍伤民之政。"

（3）乍：突然，忽然。朱熹《孟子集注》："乍，犹忽也。"

（4）孺子：刚会走路不懂事的小孩。

（5）怵惕（chùtì）恻隐：形容人既担惊受怕，又同情怜悯。怵惕，恐惧警惕惊惧。恻隐，见人遭遇不幸而心有所不忍，即同情。

（6）内交：结交。内，同"纳"。朱熹《孟子集注》："内，结也。"

（7）要（yāo）誉：博取名誉。要，同"邀"，求。

（8）端：开端，源头，萌芽。端，本作"耑"。《说文解字》："耑，物初生之题也。上象生形，下象其根也。"段玉裁《说文解字注》："古'发端'字作此，今则'端'行而'耑'废，乃多用'耑'为'专'矣。"

（9）贼：伤害，残害。

（10）知皆扩而充之矣：此句句意表假设的情况。扩，推广。朱熹《孟子集注》："扩，推广之意。充，满也。"

（11）然：同"燃"。《说文解字》："然，烧也。"

（12）达：突出。

（13）充：扩充。

（14）保：定，安定。

【读解】

本文为《公孙丑上》第六章，主要阐明孟子性善论思想。孟子从人见到"孺子将入于井"而产生的恻隐之心，逐步推导演绎出羞恶之心、辞让之心、是非之心，以上"四心"分别对应人之仁、义、礼、智"四端"。此"四端"犹人之四体，生而有之，非为名为利而生，人若能后天加以"扩而充之"，足以安定天下。此"四端"如初燃之火，初涌之泉，尚需后天培固，方能成就仁义礼智之心。

《离娄上》节选（一）

【主旨】孟子言王道。

【原文】

孟子曰："離婁(1)之明、公輸子(2)之巧，不以規矩，不能成方員；師曠(3)之聰，不以六律(4)，不能正五音(5)；堯舜之道，不以仁政，不能平治天下。今有仁心仁聞(6)而民不被其澤，不可法於後世者，不行先王之道也。故曰：徒(7)善不足以爲政，徒法不能以自行。《詩》云：'不愆不忘，率由舊章。(8)'遵先王之法而過者，未之有也。聖人既竭目力焉，繼之以規矩準繩，以爲方員平直，不可勝用也；既竭耳力焉，繼之以六律正五音，不可勝用也；既竭心思焉，繼之以不忍人之政，而仁覆天下矣。故曰，爲高必因丘陵，爲下必因川澤；爲政不因先王之道，可謂智乎？是以惟仁者宜在高位。不仁而在高位，是播其惡於眾也。上無道(9)揆(10)也，下無法守(11)也，朝不信道，工不信度(12)，君子犯義，小人犯刑，國之所存者幸也。故曰，城郭不完(13)，兵甲不多，非國之災也；田野不辟(14)，貨財不聚，非國之害也。上無禮，下無學，賊民興，丧无日矣。《詩》曰：'天之方蹶，無然泄泄。⁽¹⁵⁾'泄泄猶沓沓也。事君無義，進退無禮，言則非⁽¹⁶⁾先王之道者，猶沓沓也。故曰：責難於君⁽¹⁷⁾謂之恭，陳善閉邪⁽¹⁸⁾謂之敬，吾君不能⁽¹⁹⁾謂之賊。"

【注释】

（1）离娄：相传为黄帝时人，目力极强，能于百步之外望见秋毫之末。

（2）公输子：即公输班（"班"也作"般""盘"），鲁国人，因此又叫鲁班，约生活在鲁定公或者哀公的时代，年岁小于孔子，长于墨子，是古代著名的巧匠，被后世尊为建筑业的祖师爷。其事迹见于《礼记·檀弓》《战国策》《墨子》等书。

（3）师旷：春秋时晋国平公的太师（即乐官之长），古代有名的音乐家。事迹见于《左传》《礼记》《国语》等书。

（4）六律：此处指古代十二律的阳律，分别是太蔟、姑洗、蕤宾、夷则、无射、黄钟。律，定音器。

（5）五音：中国音阶名称，即宫、商、角、徵、羽五音。

（6）闻（wèn）：名声。

（7）徒：只。

（8）不愆（qiān）不忘，率由旧章：出自《诗经·大雅·假乐》。指不偏过不遗忘，均遵循旧章。郑玄笺："成王之令德，不过误，不遗失，循用旧典之文章。"愆，过失，过错。率，依循，遵循。旧章，旧有的规章。

（9）道：义理。

（10）揆（kuí）：度量。《尔雅·释言》："揆，度也。"

（11）法守：按法度履行自己的职守。

（12）度：尺码，尺度。

（13）完：坚牢。

（14）辟：开辟，开垦。

（15）天之方蹶，无然泄泄（yìyì）：出自《诗经·大雅·板》。指上天欲颠覆周室。蹶，动。泄泄，多言的样子。

（16）非：诋毁。朱熹《孟子集注》："非，诋毁也。"

（17）责难于君：勉励君主去从事难做的事情，即勉励君主推行尧舜的仁政。朱熹《孟子集注》："范氏曰：人臣以难事责于君，使其君为尧舜之君者，尊君之大也。"

（18）陈善闭邪：陈说善道，禁闭邪心。朱熹《孟子集注》："开陈善道以禁闭君之邪心，惟恐其君或陷于有过之地者，敬君之至也。"

（19）吾君不能：认为君主不能为善。朱熹《孟子集注》："谓其君不能行善道而以告者，贼害其君之甚也。"

【读解】

本文为《离娄上》第一章，孟子在此章中论述了实现王道的途径，以规矩、六律比喻先王之道的重要性，借此说明仁政才是治理国家的根本准则，"不以仁政，不能平治天下"。推行仁政要法先王和选贤才。选贤才应"惟仁者宜在高位"。

《离娄上》节选（二）

【主旨】 孟子言天命和人力。

【原文】

孟子曰："天下有道，小德役大德[(1)]，小賢役大賢；天下無道，小役大，弱役強。斯二者，天也。順天者存，逆天者亡。齊景公曰：'既不能令[(2)]，又不受命[(3)]，是絕物[(4)]也。'涕出而女於吳[(5)]。今也小國師大國而恥受命焉，是猶弟子而恥受命於先師也。如恥之，莫若師文王。師文王，大國五年，小國七年，必爲政於天下矣。《詩》[(6)]云：'商之孫子，其麗[(7)]不億[(8)]。上帝既命，侯[(9)]于周服。侯服于周，天命靡常。殷士膚[(10)]敏，祼[(11)]將[(12)]于京。'孔子曰：'仁不可爲眾也。[(13)]'夫國君好仁，天下無敵。今也欲無敵於天下而不以仁，是猶執[(14)]熱而不以濯[(15)]也。《詩》云：'誰能執熱，逝不以濯？[(16)]'"

【注释】

（1）小德役大德：即"小德役于大德"，道德不高的被道德高的役使。役，役使。

（2）令：命令他人。

（3）受命：服从他人。

（4）绝物：断绝交往，犹现在所说的走投无路。赵岐注："物，事也。大国不与之通朝聘之事也。"

（5）涕出而女于吴：流着泪把女儿嫁给吴国。女，嫁女。《说苑·权谋》："齐景公以其子妻阖庐，送诸郊，泣曰：'余死不汝见矣！'高梦子曰：'齐负海而县山，纵不能全收天下，谁干我君？爱则勿行。'公曰：'余有齐国之固，不能以令诸侯，又不能听，是生乱也。寡人闻之，不能令，则莫若从。且夫吴，若蜂虿然，不弃毒于人则不静，余恐弃毒于我也。'遂遣之。"朱熹《孟子集注》："吴，蛮夷之国也，景公羞与为昏，而畏其强，故涕泣而以女与之。"

（6）《诗》：下文出自《诗经·大雅·文王》。

（7）丽：数目。《毛传》："数也。"

（8）亿：古时十万为亿。朱骏声《说文通训定声》："《楚语》注：'十万曰亿'，此古数也；今人乃以万万为亿。"

（9）侯：语助词，乃。

（10）肤：美好。《毛传》："肤，美也。"

（11）祼（guàn）：也作"灌"，古代祭祀时以酒灌地的一种祭礼。朱熹《孟子集注》："祼，宗庙之祭以郁鬯之酒灌地而降神。"

（12）将：助。朱熹《孟子集注》："将，助也。"

（13）仁不可为众也：仁的力量是不能用人多少来计算的。众，多。

（14）执：持，文中意指解救。

（15）濯（zhuó）：洗涤。文中指用水冲洗以解热。

（16）谁能执热，逝不以濯：出自《诗经·大雅·桑柔》。指谁能解除炎热，却不用凉水冲洗。逝，发语词，无义。朱熹《孟子集注》："逝，语辞也。言谁能执持热物，而不以水自濯其手乎？"段玉裁《经韵楼集》言："寻诗意，执热言触热苦热，濯谓浴也。濯训涤，沐以濯发，浴以濯身，洗以濯足，皆得云濯。此诗谓谁能苦热而不澡浴以洁其体，以求凉快者乎？"

【读解】

　　本文为《离娄上》第七章，主要强调施行仁政对于治理国家的重要性，孟子指出天命和人力在治国中的作用：治国要顺应天意，太平时天意即推崇道德，而乱世时则是弱肉强食。但治国不能完全依靠天意，人为施行仁政可以让自己的国家变得强大，从而在一定程度上影响天意的作用。

《离娄上》节选（三）

【主旨】孟子言民心之重要性。

【原文】

　　孟子曰："桀紂之失天下也，失其民也；失其民者，失其心也。得天下有道：得其民，斯[1]得天下矣。得其民有道：得其心，斯得民矣。得其心有道：所欲與之聚之[2]，所惡[3]勿施，爾也[4]。民之歸仁也，猶水之就下、獸之走壙[5]也。故爲淵敺魚者，獺也；爲叢敺爵[6]者，鸇[7]也；爲湯武敺民者，桀與紂也。今天下之君有好仁者，則諸侯皆爲之敺矣。雖欲無王，不可得已。今之欲王者，猶七年之病求三年之艾[8]也。苟爲不畜[9]，終身不得。苟不志於仁，終身憂辱，以陷於死亡。《詩》云'其何能淑，載胥及溺'[10]，此之謂也。"

【注释】

（1）斯：则，就。

（2）与之聚之：替他们聚集。与，替。杨伯峻因王引之《经传释词》云："家大人曰，'与'，犹'为'也，'为'字读去声，'所欲与之聚之'，言所欲则为民聚之也。"

（3）恶（wù）：厌恶。

（4）尔也：如此。

（5）圹（kuàng）：原野，旷野。朱熹《孟子集注》："圹，广野也。"

（6）爵：同"雀"。文中指飞禽。段玉裁《说文解字注》："爵形即雀形也。"

（7）鸇（zhān）：鹞类猛禽，亦称"晨风"。

（8）七年之病求三年之艾：病久了才去寻找治这种病的陈艾叶。比喻凡事要平时准备，事到临头再想办法就来不及了。

（9）畜：同"蓄"，积蓄，集聚。

（10）其何能淑，载胥及溺：见《诗经·大雅·桑柔》，意为如何能办得好，不过相率被水淹罢了。淑，善良、美好。载，则、就。胥，皆、都。溺，没入水中。郑玄笺："淑，善；胥，相；及，与也。"朱熹《孟子集注》："淑，善也；载，则也；胥，相也。"

【读解】

本文为《离娄上》第九章，主要强调治国的根本在于施行仁政，收获民心。在孟子的政治思想中，民心思想占有非常重要的地位。为阐明自己的观点，孟子以汤武、桀纣为例，说明施行仁政方能得民心，得民心者方能得天下。同时，孟子也意识到意欲收获民心，非一日之功，故而以陈艾治老病为喻，言明需不断积累，将百姓所欲之物积蓄起来。

《离娄上》节选（四）

【主旨】 孟子言进取。

【原文】

孟子曰："自暴(1)者，不可與有言(2)也；自棄者，不可與有爲(3)也。言非(4)禮義，謂之自暴也；吾身不能居仁由義，謂之自棄也。仁，人之安宅也；義，人之正路也。曠(5)安宅而弗居，舍正路而不由(6)，哀哉！"

【注释】

(1) 暴：残害。朱熹《孟子集注》："暴，犹害也。"

(2) 有言：有善言。

(3) 有为：有所作为。

(4) 非：认为……不是。朱熹《孟子集注》："非，犹毁也。"

(5) 旷：空出。

(6) 由：遵从，行走。

【读解】

本文为《离娄上》第十章，孟子在此章中主张个人要积极追求进取，认为一个人是否能行仁义，主动权掌握在自己手中，对自甘堕落者深表痛心。此章是成语"自暴自弃"的来源。

《离娄上》节选（五）

【主旨】 孟子言礼法之权变。

【原文】

淳于髡(1)曰："男女授受不親(2)，禮與？"

孟子曰："禮也。"

曰："嫂溺則援之以手乎？"

曰："嫂溺不援，是豺狼也。男女授受不親，禮也；嫂溺援之以手者，權⁽³⁾也。"

曰："今天下溺矣，夫子之不援，何也？"

曰："天下溺，援之以道；嫂溺，援之以手。子欲手援天下乎？"

【注释】

（1）淳于髡（kūn）：约公元前386—前310年，黄县（今山东省龙口市）人，战国时期齐国的政治家和思想家，博学多才，善于辩论。其事迹见于《史记·滑稽列传》《史记·孟子荀卿列传》等。

（2）男女授受不亲：古代礼教规定男女之间不能直接接触、言谈或授受物件。授，给予。受，接受。亲，亲自接触。朱熹《孟子集注》："授，与也。受，取也。古礼男女不亲授受，以远别也。"

（3）权：变通，权变。

【读解】

本文为《离娄上》第十七章。此章中，孟子非常机智地化解了淳于髡步步紧逼、层层推进的提问，孟子认为礼制所规定的事情在紧急情况下可以有所变通，并指出只能以"道"拯救天下的危急。

《离娄上》节选（六）

【主旨】 孟子言奉亲之道。

【原文】

孟子曰："事，孰爲大？事親爲大。守，孰爲大？守身爲大。不失其身而能事其親者，吾聞之矣。失其身而能事其親者，吾未之聞也。孰不爲事？事親，事之本也。孰不爲守？守身，守之本也。曾子養曾晳⁽¹⁾，必有酒肉；將徹⁽²⁾，必請所與；問有餘，必曰：'有。'曾晳死，曾元⁽³⁾養曾子，必有酒肉；將徹，不請所與⁽⁴⁾；問有餘，曰：'亡矣。'將以復進也。此所謂養口體⁽⁵⁾者也。若曾子，則可謂養志也。事親若曾子者，可也。"

【注释】

（1）曾晳（xī）：名点，曾参的父亲，是孔子的弟子。

（2）彻：撤除，撤去。

（3）曾元：曾参的儿子。《礼记·檀弓》有其记载。

（4）与：给。

（5）口体：舌头与身体。

【读解】

本文为《离娄上》第十九章，孟子在此指出人生最大的事情乃是侍奉父母，并认为对父母的奉养不能局限于物质层面的口体之养，而是要真正顺从父母的心意。

NOTE

《离娄上》节选（七）

【主旨】 孟子释"仁""义""礼""智""乐"。

【原文】

孟子曰："仁之實⁽¹⁾，事親是也；義之實，從兄是也；智之實，知斯二者弗去是也。禮之實，節⁽²⁾文⁽³⁾斯二者是也；樂之實，樂斯二者，樂則生矣；生則惡可已⁽⁴⁾也；惡可已，則不知足之蹈之，手之舞之。"

【注释】

(1) 实：本质。

(2) 节：节制，调节。

(3) 文：修饰。

(4) 已：停止。

【读解】

本文为《离娄上》第二十七章，孟子在此章中对儒家"仁""义""礼""智""乐"的本质进行了精炼的阐释。此处的"仁""义"均是对个人修身而言，"智""礼""乐"均是由"仁""义"二端衍生。此处看孟子行"仁""义""礼""智""乐"，发自内心，快乐无比。

《离娄下》节选

【主旨】 孟子言君臣相处之道。

【原文】

孟子告齊宣王曰："君之⁽¹⁾視臣如手足，則臣視君如腹心；君之視臣如犬馬，則臣視君如國人；君之視臣如土芥，則臣視君如寇讎。"

王曰："禮，爲舊君有服⁽²⁾，何如斯可爲服矣？"

曰："諫行言聽，膏澤⁽³⁾下於民；有故而去⁽⁴⁾，則使人導之出疆，又先於其所往⁽⁵⁾；去三年不反，然後收其田里。此之謂三有禮焉。如此，則爲之服矣。今也爲臣，諫則不行，言則不聽；膏澤不下於民；有故而去，則君搏執之，又極之於其所往⁽⁶⁾；去之日，遂收其田里。此之謂寇讎。寇讎，何服之有？"

【注释】

(1) 之：此处用在主语和谓语之间，取消句子的独立性。

(2) 礼，为旧君有服：指礼制规定臣下要为先君服孝。今《仪礼·丧服》有大夫为旧君服齐衰（zīcuī）三月的记载。

(3) 膏泽：比喻恩惠。

（4）有故而去：有原因而离开前往其他国家。

（5）先于其所往：先让人到所去之国布置。先，动词，使人先去布置。

（6）极之于其所往：至其所往之国使之陷入困顿。极，困穷，动词使动用法。

【读解】

本文为《离娄下》第三章，孟子在此章中指出君臣上下相处应以互相尊重和遵循道义为原则，君对臣仁至义尽，臣则报以尽心竭力。与孔子主张臣为君之下属，臣为君服务这种上下明确的君臣关系不同，孟子不主张为臣者单方面地对为君者忠义，二者关系应建立在平等、相互尊重的基础上。

《尽心下》节选（一）

【主旨】孟子反对穷兵黩武。

【原文】

孟子曰：“不仁哉，梁惠王也！⁽¹⁾仁者以其所愛及其所不愛，不仁者以其所不愛及其所愛。”

公孫丑問曰：“何謂也?”

“梁惠王以土地之故，糜爛其民而戰之⁽³⁾，大敗，將復⁽³⁾之，恐不能勝，故驅其所愛子弟以殉之，是之謂以其所不愛及其所愛也。”

【注释】

（1）不仁哉，梁惠王也：此句“不仁”为谓语，置于主语“梁惠王”之前，表示强调。

（2）糜烂其民而战之：使百姓为之作战而导致其身体糜烂。糜烂，使……身躯残烂不堪。战，使……战斗。

（3）复：再。

【读解】

本文为《尽心下》第一章。孟子在此主张推恩以践行仁爱，即以所爱及其所不爱。孟子反对穷兵黩武，认为为满足君王个人私欲而造成的战争，不仅给君王不甚喜爱的百姓带来祸害，最终也会给君王喜爱的人带来祸害。

《尽心下》节选（二）

【主旨】孟子言质疑。

【原文】

孟子曰：“盡信《書》⁽¹⁾，則不如無《書》。吾於《武成》⁽²⁾，取二三策⁽³⁾而已矣。仁人無敵於天下，以至仁伐至不仁，而何其血之流杵⁽⁴⁾也?”

NOTE

【注释】

（1）《书》：《尚书》。

（2）《武成》：《周书》篇名，叙述武王伐纣时的事情，可能谈及战争导致流血很多，以至于舂米杵都漂起来了。《尚书正义》引郑氏说，《武成》篇在东汉光武帝建武年间已经亡佚。今《武成》篇为伪古文，言"血流漂杵"是商纣士兵倒戈相向自相残杀所导致，与孟子此处原意不合，不可信。

（3）策：竹简，古代用于书写。

（4）杵（chǔ）：与臼配合用于捣碎粮食，一头粗一头细。

【读解】

此章为《尽心下》第三章，孟子开门见山提出本章主旨，即主张阅读古代经典时应该采取实事求是的批判态度，不能盲目相信，并举《武成》中不合情理之处为例进行说明。同理，也不能盲目怀疑。孟子强调读书须有质疑精神，带着思考阅读。

《尽心下》节选（三）

【主旨】 孟子言重民。

【原文】

孟子曰："民爲貴，社稷(1)次之，君爲輕。是故得乎丘民(2)而爲天子，得乎天子爲諸侯，得乎諸侯爲大夫。諸侯危社稷，則變置(3)。犧牲(4)既(5)成，粢盛(6)既絜(7)，祭祀以時，然而旱乾水溢(8)，則變置社稷。

【注释】

（1）社稷：社，土神。稷，谷神。古代帝王或诸侯建国时，都要立坛祭祀"社""稷"，故"社稷"又作为国家的代称。朱熹《孟子集注》："社，土神。稷，谷神。建国则立坛壝（wéi，古代祭坛四周的矮墙。）以祀之。盖国以民为本，社稷亦为民而立，而君之尊又系于二者之存亡，故其轻重如此。"

（2）丘民：百姓。朱熹《孟子集注》："丘民，田野之民，至微贱也。"丘，众也。赵岐注："丘，十六井也。"焦循《孟子正义》释"十六井"："《周礼·地官·小司徒》'九夫为井，四井为邑，四邑为丘'。一邑四井，四邑故为十六井。然则丘民犹言邑民、乡民、国民也。"

（3）变置：改易更置。朱熹《孟子集注》："诸侯无道，将使社稷为人所灭，则当更立贤君，是君轻于社稷也。"

（4）牺牲：祭祀用的牛、羊、猪等祭品。

（5）既：已经。

（6）粢盛（zīchéng）：一种古代的祭祀仪式。祭祀时将黍稷放在祭器里，称为"粢盛"。

（7）絜：古同"洁"。清洁，干净。《说文解字注·系部》："絜，又引申为洁净。俗作洁，经典作絜。"

（8）旱干水溢：旱灾水灾。

【读解】

本文为《孟子·尽心下》第十四章，主要阐明孟子的"民贵君轻"思想。孟子认为，社稷、君、民三者中，百姓最重，君主、社稷若不为民着想，均可改立之。此段论述可视为孟子对君民关系最有代表性的论述，是孟子重民思想的集中体现。而孟子提出的可变置诸侯的观点，被后世一些为君者视为大逆不道之语。

《尽心下》节选（四）

【主旨】孟子言寡欲。

【原文】

孟子曰："養心莫善於寡欲(1)。其爲人也寡欲，雖有不存(2)焉者，寡矣。其爲人也多欲，雖有存焉者，寡矣。"

【注释】

(1) 欲：指人的物欲。

(2) 不存：指先天善性不存。

【读解】

本文为《尽心下》第三十五章，孟子在此章强调"寡欲"对个人德行修养的重要性。孟子在此处认为人的欲望是客观存在的，不主张"禁欲"，只是主张"寡欲"，从个人主观上降低对物质的欲望，未将善性与物欲完全对立起来，与《礼记·乐记》所言"人化物也者，灭天理而穷人欲者也。于是有悖逆诈伪之心，有淫泆作乱之事"有相似观点，不主张泯灭天理而为所欲为。

【知识链接】

太史公曰：余读《孟子》书，至梁惠王问"何以利吾国"，未尝不废书而叹也。曰：嗟乎，利诚乱之始也！夫子罕言利者，常防其原也。故曰"放于利而行，多怨"。自天子至于庶人，好利之弊何以异哉！

孟轲，邹人也。受业子思之门人。道既通，游事齐宣王，宣王不能用。适梁，梁惠王不果所言，则见以为迂远而阔于事情。当是之时，秦用商君，富国强兵；楚、魏用吴起，战胜弱敌；齐威王、宣王用孙子、田忌之徒，而诸侯东面朝齐。天下方务于合从连衡，以攻伐为贤，而孟轲乃述唐、虞、三代之德，是以所如者不合。退而与万章之徒序《诗》《书》，述仲尼之意，作《孟子》七篇。

——（西汉）司马迁《史记·孟子荀卿列传》

程子又曰："孟子有功于圣门，不可胜言。仲尼只说一个仁字，孟子开口便说仁义。仲尼只说一个志，孟子便说许多养气出来。只此二字，其功甚多。"

又曰："孟子有大功于世，以其言性善也。"

又曰："孟子性善、养气之论，皆前圣所未发。"

又曰："学者全要识时，若不识时，不足以言学。颜子陋巷自乐，以有孔子在焉。若孟子之时，世既无人，安可不以道自任。"

又曰："孟子有些英气。才有英气，便有圭角，英气甚害事。如颜子便浑厚不同，颜子去圣人只毫发间。孟子大贤，亚圣之次也。"或曰："英气见于甚处？"曰："但以孔子之言比之，便可见。且如冰与水精非不光。比之玉，自是有温润含蓄气象，无许多光耀也。"

——（宋）朱熹《孟子集注·孟子序说》

【实践讨论】

1. 如何看待当前社会中义与利的关系？

2. 孟子的仁政思想在当前建设的法治社会中有何现实价值？

3. 孟子的浩然之气至大至刚，养浩然之气对现今青年学子性格养成与思想教育有何现实意义？

4. 性善论对当前社会有何现实意义？

【推荐阅读书目】

1.（宋）朱熹《孟子集注》，齐鲁书社 1992 年整理本。

2.（清）焦循《孟子正义》，中华书局 2015 年整理本。

3. 杨伯峻《孟子译注》，中华书局 1960 年版。

4. 徐洪兴《孟子精读》，复旦大学出版社 2010 年版。

5. 杨泽波《孟子评传》，南京大学出版社 1998 年版。

NOTE

第十二讲　《老子》导读
——自然之道，天地之德

　　《老子》又名《道德经》，是道家的经典著作，约成书于春秋末期。作者老子，姓李，名耳，字聃，约生活于公元前 571 至前 471 年，春秋时期楚国人，中国古代伟大的思想家和哲学家，道家学派的创始人。老子曾任周守藏室之史，负责管理王室的典籍。等到王室衰微，老子西出函谷关退隐，并在函谷关前写成了五千言的《道德经》，最后不知所终。道教兴起后，封老子为教主，奉为"太上老君"；唐高宗追封其为"太上玄元皇帝"。后世常将老子与庄子一起并称为"老庄"。

　　今本《老子》全书共五千余言，故又称《老子五千文》，是一部用韵文写成的哲理诗。西汉河上公曾作《道德经章句》，将《老子》分为 81 章，称前 37 章为《道经》，后 44 章为《德经》，名之曰《道德经》。《老子》文约义丰，博大精深，凝聚智慧而富于哲理，具有朴素辩证思想，开创了我国古代哲学思想的先河，对我国传统思想文化的发展产生了深远影响。

　　《老子》主要阐述"道"与"德"的深刻含义，它们代表了老子的哲学思想。"道"是老子思想体系的核心。《老子》首次提出"道"的概念，并将其作为世界万物最高范畴。老子所论述的"道"，主要是宇宙之道、自然之道，也包括一些人生哲学和修养方法的原理。老子认为"道"无形无象，是先于天地而独立存在的整体，它周流不息，是宇宙的本原，万物产生和发展都是来自于它的运动与变化。老子所描述的"德"不是人们通常所说的道德或德行，而是修道者所应必备的特殊的世界观、方法论及为人处世之法。

　　《老子》内容涵盖哲学、伦理学、政治学、军事学等诸多学科，被后人尊奉为宝典，在我国的哲学、科学、政治、宗教、艺术等领域产生了深远的影响。老子受到古今中外许多名人的高度评价和推崇，《老子》被翻译成多国文字，被联合国教科文组织认定为世界上发行量仅次于《圣经》的文献。

　　迄今为止，我国共出土了六种《老子》简帛版本，分别是郭店楚简三个版本（简称"楚简老子"）、马王堆汉墓帛书两个版本（简称"帛书老子"）、北京大学所藏西汉竹简汉一个版本（简称"汉简老子"）。其中郭店楚简本没有分篇、章标志；马王堆帛书本和北京大学竹简本的顺序均是《德经》在前，《道经》在后。依此，《老子》版本的流变历史大致如下：最初的楚简本不分篇也不分章，然后是帛书本、北大本分篇但不分章，最后是今本既分篇又分章；帛书、汉简《老子》的篇，与今本《老子》的篇相比，顺序刚好相反。帛书、汉简《老子》均是《德道经》，而今本《老子》是《道德经》。

　　《老子》版本非常多。出土本中，1993 年出土的郭店楚简《老子》是目前所见最古老的版本。1973 年出土的长沙马王堆汉墓帛书《老子》甲本、《老子》乙本是形成时间较早且比较完整的版本。在传世本中，西汉河上公《道德经章句》、三国时魏国王弼《道德真经注》较为通行。另外，比较重要的注本还有宋代林希逸《道德真经口义》，元代吴澄《道德真经注》，明代焦竑《老子翼》，清代毕沅《老子道德经考异》与魏源《老子本义》，近人马叙伦《老子校诂》、高亨《老子正诂》、陈鼓应《老子今注今译》、张松如《老子说解》和朱谦之《老子校释》等。据不完全统计，自先秦以来研究和注释《老子》的著作超过 3000 余种。

本讲所用底本为中华书局 1986 年出版的国学整理社《诸子集成》本。

第一章

【主旨】 提出"道"的概念。

【原文】

道⁽¹⁾可道⁽²⁾，非常道；名⁽³⁾可名⁽⁴⁾，非常名。

無名⁽⁵⁾，天地之始；有名⁽⁶⁾，萬物之母⁽⁷⁾。

故常無，欲以觀其妙⁽⁸⁾；常有，欲以觀其徼⁽⁹⁾。

此兩者，同出而異名，同謂之玄⁽¹⁰⁾。玄之又玄，眾妙之門⁽¹¹⁾。

【注释】

(1) 道：指宇宙的本原和实质，引申为原理、原则、真理、规律等。

(2) 道：解说、表述，犹言"说得出"。

(3) 名：指"道"的形态。

(4) 名：说明。

(5) 无名：指无形。

(6) 有名：指有形。

(7) 母：母体，根源。

(8) 妙：微妙。

(9) 徼（jiào）：边际、边界。引申为端倪。

(10) 玄：本指深黑色，引申为玄妙深远。

(11) 众妙之门：指一切奥妙变化的总门径，用来比喻宇宙万物的唯一原"道"的门径。

【读解】

在第一章，老子提出"道"的概念，作为其哲学思想体系的核心。"道"的含义博大精深，既可从历史的角度来认识，也可从文学的方面去理解，还可从美学的原理去探求，但是更应从哲学体系的辩证角度去解析。

哲学家在解释"道"这一范畴时所得出的结论并不完全一致。有的认为它是一种物质性的东西，是构成宇宙万物的元素；有的认为它是一种精神性的东西，同时也是产生宇宙万物的泉源。不过在"道"的各种解释中，也有大致相同的认识，即认为它是运动变化的，而不是静止不变的；宇宙万物包括自然界、人类社会和人的思维等一切运动，都是遵循"道"的规律而发展变化。总之，在这一章里，老子说"道"产生了天地万物，但是它不可以用语言来说明，而是非常深邃奥妙的，并不是轻而易举便能领会的，这是一个从"无"到"有"的过程。

第二章

【主旨】以美与丑、善与恶对比说明一切事物都是在对立的关系中产生的。

【原文】

天下皆知美之爲美，斯⁽¹⁾惡⁽²⁾已；皆知善之爲善，斯不善已。

故有無⁽³⁾相生⁽⁴⁾，難易相成，長短相形⁽⁵⁾，高下相傾⁽⁶⁾，音聲⁽⁷⁾相和，前後相隨。

是以聖人處無爲之事⁽⁸⁾，行不言⁽⁹⁾之教。萬物作⁽¹⁰⁾焉而不辭⁽¹¹⁾，生而不有，爲而不恃⁽¹²⁾，功成而弗居。夫唯弗居，是以不去。

【注释】

（1）斯：这。

（2）恶：丑陋。

（3）有无：指自然界事物的存在或不存在。

（4）相生：互相产生。

（5）形：此处指在比较、对照中显现出来。

（6）倾：充实，补充，依存。

（7）音声：合奏出的乐音叫作"音"，单一发出的音响叫作"声"。

（8）圣人处无为之事：圣人用"无为"的态度处理世事。圣人，古人所推崇的最高层次的典范人物。无为，顺应自然、不妄为。

（9）不言：不发号施令，不用政令。

（10）作：兴起，发生，创造。

（11）辞：主管。

（12）为而不恃：作育万物而不自恃己能。恃，倚仗。

【读解】

第二章的内容分为两个层次。

第一层集中鲜明地体现了老子朴素的辩证思想。老子认为，事物都有自身的对立面，都是以对立的方面为自己存在的前提。他通过列举日常的社会现象与自然现象，阐述了世间万物都具有相互依存、相互联系、相互作用的关系，论说了对立统一的规律，确认了对立统一是永恒的、普遍的法则。老子所提出的一系列对立面，在人类社会生活中随处可见，如善恶、美丑、是非、强弱、成败、祸福等，都蕴含着丰富的辩证法原理。

第二层意思是人们应当如何对待处于矛盾对立的客观世界。老子提出了"无为"的观点。当然，此处所说的"无为"不是无所作为，而是不妄为，是要按照自然界的规律办事，即以辩证法的原则指导人们的社会生活，帮助人们寻找顺应自然、遵循事物发展的客观规律。老子还以圣人为例，教导人们要有所作为，但不能强作妄为。

第三章

【主旨】 阐述老子的社会政治思想。

【原文】

不尚贤⁽¹⁾，使民不争；不贵难得之货⁽²⁾，使民不为盗⁽³⁾；不见⁽⁴⁾可欲，使民心不乱。

是以圣人之治：虚其心⁽⁵⁾，实其腹；弱其志⁽⁶⁾，强其骨。常使民无知无欲，使夫知者⁽⁷⁾不敢为也。为无为，则无不治⁽⁸⁾。

【注释】

(1) 尚贤：尊崇有才能的人。尚，崇尚，尊崇。贤，有德行、有才能的人。

(2) 贵难得之货：重视财物。贵，重视，以……为珍贵。货，财物。

(3) 盗：窃取财物。

(4) 见："现"的古字。显露，炫耀。

(5) 虚其心：使他们心里空虚，无思无欲。虚，空虚。心，指思想、头脑。

(6) 弱其志：使他们减弱志气，削弱他们竞争的意图。

(7) 知者：有智慧的人。知，"智"的古字。

(8) 治：治理，指通过治理以达到天下太平。

【读解】

在第三章，老子进一步阐述了他的社会政治思想。老子所说的"无为"，并非不为，而是不妄为、不乱为。他认为，圣人治理百姓，就应当不尊尚贤才异能，以使人民不要争夺权位与功名利禄。在先秦时代，关于选贤用能的学说已成强大的社会舆论，各诸侯国争用贤才也形成必然的趋势。老子在这种背景下，敢于提出"不尚贤"的观点，与百家诸子观点形成对立，似乎不合时宜。不过，在老子的观点中，不包含贬低人才、否定人才的意思，而是说统治者不要给贤才过分优越的地位、权势和功名，以免使"贤才"成为一种诱惑，导致人们纷纷争权夺利。

在本章里，老子透露出了他人生哲学的出发点。他既不讲人性善，也不讲人性恶，而是说人性本来是纯洁素朴的，犹如一张白纸。如果社会出现尚贤的风气，肯定会挑起人们的追逐欲，从而导致天下大乱。倘若不使人们看到可以贪图的东西，那么人们就可以保持"无知无欲"的纯洁本性。

不使人产生贪欲，并不是要剥夺人的生存权利，而是要尽可能地"实其腹""强其骨"，使老百姓的生活得到温饱，身体保持健壮以自保自养；此外还要"虚其心""弱其志"，使百姓们没有盗取利禄之心，没有争强好胜之志。这样，就顺应了自然规律，就做到了无为而治。这一章与前一章相呼应，从社会的角度出发，要求人们都回归纯洁的、无知无欲的自然本性。以自然规律治理人事，天下就自然得到了治理。

第七章

【主旨】 以天地来比喻圣人。

【原文】

天長地久⁽¹⁾。天地所以能長且久者，以其不自生⁽²⁾，故能長生。

是以聖人後其身⁽³⁾而身先⁽⁴⁾，外其身⁽⁵⁾而身存。非以其無私邪？故能成其私。

【注释】

(1) 天长地久：天地长时间地存在。长、久，均指时间长久。

(2) 以其不自生：因为它不为自己生存。以，因为。

(3) 后其身：退让自身。后，一本作“退”。

(4) 身先：自身占据前位，高居人上。

(5) 外其身：将自身置之度外。

【读解】

在第七章，老子再一次歌颂了天地。天地是客观存在的自然。依据“道”的规律运行而生存，从而真正地体现了“道”。

老子认为，天地由于无私而长久存在，人间圣人由于忘私而成其理想。老子赞美天地，同时将天道推及人道，希望人道效法天道。对天地来说，“以其不自生也，故能长生”；对圣人来说，“非以其无私邪？故能成其私”。这其中包含有辩证法的因素，不自生故能长生，不自私故能成其私，说明对立的双方在互相转化。

老子用朴素辩证法的观点，说明利他（“后其身”“外其身”）和利己（“身先”“身存”）是统一的，利他往往能转化为利己。老子想以此说服人们都来利他，这种谦退无私的精神，有积极的意义。

第八章

【主旨】 用水性比喻品德高尚者的人格。

【原文】

上善若水⁽¹⁾。水善利萬物而不爭，處眾人之所惡⁽²⁾，故幾於道⁽³⁾：

居善地，心善淵⁽⁴⁾，與⁽⁵⁾善仁⁽⁶⁾，言善信，政善治⁽⁷⁾，事善能，動善時⁽⁸⁾。

夫唯不爭，故無尤⁽⁹⁾。

【注释】

(1) 上善若水：此处老子以水的形象来说明“圣人”是道的体现者，因为圣人的言行类似

NOTE

于水，而水之德是接近于道的。上善，最善。

（2）处众人之所恶：居处于众人所不愿去的地方。恶，厌恶。

（3）几于道：接近于道。几，接近。

（4）渊：沉静，深沉。

（5）与：指与别人相交。

（6）善仁：指有修养之人。仁，一本作"人"。

（7）善治：善于治理国家，从而取得政绩。

（8）善时：善于把握有利的时机。

（9）尤：怨咎，过失，罪过。

【读解】

第八章以自然界的水来喻人、教人。老子首先用水性来比喻具有高尚品德者的人格，认为他们的品格像水那样，一是柔和，二是甘居卑下的地方，三是滋润万物而不争名。最完善的人格也应该具有这种心态与行为，不但做有利于众人的事情而不与之争，而且还愿意去众人都不愿去的卑下之地，愿意做别人都不愿做的事情。他可以忍辱负重，任劳任怨，能尽其所能地贡献自己的力量去帮助别人，而不与别人争功名、利益。这就是老子"善利万物而不争"的著名思想。

老子最赞美水，认为水之德接近于道。说理想中的"圣人"是道的体现者，是因为他的言行类似于水。为什么说水之德近于道呢？清代王夫之解释说："五行之体，水为最微。善居道者，为其微，不为其著；处众之后，而常得众之先。"以不争争，以无私私，这就是水的最显著特性。水滋润万物而无取于万物，而且甘心停留在最低洼、最潮湿的地方。老子并列举出七个"善"字，都是受到水的启发。最后的结论是：为人处世的要旨，即为"不争"。也就是说，宁愿处别人之所恶也不去与人争利，所以别人也没有什么怨尤。

第九章

【主旨】 提出人做事要适可而止。

【原文】

持而盈之（1），不如其已（2）。揣而锐之（3），不可长保（4）。金玉满室，莫之能守。富贵而骄，自遗其咎（5）。

功遂身退（6），天之道也（7）。

【注释】

（1）持而盈之：持执盈满，自满自骄。持，手执、手捧。

（2）不如其已：不如适可而止。已，停止。

（3）揣而锐之：把铁器磨得又尖又利。揣，捶击。

（4）长保：不能长久保存。

（5）咎：过失，灾祸。

（6）功遂身退：功成名就之后，不再身居其位，而应适时退下。

（7）天之道：自然规律。

【读解】

第九章讲为人之道，主旨是做事要留有余地，不要把事情做得太过，不要被胜利冲昏头脑。老子认为，不论做什么事都不可过度，而应该适可即止；锋芒毕露，富贵而骄，居功贪位，都是过度的表现，难免招致灾祸。一般人遇到名利当头的时候，没有不心醉神往的，没有不趋之若鹜的。老子说出了知进而不知退、善争而不善让的祸害，希望人们把握好度，适可而止。

本章论述的重点是"盈"和"功遂身退"。老子谆谆告诫人们不可"盈"，一个人在成就了功名后，就应当身退不盈，才是"长保"之道。贪慕权位利禄的人，往往得寸进尺，贪得无厌；恃才傲物的人，总是锋芒毕露，耀人眼目。这些是应该引以为戒的。否则，富贵而骄，便会招来祸患。就普通人而言，建立功名是相当困难的。功成名就之后要正确对待它，就更不容易了。老子劝人功成而不居，急流勇退，可以保全天年。然而有些人贪心不足，居功自傲，忘乎所以，结果身败名裂。

第十二章

【主旨】指出物欲文明生活的弊害。

【原文】

五色⁽¹⁾令人目盲，五音⁽²⁾令人耳聋，五味⁽³⁾令人口爽⁽⁴⁾，驰骋⁽⁵⁾畋猎⁽⁶⁾令人心发狂⁽⁷⁾，难得之货令人行妨⁽⁸⁾。

是以圣人为腹不为目⁽⁹⁾，故去彼取此⁽¹⁰⁾。

【注释】

（1）五色：本指青、黄、赤、白、黑五种色彩。此处指色彩多样。

（2）五音：本指宫、商、角、徵、羽五种音节。此处指多种多样的音乐声。

（3）五味：本指酸、苦、甘、辛、咸五种味道。此处指多种多样的美味。

（4）口爽：味觉失灵。《广雅·释诂四》："爽，伤也。"

（5）驰骋：纵横奔走，比喻纵情放荡。

（6）畋猎：打猎。

（7）心发狂：心生放荡而不可制止。

（8）行妨：操行受到伤害。妨，妨害、伤害。

（9）为腹不为目：只求温饱安宁，而不为纵情声色之娱。腹，代表简朴宁静的生活方式。目，代表巧伪多欲的生活方式。

（10）去彼取此：摒弃物欲的诱惑，而保持安定知足的生活。彼，指"为目"的生活。此，指"为腹"的生活。

【读解】

第十二章讲要坚守简单、恬静的生活方式。老子生活的时代，正处于新旧制度交替、社会动荡不安之际，奴隶主贵族生活日趋腐朽糜烂。老子认为社会的正常生活应当是为"腹"不为"目"，务内而不逐外。但求安饱，不求纵情声色之娱。在此，老子所反对的是奴隶主贵族的腐朽生活方式，都不是普通劳动民众的。因为"五色""五味""五声""畋猎""难得之货"并不是一般劳动者可以拥有的，而是贵族生活的组成部分。因此，老子的观点并不是要把精神文明与物质文明对立起来。他希望人们能够丰衣足食，拥有内在宁静恬淡的生活方式，而不是追求外在贪俗的生活。一个人越是投入外在化的旋涡里，则越会流连忘返，产生自我疏离感，而心灵则会日益空虚。所以，老子提醒人们要摒弃外界物欲的诱惑，保持内心的安足清静，确保固有的天性。

《庄子·天地》曰："且夫失性有五：一曰五色乱目，使目不明；二曰五声乱耳，使耳不聪；三曰五臭熏鼻，困惾中颡；四曰五味浊口，使口厉爽；五曰趣舍滑心，使性飞扬。此五者，皆生之害也。"此段论述，与《老子》第十二章的含义近似。

第十三章

【主旨】 强调"贵身"思想。

【原文】

寵辱若驚(1)，貴大患若身(2)。

何謂寵辱若驚？寵爲下(3)，得之若驚，失之若驚，是謂寵辱若驚。

何謂貴大患若身？吾所以有大患者，爲吾有身(4)；及(5)吾無身，吾有何患？

故貴以身爲天下，若可寄天下(6)；愛以身爲天下，若可託天下(7)。

【注释】

(1) 宠辱若惊：受宠和受辱都使人惊慌不安。若，乃。

(2) 贵大患若身：人之所以重视大的祸患，都是因为自身的存在。

(3) 宠为下：受宠说明自身地位低下。河上公系统的景龙碑本作"宠为上，辱为下"。

(4) 有身：有身体的存在。

(5) 及：如果。一本作"苟"。

(6) 贵以身为天下，若可寄天下：以贵身的态度去治理天下，才可以把天下托付给他。

(7) 爱以身为天下，若可托天下：以爱身的态度去治理天下，才可以把天下托付给他。

【读解】

第十三章讲的是关于"贵身"和人的尊严问题，大意是说圣人不以宠辱、荣患等身外之事易其身，这是接着第十二章"是以圣人为腹不为目"而言的。凡能够真正做到"为腹不为目"，不为外界荣辱乱心分神者，才有能力担负治理天下的重任。对于本章的主旨，清代王夫之做过如下精辟的发挥。他说："众人纳天下于身，至人外其身于天下。夫不见纳天下者，有必至之忧患乎？宠至若惊，辱来若惊，则是纳天下者，纳惊以自滑也。大患在天下，纳而贵之与身等。夫身且为患，而贵患以为重累之身，是纳患以自桔也。惟无身者，以耳任耳，不为天下任听；以目任目，不为天下任视；吾之耳目静，而天下之视听不荧，惊患去已，而消于天下，是以百姓履藉而不倾。"（王夫之《老子衍》）

一般人十分看重宠辱、荣患。有的人重视身外的宠辱甚至远远超过自身的生命。人生在世，难免要与功名利禄、荣辱得失打交道。许多人把荣宠和功名利禄视作人生最高理想，目的就是为享荣华富贵、福佑子孙。总之，人活着就是为了寿命、名利、地位、财富等身外之物。对于功名利禄，虽然说人人都需要，但是把它摆在什么位置，人与人的态度就不同了。如果你把它摆在比生命还要宝贵的位置之上，那就大错特错了。老子从"贵身"的角度出发，认为生命的价值远贵于名利荣辱。要清静寡欲，对于一切声色、货利之事，皆无所动于心。只有不因外界荣辱而乱心分神者，才有能力担负起治理天下的重任。

第十六章

【主旨】强调"致虚""守静"的功夫。

【原文】

致虚極，守靜篤(1)。萬物並作(2)，吾以觀其復(3)。

夫物芸芸(4)，各復歸其根(5)。

歸根曰靜，靜曰復命(6)，復命曰常(7)。知常曰明(8)；不知常，妄作凶。知常容(9)，容乃公(10)，公乃全(11)，全乃天(12)，天乃道，道乃久，没身(13)不殆。

【注释】

(1) 致虚极，守静笃：极力地致虚，笃实地守静。极、笃，均表示极度、顶点。

(2) 作：生长，发展，活动。

(3) 观其复：观察其返回到原点的状态。复，循环往复。

(4) 芸芸：众多貌。

(5) 复归其根：返回当初，回归本原。一说"根"指道。

(6) 复命：复归本性，重新孕育新的生命。

(7) 常：指万物运动变化的永恒规律，即守常不变的规则、定律。

(8) 明：明白，了解。

(9) 容：宽容。

(10) 公：公允。

(11) 全：全面，周到。公乃全，或作"公乃王"。

(12) 天：自然界。

(13) 没身：终身。

【读解】

在第十六章中，老子特别强调"致虚""守静"的功夫。他重视清静无为，主张人们应当用虚寂沉静的心境，去面对宇宙万物的运动变化。在他看来，万事万物的发展变化都有其自身的规律。从生长到死亡，再生长到再死亡，生生不息，循环往复，以至无穷，都遵循着这个运动规律。老子希望人们能够认识、了解这个规律，并且把它应用到社会生活之中。他提出"归根""复命"的概念，主张回归到一切存在的根源，这里是完全虚静的状态。这是一切存在的本性。

但是这一章并不是专讲人生，而是主要讲认识世界，当然也包括认识人生。但无论是认识人生哲理，还是认识客观世界，其基本态度都应该是"致虚""守静""归根"和"复命"。先说"致虚"。虚无是道的本体，但运用起来却是无穷无尽的。"致虚极"是要人们排除物欲的诱惑，回归到虚静的本性，这样才能认识"道"，而不是为争权夺利而忘了"道"。"致虚"必"守静"。因为"虚"是本体，而"静"在于运用。"静"与"动"是一对矛盾。在这对矛盾中，老子着重于"静"而不是"动"。但也不否定"动"的作用。再说"归根"。根是草木所由生的部分，表示根本、根源、根基，是一切事物的起点。在老子看来，对立是过程，是相对的；统一是归宿，是绝对的。

第十七章

【主旨】提出老子的政治思想主张。

【原文】

太上⁽¹⁾，下知有之⁽²⁾；其次，亲之⁽³⁾；其次，誉之⁽⁴⁾；其次，畏之⁽⁵⁾；其次，侮之⁽⁶⁾。

故信⁽⁷⁾不足，焉⁽⁸⁾有不信。猶兮⁽⁹⁾其贵言⁽¹⁰⁾哉！功成事遂，百姓皆谓：我自然⁽¹¹⁾。

【注释】

(1) 太上：至上、最好。此处指最好的统治者。

(2) 下知有之：人民仅仅知道统治者的存在。

(3) 其次，亲之：其次的统治者，人民亲近他。

(4) 其次，誉之：再次的统治者，人民称赞他。其次，亲之；其次，誉之：一本合称作"其次，亲而誉之"。

(5) 其次，畏之：更次的统治者，人民畏惧他。

(6) 其次，侮之：最次的统治者，人民蔑视他。

(7) 信：诚信。

(8) 焉：于是。

(9) 猶兮：悠闲自在的样子。猶，通"悠"。

(10) 贵言：不轻易发号施令。

(11) 自然：不借助外力而自成。

【读解】

在第十七章，老子第一次提出了自己的政治思想主张，描绘了他的理想国家的政治蓝图。

他把统治者按不同情况分为四种，其中最好的统治者是人民仅仅知道他的存在；最坏的统治者是被人民所轻侮；处于中间状态的统治者是老百姓亲近并称赞他，或者老百姓畏惧他。老子理想中的政治状况是：统治者具有诚怀信实的素质，他悠闲自在，很少发号施令，政府只是服从于人民的工具而已；政治权力丝毫不得逼临于人民身上；人民和政府相安无事，各自过着安闲自适的生活。当然，这种美好的政治在当时并不存在，这只是老子的主观愿望，是一种"乌托邦"式的政治幻想。

第二十三章

【主旨】强调施行"不言之教"。

【原文】

希言⁽¹⁾自然。

飘风⁽²⁾不终朝，骤雨⁽³⁾不终日。孰爲此者？天地。天地尚不能久，而况於人乎？

故從事於道者⁽⁴⁾，同於道；德者，同於德；失⁽⁵⁾者，同於失。同於道者，道亦樂得之；同於德者，德亦樂得之；同於失者，失亦樂得之。

信不足，焉有不信。

【注释】

(1) 希言：少说话。此处指统治者少施加政令、不扰民。

(2) 飘风：大风，强风。

(3) 骤雨：大雨，暴雨。

(4) 从事于道者：按道的规律去办事的人。此处指统治者按道施政。

(5) 失：指失道或失德。

【读解】

第二十三章和第十七章相对应。第十七章揭示出严刑峻法的高压政策，徒然使百姓"畏之侮之"，因而希望统治者加以改变。前面几章已多次阐明"行不言之教""犹兮其贵言""多言数穷"等类似的话，本章一开始便继续阐述"希言自然"的道理。这几个"言"字，都是指政教法令。老子用自然界狂风暴雨必不持久的事实作比喻，告诫统治者要少以强制性的法令对百姓横加干涉，更不要施行暴政，而要行"清静无为"之政，才符合自然规律，才能使百姓安然畅适。倘若以法令戒律强制人民，用苛捐杂税榨取百姓，人民就会以背戾抗拒的行动对待统治者，暴政将不会持久。

在本章里，老子说，得道的圣人（统治者）要行"不言之教"。老子认为，只要相信道，照着做，就自然会得到道。反之，就不可能得到道。老子举自然界的例子，说明狂风暴雨不能整天刮个不停、下个没完。天地掀起的暴风骤雨都不能够长久，更何况人滥施苛政、虐害百姓呢？这个比喻十分恰当，有很强的说服力。它告诫统治者要遵循道的原则，遵循自然规律，暴政是不长久的。统治者如果清静无为，社会就会出现安宁平和的风气；统治者如果恣肆横行，

NOTE

人民就会抗拒他；统治者如果诚信不足，老百姓就不会信任他。

第二十五章

【主旨】 描述了"道"的存在和运行。

【原文】

有物⁽¹⁾混成⁽²⁾，先天地生。寂兮寥兮⁽³⁾！獨立而不改⁽⁴⁾，周行⁽⁵⁾而不殆⁽⁶⁾，可以爲天地母⁽⁷⁾。吾不知其名，故强字之曰道⁽⁸⁾，强爲之名曰大⁽⁹⁾。大曰逝⁽¹⁰⁾，逝曰遠，遠曰反⁽¹¹⁾。

故道大，天大，地大，王亦大⁽¹²⁾。域中⁽¹³⁾有四大，而王居其一焉。

王法地，地法天，天法道，道法自然。

【注释】

(1) 物：此处指"道"。

(2) 混成：混然而成，指浑朴的状态。

(3) 寂兮寥兮：没有声音，没有形体。兮，语气词。

(4) 独立而不改：形容"道"的独立性和永恒性，它不靠任何外力而具有绝对性。

(5) 周行：循环运行。

(6) 殆：停息。

(7) 天地母：天地万物由"道"而产生，故称"天地母"。母，指"道"。

(8) 强字之曰道：勉强命名它叫"道"。

(9) 大：形容"道"无边无际、力量无穷。

(10) 逝：指"道"的运行周流不息，永不停止的状态。

(11) 反：一本作"返"。返回到原点与原状。

(12) 王亦大：一本作"人亦大"。王，即侯王，是体道之人，不是一般的人。

(13) 域中：空间之中，宇宙之间。

【读解】

在第二十五章，老子描述了"道"的存在和运行，这是《老子》的重要内容。主要包括："有物混成"，说明"道"是处于浑朴状态的，是圆满和谐的整体，并不是由不同因素组合而成的。"道"无声无形，先天地而存在，循环运行不息，是产生天地万物之母。"道"是一个绝对体。现实世界的一切都是相对而存在的，而唯有"道"是独一无二的，所以"道"是"独立而不改"的。在本章里，老子提出"道、天、地、王"四个存在，其中"道"是第一位的。它不会随着变动运转而消失。它经过变动运转又回到原始状态，这个状态就是事物得以产生的最基本、最根源的地方。

老子指出，道是先天地而生的。道产生万物，是天地之根、万物之母、宇宙的起源。道"先天地生"，讲的道是先于天地存在，只是说在时间上先于天地存在，而不是在逻辑上先于天地存在。道"寂兮寥兮"，它虽然无形无象，但不是超空间的，而是没有固定的具体的形象，这样的道才可以变化成为有固定具体形象的天地万物。

第二十六章

【主旨】 强调"重"与"静"。

【原文】

重爲輕根，靜爲躁君⁽¹⁾。

是以君子⁽²⁾終日行，不離輜重⁽³⁾。雖有榮觀⁽⁴⁾，燕處⁽⁵⁾超然。奈何萬乘之主⁽⁶⁾，而以身輕天下⁽⁷⁾？

輕則失根⁽⁸⁾，躁則失君。

【注释】

（1）君：主宰。

（2）君子：指理想之主。一本作"圣人"。

（3）辎重：军中载运器械、粮食的车辆。

（4）荣观：贵族游玩的地方，代指华丽的生活。

（5）燕处：安居之地，安然处之。

（6）万乘之主：指拥有兵车万辆的大国之君。

（7）以身轻天下：把自己的身体轻动于天下之上。

（8）轻则失根：轻浮纵欲，则丧失治身之根基。根，一本作"本"。

【读解】

在第二十六章，老子举出两对矛盾的现象：轻与重、动（躁）与静。并且进一步认为，矛盾中的一方是根本。在重轻关系中，重是根本，轻是其次，只注重轻而忽略重，则会失去根本；在动（躁）与静的关系中，静是根本，动是其次，只重视动则会失去根本。

在本章里，老子所讲的辩证法是为其政治观点服务的，他的矛头指向的是"万乘之主"，即大国之君，认为他们奢侈轻淫，纵欲自残，即用轻率的举动来治理天下。老子认为，一国的统治者，应当静、重，而不应轻、躁，只有这样，才能够巩固自己的统治，才可以有效地治理自己的国家。

第三十三章

【主旨】 论述个人精神修养问题。

【原文】

知人者智，自知者明；勝人者有力，自勝者强⁽¹⁾；知足者富，强行⁽²⁾者有志；不失其所⁽³⁾者久，死而不亡⁽⁴⁾者壽。

【注释】

（1）强：刚强，果决。

（2）强行：坚持不懈，持之以恒。

（3）不失其所：不丧失本性。

（4）死而不亡：身体虽死而道犹存。

【读解】

第三十三章与第九章、十章、十五章、二十章的写法比较类似，侧重于探讨人生哲理。在这一章，主要讲个人精神修养问题，主张人们要丰富自己的精神生活。在老子看来，虽然"知人""胜人"十分重要，但是"自知""自胜"更加重要。

老子认为，一个人倘若能反省自己，坚定自己的生活信念，并且切实推行，就能够保持旺盛的生命力和饱满的精神风貌。"自知者明"，是说能清醒地认识自己、对待自己，这才是最聪明的，最难能可贵的。"自胜者强"，是说战胜自己的人才是真正的强者，因为最难打败的人就是自己。只有不断超越自己的人才是强者中的强者。

第三十六章

【主旨】论述事物的两重性和矛盾转化的辩证关系。

【原文】

将欲歙[1]之，必固[2]张之；将欲弱之，必固强之；将欲去[3]之，必固举[4]之；将欲夺[5]之，必固予[6]之。是谓微明[7]：柔之胜刚，弱之胜强。

鱼不可脱[8]于渊，邦之利器[9]，不可示人[10]。

【注释】

（1）歙（xī）：收敛，闭合。

（2）固：暂且，姑且。

（3）去：废除。一本作"废"。

（4）举：抬举。一本作"兴"。

（5）夺：夺取。一本作"取"。

（6）予：给予。一本作"与"。

（7）微明：幽微而明显。

（8）脱：离开，脱离。

（9）利器：锐利武器。一说，指国家刑法等政教制度。

（10）示人：给人看，向人炫耀。

【读解】

第三十六章主要讲事物的两重性和矛盾转化的辩证关系，同时以自然界的辩证法比喻社会现象，引起人们的警觉和注意。老子指出，在事物的发展过程中，往往都会走到某一个极限。此时，它必然会向相反的方向变化。

本章的前八句是老子对于事态发展的具体分析，贯穿了老子所谓"物极必反"的辩证思想。在"合"与"张"、"弱"与"强"、"去"与"举"、"夺"与"予"这四对矛盾的对立统一体中，老子宁可居于柔弱的一面。在对人与物做了深入而普遍的观察之后，他认识到，柔弱的东西里面蕴含着内敛，往往富于韧性，生命力旺盛，发展的余地极大。相反，看起来似乎强大刚强的东西，由于它的显扬外露，往往失去发展的前景，因而不能持久。在柔弱与刚强的对立之中，老子断言柔弱的内涵一定会胜于刚强的外表。

第三十八章

【主旨】提出"上德"的概念。

【原文】

上德不德⁽¹⁾，是以有德。下德不失德⁽²⁾，是以無德⁽³⁾。上德無爲，而無以爲⁽⁴⁾；下德爲之，而有以爲。

上仁爲之，而無以爲；上義爲之，而有以爲。上禮爲之，而莫之應，則攘臂⁽⁵⁾而扔之⁽⁶⁾。

故失道而後德，失德而後仁，失仁而後義，失義而後禮。

夫禮者，忠信之薄⁽⁷⁾而亂之首也。前識者⁽⁸⁾，道之華⁽⁹⁾而愚之始也。

是以大丈夫處其厚⁽¹⁰⁾，不居其薄⁽¹¹⁾；處其實，不居其華。故去彼取此。

【注释】

（1）上德不德：上德之人，而不表现为形式上的德。不德，指不表现为形式上的德。

（2）下德不失德：下德的人恪守形式上的德。不失德，即形式上不离开德。

（3）无德：无法体现真正的德。

（4）无以为：无心作为。

（5）攘臂：伸出手臂。

（6）扔：强力牵引。

（7）薄：不足，衰薄。

（8）前识者：先知先觉者，有先见之明者。

（9）华：虚华。

（10）处其厚：立身敦厚而朴实。

（11）薄：指礼之衰薄。

【读解】

第三十八章是《德经》的第一章。在这一章里，提出了"上德"。老子认为，"上德"完全合乎"道"的精神。在《老子》的其他篇章中，还有"孔德""常德""玄德"等词语，它们都是指"上德"。

老子所说的"上德"是"无以为""无为"，它不脱离客观的规律，没有功利的意图，不单

NOTE

凭主观意愿办事，这样做的结果是无为而无不为，把"道"的精神充分体现在人间，所以又是"有德"。在本章中，老子把政治分成了两个类型、五个层次。两个类型即"无为"和"有为"，五个层次是道、德、仁、义、礼。其中，道、德属于"无为"的类型；仁、义、礼属于"有为"的类型。

在本章里，出现了全书唯一的"大丈夫"一词。"大丈夫"既指智慧很高的人，也包含性格豪爽、果敢、刚毅的意思。本章提出一些具体的规范，要求人的思想行为遵守固定的范式，即按忠信行事，不执行浅薄之礼。所以老子对政治的最低要求是摒去"薄"和"华"，恢复"厚"和"实"。

第四十二章

【主旨】　提出宇宙生成论。

【原文】

道生一(1)，一生二(2)，二生三(3)，三生萬物。萬物負陰而抱陽(4)，冲氣以爲和(5)。

人之所惡(6)，唯孤、寡、不穀(7)，而王公以爲稱。故物，或損之而益(8)，或益之而損(9)。人之所教，我亦教之。强梁者(10)不得其死，吾將以爲教父(11)。

【注释】

(1) 一：太极。

(2) 二：阴气、阳气。

(3) 三：由阴阳交合而形成的冲和之气。

(4) 负阴而抱阳：背阴而向阳。

(5) 冲气以为和：阴阳二气互相冲突、交和而达到均匀和谐状态。冲，冲突、交融。

(6) 恶：厌恶。

(7) 孤、寡、不谷：古时君主用以自称的谦辞。不谷，不善。《尔雅·释诂上》："谷，善也。"一说，不谷指不吃人饭，不食人间烟火。

(8) 或损之而益：有时减损它却反而使它得到增加。

(9) 或益之而损：有时增加它却反而使它得到减损。

(10) 强梁者：强暴而自用之人。

(11) 教父：教育的根本。父，根本，起始。

【读解】

在第四十二章，前两段讲的是老子的宇宙生成论。这里老子说到"一""二""三"，是指"道"创生万物的过程，并不是把它们看作具体的事物和具体数量。它们只是表示"道"生万物从少到多，从简单到复杂的一个过程，这就是"冲气以为和"。后三段讲矛盾的双方既是对立的，又是统一的，事物相反相成，双方并非一成不变，而是可以互相转化的。所以，这一章再次表达了老子的辩证思想。

老子认为，道是产生万物的本原。万物都包含有阳、阴两种特性。由此而论，万物的损益都是相对的，也是相互转化的。阴损而阳益，阳损而阴益。人生也是如此，外表过于强壮，个性过于强盛都对生命无益；同理，外表过于羸弱，个性过于阴柔也对生命无益，只有刚柔相济、阴阳调和才是最好的。

第四十四章

【主旨】　阐述人之尊严。

【原文】

名與身孰親⁽¹⁾？身與貨孰多⁽²⁾？得與亡孰病⁽³⁾？

是故甚愛必大費⁽⁴⁾，多藏必厚亡⁽⁵⁾。

故知足不辱，知止不殆⁽⁶⁾，可以長久⁽⁷⁾。

【注释】

(1) 名与身孰亲：声名和生命相比，哪一样更为亲切？亲，亲切、亲近。

(2) 身与货孰多：生命和财物相比，哪一样更为贵重？多，重要、贵重。

(3) 得与亡孰病：获取和丢失相比，哪一个更有害？病，害处。

(4) 甚爱必大费：过分地爱名利，就必定要付出更多的代价。爱，吝啬。

(5) 多藏必厚亡：过于积敛财富，必定会遭致更加惨重的损失。厚，多。

(6) 殆：危险。

(7) 长久：指寿命长久。

【读解】

第四十四章与第十三章一样，是讲人之尊严的。第十三章是将宠辱荣患和人的自身价值进行对比，说明人要自重、自爱。这一章是将名、货和人的自身价值进行对比，也是要人自重、自爱。老子所宣传的人生观是：人要贵生重己，对待名利要适可而止，知足知乐，这样才可以避免遇到危难；反之，为了名利而奋不顾身，争名逐利，必然会落得身败名裂的可悲下场。

虚名和人的生命、货利与人的价值哪一个更可贵？争夺货利还是重视人的价值，这二者的得与失，哪一个弊病多呢？这既是老子向人们提出的尖锐问题，也是每个人都必然会遇到的问题。老子指出，不要贪图虚荣与名利，要珍惜自身的价值与尊严，不可自贱其身。"知足不辱，知止不殆"，是对老子处世为人的精辟见解和高度概括。"知足"就是说任何事物都有自己的发展极限，超出此限，则事物必然向它的反面发展。因而，每个人都应该对自己的言行举止有清醒而准确的认识，凡事不可求全。贪求的名利越多，付出的代价也就越大；积敛的财富越多，失去的也就越多。老子希望，个人对财富的占有欲要适可而止，要知足，才可以做到"不辱"。"多藏"就是指对物质生活的过度追求。一个片面追求物质利益的人，必定会采取各种手段来满足自己的欲望，甚至会以身试法。"多藏必厚亡"，说明丰厚的贮藏必导致严重的损失。这个损失并不仅仅指物质方面的损失，还包括人的精神、人格、品质方面的损失。

NOTE

第四十五章

【主旨】 阐述老子的辩证思想。

【原文】

大成若缺[1]，其用不弊[2]。大盈若冲[3]，其用不窮。大直若詘[4]，大辯若訥[5]，大巧若拙，其用不屈。

靜勝躁，寒勝熱，清靜可以爲天下正[6]。

【注释】

（1）大成：最圆满的东西。

（2）弊：枯竭，穷尽。

（3）冲：虚，空虚。

（4）诎：弯曲。也作"屈"。

（5）讷：言语迟钝。

（6）正：模范。一说通"政"，执政。

【读解】

第四十五章主要阐述老子的辩证思想。老子认为，有些事物表面看来是一种情况，实质上却是另一种情况。本章具体讲的是"人格"。其中"大成""大盈""大直""大辩""大巧"是人格形态；"若缺"若冲""若诎""若讷""若拙"是人格的外在表现。它说明完美的人格，不在于外形上的表露，而在于生命的内藏和收敛。

老子指出，执政者在政治上需要清静无为，不要"有为"，只有贯彻了"无为"的原则，才能取得成功。

第四十八章

【主旨】 阐述"为学"和"为道"。

【原文】

爲學[1]者日益[2]，爲道[3]者日損[4]。損之又損之，以至於無爲。無爲則無不爲[5]。

將欲取[6]天下者，常以無事[7]。及有其事[8]也，又不足以取天下矣。

【注释】

（1）为学：探求外物的知识。学，此处指政教礼乐。

（2）日益：指增加人的知识与智巧。

（3）为道：通过冥想或体验的途径，领悟事物未分化状态的道。道，此处指自然之道、无为之道。

（4）损：减损。此处指情欲文饰日渐泯损。

（5）无为则无不为：不妄为，就没有什么事情做不成。

（6）取：治理，整摄。

（7）无事：指无扰攘民众之事。

（8）有事：指繁苛政举骚扰民生。

【读解】

第四十八章讲"为学"和"为道"两个问题。先讲"为学"，指求索外在的经验知识，经验知识越积累越多。但是老子轻视外在的经验知识，认为这种知识掌握得越多，人的私欲妄见也就层出不穷。再讲"为道"，它是指透过直观体悟来把握事物未分化的状态或向内求索自身虚静的心境，它不断地除去私欲妄见，使人日渐返璞归真，最终达到"无为"的境地。

这一章所讲的"为学"，是政教礼乐之学。老子认为，政教礼乐之学是带着一定社会功利目的之人，以他们的喜怒爱憎好恶的"情欲"文饰而成的，它足以产生机智巧变。老子强调，只有清静无为，没有私欲妄见的"无事"之人才可以治理国家。因此，老子希望人们走"为道"的路子。

第五十五章

【主旨】阐述老子的处世哲学。

【原文】

含德之厚者，比於赤子⁽¹⁾。蜂蠆虺蛇⁽²⁾弗螫⁽³⁾，攫鳥⁽⁴⁾猛獸弗搏⁽⁵⁾。骨弱筋柔而握固。未知牝牡之會⁽⁶⁾而朘怒⁽⁷⁾，精之至也。終日號而不嗄⁽⁸⁾，和之至也。

精和⁽⁹⁾曰常⁽¹⁰⁾，知常曰明，益生⁽¹¹⁾曰祥⁽¹²⁾，心使氣曰强⁽¹³⁾。物壯⁽¹⁴⁾則老，謂之不道，不道早已。

【注释】

（1）赤子：初生的婴儿。

（2）蜂蠆（chài）虺（huǐ）蛇：蛇、蝎、蜂之类的有毒害虫。

（3）螫：用毒刺咬伤人。

（4）攫鸟：用脚爪抓取食物的鸟，例如鹰隼一类的鸟。

（5）搏：用爪袭击物。攫鸟猛兽弗搏，一本作"猛兽不据，攫鸟弗搏"。

（6）牝牡之会：男女交合。

（7）朘（zuī）怒：婴孩的生殖器勃起。朘，男性生殖器。《说文新附·肉部》："朘，赤子阴也。"

（8）嗄（shà）：嗓音嘶哑。

（9）精和：精气与和气。一本作"知和"。

（10）常：事物发展运动的规律。

（11）益生：纵欲贪生。

（12）祥：此处指妖祥、不祥。

（13）强：逞强，强暴。

（14）壮：强壮。

【读解】

第五十五章主要讲处世哲学，即"德"在人身上的具体显现。本章前半部分用的是形象比喻，后半部分讲的是抽象道理。老子用赤子来比喻具有深厚修养境界的人，能返回到婴儿般的纯真柔和。"精之至"是形容精神充实饱满的状态，"和之至"是形容心灵凝聚和谐的状态。老子主张用这样的办法处世，防止外界的各种伤害，免遭不幸。如果纵欲贪生，使气逞强，就会遭殃，既危害自己，也危害别人。

在这一章，老子用了比喻、夸张的写作手法。把"德"蕴含在自己的身心里，而且积蓄得十分深厚，就像无知无欲的赤子，蜂蝎、毒蛇、恶禽、猛兽都不会去伤害他。老子形象地描述婴儿懵懂无知而生殖器勃起，大声哭喊而嗓音不哑，这是他精力旺盛与保持平和之气的缘故。赤子的特点是柔弱不争和精力未散，其核心还是"和"。婴儿是人的开端，少年、壮年、老年都以之为起点，但是婴儿浑沌无知，与天地之和合而为一。"和"所表示的统一，包含着对立，具有永恒性。

第五十八章

【主旨】 讲述政治、社会、人生方面的辩证法。

【原文】

其政闷闷⁽¹⁾，其民淳淳⁽²⁾；其政察察⁽³⁾，其民缺缺⁽⁴⁾。

祸兮，福之所倚；福兮，祸之所伏。

孰⁽⁵⁾知其极？其无正⁽⁶⁾邪？正复为奇⁽⁷⁾，善复为妖⁽⁸⁾。人之迷⁽⁹⁾也，其日固已久矣。

是以圣人方而不割⁽¹⁰⁾，廉而不刿⁽¹¹⁾，直而不肆⁽¹²⁾，光而不曜⁽¹³⁾。

【注释】

（1）闷闷：宽厚，昏昏昧昧的状态。

（2）淳淳：淳朴厚道。一本作"沌沌"。

（3）察察：严厉，苛刻。

（4）缺缺：狡黠，抱怨，不满足。

（5）孰：谁，哪一个。

（6）其无正：它们并没有确定的标准。其，指福祸转换。正，标准、确定。

（7）正复为奇：正常的变为奇特的。正，方正、端正；奇，奇特、反常。

（8）善复为妖：善良的变成邪恶的。善，善良；妖，邪恶。

（9）迷：迷惑。

（10）方而不割：方正而不割伤人。

（11）廉而不刿（guì）：锐利而不伤害人。廉，锐利；刿，割伤。

（12）直而不肆：直率而不放肆。

（13）光而不曜：光亮而不刺眼。

【读解】

第五十八章讲的是政治、社会、人生方面的辩证法，表达了老子朴素的辩证思想。老子提出"祸兮，福之所倚；福兮，祸之所伏"的观点，这是极为著名的哲学命题，往往被学者们征引以说明老子的辩证思想。老子的辩证法已经指出了矛盾对立统一的性质，相反的东西可以相成，同时，他又知道相反的东西可以互相转化。这种观察事物、认识事物的辩证方法，是老子在哲学上的最大贡献。

老子提示我们，观察事物不可停留在表面，应通过现象去看本质，做全面的了解。"正复为奇"是说明事物转换的情形。"善复为妖"是形容事物循环相生之理。其中"人之迷也，其日固已久矣"是承接上两句说的，表明世间的正可转换为邪，善可转化为恶。因此，人要经常保持警觉状态，才能"敝而新成"，亦即常常让自己处在不圆满的状态中，就会有较高的自我要求，继续成长发展。人有了这种心态，才能从困境之中超脱出来，进而保全真身乃至"长生久视"。

第六十三章

【主旨】 阐述"无为而无不为"的道理。

【原文】

爲無爲(1)，事無事(2)，味無味(3)。

大小(4)，多少(5)，報怨以德。

圖難乎，其易也；爲大乎，其細也。天下之難，作于易；天下之大，作於細。是以聖人終不爲大(6)，故能成其大。

夫輕諾(7)必寡信，多易必多難。是以聖人猶難之(8)，故終無難矣。

【注释】

（1）为无为：把无为当作为。

（2）事无事：把无事当作事。

（3）味无味：把无味当作味。

（4）大小：大生于小。把大的看作小的、小的看作大的。一说去其大、取其小。

（5）多少：多起于少。把多的看作少的、少的看作多的。一说去其多、取其少。

（6）不为大：不自以为大。

（7）轻诺：轻易做出承诺。

（8）犹难之：总是重视困难。

NOTE

【读解】

第六十三章旨在阐发"无为而无不为"的道理，这是一种处世哲学。"为无为，事无事，味无味"，老子反对以烦琐的禁令去捆住人民的手脚，限制和扰乱百姓的生活；要想有所作为，就必须采取顺应自然的态度，必须以平静的思想和行为对待生活。老子提醒人们，做任何事情都要遵循从小到大，由少到多，由易到难的规律。

老子理想中的"圣人"治理天下，都是秉持"无为"的态度，顺应自然的规律去"为"，所以叫"为无为"。把这个道理推及人类社会的普通事务，就是要以"无事"的态度去办事。所谓"无事"，就是希望人们从客观实际情况出发，一旦条件成熟，水到渠成，事情也就做成了。老子不主张统治者任凭主观意志发号施令，强制推行什么事。"味无味"是以生活中的常情去比喻，这个比喻非常形象，人要知味，必须从品尝无味开始，把无味当作味，这就是"味无味"。老子又说，"图难乎，其易也"，这是提醒人们处理艰难的事情，须先从细小、容易处着手。面临着细小、容易的事情，却不可轻心。"犹难之"，这是一种慎重的态度，要经过缜密的思考，细心而为之。

本章的格言，无论是论行事还是论求学，都是至理名言。这是一种朴素辩证法和方法论，暗合着对立统一的法则，隐含着由量变到质变的规律。

第七十六章

【主旨】说明柔弱胜刚强。

【原文】

人之生也柔弱⁽¹⁾，其死也坚强⁽²⁾。

草木⁽³⁾之生也柔脆⁽⁴⁾，其死也枯槁⁽⁵⁾。

故曰：坚强死之徒⁽⁶⁾也，柔弱生之徒也。

是以兵强则不胜，木强则拱⁽⁷⁾。

故坚强處下，柔弱處上。

【注释】

（1）柔弱：指人活着的时候身体是柔软的。

（2）坚强：指人死了以后身体就变得僵硬。

（3）草木：一本"草木"之前有"万物"二字。

（4）柔脆：指草木形质的柔软脆弱。

（5）枯槁：草木干枯。

（6）徒：同一类别。

（7）拱：弯曲成弧形。一本作"折"。

【读解】

第七十六章以生活中常见的现象，反复说明一种观点：柔弱胜刚强。老子向来主张贵柔、处弱。他从直观的认识角度，看到了人初生之时身体是柔弱的，死了以后就变得僵硬了，草木初生之时也是柔弱的，死了以后就变得枯槁。这种直观的、经验的认识，可以说是老子处弱、贵柔思想的认识论之根源。

老子对于社会与人生有着深刻的洞察。他认为世界上的东西，凡是属于坚强者都是死的一类，凡是属于柔弱者都是生的一类。因此，老子认为，人生在世，不可逞强斗胜，而应柔顺谦虚，有良好的处世修养。这一章再一次表达了老子的辩证思想。这种思想来源于对自然和社会现象的观察和总结。无论柔弱还是坚强，也无论"生之徒"还是"死之徒"，都是事物变化发展的内在因素在发挥作用。这个结论还蕴含着坚强的东西已经失去了生机，柔弱的东西则充满着生机。老子在这一章里所表达的思想极富智慧，他通过自然现象和社会现象形象地向人们提出告诫，希望人们不要处处显露突出，不要时时争强好胜。

第七十七章

【主旨】阐述老子的社会思想。

【原文】

天之道(1)，其犹张弓与(2)？高者抑之，下者举之，有餘者损之，不足者補之。

天之道，损有餘而補不足；人之道(3)则不然，损不足以奉有餘。

孰能损有餘以奉天下？唯有道者。

是以圣人為而弗有(4)，功成而弗居也。若此，其不欲见贤也。

【注释】

(1) 天之道：自然的规律。

(2) 与：通"欤"。语气词，表示疑问、反诘、推测等语气。

(3) 人之道：指人类社会的一般法则、规律。

(4) 为而弗有：有所作为而不占有。

【读解】

第七十七章的主旨是论述"天之道，损有余而补不足；人之道则不然，损不足以奉有余"。老子出于对自然界和人类社会的观察，认为一切事物在其相互对立的矛盾中，都具有同一性。

在本章中，透露出一种朦胧的、模糊的平等与均衡思想。这是老子的社会思想。他以"天之道"与"人之道"做对比，主张"人之道"应该效法"天之道"。老子把自然界保持生态平衡的现象归之于"损有余而补不足"，因此他要求人类社会也应当改变"损不足以奉有余"的不合理现象，效法自然界的"损有余而补不足"，"损有余以奉天下"。这体现了他的社会财富平均化和人类平等的观念。

第七十八章

【主旨】提出以柔克刚的主张。

【原文】

天之莫柔弱于水，而攻坚强者莫之能先，以其无以易之⁽¹⁾也。

柔之勝剛也，弱之勝强也，天下莫弗知也，而莫之能行也。

故聖人之言云："受國之垢⁽²⁾，是謂社稷⁽³⁾之主；受國之不祥⁽⁴⁾，是謂天下之王。"

正言若反⁽⁵⁾。

【注释】

(1) 无以易之：没有什么能够代替它。易，替代、取代。

(2) 受国之垢：承担全国的屈辱。垢，屈辱。

(3) 社稷：国家。

(4) 受国之不祥：承担全国的祸难。不祥，灾难、祸害。

(5) 正言若反：正面的话好像反话一样。

【读解】

第七十八章以水为例，说明弱可以胜强、柔可以胜刚的道理。第八章说"水善利万物而不争"，本章可与八章的内容联系起来阅读。

本章内容主要包括两点：一是对水的赞美；二是"正言若反"。

老子认为，虽然水表面上看来是柔弱卑下的，但是它能穿山透石，淹田毁舍，任何坚强的东西都阻止不了它，战胜不了它。因此，老子坚信柔弱的东西必能胜过刚强的东西。实际上，老子所说的柔弱，是柔中带刚、弱中有强，坚韧无比。所以，对于老子柔弱似水的主张，应当深入理解，不能停留在字面上。推而言之，老子认为，得道的圣人就像水一样，甘愿处于卑下柔弱的位置，对国家和人民实行"无为而治"。

老子所说的"正言若反"，是老子对全书中那些相反相成的言论的高度概括，例如"大成若缺""大盈若冲""大直若屈""大巧若拙""大辩若讷""明道若昧""进道若退""夷道若类""上德若谷""大白若辱""广德若不足""建德若偷""质真若渝""大方无隅""大器晚成""大音希声"等。它们本来是彼此相异、互相排斥、对立的，但是在某种条件下，表示某种特定事物的概念和它的对立面具有统一性，二者互相包含，互相融合，互相渗透，彼此同一。"正言若反"，集中概括了老子的辩证思想，其含义十分深刻、丰富。

第八十一章

【主旨】 提出做人的行为准则。

【原文】

信言⁽¹⁾不美，美言不信。善者⁽²⁾不辩⁽³⁾，辩者不善。知者不博⁽⁴⁾，博者不知。

聖人不積⁽⁵⁾，既以爲人己愈有⁽⁶⁾，既以與人己愈多。

天之道，利而不害⁽⁷⁾。聖人之道⁽⁸⁾，爲而不争。

【注释】

（1）信言：真实可信的话。

（2）善者：行为善良的人。

（3）辩：巧辩，能说会道。

（4）博：广博、渊博。

（5）圣人不积：有道的人不自私，没有占有的欲望。

（6）既以为人己愈有：已经把自己的一切用来帮助别人，自己反而更充实。

（7）利而不害：使万物得到好处而不伤害万物。

（8）圣人之道：圣人的行为准则。道，准则。

【读解】

在第八十一章中，一开头提出了三对范畴：信与美；善与辩；知与博。这实际上是真假、美丑、善恶的问题。老子试图说明某些事物的表面现象和其实质往往并不一致。其中包含了丰富的辩证思想，是评判人类行为的道德标准。按照这三条原则，以"信言""善行""真知"来要求自己，自身达到真、善、美的和谐。按照老子的思想，就是重归于"朴"，回到没有受到伪诈、智巧、争斗等世俗污染的本性。

在这一章，第一段讲人生的主旨，后两段讲治世的要义。本章的格言，可以作为人类行为的最高准则，例如信实、讷言、专精、利民而不争等。人生的最高境界是真、善、美的结合，而"真"是其中的核心。

【知识链接】

身全之谓德。德者，得身也。凡德者，以无为集，以无欲成，以不思安，以不用固。为之欲之，则德无舍；德无舍，则不全。用之思之，则不固；不固，则无功；无功，则生有德。德则无德，不德则有德。故曰："上德不德，是以有德。"

道有积而德有功；德者，道之功。功有实而实有光；仁者，德之光。光有泽而泽有事；义者，仁之事也。事有礼而礼有文；礼者，义之文也。故曰："失道而后失德，失德而后失仁，失仁而后失义，失义而后失礼。"

——（战国）韩非《韩非子·解老》

道家无为，又曰无不为，其实易行，其辞难知。其术以虚无为本，以因循为用。无成执（势），无常形，故能究万物之情。不为物先，不为物后，故能为万物主。有法无法，因时为业；有度无度，因物与合。故曰"圣人不朽，时变是守。虚者道之常也，因者君之纲"也。群臣并至，使各自明也。

——（西汉）司马迁《史记·太史公自序》

道家者流，盖出于史官，历记成败存亡祸福古今之道，然后知秉要执本，清虚以自守，卑弱以自持，此君人南面之术也。合于尧之克攘（让），《易》之嗛（谦）嗛（谦），一谦而四益，此其所长也。及放者为之，则欲绝去礼学，兼弃仁义，曰独任清虚，可以为治。

——（东汉）班固《汉书·艺文志》

NOTE

老子所说的"道"，有三大特征：第一，从发生论的角度，突出一个"生"字，指出道乃是万物生命的总源泉。第二，从本体论的角度，突出一个"通"字，指出宇宙万物相联系而存在。第三，从价值论的角度突出一个"德"字，指出道兼具真善美的品格，是社会人生的正路。

——牟钟鉴《老子的道论及其现代意义》

【实践讨论】

1. 如何理解《老子》所叙之"道"？

2. 《老子》多次谈到"无为"，应如何理解？

3. 列出《老子》中五种有代表性的辩证思想。

4. 谈谈《老子》书中所体现的养生思想。

5. 《老子》一书有大量名言警句，请找出其中 10 句并解释各句的意思。

【推荐阅读书目】

1. 高明《帛书老子校注》，中华书局 1996 年版。

2. 任继愈《老子新译》，上海古籍出版社 1985 年第 2 版。

3. 陈鼓应《老子今注今译》，商务印书馆 2003 年版。

4. 张松如《老子说解》，齐鲁书社 1998 年版。

5. 朱谦之《老子校释》，中华书局 1984 年版。

第十三讲 《庄子》导读
——"天地与我并生，万物与我为一"

【知识导入】

　　庄子（约公元前 369—前 286），名周，宋国蒙（今河南商丘）人，是继老子之后最重要的道家学派代表人物。据《史记·老子韩非列传》记载，庄周曾做过蒙"漆园吏"，但时间非常短暂。观其一生，庄周生活极其困顿，相传"庄周家贫，故往贷粟于监河侯"（《庄子·外物》，以下引《庄子》只注篇名），"处穷闾厄巷，困窘织屦，槁项黄馘"（《列御寇》）。尽管如此，庄周却鄙视权贵，不慕名利，不愿与统治者同流合污，极力保持个体自由和人格独立。《史记》载楚威王曾派使者携千金聘礼请他前去做相，被庄周拒绝了。

　　庄周曾"著书十余万言"，就是《庄子》一书。《汉书·艺文志》著录《庄子》52 篇，目前所能见到的《庄子》皆源于晋代郭象注本，此本分《内篇》7 篇、《外篇》15 篇、《杂篇》11 篇，共 33 篇。目前学界一般认为《内篇》是庄子本人所撰，而《外篇》《杂篇》则是庄学的著作。《庄子》一书，大旨本于《老子》，但远比《老子》圆熟明彻。所论广及伦理、哲学、政治、人生、美学、艺术、语言、养生等方面，思想丰富，言辞汪洋恣肆，在中国文化发展史上具有独特的地位。

　　庄子在哲学上继承发展了老子的思想，把"道"视为宇宙万物的本原。只是庄子的"道"与老子的"道"有所不同，老子之"道"重"生发"，"道生一，一生二，二生三，三生万物。万物负阴而抱阳，冲气以为和"（《老子》第四十二章），侧重于天地万物的生化。庄子则沿着老子之道的内涵向前掘进，重视天地万物的本性，强调天地万物之中贯穿着"道"，强调万事万物"道通为一"。《知北游》中东郭子问庄子："所谓道，恶乎在？"庄子答曰"无所不在"，甚至在"蝼蚁""稊稗""瓦甓""屎溺"之间，其意在强调"道"之贯通万物。以此为根基，庄子形成了认识论的"齐"、价值观的"真"、生存方式的"游"等思想。概而言之，庄子继承了老子"道法自然"的思想精髓，主张返朴归真的人类生存方式，提倡"天地与我并生，万物与我为一"的精神境界，"独与天地精神往来而不敖倪于万物"。在先秦哲学家中，庄子的生活最富艺术性，最富游戏意味，也最富审美意味。儒家多重人事，而庄子则多放眼于天道自然，并从自然中寻求"大美""至乐"。《庄子》以卮言为曼衍，以重言为真，以寓言为广，在诸子之文中独标异帜。

　　本讲所据底本为清代郭庆藩《庄子集释》中华书局 2012 年整理本，个别文字据先贤考订及他本有所改正。主要参考的今人著作是陈鼓应《庄子今注今译》、陆永品《庄子通释》和孙通海译注本《庄子》。

NOTE

《逍遥游》

【主旨】庄子逍遥游的人生态度。

【原文】

北冥[1]有魚，其名爲鯤。鯤之大，不知其幾千里也。化而爲鳥，其名爲鵬。鵬之背，不知其幾千里也；怒而飛，其翼若垂[2]天之雲。是鳥也，海運[3]則將徙於南冥。南冥者，天池也。

《齊諧》者，志怪者也。《諧》之言曰："鵬之徙於南冥也，水擊三千里，搏扶搖[4]而上者九萬里，去以六月息者也[5]。"野馬也，塵埃也，生物之以息相吹也。[6]天之蒼蒼，其正色邪？其遠而無所至極邪？其視下也，亦若是則已矣。

且夫水之積也不厚，則其負大舟也無力。覆杯水於坳堂[7]之上，則芥爲之舟；置杯焉則膠，水淺而舟大也。風之積也不厚，則其負大翼也無力。故九萬里則風斯在下矣，而後乃今培風[8]；背負青天而莫之夭閼者[9]，而後乃今將圖南。

蜩與學鳩笑之曰："我決[10]起而飛，搶[11]榆枋而止，時則不至而控於地而已矣，奚以之九萬里而南爲？"適莽蒼[12]者，三湌[13]而反，腹猶果然[14]；適百里者，宿春糧[15]；適千里者，三月聚糧。之二蟲又何知！

小知不及大知，小年不及大年。奚以知其然也？朝菌不知晦朔[16]，蟪蛄不知春秋[17]，此小年也。楚之南有冥靈[18]者，以五百歲爲春，五百歲爲秋；上古有大椿者，以八千歲爲春，八千歲爲秋，此大年也。而彭祖乃今以久特聞，衆人匹之[19]，不亦悲乎！

湯之問棘也是已。湯問棘曰："上下四方有極乎？"棘曰："無極之外，復無極也。窮髮[20]之北，有冥海者，天池也。有魚焉，其廣數千里，未有知其修者，其名爲鯤。有鳥焉，其名爲鵬，背若太山，翼若垂天之雲，搏扶搖羊角[21]而上者九萬里，絕雲氣，負青天，然後圖南，且適南冥也。斥鷃[22]笑之曰：'彼且奚適也？我騰躍而上，不過數仞而下，翱翔蓬蒿之間，此亦飛之至也。而彼且奚適也？'"此小大之辯[23]也。

故夫知效一官[24]，行比一鄉[25]，德合一君而徵一國[26]者，其自視也亦若此[27]矣。而宋榮子猶然[28]笑之。且舉世而譽之而不加勸，舉世而非之而不加沮，定乎内外之分，辯乎榮辱之境，斯已矣。彼其於世，未數數然[29]也。雖然，猶有未樹[30]也。夫列子御風而行，泠然[31]善也，旬有五日而後反。彼於致福者，未數數然也。此雖免乎行，猶有所待⁽³²⁾者也。若夫乘天地之正⁽³³⁾，而御六氣之辯⁽³⁴⁾，以游无窮者，彼且惡乎待哉！故曰，至人无己，神人无功，聖人无名。

【注释】

（1）北冥：北海。冥，通"溟"。下文"南冥"之"冥"同。

（2）垂：同"陲"，边际。

（3）海运：海风刮起。

（4）抟扶摇：环绕着飓风。抟，环绕。一作"搏"，拍打。扶摇，海中飓风。

（5）"去以"句：乘着六月风而去。息，谓风。六月间的风最大，鹏便乘大风而南飞。

（6）"野马"三句：此句谓空中的气雾、游尘，以及活动的生物，都是由风吹着飘动。野马，指空中如野马般的气雾。

（7）坳（ào）堂：堂上的低洼处。

（8）培风：凭风，乘风。

（9）夭阏（è）：摧折，遏止。夭，折。阏，止。

（10）决（xuè）：迅疾貌。

（11）抢（qiāng）：碰，撞。

（12）莽苍：指苍色迷茫的郊野。

（13）飧（cān）：同"餐"。

（14）果然：吃饱的样子。

（15）宿舂粮：应作"舂宿粮"，指要携带过一宿的口粮。舂粮，舂捣粮食。

（16）朝菌不知晦朔：朝生暮死的虫子不知道一个月的时光。朝菌，朝生暮死的一种虫子。晦朔，每月的最后一天为晦，每月的第一天为朔；一说指早晚、旦夕。

（17）蟪蛄不知春秋：寒蝉不知道一年的时光。蟪蛄，寒蝉，因为春生夏死或夏生秋死，无法了解一年春夏秋冬四季的变化。

（18）冥灵：大海中的灵龟。

（19）众人匹之：众人都想和他相比。匹，比较。

（20）穷发：不毛之地。发，指草木。

（21）羊角：旋风。

（22）斥鴳（yàn）：生活在池泽中的小麻雀。斥，池，小泽。

（23）辩：通"辨"，区别。

（24）知效一官：才智能够胜任一官之职。效，胜任。

（25）行比一乡：行为能够适合一乡之人的心意。比，适合，符合。

（26）德合一君而征一国：品德能投合一国之君的心意而取得一国人民的信任。合，投合。征，取信。

（27）此：指蜩、学鸠、斥鴳囿于一隅而沾沾自喜。

（28）犹然：嗤笑的样子。

（29）数数（shuòshuò）然：汲汲然，急促的样子。

（30）未树：不曾树立的，指超越自我的境界。自"且举世而誉之而不加劝"数句乃指宋荣子而言，他虽能摆脱世俗的影响，不追求虚名，但还是未能超然物外，自立于逍遥无为的最高境界。

（31）泠（líng）然：轻妙的样子。

（32）有所待：有所依赖。是指列子虽能免于步行，但还是要凭借风力而行。

（33）乘天地之正：顺应自然大道。乘，因循。天地之正，天地的法则，亦即自然的规律。

（34）六气之辩：六气的变化。六气，指阴、阳、风、雨、晦、明。辩，通"变"，变化。

【原文】

尧讓天下於許由，曰："日月出矣，而爝火⑴不息，其於光也，不亦難乎！時雨降矣，而猶浸灌，其於澤也，不亦勞乎！夫子立而天下治，而我猶尸⑵之，吾自視缺然⑶。請致天下。"

許由曰："子治天下，天下既已治也。而我猶代子，吾將爲名乎？名者，實之賓也。⑷吾將爲賓乎？鷦鷯巢於深林，不過一枝；偃鼠飲河，不過滿腹。歸休乎君，予无所用天下爲！庖人雖不治庖，尸祝⑸不越樽俎而代之矣。"

肩吾問於連叔曰："吾聞言於接輿⑹，大而无當，往而不返。吾驚怖其言，猶河漢而无極也；大有徑庭⑺，不近人情焉。"

連叔曰："其言謂何哉？"

"曰：'藐姑射之山⑻，有神人居焉。肌膚若冰雪，綽約若處子⑼；不食五穀，吸風飲露；乘雲氣，御飛龍，而游乎四海之外⑽。其神凝，使物不疵癘⑾而年穀熟。'吾以是狂而不信也。"

連叔曰："然！瞽者无以與乎文章之觀，聾者无以與乎鐘鼓之聲。豈唯形骸有聾盲哉？夫知亦有之。是其言也，猶時女也⑿。之人也，之德也，將旁礡⒀萬物以爲一，世蘄乎亂⒁，孰弊弊⒂焉以天下爲事！之人也，物莫之傷，大浸稽天⒃而不溺，大旱金石流、土山焦而不熱。是其塵垢粃穅，將猶陶鑄堯舜者也，孰肯以物爲事！宋人資章甫而適諸越⒄，越人斷髮文身，無所用之。堯治天下之民，平海內之政，往見四子藐姑射之山，汾水之陽，窅然⒅喪其天下焉。"

【注释】

（1）爝（jué）火：火炬，小火把。

（2）尸：主，主持。

（3）缺然：欠缺的样子。

（4）名者，实之宾也：名是实的宾位。实以生名，名从实起，实则是内是主，名便是外是宾。

（5）尸祝：主祭的人。古代祭祀时，主祭人执祭版对尸（太庙中的神主）而祷祝，所以称主祭人为尸祝。

（6）接舆：楚国隐士，姓陆名通，字接舆，与孔子同时，佯狂不仕，并劝说孔子及早归隐。《人间世》和《论语·微子》皆记此事。

（7）大有径庭：太过度，太离谱。

（8）藐姑射（yè）之山：遥远的姑射山。邈，遥远的样子。姑射之山，神话中的山名。

（9）绰（chuò）约若处子：轻盈柔美像处女。绰约，柔婉美好貌。处子，处女。

（10）"乘云气"三句：意指与天地精神往来。

（11）疵疠：灾害疫病，灾变。

（12）"是其言也"两句：这些话好像说的就是你肩吾。是其言，指上文所说的心智上也有聋子、瞎子的话。时，是。女，代词，表示第二人称，后作"汝"。

（13）旁礴：混同。

（14）世蕲（qí）乎乱：意指世人争功求名，勾心斗角，纷纷扰扰。蕲，求。乱，纷乱。另，"乱"也可作"治"解，则该句意指世人期望他治理天下。

（15）弊弊：辛苦疲惫的样子。

（16）大浸稽天：大水滔天。浸，水。稽，及，至。

（17）"宋人"句：宋国人到越国去贩卖礼帽。资，贩卖。章甫，殷代时的一种礼帽，宋为殷后，所以保存了殷人的旧俗。诸越，也作"於越"，越人的自称。

（18）窅（yǎo）然：犹怅然。

【原文】

惠子謂莊子曰："魏王貽我大瓠之種，我樹之成而實五石，以盛水漿，其堅不能自舉也。剖之以爲瓢，則瓠落無所容⁽¹⁾。非不呺然⁽²⁾大也，吾爲其無用而掊之。"

莊子曰："夫子固拙於用大矣。宋人有善爲不龜⁽³⁾手之藥者，世世以洴澼絖⁽⁴⁾爲事。客聞之，請買其方百金。聚族而謀曰：'我世世爲洴澼絖，不過數金。今一朝而鬻技百金，請與之。'客得之，以說吳王。越有難⁽⁵⁾，吳王使之將，冬與越人水戰，大敗越人，裂地而封之。能不龜手，一也；或以封，或不免於洴澼絖，則所用之異也。今子有五石之瓠，何不慮以爲大樽⁽⁶⁾而浮乎江湖，而憂其瓠落無所容？則夫子猶有蓬之心⁽⁷⁾也夫！"

惠子謂莊子曰："吾有大樹，人謂之樗。其大本擁腫而不中繩墨，其小枝卷曲而不中規矩。立之塗，匠者不顧。今子之言，大而無用，衆所同去也。"

莊子曰："子獨不見狸狌⁽⁸⁾乎？卑身而伏，以候敖者⁽⁹⁾；東西跳梁⁽¹⁰⁾，不辟⁽¹¹⁾高下；中於機辟⁽¹²⁾，死於罔罟⁽¹³⁾。今夫斄牛⁽¹⁴⁾，其大若垂天之雲。此能爲大矣，而不能執鼠。今子有大樹，患其無用，何不樹之於无何有之鄉，廣莫之野，彷徨⁽¹⁵⁾乎无爲其側，逍遙乎寢卧其下。不夭斤斧，物无害者，无所可用，安所困苦哉！"

【注释】

（1）瓠（hù）落无所容：指瓢太大无处可容。瓠落，犹廓落，形容很大的样子。

（2）呺（xiāo）然：虚大的样子。

（3）龟（jūn）：手足因寒冷或干燥而坼裂。也作"皲"。

（4）洴澼（píngpì）絖（kuàng）：漂洗丝絮。洴澼，漂洗。絖，同"纩"，绵絮。

（5）越有难：越国发难，攻打吴国。难，难事，指军事行动。

（6）樽：形如酒器的腰舟，可以缚在腰上，浮水渡河。

（7）蓬之心：谓心灵茅塞不通。

（8）狸狌（shēng）：两种动物。狸，形状与猫相似的哺乳动物，也叫"山猫""狸猫""野猫"等。狌，黄鼠狼。

（9）敖者：指出游的小动物。敖，同"遨"，出游，闲游。

（10）跳梁：跳跃。亦作"跳踉"。

（11）辟：同"避"。躲避，避开。

（12）机辟：捕兽的器具。

（13）罔罟（gǔ）：指渔猎的网具。罔，同"网"。罟，网。

（14）斄（lí）牛：牦牛。

（15）彷徨：徘徊，优游自适。

【读解】

《逍遥游》是《庄子》的首篇，是庄子人生态度的总括。全篇主旨在于让人摆脱功名利禄、权势尊位等一切外在的束缚，而使精神活动臻于悠游自在、无挂无碍的境地。

本篇可分三节，首节以大鹏起笔，并与蜩、学鸠、斥鴳相较，加之以朝菌、蟪蛄、冥灵、大椿、彭祖之别，点出"小大之辩"，引导读者突破自我局限，领悟广大世界的无穷，破除自我中心，而与天地精神往来。第二节借"尧让天下于许由"之寓言，引导人们去名，阐发"圣人无名"之意；借"肩吾问连叔"推衍阐发至人无己的精神境界。篇末借惠施与庄子的对话，阐明"用大"与"无用之用"的意义。

人生于世，往往被自身所处局限而拘囿于一隅，贪恋执着，这是人心灵得不到自由与通达的根结所在。庄子此篇即重在引导读者打破自我局限，认识到宇宙浩渺无穷，世界广大无际，人应顺应自然大道，超然物外，自立于逍遥无为的最高境界。庄子笔下的大鹏、蜩、学鸠、斥鴳、朝菌、蟪蛄、冥灵、大椿、彭祖等诸多形象都是为了阐明"小大之辩"，使读者认清自身的"小"，从而领悟"大"的境界。此篇中大鹏的意象只有与蝉、学鸠、斥鴳相较才有意味，用来说明"小大之辩"。大鹏虽大，但亦有比之更大者，倘为大鹏所囿，则非庄子原意。同理，文中的"大椿"，"以八千岁为春，八千岁为秋"，看似长寿，亦不过是用来说明"小年大年之别"，万不可被其所局限，它与不知起于何时、不知终于何点的历史长河相较，亦不过是沧海桑田之一瞬。

倘能悟透"小大之辩"，心处无穷之境，与天地精神往来，自不会受任何外物所累。许由乃隐者，传其隐于箕山，依山而食，就河而饮，不受物累，逍遥于世，其于声名荣利皆厌不欲闻，恶而远避。尧知其贤，让以帝位，据传许由闻之，以其秽言熏耳，乃临河洗耳。庄子借许由拒天下之事，为读者展现一种不受一切外在负累的无为自得之境。而这种人生境界往往不被世俗之人理解，连叔之所以批评肩吾心智上聋盲，正是因为肩吾没有领悟到所谓的姑射神人所享受的心灵的放任和通达，展现的是因循自然大道、逍遥于天地之间的自由境界。"宋人资章甫而适诸越"亦是点明人生境界的差异。宋人深受殷礼束缚，而越人则浑朴自然。

人生于世，若不通达，则往往求得一"用"，认为有用、被人所用方能显出人生价值。岂不知"用"正是人生枷锁，贪图有"用"正使人落入尘俗罗网，不得自由，招来祸患。篇末惠施与庄子的对话，正是引导读者认清"小用"的局限性，领悟用大与"无用之用"的意义。同为一物，所用有异，境界悬殊。"不龟手之药"，或以之漂洗丝絮，或以之获得封地，此乃"小用"与"大用"之别。对于五石之瓠，"以盛水浆""剖之以为瓢"皆是以"小用"视之，但究非其所宜，故被弃之不用。岂不知"五石之瓠"自有其"大用"，可"以为大樽而浮乎江湖"。庄子阐明"小用""大用"之别，在于引导读者突破"用"的局限，打通心灵的壁垒，使人入无穷之境，最终达到逍遥无为的人生至境。狸狌机敏，善于捕鼠，却往往死于非命；斄牛大若垂天之云，跳梁捕鼠，不及狸狌，却能在山泽之中逍遥养性。樗木不材，看似大而无用，却"不夭斤斧，物无害者"。大用的至境即为无用、无为，世人都谋求有用于世，岂不知无用乃最大之用，无用无为方能保全真性。

庄子的人生境界玄妙高远，大异于俗世。这种人生境界的形成自有其缘由，庄子是情感深厚的大仁者、思想深邃的大智者，面对礼崩乐坏的乱世，其虽有着悲天悯人的情怀，但作为没落的贵族，他更多体味到的是"知其不可为"的无奈和悲凉，其超然物外的人生境界实际上是逃避现实的一种无奈之举，在潇洒的背后隐藏着的是无尽的苍凉和忧愁。

《齐物论》节选

【主旨】 庄子"齐""同""一"的思想。

【原文】

南郭子綦隐机$^{(1)}$而坐，仰天而嘘$^{(2)}$，荅焉似丧其耦$^{(3)}$。颜成子游$^{(4)}$立侍乎前，曰："何居$^{(5)}$乎？形固可使如槁木，而心固可使如死灰乎？今之隐机者，非昔之隐机者也。"

子綦曰："偃，不亦善乎，而$^{(6)}$问之也！今者吾丧我$^{(7)}$，汝知之乎？女闻人籁而未闻地籁，女闻地籁而未闻天籁夫！"

子游曰："敢问其方。"

子綦曰："夫大块$^{(8)}$噫气$^{(9)}$，其名为风。是唯无作，作则万窍怒呺$^{(10)}$。而独不闻之翏翏$^{(11)}$乎？山林之畏隹$^{(12)}$，大木百围之窍穴，似鼻，似口，似耳，似枅，似圈，似臼，似洼者，似污者$^{(13)}$；激者，謞者，叱者，吸者，叫者，譹者，宎者，咬者$^{(14)}$，前者唱于而随者唱喁。泠风$^{(15)}$则小和，飘风$^{(16)}$则大和，厉风济$^{(17)}$则众窍为虚。而独不见之调调之刀刀$^{(18)}$乎？"

子游曰："地籁则众窍是已，人籁则比竹$^{(19)}$是已。敢问天籁。"

子綦曰："夫吹萬不同，而使其自己也，咸其自取⁽²⁰⁾，怒者其誰邪⁽²¹⁾！"

【注释】

（1）隐机：凭靠几案。隐，凭，倚。机，通"几"，小桌子，用以搁置物件或倚靠。

（2）嘘：缓缓吐气。

（3）荅（tà）焉似丧其耦：好像是忘掉了他的形体。荅焉，相忘貌。丧，失，犹忘。耦，匹对，精神与形体为耦，物与我为耦。似丧其耦，即意指心灵活动不为形体所牵制，自我摆脱了外物的束缚达到了独立自由的境界。

（4）颜成子游：南郭子綦的弟子。颜成是复姓，名偃，字子游。

（5）何居：何故。居，犹"故"。

（6）而：犹"汝"，你。

（7）吾丧我：本真的"吾"忘掉了世俗的"我"，达到忘我、万物一体的境界。吾，指真我。我，指俗我。

（8）大块：大地。

（9）噫气：吐气，气息声。

（10）呺：同"号"，多本并作"号"，吼叫。

（11）翏翏（liáo）：象声词。长风声。

（12）畏佳（cuī）：犹"崔嵬"，高俊貌。

（13）"似鼻"八句：形容各种窍穴的形状。枅（jī），柱上方木。圈，杯口，一说牲畜栏圈。洼，池沼。污，泥塘。

（14）"激者"八句：形容窍穴发出的各种不同的声音。激者，如水激之声。謞（xiào）者，如飞箭之声。叱者，如叱咤之声。吸者，如嘘吸之声。叫者，如叫喊之声。譹者，如嚎哭之声，譹同"号"。宎（yǎo）者，像风吹到深谷的声音。咬者，哀切声。

（15）泠风：小风。

（16）飘风：大风。

（17）厉风济：烈风停止。厉风，烈风，暴风。济，止。

（18）调调之刀刀：均指树木摇动的样子。调调，树枝大动。刀刀，树叶微动。

（19）比竹：并列组合在一起的竹管，指箫、笙一类的乐器。

（20）使其自己也，咸其自取：窍孔发出千差万别的声音，是各个窍孔的自然状态造成的。

（21）怒者其谁邪：发动者还有谁呢？这句话的意思是说万窍怒号是自然形成的，并没有其他的东西来发动它们。

【原文】

大知閑閑⁽¹⁾，小知閒閒⁽²⁾；大言炎炎⁽³⁾，小言詹詹⁽⁴⁾。其寐也魂交⁽⁵⁾，其覺也形開⁽⁶⁾，與接爲構⁽⁷⁾，日以心鬭。縵者，窖者，密者⁽⁸⁾。小恐惴惴，大恐縵縵⁽⁹⁾。其發若機栝⁽¹⁰⁾，其司⁽¹¹⁾是非之謂也；其留如詛盟⁽¹²⁾，其守勝之謂也；其殺若秋冬，以言其日消也；其溺之所爲之，不可使復之也⁽¹³⁾；其厭也如緘⁽¹⁴⁾，以言其老洫⁽¹⁵⁾也；近死之心，莫使復陽也。喜怒哀樂，慮嘆變熬⁽¹⁶⁾，姚佚启態⁽¹⁷⁾；樂出虛，蒸成菌。日夜相代乎前，而莫知其所萌。已乎，已乎！旦暮得此⁽¹⁸⁾，其所由以生乎！

非彼無我⁽¹⁹⁾，非我無所取⁽²⁰⁾。是亦近矣，而不知其所爲使。若有真宰，而特不得其眹⁽²¹⁾。可行已信⁽²²⁾，而不見其形，有情而無形⁽²³⁾。百骸、九竅、六藏⁽²⁴⁾，賅而存焉，吾誰與爲親？汝皆說⁽²⁵⁾之乎？其有私⁽²⁶⁾焉？如是皆有爲臣妾乎？其臣妾不足以相治乎？其遞相爲君臣乎？其有真君存焉！如求得其情與不得，無益損乎其真。一受其成形，不亡以待盡。與物相刃相靡⁽²⁷⁾，其行盡⁽²⁸⁾如馳，而莫之能止，不亦悲乎！終身役役而不見其成功，苶然⁽²⁹⁾疲役而不知其所歸，可不哀邪！人謂之不死，奚益！其形化，其心與之然，可不謂大哀乎？人之生也，固若是芒⁽³⁰⁾乎？其我獨芒，而人亦有不芒者乎？

【注释】

（1）闲闲：广博安详。

（2）间间：固执偏狭。

（3）炎炎：气焰盛人。

（4）詹詹：言辩不休。

（5）魂交：精神交错，指睡中多梦不宁。

（6）形开：指形体不宁。

（7）与接为构：心与外界交接，纠缠不清。接，交接。构，通"构"，交接，交结。

（8）"缦者"三句：描写世俗之人以心应物的三种不同情态。缦，通"慢"，迟缓。窖，深藏不露，深沉。密，谨密，慎重。

（9）缦缦：惊魂失魄的样子。

（10）机栝（kuò）：弩上发矢的机件。

（11）司：通"伺"，伺机。

（12）其留如诅盟：形容心藏主见不肯吐露，好像咒过誓一样。留，谓持言不发。

（13）"其溺"二句：谓沉溺于所为，无法恢复真性。

（14）其厌也如缄：形容心灵闭塞，如同受到绳索的束缚。厌，闭塞。缄，捆箱箧的绳索。

（15）老洫：老朽枯竭。洫，枯竭。

（16）虑叹变慹（zhí）：忧虑、感叹、反复、恐惧，形容世俗之人以心应物的各种情绪反应。

（17）姚佚启态：浮躁、放纵、张狂、作态，形容世俗之人以心应物的行为样态。

（18）此：指上述种种反复无常的情态。

（19）非彼无我：谓没有以上种种情态，就没有我自己。彼，指以上种种情态。

（20）非我无所取：谓没有我，它们就无从呈现。取，资，呈现。

（21）眹（zhèn）：征兆，端倪。

（22）可行已信：可从作用上得到验证。

（23）有情而无形：谓有真实存在而不见其形。情，实。

（24）六藏：人有五脏，肾有二，故又称六脏。

（25）说：同"悦"。

（26）私：偏爱。

（27）相刃相靡：互相摩擦。刃，靡，摩擦。

（28）行尽：走向死亡。一说，"尽"通"进"。

（29）茶（nié）然：疲倦的样子。

（30）芒：芒昧，昏昧，糊涂。

【原文】

　　夫随其成心而師之，誰獨且无師乎？(1)奚必知代而心自取者有之？(2)愚者與有焉。未成乎心而有是非，是今日適越而昔至(3)也。是以無有爲有。無有爲有，雖有神禹，且不能知，吾獨且奈何哉！

　　夫言非吹(4)也，言者有言，其所言者特未定(5)也。果有言邪？其未嘗有言邪？其以爲異於鷇音(6)，亦有辯(7)乎？其無辯乎？

　　道惡乎隱而有真偽？言惡乎隱而有是非？道惡乎往而不存？言惡乎存而不可？道隱於小成(8)，言隱於榮華(9)。故有儒墨之是非，以是其所非而非其所是。欲是其所非而非其所是，則莫若以明(10)。

　　物无非彼，物无非是(11)。自彼則不見，自知則知之。故曰彼出於是，是亦因彼。彼是方生(12)之說也，雖然，方生方死，方死方生(13)；方可方不可，方不可方可(14)；因是因非，因非因是(15)。是以聖人不由(16)而照之於天(17)，亦因是也。是亦彼也，彼亦是也。彼亦一是非，此亦一是非。果且有彼是乎哉？果且无彼是乎哉？彼是莫得其偶(18)，謂之道樞(19)。樞始得其環中，以應无窮(20)。是亦一无窮，非亦一无窮也。故曰莫若以明。

【注释】

（1）"夫随"两句：谓若根据个人的成见作为判断是非的标准，谁能没有一个标准呢？成心，成见，偏见。师，取法。且，句中语气助词。

（2）"奚必"句：谓何必一定要懂得自然变化之理的智者，才有判断是非的标准呢？知代，谓懂得自然变化的道理。心自取者，指心有见识的人。

（3）今日适越而昔至：今天到越国去而昨天就已经到了。这句话有两种解释：①这是惠子的论说（详见《天下》篇"惠施多方"一节)，意在泯除今昔之分。这里则是借此话来比喻今日之有是非，正是由于成心在昔日已经形成；成心在昔日已经形成，则今日的是非不过是成心的表现而已。②庄子认为"今日适越而昔至"是绝对没有的事，意思是说，没有成心是不会有是非的，也就是说，人的是非都是由于成心先已形成。

（4）言非吹：言论和风吹不同。意指言论出于成见，风吹乃发于自然。

（5）特未定：指不能作为是非的标准。

（6）鷇（kòu）音：雏鸟孵出时的叫声。

（7）辩：通"辨"，区别。

（8）小成：片面的成就，指局部的、片面的成就或认识。

（9）荣华：浮华的言辞。

（10）莫若以明：不如用明静之心去观照。

（11）是：此。

（12）彼是方生：彼、此的观念是相对而生、相依而存的。方，并。

（13）"方生"两句：谓方生即死，方死却又复生。这是惠施的哲学命题之一（见《天下》篇），揭示了生与死的对立统一关系。此处就相对主义的观点说明事物的相对转换。

（14）"方可"两句：有一面在被肯定中（方可），则另一方面即在被否定中（方不可），反之亦然。可，即"是"。不可，即"非"。

（15）"因是"两句：谓是非相因而生，有是即有非，有非即有是。

（16）不由：指不走是非对立的路子。

（17）照之于天：用自然大道来观照事物的本然。

（18）偶：匹偶，指对立关系。

（19）道枢：道的枢纽，道的关键。

（20）"枢始"两句：谓掌握了道的枢要，就好像进入环的中心，便可以顺应无穷的流变。

【原文】

以指喻指之非指，不若以非指喻指之非指也；以馬喻馬之非馬，不若以非馬喻馬之非馬也⁽¹⁾。天地一指也，萬物一馬也⁽²⁾。

可乎可，不可乎不可。道行之而成，物謂之而然。惡乎然？然於然。惡乎不然？不然於不然。物固有所然，物固有所可。无物不然，无物不可⁽³⁾。故爲是舉莛⁽⁴⁾與楹⁽⁵⁾，厲⁽⁶⁾與西施，恢恑憰怪⁽⁷⁾，道通爲一。其分也，成也；其成也，毀也。凡物无成與毀，復通爲一。唯達者知通爲一，爲是⁽⁸⁾不用⁽⁹⁾而寓諸庸⁽¹⁰⁾。庸也者，用也；用也者，通也；通也者，得也；適得而幾矣⁽¹¹⁾。因是已⁽¹²⁾。已而不知其然，謂之道。

勞神明⁽¹³⁾爲一，而不知其同也，謂之"朝三"。何謂"朝三"？狙公⁽¹⁴⁾賦⁽¹⁵⁾芧⁽¹⁶⁾，曰："朝三而暮四。"衆狙皆怒。曰："然則朝四而暮三。"衆狙皆悅。名實未虧而喜怒爲用，亦因是也。是以聖人和之以是非而休乎天鈞⁽¹⁷⁾，是之謂兩行⁽¹⁸⁾。

古之人，其知有所至矣。惡乎至？有以爲未始有物者，至矣，盡矣，不可以加矣！其次以爲有物矣，而未始有封⁽¹⁹⁾也。其次以爲有封焉，而未始有是非也。是非之彰也，道之所以虧也。道之所以虧，愛⁽²⁰⁾之所以成。果且有成與虧乎哉？果且無成與虧乎哉？有成與虧，故⁽²¹⁾昭氏⁽²²⁾之鼓琴也；無成與虧，故昭氏之不鼓琴也。昭文之鼓琴也，師曠⁽²³⁾之枝策⁽²⁴⁾也，惠子之據梧⁽²⁵⁾也，三子之知幾乎，皆其盛者也，故載之末年⁽²⁶⁾。唯其好之也，以異於彼，其好之也，欲以明之。彼非所明而明之，故以堅白之昧終⁽²⁷⁾。而其子又以文之綸終⁽²⁸⁾，終身無成。若是而可謂成乎？雖我亦成也。若是而不可謂成乎？物與我無成也。是故滑疑之耀⁽²⁹⁾，聖人之所圖⁽³⁰⁾也。爲是不用而寓諸庸，此之謂以明。

【注释】

（1）"以指"四句：陈鼓应《庄子今注今译》："'指''马'是当时辩者辩论的一个重要主题，尤以公孙龙的指物论和白马论最著名。庄子只不过用'指''马'的概念作喻，原义乃在于提醒大家不必斤斤计较于彼此、人我的是非争论，更不必执着于一己的观点去判断他人。"

（2）"天地"两句：谓如果从"道通为一"的视角来看，天地万物是浑融一体的，没有什么分别。

（3）"可乎可"十二句：陈鼓应《庄子今注今译》依严灵峰校订改作："道行之而成，物谓之而然。有自也而可，有自也而不可。有自也而然，有自也而不然。恶乎然？然于然。恶乎不然？不然于不然。恶乎可？可于可。恶乎不可？不可于不可。物固有所然，物固有所可。无物不然，无物不可。"

（4）莛（tíng）：草茎。

（5）楹：房柱。

（6）厉：通"癞"。此处指丑女。

（7）恢恑（guǐ）憰（jué）怪：谓形形色色的怪异之物。"恢恑""憰怪"同义，都是奇异、怪异的意思。

（8）为是：因此。

（9）不用：指不用固执自己的成见。

（10）寓诸庸：寄寓于各物的功用上。

（11）"庸也者"七句：这二十字疑是衍文。陈鼓应《庄子今注今译》即依严灵峰之说予以删去。

（12）因是已：谓因物自然，即老子"道法自然"之意。已，句末语助词。

（13）神明：精神。指心思、心神。

（14）狙（jū）公：养猴的人。

（15）赋：给予。

（16）芧（xù）：橡子。

（17）天钧：即天均，自然的均衡。钧，通"均"。

（18）两行：指对立之双方，如彼此、物我、内外等各得其所，意指不作区别，浑同一体。

（19）封：疆域，界限。

（20）爱：指私爱，即偏好。

（21）故：则。

（22）昭氏：姓昭，名文，善弹琴。

（23）师旷：春秋时晋平公的乐师，精于音律。

（24）枝策：举杖，指举杖敲击乐器。

（25）据梧：倚靠着梧树。指惠施倚在梧树下辩论。

（26）载之末年：谓从事此业终身。载，事，从事。末年，晚年。一说载誉于晚年，亦通。

（27）以坚白之昧终：谓惠施终身迷于坚白之说。坚白，战国时期有"坚白同异"之争，公孙龙主张"离坚白"，即认为石头的坚硬和白色只能分别由触觉和视觉才感受到，所以是分离的；以墨子为首的一派则主张"盈坚白"，认为坚硬和白色同为石头的属性，所以是不可分离的。昧，偏蔽。

（28）"而其子"句：谓昭文的儿子又终身从事于昭文弹琴的事业。纶，琴瑟的弦。一说"绪业，事业，遗业"，亦通。

（29）滑（gǔ）疑之耀：迷乱人心的炫耀。是就辩者的言说而言，谓其足以使人心迷乱。滑疑，惑乱。

（30）图：除，摒弃。

【读解】

如果说《逍遥游》是庄子的人生态度和生存方式，那么《齐物论》则是庄子人生态度和生存方式所得以依存的世界观和哲学基础。所谓"齐"就是"同"，就是"一"，就是"无差别"。庄子把世界万物、把物与我看成浑整的同一，"天地与我并生，而万物与我为一"。人类社会的一切矛盾的对立面，诸如生与死、寿与夭、贵与贱、荣与辱、成与毁、是与非、美与丑等都是自我中心的主观成见，就其本然而言，是无差别的。

这种哲学视角是从对世界万物的回溯得出来的。老子给世界万物寻到了一个母体，那就是"道"："有物混成，先天地生，寂兮寥兮，独立而不改，周行而不殆，可以为天下母。吾不知其名，字之曰道，强为之名，曰大。"（《老子》二十五章）"道生一，一生二，二生三，三生万物。万物负阴而抱阳，冲气以为和。"（《老子》四十二章）如果说老子的哲学是一种世界演化生成的哲学，那么庄子则反其道而行之，是一种还原哲学。任何事物都可以还原到其源头"道"，在"道"那里，没有什么差别性的事物存在。庄子认为只有无差别的"道"的世界才是真实的世界。世界有了差别的过程，也就是"道"被损毁的过程，"古之人，其知有所至矣。恶乎至？有以为未始有物者，至矣，尽矣，不可以加矣！其次以为有物矣，而未始有封也。其次以为有封焉，而未始有是非也。是非之彰也，道之所以亏也。道之所以亏，爱之所以成"。

那么究竟怎样才可以做到"齐"呢？要诀即在"丧我"。本文开篇即讲到南郭子綦靠着几案发呆，头仰着慢慢吐气。他的学生颜成子游看到他这种形如槁木、心如死灰的样子很是诧异。南郭子綦告诉他：你听过人吹奏乐器发出的声音（人籁），也可能听过风吹大地万物各种窍穴发出的声音（地籁），可你并没有听过自然天机的声音（天籁）。人籁、地籁皆因自然界风气使然，之所以声音千差万别，是由于各自的孔窍有异，就其本然而言，是无差别的。声音如此，人亦如此，各种学说，是是非非，是由于人各有成见，就其本然而言，本无所谓是非，而人们之所以争辩不休，正是因为不能领悟人之真性的缘故。南郭子綦为什么可以听到"天籁"呢？正是因为他做到了"丧我"，去除自我的成见，打破自我中心，使自己达到与天地相融通的境界。

第二节描写众人纷争、百家争鸣的世俗情态，哀叹世人终身役役，迷失自我。第三节指出人世间一切是非之争乃是由于"成心"作祟，提出"以明"的认识方法。阐述了事物的无限相对性与流变性，以及价值判断标准的无限相对性与流变性，提出"照之于天"的认识态度。第

NOTE

四节从"道"的视角审视宇宙万物、人类社会，指出宇宙万物有成毁、人类社会有纷争乃是不通达于大道的结果。自"道"观之，万物皆"道通为一"，正所谓"天地一指也，万物一马也"，无所谓成毁与纷争。

庄子"齐"思想的产生有其时代因素。庄子所处的战国时期，是一个大断裂、大动乱的时代。在这个时代，战争频繁，国破家亡的悲剧不断上演。在这个时代，辩术雄起，百家争鸣，争论不休。庄子深受其苦，对"争"字深恶痛绝，而"争"又源于"分"，有"分"才有了"争"。假如没有"分"，哪里又来得"争"呢？在庄子看来，消灭"分争"也许正是消灭苦难的最好药方。

《德充符》节选

【主旨】 庄子对"德"的追求。

【原文】

鲁有兀(1)者王骀(2)，從之游者與仲尼相若。常季問於仲尼曰："王骀，兀者也，從之游者與夫子中分鲁。立不教，坐不議，虚而往，實而歸。固有不言之教，無形而心成(3)者邪？是何人也？"

仲尼曰："夫子，聖人也，丘也直後而未往耳。丘將以爲師，而況不若丘者乎！奚假(4)鲁國！丘將引天下而與從之。"

常季曰："彼兀者也，而王(5)先生，其與庸(6)亦遠矣。若然者，其用心也獨若之何？"

仲尼曰："死生亦大矣，而不得與之變，雖天地覆墜，亦將不與之遺(7)。審乎无假(8)而不與物遷，命(9)物之化而守其宗也。"

常季曰："何謂也？"

仲尼曰："自其異者視之，肝膽楚越也；自其同者視之，萬物皆一也。夫若然者，且不知耳目之所宜，而游心乎德之和；物視其所一而不見其所喪，視喪其足猶遺土也。"

常季曰："彼爲己(10)。以其知得其心，以其心得其常心(11)。物何爲最(12)之哉？"

仲尼曰："人莫鑑於流水而鑑於止水，唯止能止衆止。受命於地，唯松柏獨也正，在冬夏青青；受命於天，唯堯舜獨也正，在萬物之首。幸能正生(13)，以正衆生。夫保始之徵(14)，不懼之實。勇士一人，雄入於九軍(15)。將求名而能自要(16)者，而猶若是，而況官(17)天地，府萬物(18)，直寓六骸(19)，象耳目(20)，一知之所知(21)，而心未嘗死者(22)乎！彼且(23)擇日(24)而登假(25)，人則從是也。彼且何肯以物爲事乎！"

【注释】

（1）兀（wù）：断一足。

（2）王骀（tái）：虚拟人物。

（3）无形而心成：无形之中心有所获，指潜移默化。

（4）奚假：何止，岂止。

（5）王（wàng）：胜，超过。

（6）庸：常人。

（7）遗：失，指毁灭、消亡。

（8）审乎无假：安处无所依恃的境界。审，固定，安处。无假，无所假借，即无所依恃。

（9）命：听命，听任。

（10）彼为己：谓王骀修己。彼，指王骀。为己，修身。

（11）常心：本然之心。心，指具有分别作用的心。常心，指不起分别作用的心。

（12）最：聚，归依。

（13）正生：即正性，指尧舜自正性命、固守本然之性。

（14）保始之征：保全本始的征验。

（15）九军：天子六军加上诸侯三军，合为九军。此处泛指千军万马。

（16）自要（yāo）：自求。此处指求取功名。要，求取，求得。

（17）官：主宰。

（18）府：包藏。

（19）直寓六骸：只把身体作为寄托之所。直，只。寓，寄托。六骸，头、身、四肢合称六骸，此处泛指身体。

（20）象耳目：把耳目看成一种物象。

（21）一知之所知：将世间所有认知浑然为一。亦即"道通为一"之意。一，同一。

（22）心未尝死者：指未曾丧失本真之心的人。死，丧失。

（23）且：将。

（24）择日：指日。

（25）登假：飞升，指达到超尘绝俗的精神境界。假，通"遐"，远，高远。

【原文】

　　申徒嘉，兀者也，而與鄭子產同師於伯昏无人。子產謂申徒嘉曰："我先出則子止，子先出則我止。"其明日，又與合堂同席而坐。子產謂申徒嘉曰："我先出則子止，子先出則我止。今我將出，子可以止乎，其未邪？且子見執政⁽¹⁾而不違⁽²⁾，子齊執政乎？"

　　申徒嘉曰："先生之門，固有執政焉如此哉？子而說子之執政而後人⁽³⁾者也？聞之曰：'鑑明則塵垢不止，止則不明也。久與賢人處則無過。'今子之所取大者⁽⁴⁾，先生也，而猶出言若是，不亦過乎！"

　　子產曰："子既若是矣，猶與堯爭善，計子之德，不足以自反邪？"

NOTE

申徒嘉曰："自狀其過，以不當亡者衆；[5]不狀其過，以不當存者寡。知不可奈何而安之若命，唯有德者能之。游於羿之彀中[6]。中央者，中地也；然而不中者，命也。人以其全足笑吾不全足者多矣，我怫然[7]而怒；而適先生之所，則廢然而反[8]。不知先生之洗我以善[9]邪？吾與夫子游十九年矣，而未嘗知吾兀者也。今子與我游於形骸之内，而子索我於形骸之外，不亦過乎！"

子産蹴然[10]改容更貌曰："子无乃稱[11]！"

【注释】

（1）执政：子产为郑国执政大臣，故自称执政。

（2）违：回避。

（3）后人：瞧不起人。

（4）所取大者：谓求取大道。指子产向伯昏无人求学，是为了求取大道。

（5）"自状"两句：谓自己申辩过错，认为自己形体不应当受残的人很多。状，申辩。

（6）彀（gòu）中：弓箭所射及的范围。

（7）怫（fú）然：忿怒、生气的样子。

（8）废然而反：谓怒气全消而恢复常态。废然，怒气消除的样子。

（9）洗我以善：用善道来教导我。洗，犹教导。

（10）蹴（cù）然：惭愧不安的样子。

（11）子无乃称：你别再说了。乃，通"仍"，复，再。乃称，犹复言。

【原文】

魯有兀者叔山无趾[1]，踵見[2]仲尼。仲尼曰："子不謹，前既犯患若是矣。雖今來，何及矣！"

无趾曰："吾唯不知務[3]而輕用吾身，吾是以亡足。今吾來也，猶有尊足者[4]存，吾是以務全之也。夫天無不覆，地無不載，吾以夫子爲天地，安知夫子之猶若是也！"

孔子曰："丘則陋矣。夫子胡不入乎，請講以所聞。"

无趾出。孔子曰："弟子勉之！夫无趾，兀者也，猶務學以復補前行之惡，而況全德之人[5]乎！"

无趾語老聃曰："孔丘之於至人，其未邪？彼何賓賓以學子爲[6]？彼且蘄[7]以諔詭幻怪[8]之名聞，不知至人之以是爲己桎梏邪？"

老聃曰："胡不直使彼以死生爲一條[9]，以可不可爲一貫者，解其桎梏，其可乎？"

无趾曰："天刑之[10]，安可解！"

【注释】

（1）叔山无趾：虚拟人物。无趾，因受刑被砍去脚趾，故称。

（2）踵见：用脚跟行走而求见。踵，脚后跟。

（3）务：时务。

（4）尊足者：即"尊于足者"，比足尊贵的东西，指道德。

（5）全德之人：形体健全的人。

（6）宾宾以学子为：常常来就教于先生。宾宾，犹频频。学子，学于子。子，在这里是对老聃的尊称。为，语助词。

（7）蕲（qí）：求。

（8）諔（chù）诡幻怪：奇异怪诞。

（9）一条：一致，一样。

（10）天刑之：天然刑罚，指孔子天生根器如此。意指其受好名之累，犹天加刑罚。

【原文】

鲁哀公問於仲尼曰："衛有惡⁽¹⁾人焉，曰哀駘它。丈夫與之處者，思而不能去也。婦人見之，請於父母曰'與爲人妻，寧爲夫子妾'者，十數而未止也。未嘗有聞其唱者也，常和人而已矣。无君人之位以濟乎人之死，无聚禄以望⁽²⁾人之腹。又以惡駭天下，和而不唱，知不出乎四域⁽³⁾，且而雌雄合乎前⁽⁴⁾。是必有異乎人者也。寡人召而觀之，果以惡駭天下。與寡人處，不至以月數，而寡人有意乎其爲人也；不至乎期年，而寡人信之。國无宰，寡人傳國焉。悶然而後應，氾而若辭⁽⁵⁾。寡人醜乎⁽⁶⁾，卒授之國。無幾何也，去寡人而行，寡人卹⁽⁷⁾焉若有亡也，若無與樂是國也。是何人者也？"

仲尼曰："丘也嘗使於楚矣，適見独子⁽⁸⁾食於其死母者，少焉眴若⁽⁹⁾皆棄之而走。不見己焉爾，不得類焉爾⁽¹⁰⁾。所愛其母者，非愛其形也，愛使其形者⁽¹¹⁾也。戰而死者，其人之葬也不以翣資；⁽¹²⁾刖者之屨，无爲愛之。皆无其本矣。爲天子之諸御⁽¹³⁾，不爪翦⁽¹⁴⁾，不穿耳；取妻者止於外，不得復使。形全猶足以爲爾，而況全德之人乎！今哀駘它未言而信，无功而親，使人授己國，唯恐其不受也，是必才全而德不形者⁽¹⁵⁾也。"

哀公曰："何謂才全？"

仲尼曰："死生、存亡、窮達、貧富、賢與不肖、毀譽、飢渴、寒暑，是事之變、命之行也。日夜相代乎前，而知不能規⁽¹⁶⁾乎其始者也。故不足以滑和⁽¹⁷⁾，不可入於靈府⁽¹⁸⁾。使之和豫，通而不失於兌；⁽¹⁹⁾使日夜无郤而與物爲春⁽²⁰⁾，是接而生時於心者也。是之謂才全。"

"何謂德不形？"

曰："平者，水停之盛也。其可以爲法也，内保之而外不蕩也。德者，成和之修⁽²¹⁾也。德不形者，物不能離也。"

哀公異日以告閔子⁽²²⁾曰："始也吾以南面而君天下，執民之紀而憂其死，

NOTE

吾自以爲至通矣。今吾聞至人之言，恐吾無其實，輕用吾身而亡其國。吾與孔丘，非君臣也，德友而已矣。"

【注释】

(1) 恶：丑。

(2) 望：月满为望。此处为饱满的意思。

(3) 不出乎四域：不超出人世。四域，四方，指人世。

(4) 雌雄合乎前：男人和女人都前来亲近。雌雄，指女人、男人。

(5) "闷（mēn）然"两句：谓其无意应承国事，漫不经心而好像有所推辞。闷然，淡漠的样子，不在意的样子。后应，谓答应得很不痛快。氾，"泛"的异体字，漫不经心的样子。

(6) 寡人丑乎：谓鲁哀公感自愧不如。丑，惭愧。

(7) 卹："恤"的异体字，忧闷的样子。

(8) 狶子：小猪。狶，同"豚"。

(9) 眴（shùn）若：惊慌的样子。

(10) 不得类焉尔：不同一类，意指不像活着的样子。

(11) 使其形者：指主宰形体的精神。

(12) "战而"两句：谓在战场上死去的人，暴尸于野，无棺材盛殓，不用棺饰送葬。翣（shà），古代棺饰。资，送。

(13) 诸御：宫妃。

(14) 不爪翦：应作"不翦爪"，不剪指甲。

(15) 才全而德不形者：天性完全而内德不显露于外的人。才全，天性完备未损。德不形，德不显露。

(16) 规：通"窥"，窥视。

(17) 滑（gǔ）和：指扰乱本性的平和。滑，乱。

(18) 灵府：精神的府宅，指心灵。

(19) "使之"两句：谓能使其心灵安逸自得，不失愉悦之情。和，和顺。豫，安逸快乐。通，通畅。兑，通"悦"，喜悦。

(20) "使日"句：谓能使其日夜保持怡悦的心情，与万物同游于春和之中。

(21) 成和之修：完满纯和的修养。

(22) 闵子：姓闵，名损，字子骞，孔子弟子。

【读解】

德，是源于自然大道的天然本性，保全天然本性不受损毁是庄子学说的重要内容。能够保全天然本性的人，就是有"德"的人。德充满于内，生命自然焕发出迷人的魅力，产生无穷的吸引力。《德充符》全文分为六节，前五节依次叙述了六名或形残或貌丑的贤士王骀、申徒嘉、叔山无趾、哀骀它、闉跂支离无脤、甕㼜大瘿。这六位残疾人凭借自身的道德修养，使自己的光辉远远超过了身体健全的人，其人格魅力让无数人为之倾倒。文章的主旨在于引导人们打破对外在形体的执迷，从而进入精神与心灵的广阔世界。形体只不过是精神与心灵的暂时居所，精神的健全与心灵的放达才是最重要的。篇末一节，为庄子与惠子的对话，谈论人情的问题。

此处节选前四节。首节写兀者王骀，虽断一足，但其行不言之教，有潜移默化之功，前来跟随学习的人和孔子相若，就连孔子本人也准备拜他为师。这究竟是为什么呢？就在于他能"守宗""保始"，视万物为一，随顺自然，安于命化。第二节为兀者申徒嘉与子产合堂同师伯昏无人的寓言。子产以其高位傲视因受刑而断足的申徒嘉，不愿与之同行。而申徒嘉遭受刑罚非因己之过，而是因为当时的社会灾难重重，人们犹如"游于羿之彀中"一样难逃刑罚的命运。其虽受刑断足，却天性保全。相反，子产形虽全却天性残缺，为外物所惑。伯昏无人与申徒嘉相处十九年，却不曾感到申徒嘉是残疾人，正是得道者。申徒嘉与子产同师于伯昏无人正是来求取大道，二人应"游于形骸之内"，以德相交，然而子产却以貌取人，以势凌人，索人于"形骸之外"，故遭到申徒嘉的批评。第三节为兀者叔山无趾见孔子的故事。孔子与子产相类，蔽于形而不知德，歧视遭刑致残的叔山。叔山虽亡足，但"犹有尊足者存"，天性犹存，"以死生为一条，以可不可为一贯"，齐同万物。相反，孔子不明了生死一如、万物平齐之理，却"蕲以诚诡幻怪之名闻"，深陷世间桎梏。第四节通过鲁哀公与孔子的对话，描绘出一个形貌丑陋却极具个人魅力的人物形象哀骀它。哀骀它之所以如此魅力四射，就在于他是个"才全而德不形"的人。文中借孔子之口诠释了"才全而德不形"的含义，即天性完全而内德不显露于外，正所谓"内保之而外不荡"。

《应帝王》

【主旨】 庄子无为而治的政治理念。

【原文】

　　齧缺问於王倪，四问而四不知。齧缺因跃而大喜，行以告蒲衣子。蒲衣子曰："而乃今知之乎？有虞氏不及泰氏。有虞氏，其犹藏仁以要人[(1)]，亦得人矣，而未始出於非人[(2)]。泰氏，其卧徐徐，其觉于于[(3)]；一以己为马，一以己为牛[(4)]；其知情[(5)]信，其德甚真，而未始入於非人[(6)]。"

【注释】

（1）要（yāo）人：要结人心。要，要结。

（2）非人：指物，与人相对的外物。

（3）于于：形容自得的样子。

（4）"一以"两句：谓任人呼己为牛为马。一，或。按：《天道》篇"呼我牛也而谓之牛，呼我马也而谓之马"与此两句同义，即物我两忘、与物俱化之意。

（5）情：实。

（6）未始入于非人：意即从来没有受外物的牵累。

【原文】

　　肩吾见狂接舆。狂接舆曰："日中始[(1)]何以语女？"

　　肩吾曰："告我君人者以己出经式义度[(2)]，人孰敢不听而化诸[(3)]！"

狂接舆曰："是欺德⁽⁴⁾也。其於治天下也，猶涉海鑿河，而使蚊負山也。夫聖人之治也，治外⁽⁵⁾乎？正而後行⁽⁶⁾，確乎能其事者⁽⁷⁾而已矣。且鳥高飛以避矰弋⁽⁸⁾之害，鼷鼠深穴乎神丘⁽⁹⁾之下以避熏鑿⁽¹⁰⁾之患，而曾二蟲之無如⁽¹¹⁾！"

【注释】

（1）日中始：假托的寓言人物。

（2）"君人者"句：谓国君自己制定法度。君人者，国君。经、式、义、度，皆谓法度。义，同"仪"，准则，法度。

（3）诸：句尾助词，犹"乎"。

（4）欺德：虚伪不实的言行。

（5）治外：指用经式义度来规范天下。外，指上文所言"经式义度"。

（6）正而后行：自正而后化行天下。正，指无为。行，指自然。本句所表达意思即《老子》所言："我无为而民自化，我好静而民自正。"

（7）确乎能其事者：指顺应本性，任人各尽所能。

（8）矰弋（zēngyì）：系有丝绳以射飞鸟的短箭。

（9）神丘：社坛。

（10）熏凿：烟熏和挖掘。

（11）无如：不如。

【原文】

天根游於殷陽，至蓼水之上，適遭無名人而問焉，曰："請問爲天下。"

無名人曰："去！汝鄙人也，何問之不豫⁽¹⁾也！予方將與造物者爲人⁽²⁾，厭，則又乘夫莽眇之鳥⁽³⁾，以出六極之外，而游無何有之鄉，以處壙埌⁽⁴⁾之野。汝又何帠⁽⁵⁾以治天下感予之心爲？"

又復問。無名人曰："汝游心於淡⁽⁶⁾，合氣於漠，順物自然而無容私焉，而天下治矣。"

【注释】

（1）不豫：不悦，不快。

（2）"予方将"句：谓我正要与大道为友。即正要和大道同游的意思。为人，为友。

（3）莽眇之鸟：指轻盈虚渺之气。喻以清虚之气为鸟，游于太空。

（4）圹埌（kuàng làng）：空旷辽阔，一望无际。

（5）何帠（yì）：义同"何为"，为什么。

（6）淡：清静无为。后句"漠"同义。

【原文】

陽子居見老聃，曰："有人於此，嚮疾强梁⁽¹⁾，物徹疏明⁽²⁾，學道不勌。如是者，可比明王乎？"

老聃曰："是於聖人也，胥易技係⁽³⁾，勞形怵心⁽⁴⁾者也。且也虎豹之文來田⁽⁵⁾，猨狙之便來藉⁽⁶⁾。如是者，可比明王乎？"

陽子居蹴然曰："敢問明王之治。"

老聃曰："明王之治：功蓋天下而似不自己，化貸萬物而民弗恃⁽⁷⁾；有莫舉名，使物自喜；⁽⁸⁾立乎不測，而游於无有者也。"

【注释】

（1）向疾强梁：敏捷果敢。向疾，敏捷如响。向，通"响"。强梁，强悍果断。

（2）物彻疏明：观察事物透彻，通达明敏。

（3）胥易技系：胥、易等小官吏为技能所累。胥，古代掌管捕捉盗贼的小官吏。易，掌管占卜的小官。

（4）劳形怵心：形体劳累，内心担惊受怕。

（5）来田：招来田猎。来，招来。田，田猎。

（6）"猨狙"句：谓猕猴因为灵便敏捷，所以才遭到人们的拘捕。便，灵便。藉，拘系。

（7）化贷万物而民弗恃：化育的恩德普施万物，而百姓并不感到有所依赖。贷，施。弗恃，不觉有所依赖。

（8）"有莫"两句：有功德而不可名状，使万物各适其性，各得其所。

【原文】

鄭有神巫曰季咸，知人之死生存亡、禍福壽夭，期⁽¹⁾以歲月旬日，若神。鄭人見之，皆棄而走。列子見之而心醉，歸，以告壺子⁽²⁾，曰："始吾以夫子之道爲至矣，則又有至焉者矣。"

壺子曰："吾與汝既其文，未既其實⁽³⁾，而固得道與？衆雌而无雄，而又奚卵焉⁽⁴⁾！而以道與世亢，必信⁽⁵⁾，夫故使人得而相汝。嘗試與來，以予示之。"

明日，列子與之見壺子。出而謂列子曰："嘻！子之先生死矣！弗活矣！不以旬數矣！吾見怪焉，見濕灰⁽⁶⁾焉。"

列子入，泣涕沾襟以告壺子。壺子曰："鄉吾示之以地文⁽⁷⁾，萌乎不震不止⁽⁸⁾。是殆見吾杜德機也⁽⁹⁾。嘗又與來。"

明日，又與之見壺子。出而謂列子曰："幸矣，子之先生遇我也！有瘳⁽¹⁰⁾矣，全然有生矣！吾見其杜權⁽¹¹⁾矣！"

列子入，以告壺子。壺子曰："鄉吾示之以天壤⁽¹²⁾，名實不入，而機發於踵。是殆見吾善者機也⁽¹³⁾。嘗又與來。"

明日，又與之見壺子。出而謂列子曰："子之先生不齊⁽¹⁴⁾，吾无得而相焉。試齊，且復相之。"

列子入，以告壺子。壺子曰："鄉吾示之以太沖莫勝⁽¹⁵⁾，是殆見吾衡氣機也⁽¹⁶⁾。鯢桓之審爲淵⁽¹⁷⁾，止水之審爲淵，流水之審爲淵。淵有九名⁽¹⁸⁾，此處

NOTE

三焉[19]。尝又與來。"

明日，又與之見壺子。立未定，自失而走。壺子曰："追之！"列子追之不及。反，以報壺子曰："已滅矣，已失矣，吾弗及已。"

壺子曰："鄉吾示之以未始出吾宗[20]。吾與之虚而委蛇[21]，不知其誰何，因以爲弟靡[22]，因以爲波流[23]，故逃也。"

然後列子自以爲未始學而歸，三年不出。爲其妻爨[24]，食豕如食人[25]。於事无與親[26]，雕琢復朴[27]，塊然獨以其形立[28]。紛而封哉[29]，一以是終[30]。

【注释】

（1）期：预测。

（2）壶子：郑国人，名林，号壶子，是列子的老师。

（3）"吾与汝"两句：谓我给你精心讲授道的名相，还未精心讲授道的本质。既，尽。文，外表。

（4）"众雌"两句：只有雌性而无雄性，是无法产卵的。喻有文而无实，不能称得上得道。

（5）"而以"两句：谓列子以其浅薄之道与世人周旋，必然使自己的本真得以显露。亢，通"抗"，抵御，抵挡。信，通"伸"，伸展，此意为显露。

（6）湿灰：喻其毫无生气。

（7）乡吾示之以地文：刚才我显示给他看的是心境寂静。乡，同"向"，刚才。地文，大地寂静之象，形容心境寂静。

（8）萌乎不震不止：谓茫然无知、不动不止的样子。萌乎，犹"茫然"，昏昧的样子。

（9）杜德机：闭塞生机。杜，闭塞。德机，指生机。

（10）瘳（chōu）：病愈。

（11）杜权：闭塞中显露生机。权，变，动。

（12）天壤：天地间生气。壤，地。

（13）善者机：指生机。善，生意。

（14）不齐：形容变化不定。

（15）太冲莫胜：太虚而无征兆之象。太冲，即太虚。莫胜，即无征兆。

（16）衡气机：生机平和，不可见其端倪。

（17）鲵桓之审为渊：鲸鱼盘旋的地方叫作渊。鲵，鲸鱼。桓，盘旋。审，通"潘"，旋涡。一说，审，通"沈"，深意。

（18）渊有九名：九渊之名见于《列子·黄帝》："鲵旋之潘为渊，止水之潘为渊，流水之潘为渊，滥水之潘为渊，沃水之潘为渊，氿水之潘为渊，雍水之潘为渊，汧水之潘为渊，肥水之潘为渊，是为九渊焉。"

（19）此处三焉：谓杜德机、善者机、衡气机。此处以"九渊"来喻道之渊深莫测，壶子谓"此处三焉"意指自己仅将道向季咸略加呈现。

（20）未始出吾宗：未曾显露我的根本大道。出，显露。宗，大道之根本。

（21）虚而委蛇：心地虚寂，随物顺化。虚，无所执着。委蛇，随顺应变的样子。

（22）弟（tí）靡：茅草随风摆动。形容无所执着，随顺应变。弟，通"稊"，茅草类。

（23）波流：随波逐流。形容一无所滞。

（24）爨（cuàn）：烧火做饭。

（25）食豕如食人：谓把喂猪当作喂养人。意指万物平等，无所分别。

（26）于事无与亲：谓于事无所偏私。

（27）雕琢复朴：指去雕琢而复归于朴。

（28）块然独以其形立：像土块那样立身于世。块然，如土块一样，形容去雕琢复归于素朴的状态。

（29）纷而封哉：谓在纷乱的世事中持守真朴纯一的大道。封，守。

（30）一以是终：终身如此。

【原文】

无爲名尸(1)，无爲謀府(2)；无爲事任(3)，无爲知主(4)。體盡无窮，而游无朕；(5) 盡其所受乎天，而无見得，(6) 亦虚(7)而已。至人之用心若鏡，不將不迎，應而不藏(8)，故能勝物而不傷。

【注释】

（1）尸：主。

（2）谋府：出谋策划的地方。

（3）事任：担当事物的责任。

（4）知主：智慧的主宰。

（5）"体尽"两句：谓体悟广大无边的大道，游心于寂静的境域。无朕，无迹象，无征兆。

（6）"尽其"两句：禀受自然的本性，不自我矜夸。

（7）虚：形容空明的心境。

（8）"不将"两句：谓物去不送，物来不迎；心如明镜，任物自照，无所偏私。形容顺任自然，不怀私意。将，送。

【原文】

南海之帝爲儵，北海之帝爲忽，中央之帝爲渾沌(1)。儵與忽時相與遇於渾沌之地，渾沌待之甚善。儵與忽謀報渾沌之德，曰："人皆有七竅(2)以視聽食息，此獨无有，嘗試鑿之。"日鑿一竅，七日而渾沌死。

【注释】

（1）"南海"三句：儵、忽、浑沌，皆是寓言虚拟人物。儵，同"倏"。倏、忽，都含有迅疾意，喻有为。浑沌，古代传说中指世界开辟前元气未分、模糊一团的状态，是纯朴自然的意思，喻无为。

（2）七窍：指一口、两耳、两目、两鼻孔。

【读解】

《应帝王》阐述庄子的政治思想，主旨在于宣扬无为而治。庄子上承老子的政治理想，主

NOTE

张为政之道应顺自然人性，任其自在自为，切忌任何形式的干涉。

全篇分七节，除第六节纯议论外，其他均借助虚构的寓言故事，分别从不同角度阐释自己的帝王观。

第一节，借寓言人物蒲衣子之口，道出理想的治者：心胸舒泰，纯真质朴，安闲自得，超然物外，不用权谋智巧，也不假借仁义去巴结人心。

第二节，借狂接舆之口，指出"君人者以己出于经式义度"是"欺德"的行为，是凭自己的私意来治理天下。这样治理天下虽然能靠外在的力量使百姓服从，达到"孰敢不听"的效果，但终难使人心顺服，"犹涉海凿河，而使蚊负山"，注定要失败。圣人治理天下，要在"正而后行，确乎能其事者"，任人各尽其性，各尽所能，无为清净，天下自化。正如《老子》所言："我无为而民自化，我好静而民自正。"

第三节，天根遇无名人，请教"为天下"。通过无名人的回答来阐述为政之道。针对天根的发问，无名人说："去！汝鄙人也，何问之不豫也！"对于政治权力的厌恶和鄙视表露无遗。无名人"出六极之外""游无何有之乡""处圹埌之野"，与宇宙浑融为一，顺应自然而逍遥自适，反对人为治理。他认为若治理天下，治理者必须"顺物自然而无容私焉"，要摒弃个人偏私，顺应万物自然的本性，使百姓逍遥自适。

第四节，通过阳子居与老聃的对话讨论何为明王之治。对于世俗的治者，庄子认为他们张扬自己，显才露己，不是"明王之治"。真正的"明王之治"，是有为而虚己，"功盖天下""化贷万物"却又使百姓感觉不到自己的存在。也就是不居功、不自傲，让万物各得其所，而自立于虚无的境地。

第五节，写神巫给壶子看相的故事，主旨在于宣扬"虚己""藏己"。这个故事看似和治理天下无关，但壶子深体大道，虚己深藏，正可推之于为政，意在说明为政要虚己无为，不彰显自己的私意，使天下免受人为干扰。

第六节，论述一个得道的明王应达到的境界，即绝弃求名的心思，绝弃谋划的智虑，绝弃专断的行为，绝弃智巧的作为，体会着无穷的大道，游心于寂静的境域。最后仍归结到"虚"，"用心若镜"，即内心空明若镜，任凭外物往来映照，无己无私。以之为政，则胸怀宽阔，心底无私，任百姓自在自为而不以私意横加干涉。

第七节，上节所论已可视作全文的总结，从文章架构来看，此节似为多余，却别有深意。庄子在前六节中皆是宣扬自己的政治理想，描述理想的帝王形象。此节则是表明庄子对理想帝王在现实世界已不复存在的认识。倏和忽都是急速飘移不定的形象，喻有为之帝。浑沌原指世界开辟前元气未分、模糊一团的状态，以其纯朴未曾开发喻浑朴自然无为之帝，他地处中央，正表明三帝之中他为最贵。倏与忽积极有为，热衷于人为，他们以自己的意愿来改造浑沌，要让他变得聪明智巧，结果却使浑沌命归黄泉。浑沌式的帝王死去了，天下皆是沉溺于权谋与智巧的治理者，天下怎能不充满祸乱与灾难呢？从中可以看出庄子面对历史现状的悲哀与无奈。

【知识链接】

庄子者，蒙人也，名周。周尝为蒙漆园吏，与梁惠王、齐宣王同时。其学无所不窥，然其要本归于老子之言。故其著书十余万言，大抵率寓言也。作《渔父》《盗跖》《胠箧》，以诋訾孔子之徒，以明老子之术。《畏累虚》《亢桑子》之属，皆空语无事实。然善属书离辞，指事类情，用剽剥儒、墨，虽当世宿学不能自解免也。其言洸洋自恣以适己，故自王公大人不能器之。

楚威王闻庄周贤，使使厚币迎之，许以为相。庄周笑谓楚使者曰："千金，重利；卿相，尊位也。子独不见郊祭之牺牛乎？养食之数岁，衣以文绣，以入大庙。当是之时，虽欲为孤豚，岂可得乎？子亟去，无污我。我宁游戏污渎之中自快，无为有国者所羁，终身不仕，以快吾志焉。"

——（西汉）司马迁《史记·老子韩非列传》

所言《逍遥游》者，古今解释不同。今泛举纮纲，略为三释。所言三者，第一，顾桐柏云："逍者，销也；遥者，远也。销尽有为累，远见无为理。以斯而游，故曰逍遥。"第二，支道林云："物物而不物于物，故逍然不我待；玄感不疾而速，故遥然靡所不为。以斯而游天下，故曰逍遥游。"第三，穆夜云："逍遥者，盖是放狂自得之名也。至德内充，无时不适；忘怀应物，何往不通！以斯而游天下，故曰逍遥游。"

《内篇》明于理本，《外篇》语其事迹，《杂篇》杂明于理事。《内篇》虽明理本，不无事迹；《外篇》虽明事迹，甚有妙理；但立教分篇，据多论耳。所以《逍遥》建初者，言达道之士，智德明敏，所造皆适，遇物逍遥，故以逍遥命物。夫无待圣人，照机若镜，既明权实之二智，故能大齐于万境，故以《齐物》次之。既指马天地，混同庶物，心灵凝澹，可以摄卫养生，故以《养生主》次之。既善恶两忘，境智俱妙，随变任化，可以处涉人间，故以《人间世》次之。内德圆满，故能支离其德，外以接物，既而随物升降，内外冥契，故以《德充符》次之。止水流鉴，接物无心，忘德忘形，契外会内之极，可以匠成庶品，故以《大宗师》次之。古之真圣，知天知人，与造化同功，即寂即应，既而驱驭群品，故以《应帝王》次之。《骈拇》以下，皆以篇首二字为题，既无别义，今不复次篇也。

——（唐）成玄英《庄子序》

【实践讨论】

1. 《逍遥游》中庄子例举了大鹏、蜩、学鸠、斥鷃、朝菌、蟪蛄、冥灵、大椿、彭祖等诸多物象，其用意何在？通过对这些物象的分析，谈谈你对"逍遥游"的认识。

2. 《齐物论》中云："天下莫大于秋毫之末，而大山为小；莫寿于殇子，而彭祖为夭。"此说看似异乎常理，实际上蕴含着深邃的思想。请谈谈你对这句话的理解。

3. 庄子在《德充符》中塑造了王骀、申徒嘉、叔山无趾、哀骀它等人物。这些人物有哪些共同特征？庄子借此表达了什么思想？

4. 请以"浑沌之死"这个寓言故事来谈谈庄子的为政理念。

【推荐阅读书目】

1. 刘文典《庄子补正》，云南人民出版社 1980 年版。

2. 钱穆《庄子纂笺》，生活·读书·新知三联书店 2010 年版。

3. 陈鼓应《庄子今注今译》，中华书局 1983 年版。

4. 陈鼓应《庄子浅说》，生活·读书·新知三联书店 1998 年版。

5. 王蒙《庄子的享受》，安徽教育出版社 2010 年版。

NOTE

第十四讲　《孙子兵法》导读

——兵学圣典，胜败谋略

【知识导入】

　　《孙子兵法》是中国现存最早的兵书，也是世界上最早的军事著作，被誉为"兵学圣典"。迄今为止，发现最早的版本是 1972 年临沂银雀山汉墓出土的汉初竹简抄本，现在通行的版本是宋刊十一家注本即《十一家注孙子》。一般认为《十一家注孙子》来源于《宋史·艺文志》著录的《十家孙子会注》（又称《孙子十家注》），由吉天保辑。至于是"十一家注"还是"十家注"的问题，《新编诸子集成·十一家注孙子校理》（中华书局，1999 年 3 月第 1 版）在"宋本十一家注孙子及其流变（代序）"中指出："由于吉辑未著十家姓名，而宋本又未著辑者姓名……宋本注家并非十人，而是十一人，即曹操、孟氏、李筌、贾林、杜佑、杜牧、陈皞、王皙、梅尧臣、何氏和张预。既为十一家，但郑友贤在其《遗说并序》中却为何一再说是'十家之注'，并称其《遗说》为《十注遗说》呢？这里有两种可能：一是举成数言之；二是如孙星衍、毕以珣和余嘉锡先生所说，杜佑本不注《孙子》，其注乃《通典》之文。去佑不数，正合十家。"宋刊《十一家注孙子》后来有中华书局 1961 年影印本、上海古籍出版社 1978 年重印本。

　　孙子，姓孙，名武，字长卿，人们尊称其为孙子或孙武子，是春秋末期齐国乐安人。齐国是春秋列国中物产富庶、实力强盛的东方大国。尤其是齐桓公任用管仲为相，革新军政，发展生产，成为"九合诸侯，一匡天下"的一代霸主。

　　孙武的祖先就是齐国的田氏。据《新唐书·宰相世系表》和宋邓名世《古今姓氏书辨证》记载，孙武原是陈国公子陈完的后裔。公元前 672 年陈国发生内乱，陈完逃亡齐国避难，后改姓名为田完。经过几代之后，田氏家族发展为齐国新兴势力的代表。后来因为田完的五世孙即孙武的祖父田书在齐国攻打莒国的战争中立功，而被齐景公赐采邑，并赐姓孙氏。孙武的祖辈精通军事，再加上齐国是历史上军事家姜子牙的封地，又是后来政治家、军事家管仲的所在，这些都为孙武这个大军事家的产生提供了环境条件，奠定了基础。

　　伍子胥向吴王推荐孙武，孙武便带上他的兵法十三篇到吴宫拜见吴王。在与吴王的交谈中，孙武惊世骇俗的议论和新颖独特的见解获得了吴王的赞许，当即被任命为将军。孙武为将之后，为吴国立下了卓越的战功。司马迁在《史记·孙子吴起列传》中说："西破强楚，入郢，北威齐晋，显名诸侯，孙子与有力焉。"可见孙武不仅是军事理论家，也是军事指挥家。

　　春秋时期兼并战争和争霸战争频发，迫切需要研究战争胜负的规律，而众多的战争实例也为军事理论的研究提供了丰富的实践支持。《孙子兵法》正是在这样的背景下提出了独特的军事思想和具体的兵法韬略。《孙子兵法》对上古以来的战争经验进行了理论总结，从战略运筹到战术运用，从战争胜负到国家利益，从军队实力的分析到战斗作用的发挥，乃至特殊的作战方法等都进行了深入的论述，奠定了中国古代军事科学的基础，对中国古代军事理论和军事思想发展史产生了广泛而深远的影响。

《孙子兵法》的主要内容可以分为两个层面，即兵家之道与兵家之术。其论述的兵家之道包括慎兵慎战、全局观念、知彼知己、安国全军等思想理念，其论述的兵家之术包括攻守原则、灵活机动、因势利导、奇正相生等战术技巧。《孙子兵法》全书共13篇，6000余字，可分为三个部分：第一部分由《计篇》《作战篇》《谋攻篇》《形篇》《势篇》和《虚实篇》组成，着重论述军事思想和战略问题，属于"兵家之道"的层面；第二部分由《军争篇》《九变篇》《行军篇》《地形篇》和《九地篇》组成，主要论述运动战术、地形与军队配置，攻防战术和胜败关系等，属于"兵家之术"的层面；第三部分由《火攻篇》和《用间篇》组成，论述了战争中的两个特殊计谋。

《孙子兵法》虽说是一部兵书，但是它并不单单就战争论战争，而是以战争为基础，论及天道、人道的普遍规律，融军事、哲学、政治及社会科学为一体，具有丰富的哲学内涵。首先，《孙子兵法》有着丰富的朴素唯物论思想，并在朴素的唯物思想指导下探索战争规律，提出了"知己知彼，百战不殆"的著名论断。书中还表现出对鬼神天命的反对和否定，《用间篇》说："故明君贤将，所以动而胜人，成功出于众者，先知也。先知者，不可取于鬼神，不可象于事，不可验于度，必取于人，知敌之情者也。"孙子认为，了解敌情，不能相信鬼神，不能依靠占卜，反对经验主义，反对凭星象推测吉凶，必须从了解敌情入手。《孙子兵法》中虽然也讲到"天"，但对"天"做了明确的唯物主义的解释："天者，阴阳、寒暑、时制也。"（《计篇》）其次，《孙子兵法》突出地表现了朴素的辩证法观点，注重研究战争中对立双方的关系及其变化，诸如彼与己、众与寡、强与弱、攻与守、进与退、胜与败、奇与正、虚与实、迂与直、利与害、勇与怯、劳与逸、久与速、治与乱、远与近、得与失等，进而提出了一系列包含辩证思想的著名论断，如在考虑问题时，"必杂于利害"，"杂于利，而务可信也；杂于害，而患可解也"（《九变》）。同时还清楚地认识到了治乱、勇怯、强弱等对立双方并非固定不变的，可能在一定条件下发生着变化。《势篇》说："乱生于治，怯生于勇，弱生于强。""战势不过奇正，奇正之变，不可胜穷也。"利用条件、创造条件，使矛盾朝着有利于自己的方向转化，这是军事家必须掌握的辩证法。而这种思想理念不仅应用于战争指挥，而且以其高妙的智慧启迪人们的思想而应用于政治、经济、社会等各个领域，如应用于企业商战的经营管理，应用于体育比赛的策略谋划，应用于对事物的认知和决策，甚至应用于中医的辩证施治，清代著名医家徐灵胎写《用药如用兵论》说："孙武子十三篇，治病之法尽之矣。"

《孙子兵法》不仅是中华文化的遗产，而且是世界文明的瑰宝。《孙子兵法》一经问世就广为流传，《韩非子·五蠹篇》说："境内皆言兵，藏孙、吴之书者家有之。"直到中国近代孙中山先生还称赞说："就中国历史来考究，二千多年的兵书，有十三篇。那十三篇兵书，便成立中国的军事哲学。"（《孙中山选集》）《孙子兵法》早在一千多年前就远播海外。其译本包括日语、英语、法语、德语、俄语、西班牙语、阿拉伯语等30多个语种，在世界范围内产生了广泛而深远的影响。在日本，成功地把军事思想用于企业管理的当首推兵法学者兼企业家大桥武夫。他把《孙子兵法》中"上下同欲者胜"的思想作为经营理念大获其利，并著《用兵法经营》（《21世纪》杂志1995年第1期第34页）。松下幸之助是日本著名跨国公司"松下电器"的创始人，被人称为"经营之神"，就是这个"经营之神"，对《孙子兵法》推崇备至，说：

NOTE

"《孙子兵法》是天下第一神灵，我们必须顶礼膜拜，认真背诵，灵活运用，公司才能发达。"日本人士称："《孙子兵法》自奈良时代传到日本以来，给日本历史、日本人的精神方面极大的影响。"服部千春是日本一家建筑公司的董事长，他自称其经营得以发展"是靠《孙子兵法》发财的"，并长期研究《孙子》，著有《孙子兵法校解》，成为日本著名的《孙子兵法》研究专家。日本福田胜久称赞《孙子兵法》说："伟哉武经之神理，通治乱，辨兴衰，实天下之至宝也。"

本讲选自杨丙安编著的《十一家注孙子校理》，中华书局 1999 年 3 月第 1 版。

《计 篇》

【主旨】孙子军事思想的总纲。

【原文】

孫子曰：兵者，國之大事(1)，死生之地，存亡之道，不可不察也。

故經之以五事(2)，校(3)之以計而索其情：一曰道(4)，二曰天，三曰地，四曰將，五曰法。道者，令民與上同意也，故可以與之死，可以與之生，而不畏危(5)。天者，陰陽、寒暑、時制(6)也。地者，遠近、險易、廣狹、死生(7)也。將者，智、信、仁、勇、嚴(8)也。法者，曲制、官道、主用(9)也。凡此五者，將莫不聞，知之者勝，不知者不勝。故校之以計而索其情，曰：主孰有道？將孰有能？天地孰得？法令孰行？兵眾孰強？士卒孰練？賞罰孰明？吾以此知勝負矣。

將聽吾計，用之必勝，留之；將不聽吾計，用之必敗，去之(10)。

計利以聽，乃爲之勢，以佐其外(11)。勢者，因利而制權也(12)。兵者，詭道(13)也。故能而示之不能，用而示之不用，近而示之遠，遠而示之近；利而誘之，亂而取之，實而備之，強而避之，怒而撓之，卑而驕之，佚而勞之，親而離之。攻其無備，出其不意。此兵家之勝，不可先傳(14)也。

夫未戰而廟算(15)勝者，得算多也；未戰而廟算不勝者，得算少也。多算勝，少算不勝，而況於無算乎！吾以此觀之，勝負見矣。

【注释】

(1) 兵者，国之大事：杜牧引《左传》说："国之大事，在祀与戎。"张预说："国之安危在兵。"此言要明察用兵作战是事关国家安危的重大之事。

(2) 经之以五事：即言要从下面五个方面考虑，这是用兵的根本理念。经，经营，管理，治理。一说，经，纲领。即言把以下五个方面作为指导用兵作战的纲领。

(3) 校：比较，衡量。

(4) 道：此指思想和理念。

(5) 而不畏危：银雀山汉墓竹简《孙子兵法》为："民弗诡也。"张预说："以恩信道义抚众，则三军一心，乐为其用。"

（6）时制：指四季时令，即言天时。曹操说："顺天行诛，因五行四时之制。"李筌说："应天顺人，因时制敌。"

（7）死生：即所谓死地和生地。死地，泛指不利于生存和作战的地形。生地，泛指便于生存和作战的地形。

（8）智、信、仁、勇、严：此指将帅的五种素养，智慧、诚信、爱兵、勇武、严明。曹操说："将宜五德备也。"杜牧注说："先王之道，以仁为首；兵家者流，用智为先。"

（9）曲制、官道、主用：曲制，指军队的组织编制。官道，指各级将领的职责范围和管理制度。主用，指军需物资、军用器械、军事费用的供应管理制度。

（10）"将听吾计"六句：今将听我所陈之计，而用兵则必胜，我乃留此矣；将不听我所陈之计，而用兵则必败，我乃去而之他国矣。孙子以此辞激吴王而求用。

（11）"计利以听"三句：我所计之利若已听从，则我当复为兵势，以佐助其事于外。"

（12）"势者"两句：张预说："所谓势者，须因事之利，制为权谋，以胜敌耳，故不能先言也。自此而后，略言权变。"

（13）诡道：诡诈之道，即欺诈的方法和计谋。下文列举了所谓"诡道十二法"。

（14）先传：先，事先。传，传播、传扬。

（15）庙算：指最高军事会议的运筹与谋划，即所谓运筹帷幄，也就是现代战争的战前最高军事会议的决策，对敌我双方有关战争诸因素所做的细致的分析、判断，是根据战前的政治、军事、外交、天时、地利等因素的综合分析的结果所下的定论。对取得战争胜利的把握做到胸有成竹，才进行战争。庙，庙堂。

【读解】

《孙子兵法》作为一部"兵学圣典"，从文学或者文章学的角度来看，"与其说是兵学的书，不如说是文学的书"，是一部堪称典范的文学作品。就全书来看，《计篇》是《孙子兵法》的首篇，概括论述了提挈全书的纲领性的军事思想和用兵原则。这些军事思想和用兵原则在后面各篇都有具体体现。就本篇来看，运用总分的论述方法，先纲后目，条理非常清楚。本篇主旨有以下几方面。

1. 慎兵慎战的态度

《孙子兵法》对于战争的态度，表现为慎重、认真、严肃、理性。开篇首先提出"兵者，国之大事"。战争关系军民生死、国家存亡，因此必须认真研究，慎重对待。《火攻篇》说："主不可以怒而兴师，将不可以愠而致战；合于利而动，不合于利而止。怒可以复喜，愠可以复悦；亡国不可以复存，死者不可以复生。故明君慎之，良将警之。"说明战争决不能意气用事，感情用事，草率行事。

2. 五事七校的观念

其中主要论述了战争必须重视和具备的条件要素："五事"包括道、天、地、将、法，即民心、天时、地利、将才和法度；七校是指从主、将、天地、法令、兵众、士卒、赏罚等七个方面进行比较衡量，研究取得战争胜利的因素。

3. 兵不厌诈的诡道

诡道十二法的最终目的是"攻其无备，出其不意"，这是取得战争胜利的奥秘和法宝。

NOTE

4. 运筹帷幄的庙算

用兵作战必须运筹帷幄，胸有成竹，绝不打无准备之仗。

《谋攻篇》

【主旨】 用智谋攻取以求安国全军。

【原文】

孙子曰：凡用兵之法，全國爲上[1]，破國次之；全軍爲上，破軍次之；全旅爲上，破旅次之；全卒爲上，破卒次之；全伍爲上，破伍次之。是故百戰百勝，非善之善者也[2]；不戰而屈人之兵，善之善者也[3]。

故上兵伐謀[4]，其次伐交[5]，其次伐兵[6]，其下攻城。攻城之法，爲不得已。修櫓轒輼[7]，具器械，三月而後成；距闉[8]，又三月而後已。將不勝其忿而蟻附之[9]，殺士三分之一而城不拔者，此攻之災也。

故善用兵者，屈人之兵而非戰也[10]，拔人之城而非攻也[11]，毀人之國而非久也[12]，必以全爭於天下[13]，故兵不頓[14]而利可全，此謀攻之法也。

故用兵之法，十則圍之[15]，五則攻之，倍則分之，敵則能戰之，少則能逃之，不若則能避之。故小敵之堅，大敵之擒也[16]。

夫將者，國之輔也，輔周則國必強[17]，輔隙則國必弱。

故君之所以患於軍者三：不知軍之不可以進而謂之進，不知軍之不可以退而謂之退，是謂縻軍[18]；不知三軍之事而同三軍之政者，則軍士惑矣；不知三軍之權而同三軍之任，則軍士疑矣。三軍既惑且疑，則諸侯之難至矣[19]。是謂亂軍引勝[20]。

故知勝有五：知可以戰與不可以戰者勝，識衆寡之用者勝，上下同欲者勝[21]，以虞待不虞者勝[22]，將能而君不御者勝[23]。此五者，知勝之道也。

故曰：知彼知己，百戰不殆[24]；不知彼而知己，一勝一負；不知彼不知己，每戰必殆。

【注释】

（1）全国为上：以保全国家利益为上策。全，保全。下文"全军""全旅""全卒""全伍"同此。

（2）百战百胜，非善之善者也：此言如果不用计谋以保全国家和军队，即使每次战争都取得胜利，也不是最好的。所以，曹操说："未战而战自屈，胜善也。"李筌说："以计胜敌也。"

（3）不战而屈人之兵，善之善者也：未战而使敌人自我屈服，即所谓兵不血刃而使敌人屈服，这才是最好的。杜牧说："以计胜敌。"

（4）上兵伐谋：最高境界的用兵之策是斗智和智取，以谋略战胜敌人。曹操说："敌始有谋，伐之易也。"李筌说："伐其始谋也。"

（5）伐交：指把敌人消灭在交战之初。曹操说："交，将合也。"李筌说："伐其始交也。"

（6）其次伐兵：指的是兵形已成，临敌对阵。太公曰："争胜于白刃之前者，非良将也。"张预说："不能败其始谋，破其将合，则犀利兵器以胜之。兵者，器械之总名也。"

（7）修橹轒辒（fénwēn）：制造特大的盾牌和大型战车。橹，李筌说："楯也，以蒙首而趋城下。"轒辒，坚固的四轮战车，排大木为之，其上蒙以生牛皮，下可容十人，木石所不能伤。

（8）距闉（yīn）：一种战争工事，积土为山曰堙，以距敌城，观其虚实。

（9）蚁附之：使士兵们缘城而上，如蚂蚁之缘墙。

（10）屈人之兵而非战也：以计谋使敌人屈服而非经战斗以屈服敌人。

（11）拔人之城而非攻也：此言以计谋占领敌人的城池而非经战斗以夺取。

（12）毁人之国而非久也：曹操说："毁灭人国，不久露师也。"

（13）必以全争于天下：务必在保全国家和军队利益的前提下争夺于天下。曹操说："不与敌战，而必完全得之。"梅尧臣说："全争者，兵不战，城不攻，毁不久，皆以谋而屈敌，是曰'谋攻'。"张预说："不战则士不伤，不攻则力不屈，不久则财不费。以完全立胜于天下，故无顿兵血刃之害，而有国富兵强之利，斯良将计攻之术也。"

（14）顿：疲乏，劳顿。一说，钝，不锋利。

（15）十则围之：如果十倍于敌人则可以围歼敌人。十，十倍。下文"五""倍"则指五倍、二倍。

（16）小敌之坚，大敌之擒也：此言这是实力的较量，必须量力而行。李筌说："小敌不量力而坚战者，必为大敌所擒也。"

（17）辅周：辅助很周密。辅，辅佐、辅助。周，周到、周全。下文"辅隙"则是辅助有漏洞。隙，漏洞、缺陷。

（18）縻军：牵制军队，束缚军队，使军队不能根据情况相机而动。李筌说："如绊骥足，无驰骋也。"縻，牛缰绳。引申为羁縻、束缚、牵制。

（19）诸侯之难至矣：谓其他诸侯国趁机发难。

（20）乱军引胜：扰乱自己的军队，而招致敌人的胜利。杜牧说："言我军疑惑，自致扰乱，如引敌人使胜我也。"曹操、李筌都解释说："引，夺也。"犹言这是自溃其军，自夺其胜。

（21）上下同欲：曹操说："君臣同欲。"梅尧臣说："心齐一也。"《计篇》："道者，令民与上同意也，故可以与之死，可以与之生，而不畏危。"

（22）以虞待不虞者：李筌、杜牧说："有备预也。"虞，准备，防范。

（23）将能而君不御：李筌说："将在外，君命有所不受。"杜牧引用《尉缭子》说："夫将者，上不制乎天，下不制乎地，中不制乎人。"御，驭马驾车。引申为控制、约束。

（24）知彼知己，百战不殆：指了解敌人也了解自己，所有的战争都不会有危险。杜牧说："以我之政，料敌之政；以我之将，料敌之将；以我之众，料敌之众；以我之食，料敌之食；以我之地，料敌之地。校量已定，优劣短长皆先见之，然后兵起，故有百战百胜也。"

【读解】

本篇以"谋攻"命名，主要论述"上兵伐谋"，运用谋略夺取全胜的重要性；继而指出知胜的条件和致败的原因；又揭示"知彼知己，百战不殆"的著名军事规律。

1. 谋攻以获全胜的意义

"谋攻"，即用谋略攻敌。换言之，就是在战略策略上战胜敌人，其核心是一个"全"字。孙子军事思想中的"全"，如同孔子思想的核心"仁"，老子哲学的核心"道"，是我们研究孙子军事思想的一条基本线索，全书提到"全"的地方有十处之多，诸如"安国全军之道"（《火攻篇》），"自保而全世"（《形篇》）等，但最主要的篇章则是本篇。"全"，《说文解字》说："纯玉曰全。"由无瑕的纯玉引申为完整、完备、完美的意思。《列子·天瑞》："天地无全功，圣人无全能，万物无全用。"认为无论天地、万物、明君贤将都不可能达到十全十美的地步。孙子也正是在这个意义上使用"全"的含义的。

孙子首先对以强力强攻和以谋巧攻这两种取胜的方法进行了分析，他说："凡用兵之法，全国为上，破国次之；全军为上，破军次之；全旅为上，破旅次之；全卒为上，破卒次之；全伍为上，破伍次之。""全"就是使敌人全部屈服而自己又不受损失；"破"就是击破敌人而自己也难免受到一定的损失。两种方式，两种结果，孙子认为，"全"为上，"破"次之。因此，孙子所谓全胜的计谋，就是本篇所说的"百战百胜，非善之善者也；不战而屈人之兵，善之善者也"。这里讲的"不战而屈人之兵"与"屈人之兵而非战也"中的"不战""非战"都是指不与敌人直接交战，而不是放弃武装，放弃战争。不经过直接交战而使敌人屈服的"全胜"战略思想，是孙子对战争所希冀达到的最理想境界。孙子提出了一条取胜的总的指导思想，即"必以全争于天下，故兵不顿而利可全"。以既能自保，又能全胜为出发点，来确定"攻"的方式，是本篇的主旨。

对于孙子的全胜思想，我们不能片面地理解为仅仅是"伐谋""代交""不战而屈人之兵"，而应当把他在战争指挥上的"胜于易胜"（《形篇》）、"胜已败者"（《形篇》）等用力至少而获胜至大的一系列主张，都看作是全胜的内容。这不是曲解《孙子兵法》，恰恰是全面地看待这一部兵学名著。

2. 谋攻以获全胜的方法

孙子提出了谋攻的四种手段："上兵伐谋，其次伐交，其次伐兵，其下攻城。"他认为，首先应争取以"伐谋""伐交"取胜，这是达到全胜的最好手段。所谓"伐谋"，就是打破敌人的战略企图。杜牧在注释中具体说明了"伐谋"的运用。一种情况是敌人正谋划攻我，我则先伐其谋，制止敌人的进攻。另一种情况是我欲攻敌，敌已有防御打算，我则挫败其防御企图，使敌来不及组织有效的抵抗。所谓"伐交"，就是在交战初始就战胜敌人。在《九地篇》中有进一步的阐述："是故不知诸侯之谋者，不能预交。"这句话可以看作孙子对"谋"与"交"二者关系的阐发。其次是"伐兵"，在战场上如何争取"全胜"，孙子在以后几篇中分类进行了精辟的论述。在本篇，他强调根据敌我兵力的多寡，采取不同的方法："十则围之，五则攻之，倍则分之，敌则能战之，少则能逃之，不若则能避之。"就是讲在敌我力量对比的三种情况下，要临机应变，用智谋取胜。孙子认为"其下攻城"，"攻城之法为不得已"。只有不得已才去攻打敌人的城寨，是为下策，因为这种方法有悖于"全"的思想。

3. 知彼知己，百战不殆

战争是敌我双方各种实力的较量。因此，用兵作战最重要的是知道敌我双方的全部情况，否则就会产生极其危险的结果。孙子指出危害军队的三个"不知"："不知军之不可以进而谓之进，不知军之不可以退而谓之退，是谓縻军；不知三军之事而同三军之政者，则军士惑矣；不知三军之权而同三军之任，则军士疑矣。"以上三者都是指不知军情的指挥员对军队的瞎指挥。

孙子又对用兵作战提出了争取"全胜"的五条原则："知可以战与不可以战者胜，识众寡之用者胜，上下同欲者胜，以虞待不虞者胜，将能而君不御者胜。"强调必须根据敌我情况，从实际出发决定自己的行动，这才是"知胜之道"。

"知彼知己，百战不殆"是历史上第一次用简明扼要的语言概括出具有普遍意义的战争指导规律。这是《孙子兵法》的精华，是孙子军事思想的瑰宝，也是贯穿十三篇的重要思想线索。

《形篇》

【主旨】权衡军事实力以自保而全胜。

【原文】

孙子曰：昔之善戰者，先爲不可勝，以待敵之可勝⁽¹⁾。不可勝在己，可勝在敵⁽²⁾。故善戰者，能爲不可勝，不能使敵之可勝。故曰：勝可知，而不可爲⁽³⁾。

不可勝者，守也；可勝者，攻也⁽⁴⁾。守則不足，攻則有餘⁽⁵⁾。善守者，藏於九地之下；善攻者，動於九天之上，故能自保而全勝也。

見勝不過眾人之所知，非善之善者也⁽⁶⁾；戰勝而天下曰善，非善之善者也。故舉秋毫不爲多力，見日月不爲明目，聞雷霆不爲聰耳。古之所謂善戰者，勝於易勝者也⁽⁷⁾。故善戰者之勝也，無智名，無勇功⁽⁸⁾。故其戰勝不忒，不忒者，其所措必勝，勝已敗者也。故善戰者，立於不敗之地，而不失敵之敗也⁽⁹⁾。是故勝兵先勝而後求戰，敗兵先戰而後求勝⁽¹⁰⁾。善用兵者，修道而保法⁽¹¹⁾，故能爲勝敗之政。

兵法：一曰度，二曰量，三曰數，四曰稱，五曰勝⁽¹²⁾。地生度，度生量，量生數，數生稱，稱生勝。故勝兵若以鎰稱銖，敗兵若以銖稱鎰⁽¹³⁾。勝者之戰民也，若決積水於千仞之谿者，形也⁽¹⁴⁾。

【注释】

(1) 先为不可胜，以待敌之可胜：犹言先使自己立于不败之地，以等待可以战胜敌人的机会。曹操说："守固备也，自修理，以待敌之虚懈也。"

(2) 不可胜在己，可胜在敌：杜牧说："自整军事，长有待敌之备，闭迹藏形，使敌人不能测度，因伺敌人有可乘之便，然后出而攻之。"

(3) 胜可知，而不可为：陈皞注"胜可知"说："取胜于形，胜可知也。"杜牧注"而不可为"说："言我不能使敌人虚懈为我可胜之资。"

(4) 不可胜者，守也；可胜者，攻也：杜牧说："未见敌人有可胜之形，己则藏形，为不可胜之备，以自守也。""敌人有可胜之形，则当出而攻之。"

（5）守则不足，攻则有余：曹操说："吾所以守者，力不足也；所以攻者，力有余也。"

（6）见胜不过众人之所知，非善之善者也：李筌说："知不出众知，非善也。"张预说："众人所知，已成已著也；我之所见，未形未萌也。"所以曹操说："当见未萌。"

（7）胜于易胜：张预说："交锋接刃，而后能制敌者，是其胜难也；见微察隐，而破于未形者，是其胜易也。故善战者，常攻其易胜，而不攻其难胜也。"

（8）善战者之胜也，无智名，无勇功：杜牧说："胜于未萌，天下不知，故无智名；曾不血刃，敌国已服，故无勇功也。"张预说："阴谋潜运，取胜于无形，天下不闻料敌制胜之智，不见搴旗斩将之功。"

（9）立于不败之地，而不失敌之败也：杜牧说："不败之地者，为不可胜之计，使敌人必不能败我也；不失敌人之败者，言窥伺敌人可败之形，不失毫发也。"

（10）胜兵先胜而后求战，败兵先战而后求胜：曹操说："有谋与无虑也。"杜牧注引《管子》曰："天时地利，其数多少，其要必出于计数。故凡攻伐之道，计必先定于内，然后兵出乎境。不明敌人之政，不能加也；不明敌人之积，不能约也；不明敌人之将，不见先军；不明敌人之士，不见先陈。故以众击寡，以治击乱，以富击贫，以能击不能，以教士练卒击殴众白徒，故能百战百胜。"杜注云："此则先胜而后求战之意也。"

（11）修道而保法：杜牧说："道者，仁义也；法者，法制也。"贾林说："常修用兵之胜道，保赏罚之法度，如此则常为胜，不能则败，故曰'胜败之政'也。"

（12）一曰度，二曰量，三曰数，四曰称，五曰胜：通过五个步骤来推测胜利的可能性，一是估算战争规模和战地形势，二是计算战争所需的物质储备，三是计算军队兵力，四是权衡对比双方实力，五是推断胜利的可能性。

（13）胜兵若以镒（yì）称铢，败兵若以铢称镒：此喻胜败双方实力的悬殊。以镒称铢，则轻而易举；以铢称镒，则力不胜任。二十四铢为一两，二十四两为一镒。

（14）若决积水于千仞之溪者，形也：曹操说："决水千仞，其势疾也。"王皙说："喻不可胜对可胜之形，乘机攻之，决水是也。"

【读解】

本篇主要论述如何依据敌我双方军事实力的强弱，采取攻守两种不同的作战形式，提出了先使自己立于不败之地，进而寻求战争胜利的指导原则。

1. 主动创造条件，寻求取胜时机

本篇开宗明义指出："先为不可胜，以待敌之可胜。"这是本篇的主导思想。孙子认为，创造条件，积蓄军队的作战力量，使自己立于不败之地，是战胜敌人的客观基础；在这个前提下，去等待和寻求战胜敌人的机会，才能取得胜利。

2. 实事求是，灵活攻守

攻守是战争的两种基本形式。孙子说："不可胜者，守也；可胜者，攻也。守则不足，攻则有余。"在条件不足的情况下，要想使自己立于不败之地，就必须固守；在条件充分的情况下，要想战胜敌人，就必须猛攻。这是实现"自保而全胜"的根本保障。进攻时，变化无常，使敌人不知道怎样防守；防御时，隐秘莫测，使敌人不知道怎样进攻。这就是"善守者，藏于九地之下；善攻者，动于九天之上"。《虚实篇》中也说："故善攻者，敌不知其所守；善守者，敌不知其所攻。"

3. 权衡实力，胜于易胜

孙子把分析力量对比建立在科学计算的基础上，而且他提议这种强弱对比如同"以镒称铢"那样要占有绝对优势。因此，这样优势的兵力一旦向敌发起进攻，就如同蓄积于高山之水决堤而出。决水千仞，奔腾而下，不可抵御。唯此方能胜于易胜。

《势篇》

【主旨】 奇正相生以求战斗力得到极致发挥。

【原文】

孫子曰：凡治衆如治寡，分數⁽¹⁾是也；鬪⁽²⁾衆如鬪寡，形名⁽³⁾是也；三軍之衆，可使必受敵而無敗者，奇正⁽⁴⁾是也；兵之所加，如以碫投卵者，虛實是也⁽⁵⁾。

凡戰者，以正合，以奇勝⁽⁶⁾。故善出奇者，無窮如天地，不竭如江海。終而復始，日月是也；死而復生，四時是也⁽⁷⁾。聲不過五，五聲之變，不可勝聽也；色不過五，五色之變，不可勝觀也；味不過五，五味之變，不可勝嘗也；戰勢不過奇正，奇正之變，不可勝窮也。奇正相生，如循環之無端，孰能窮之？

激水之疾，至於漂石者，勢也⁽⁸⁾；鷙鳥之疾，至於毀折者，節也⁽⁹⁾。是故善戰者，其勢險，其節短⁽¹⁰⁾。勢如彍弩，節如發機。紛紛紜紜，鬪亂而不可亂也⁽¹¹⁾；渾渾沌沌，形圓而不可敗也⁽¹²⁾。亂生於治，怯生於勇，弱生於彊。治亂，數也⁽¹³⁾；勇怯，勢也⁽¹⁴⁾；彊弱，形也⁽¹⁵⁾。

故善動敵者，形之⁽¹⁶⁾，敵必從之；予之，敵必取之。以利動之，以卒待之。故善戰者，求之於勢，不責於人，故能擇人而任勢。任勢者⁽¹⁷⁾，其戰人也，如轉木石。木石之性，安則靜，危則動，方則止，圓則行。

故善戰人之勢，如轉圓石於千仞之山者，勢也。

【注释】

（1）分数：指军队的组织编制。

（2）斗：使动物打斗，引申为指挥。

（3）形名：古时军队使用的旌旗、金鼓等指挥信号等，这里引申为指挥。形，目可见者为形，指旌旗。名，耳可闻者为名，指金鼓。张预说："今用兵既众，相去必远，耳目之力，所不闻见。故令士卒望旌旗之形而前却，听金鼓之号而行止，则勇者不得独进，怯者不得独退，故曰'此用众之法也'。"

（4）奇正：古代军队作战的变法和常法，指作战方法灵活多变。唐太宗说："以奇为正，使敌视之以为正，则吾以奇击之；以正为奇，使敌视之以为奇，则吾以正击之。混为一法，使敌莫测。"

（5）如以碫投卵者，虚实是也：以碫投卵，比喻实力强大的部队进攻实力弱小的部队，就像用坚硬的石头投击鸡蛋一样。虚实，指强弱、劳逸、众寡、真伪等，这里是以实击虚的意思。李筌说："碫实卵虚，以实击虚，其势易也。"

（6）以正合，以奇胜：以正兵交战，以奇兵制胜。

（7）"终而复始"四句：张预说："日月运行，入而复出；四时更王，盛而复衰。喻奇正相变，纷纭混沌，终始无穷。"

（8）激水之疾，至于漂石者，势也：张预说："水性柔弱，险径要路，激之疾流，则其势可以转巨石也。"

（9）鸷鸟之疾，至于毁折者，节也：杜佑说："发起讨敌，如鹰鹯之攫撮也，必能挫折禽兽者，皆由伺候之明，邀得屈折之节也。"节，管束，把控。

（10）故善战者，其势险，其节短：梅尧臣说："险则迅，短则劲，故战之势，当险疾而短近也。"

（11）纷纷纭纭，斗乱而不可乱：李筌说："纷纭而斗，示如可乱，建旌有部，鸣金有节，是以不可乱也。"纷纷纭纭，众多杂乱的样子。

（12）浑浑沌沌，形圆而不可败：李筌说："浑沌，合杂也；形圆，无向背也。示敌可败而不可败者，号令齐整也。"

（13）治乱，数也：军队显现的治与乱，是军队编制的变化。

（14）勇怯，势也：军队士卒的勇与怯，由所处之势而决定。李筌说："夫兵，得其势则怯者勇，失其势则勇者怯。兵法无定，惟因势而成也。"

（15）强弱，形也：军队士气的强与弱，由军事实力所决定。

（16）故善动敌者，形之：善于调动敌人，要依靠表现和伪装。形，示形、表现与伪装，即以假象迷惑敌人使之上当。

（17）任势者：曹操说："任自然之势。"

【读解】

《势篇》与《形篇》密切相关，"形"是物质基础，"势"是能量显现。《形篇》主要论述军事实力，《势篇》着重论述作战能力。如果说《形篇》讲的是硬实力，那么《势篇》讲的就是软实力。本篇主要论述在军事实力已定的基础上，如何最大限度地发挥军队的战斗力。李筌说："陈以形成，如决建瓴之势，故以是篇次之。"曹操说："用兵任势也。"

1. 造势用兵，不外四端

本篇首先提出了四个范畴，分数、形名、奇正、虚实，这是发挥军队战斗力的四个关键问题。这四者的先后顺序有着缜密的逻辑联系。张预说："夫合军聚众，先定分数；分数明，然后习形名；形名正，然后分奇正；奇正审，然后虚实可见也矣。四事所以次序也。"从指挥关系上说，"分数"是第一位的，这是军队管理的关键；第二是"形名"，是指挥号令问题；第三是"奇正"，即变换战术和使用兵力，这是孙子在本篇所论述的中心；第四是"虚实"，即以实击虚、避实击虚的作战指导。这也是下一篇的篇名和论证中心。

2. 灵活用兵，出奇制胜

孙子非常重视"奇正"，尤其重视"奇"的运用。奇和正是我国古代常用的军事术语，即指挥军队作战所运用的常法和变法，二者是对立统一的辩证关系。其内涵非常丰富，如公开宣战是正，突然袭击是奇，正面攻击为正，侧面袭击为奇。常规的原则和方法是正，而应变独创的原则和方法是奇。如"十则围之"是正，"围师遗阙"是奇；"绝地无留"是正，"陷之死而后生"是奇。孙子说："凡战者，以正合，以奇胜。"这是奇正运用的一般规律，就是以正兵合战，以奇兵制胜。

孙子说："战势不过奇正，奇正之变，不可胜穷也。奇正相生，如循环之无端，孰能穷之？""故善出奇者，无穷如天地，不竭如江河"。随着情况的变化而变换奇正战法，犹如天地一样变化无穷，江河一样奔流不竭，总能出奇制胜，打败敌人。

3. 机智多变，把控精准

战争是力量的争斗，更是智慧的比拼。要把军队的战斗力充分发挥出来，真正做到出奇制胜，孙子提出了"势险"和"节短"两个重要原则。孙子以"激水之疾，至于漂石"为喻，说明"势"的重要意义；又以"鸷鸟之疾，至于毁折"为喻，说明"节"的重要作用。明确指出"势险"和"节短"是"善战者"的标志。既要造势出奇，又要把控精准，不是一般智谋所能做到的。

4. 巧于伪装，调动敌人

在用兵作战之时，占据主动，调动敌人，是取得战争胜利的重要法宝。如何能牵着敌人的鼻子，孙子论述了"动敌"的两个办法。其一，示形。孙子说："形之，敌必从之。"意思是以假象迷惑敌人，敌人必定上当。其二，诱敌。孙子说："予之，敌必取之。以利动之，以卒待之。"以小利引诱调动敌人，以伏兵待机破敌。

《虚实篇》

【主旨】避实而击虚，困敌而制胜。

【原文】

孙子曰：凡先處戰地而待敵者佚，後處戰地而趨戰者勞。故善戰者，致人而不致於人(1)。能使敵人自至者，利之也；能使敵人不得至者，害之也。故敵佚能勞之，飽能饑之，安能動之。出其所不趨，趨其所不意。行千里而不勞者，行於無人之地也。

攻而必取者，攻其所不守也；守而必固者，守其所不攻也。故善攻者，敵不知其所守；善守者，敵不知其所攻。微乎微乎，至於無形(2)。神乎神乎，至於無聲。故能爲敵之司命。進而不可禦者，衝其虛也；退而不可追者，速而不可及也。故我欲戰，敵雖高壘深溝，不得不與我戰者，攻其所必救也；我不欲戰，畫地而守之，敵不得與我戰者，乖其所之也(3)。

故形人而我無形，則我專而敵分(4)。我專爲一，敵分爲十，是以十攻其一也，則我衆而敵寡；能以衆擊寡者，則吾之所與戰者，約(5)矣。吾所與戰之地不可知，不可知，則敵所備者多；敵所備者多，則吾所與戰者，寡矣。

NOTE

故備前則後寡，備後則前寡，備左則右寡，備右則左寡，無所不備，則無所不寡⁽⁶⁾。寡者，備人者也；衆者，使人備己者也。

故知戰之地，知戰之日，則可千里而會戰。不知戰地，不知戰日，則左不能救右，右不能救左，前不能救後，後不能救前，而況遠者數十里，近者數里乎？

以吾度之，越人之兵雖多，亦奚益於勝敗哉？故曰：勝可爲也。敵雖衆，可使無鬭。故策之而知得失之計⁽⁷⁾，作之而知動靜之理⁽⁸⁾，形之而知死生之地⁽⁹⁾，角之而知有餘不足之處⁽¹⁰⁾。故形兵之極，至於無形⁽¹¹⁾。無形，則深間不能窺，智者不能謀。因形而錯勝於衆，衆不能知⁽¹²⁾。人皆知我所以勝之形，而莫知吾所以制勝之形。故其戰勝不復，而應形於無窮⁽¹³⁾。

夫兵形象水⁽¹⁴⁾。水之形，避高而趨下；兵之形，避實而擊虛。水因地而制流，兵因敵而制勝。故兵無常勢，水無常形，能因敵變化而取勝者，謂之神。

故五行無常勝，四時無常位，日有短長，月有死生。

【注释】

（1）致人而不致于人：调动敌人而不被敌人所调动。致，招致、招引、调动。

（2）微乎微乎，至于无形：微妙到了不露形迹。

（3）乖其所之也：犹言改变敌人的去向，把它引向别处。乖，违背、背离，引申为改变。

（4）故形人而我无形，则我专而敌分：使敌人暴露其形迹而使自己隐蔽形迹，则我军精力集中而敌人精力分散。梅尧臣说："他人有形，我形不见，故敌分兵以备我。"

（5）约：少。

（6）无所不备，则无所不寡：所有的防备都会导致军队力量的分散而变少。杜佑说："言敌之所备者多，则士卒无不分散而少。"梅尧臣说："所备皆寡也。"

（7）策之而知得失之计：根据情况分析判断，就可以知道敌人作战计划的优劣长短。策，策度、筹算。张预说："筹策敌情，知其计之得失。"

（8）作之而知动静之理：陈皞说："作，为也。为之利害，使敌赴之，则知进退之理也。"

（9）形之而知死生之地：张预说："形之以弱，则彼必进；形之以强，则彼必退。因其进退之际，则知彼所据之地死与生也。上文云'善动敌者，形之，敌必从之'是也。死地，谓倾覆之地；生地，谓便利之地。"

（10）角之而知有余不足之处：进行试探性的进攻以了解敌人兵力部署的虚实情况。角，角量、较量。李筌说："量其力精勇，则虚实可知也。"

（11）形兵之极，至于无形：伪装军队的最高境界是达到没有伪装的痕迹，即所谓不装之装。

（12）因形而错胜于众，众不能知：张预说："因敌变动之形以置胜，非众人所能知。"

（13）战胜不复，而应形于无穷：根据敌情表现而战术变化无穷，不会死搬教条而重复前谋。李筌说："不复前谋以取胜，随宜制变也。"

（14）兵形象水：此借"水之形，避高而趋下"以比"兵之形，避实而击虚"，故言"兵形象水"。《尚书·洪范》说："水曰润下，火曰炎上，木曰曲直，金曰从革，土爱稼穑。"

【读解】

李筌说："善用兵者，以虚为实；善破敌者，以实为虚，故次其篇。"本篇主要论述在指挥作战必须"避实而击虚"，"胜于易胜"。

1. 争取主动，调动敌人

基于"凡先处战地而待敌者佚，后处战地而趋战者劳"的理性认识，提出"故善战者，致人而不致于人"的作战理念。军事斗争的最高艺术，莫过于能调动敌人而不被敌人所调动。而主动地位的取得不能靠空想和一厢情愿，而是通过发挥主观能动性去努力争取，善于"投其所好"，方能调动敌人就我所范，以成"牵牛战术"。

2. 集中兵力，避实击虚

虚实这对范畴指的是军队作战所处的两种基本态势——力弱势虚和力强势实之间的辩证关系。孙子十分重视对虚实这对范畴的研究和运用。他说："夫兵形象水。水之形，避高而趋下；兵之形，避实而击虚。"意思是，用兵的法则像流动的水一样，水流动起来是避开高处而流向低处，用兵的法则是避开敌人防守严实坚固的地方而攻击其空虚薄弱的部位。但是，当敌人强大之时，需要发挥将帅的主观能动性，想方设法，创造条件，变强敌为弱敌，以达到避实击虚的目的。孙子说："能使敌人自至者，利之也；能使敌人不得至者，害之也。故敌佚能劳之，饱能饥之，安能动之。"这主要是讲强弱转化问题。意思是，用"利"和"害"调动敌人。

3. 因敌制胜，变化无穷

孙子不仅看到"水之形，避高而趋下"，主张"兵之形，避实而击虚"，提出"兵形象水"，而且发现"水无常形"，而提出"兵无常势"，主张"能因敌变化而取胜"，还进一步指出"战胜不复，而应形于无穷"。要根据敌情变化灵活运用战法而取得胜利。他说："水因地而制流，兵因敌而制胜。""能因敌变化而取胜者，谓之神。"斗转星移，四时更替，一切客观事物都在发展变化之中。战场上的情况更是经常变化的，不能墨守成规。根据敌情的变化，采取相应的对策，才能取得胜利。

【知识链接】

孙子武者，齐人也。以兵法见于吴王阖庐。阖庐曰："子之十三篇，吾尽观之矣，可以小试勒兵乎？"对曰："可。"阖庐曰："可试以妇人乎？"曰："可。"于是许之，出宫中美女，得百八十人。孙子分为二队，以王之宠姬二人各为队长，皆令持戟。令之曰："汝知而心与左右手背乎？"妇人曰："知之。"孙子曰："前，则视心；左，视左手；右，视右手；后，即视背。"妇人曰："诺。"约束既布，乃设鈇钺，即三令五申之。于是鼓之右，妇人大笑。孙子曰："约束不明，申令不熟，将之罪也。"复三令五申而鼓之左，妇人复大笑。孙子曰："约束不明，申令不熟，将之罪也；既已明而不如法者，吏士之罪也。"乃欲斩左右队长。吴王从台上观，见且斩爱姬，大骇。趣使使下令曰："寡人已知将军能用兵矣。寡人非此二姬，食不甘味，愿勿斩也。"孙子曰："臣既已受命为将，将在军，君命有所不受。"遂斩队长二人以徇。用其次为队长，于是复鼓之。妇人左右前后跪起皆中规矩绳墨，无敢出声。于是孙子使使报王曰："兵既整齐，王可试下观之，唯王所欲用之，虽赴水火犹可也。"吴王曰："将军罢休就舍，寡人不愿下观。"孙子曰："王徒好其言，不能用其实。"于是阖庐知孙子能用兵，卒以为将。西破强楚，入郢，北威齐晋，显名诸侯，孙子与有力焉。

孙武既死，后百余岁有孙膑。膑生阿鄄之间，膑亦孙武之后世子孙也。孙膑尝与庞涓俱学兵法。庞涓既事魏，得为惠王将军，而自以为能不及孙膑，乃阴使召孙膑。膑至，庞涓恐其贤于己，疾之，则以法刑断其两足而黥之，欲隐勿见。

齐使者如梁，孙膑以刑徒阴见，说齐使。齐使以为奇，窃载与之齐。齐将田忌善而客待之。忌数与齐诸公子驰逐重射。孙子见其马足不甚相远，马有上、中、下辈。于是孙子谓田忌曰："君弟重射，臣能令君胜。"田忌信然之，与王及诸公子逐射千金。及临质，孙子曰："今以君之下驷与彼上驷，取君上驷与彼中驷，取君中驷与彼下驷。"既驰三辈毕，而田忌一不胜而再胜，卒得王千金。于是忌进孙子于威王。威王问兵法，遂以为师。

其后魏伐赵，赵急，请救于齐。齐威王欲将孙膑，膑辞谢曰："刑余之人不可。"于是乃以田忌为将，而孙子为师，居辎车中，坐为计谋。田忌欲引兵之赵，孙子曰："夫解杂乱纷纠者不控卷，救斗者不搏撠，批亢捣虚，形格势禁，则自为解耳。今梁赵相攻，轻兵锐卒必竭于外，老弱罢于内。君不若引兵疾走大梁，据其街路，冲其方虚，彼必释赵而自救。是我一举解赵之围而收弊于魏也。"田忌从之，魏果去邯郸，与齐战于桂陵，大破梁军。

后十三岁，魏与赵攻韩，韩告急于齐。齐使田忌将而往，直走大梁。魏将庞涓闻之，去韩而归，齐军既已过而西矣。孙子谓田忌曰："彼三晋之兵素悍勇而轻齐，齐号为怯，善战者因其势而利导之。兵法，百里而趣利者蹶上将，五十里而趣利者军半至。使齐军入魏地为十万灶，明日为五万灶，又明日为三万灶。"庞涓行三日，大喜，曰："我固知齐军怯，入吾地三日，士卒亡者过半矣。"乃弃其步军，与其轻锐倍日并行逐之。孙子度其行，暮当至马陵。马陵道陕，而旁多阻隘，可伏兵，乃斫大树，白而书之曰"庞涓死于此树之下"。于是令齐军善射者万弩，夹道而伏，期曰"暮见火举而俱发"。庞涓果夜至斫木下，见白书，乃钻火烛之。读其书未毕，齐军万弩俱发，魏军大乱相失。庞涓自知智穷兵败，乃自刭，曰："遂成竖子之名！"齐因乘胜尽破其军，虏魏太子申以归。孙膑以此名显天下，世传其兵法。

——（西汉）司马迁《史记·孙子吴起列传》

《易》其言兵之书乎！"亢之为言也，知进而不知退，知存而不知亡，知得而不知丧"，所以动而有悔也，吾于斯见兵之情。《老子》其言兵之书乎！"天下莫柔弱于水，而攻坚强者莫之能先。"吾于斯见兵之形。《孙武》其言兵之书乎！"百战百胜，非善之善者也；不战而屈人之兵，善之善者也。"故善用兵者，"无智名，无勇功"。吾于斯见兵之精。故夫经之《易》也，子之《老》也，兵家之《孙》也，其道皆冒万有，其心皆照宇宙，其术皆合天人，综常变者也。

而苏洵曰："按言以责行，孙武不能辞三失：久暴师而越衅乘，纵鞭墓而荆怒激，失秦交而鲍救至。言兵则吴劣于孙，用兵则孙劣于吴，矧祖其余论故智者乎？"呜呼！吴，泽国文身封豕之蛮耳，一朝灭郢，气溢于顶，主骜臣骄，据宫而寝，子胥之智不能争，季札之亲且贤不能禁，一羁旅臣能已之乎？故《越绝书》称"巫门外有吴王客孙武冢"。是则客卿将兵，功成不受官，以不尽行其说故也。

或又谓：将才非人力，运用存一心。括读父书，徒取秦禽。是又不然。兵列五礼，学礼易及，"有文事者必有武备"，"好谋而成"，"我战则克"，"学矛夫子，获甲三百"。特兵危事而括易言之，正与兵书相背故也。

"弩生于弓，弓生于弹，弹生于古之孝子。"杀人以生人，匪谋曷成？谋定而后战，斯常夫可制变。上谋之天，下谋之地，中谋之人。人谋敌谋，乃通于神，非神之力也，心之变化所极也。变化者，仁术也。上古圣人，以其至仁之心挽水火而胜之，挽龙蛇虎豹犀牛而胜之。恩生于害，害生于恩。微观于五行相生相克之原，天地间无往而非兵也，无兵而非道也，无道而非情也。精之又精，习与性成，造父得之以御名，羿得之以射名，稷得之以稼名，宜僚以丸，秋以弈，越女以剑。虽得诸心，口不能云；口即能云，不能宣其所以云。若夫由其云以通其所以云，微乎微乎！深乎深乎！夫非知《易》与《老》之旨者，孰与言乎！

——（清）魏源《古微堂集·孙子集注序》

【实践讨论】

1. 如何理解"兵者，国之大事"？"不战而屈人之兵，善之善者也"的意蕴何在？

2.《孙子兵法》所谓的"道"是什么？《孙子兵法》所谓的"势"又是什么？

3. 分数、形名、奇正、虚实的内涵分别是什么？其关系如何？

【推荐阅读书目】

1.（春秋）孙武撰，（三国）曹操等注，杨丙安校理《十一家注孙子校理》，中华书局1999年版。

2.（春秋）孙武撰，（三国）曹操等注，郭化若译《十一家注孙子》，上海古籍出版社1978年版。

3. 军事科学院战争理论研究部《孙子》注释小组《孙子兵法新注》，中华书局1977年版。

NOTE